中华传世藏书

【图文珍藏版】

钦定古今图书集成

精华本

［清］陈梦雷 蒋廷锡⊙原著

刘宇庚⊙主编

第三册

线装书局

第三十一章　术数汇考三十一

《大六壬类集》一

局外行藏

壬本道术，备极精醇。

大观六宇，细察微尘。

理通造化，思浴风尘。

包含万有，不越性情。

出幽入冥，澄古彻今。

守贞得一，天地清宁。

出而用世，羽翼太平。

金科玉律诀

远溯上古轩辕圣，作为数祖六壬定。

十二阴阳天地盘，太阳加向时辰正。

天乙顺逆乾巽中，阴阳子午最有情。

上下支分合造化，二十四气分玲珑。

日干德禄仔细推，四正前后缓徘徊。

其中四课参差用，前二为阳后阴随。

静心指出三传窍，九科宗首斯为要。

涉害一门须酌斟，逆回本位浅深妙，

择取最深发用奇，返吟伏吟有深机。

别责八专皆妙理，古人立法不能违。

三传既定课乃神，就中衰旺须详论。

披神带煞有元解，神煞交互深意存。

吉要气兴凶要衰，有根无根仔细猜。

深兮浅分须解悟，莫把死生一样排。

一层深入一层去，开三拨五须详细。

逆则吉兮吉不全，顺则凶兮凶不畏。

犹恐三传未易评，三千遁处有重轻。

其中拣取临生旺，透天一窍最通灵。

切忌刑冲与穿破，不分凶吉要安闲。

纵横天地盘中出，贯通四课与三传。

详察秋冬与春夏，五行配之须变化。

旬有阴阳遁有干，惟有时支居在下。

两意从教著意轮，日时年月共均分。

但将始事推终事，吉与凶兮莫误人。

更详掌中上及下，静事地中动天旺。

贵人亦有天地分，阴阳两盘须的当。

本命行年细细营，几人共课不雷同。

寅上起男申上女，阴阳分派顺逆踪。

更从年上起生月，一年十二皆详阅。

参天两地论神祇，起伏制克休咎别。

阳课为我阴课人，动事属此静为阴。

个中消息真元妙，剖尽人间万事因。

十二月将

正月太阳在子，居危月燕八度，雨水后四日零八时入危十三度到亥宫，惊蛰前十日是。

二月太阳在亥，居壁水貐四度，春分后六日零十时入奎木狼二度到戌宫，清明前八日是。

三月太阳在戌，居娄金狗八度，谷雨后九日零一时入胃土雉四度到酉宫，立夏前五日是。

四月太阳在酉，居昴日鸡九度，小满后九日零八时入毕月乌七度到申宫，芒种前五日是。

五月太阳在申，居井木犴初度，夏至后八日零十时入井九度到未宫，小暑前七日是。

六月太阳在未，居井木犴三十度，大暑后八日零二时入柳土獐四度到午宫，立秋前六日是。

七月太阳在午，居张月鹿六度，处暑后九日零二时人张十五度到巳宫，白露前五日是。

八月太阳在巳，居翼火蛇十八度，秋分后十一日零七时入轸水蚓十度到辰宫，寒露前三日是。

九月太阳在辰，居角木蛟十一度，霜降后十二日零十一时入氐土貉二十度到卯宫，立冬前二日是。

十月太阳在卯，居房日兔三度，小雪后十一日零五时人尾火虎三度到寅宫，大雪前三日是。

十一月太阳在寅，居箕水豹五度，冬至后八日正入斗木獬四度到丑宫，小寒前七日是。

十二月太阳在丑，居牛金牛四度，大寒后五日零一时入女土蝠二度到子宫，立春前九日是。

地盘式

己午未申 辰　　酉 卯　　戌 寅丑子亥	此地盘之定位也。亥为乾卦，居西北方；子丑坎卦，居正北方；寅为艮卦，居东北方；卯辰震卦，居正东方；巳为巽卦，居东南方；午未离卦，居正南方；申为坤卦，居西南方；酉戌兑卦，居正西方。

加天盘式

卯辰巳午 寅　　未 丑　　申 子亥戌酉	假如正月已交雨水，中宪后七日甲午日乙丑时占，应取亥将为用，加于所用正时丑上。 地盘乃一定方位，故不必重书，第以月将加于其方，即得。

贵神起例

庚戌见牛羊，甲贵未丑详。乙贵申子是，己贵鼠猴乡。丙贵酉亥酌，丁贵猪鸡方。癸贵寻巳卯，壬贵兔蛇藏。六辛逢虎马，旦暮定阴阳。

凡上一字为昼贵，以占时遇日出之时用之；下一字为夜贵，占时遇日入之时用之。贵神加临之地，自乾亥至震辰为阳，顺行；自巽巳至兑戌为阴，逆行。其阴阳顺逆，以地盘方位为主；至加临昼夜贵人之法，则以天盘为主。

贵人	螣蛇	朱雀	六合	勾陈	青龙
天空	白虎	太常	元武	太阴	天后

加贵神式

卯辰巳午 寅　　未空 丑贵　　申 子亥戌酉	假如亥将甲午日、乙丑时占： 　　占时系日未出之时，故用日干甲贵未丑详之；下一字是为夜贵，加于天盘丑上，而地盘却是阳卦方位，故顺行十二支。余仿此。

四课起例

　　十干寄宫：甲课在寅乙课辰，丙戊在巳不须论。丁己在未庚申位，辛戌壬亥定其真。癸课由来丑上坐，分明不用四正辰。

四课式

假如亥将甲午日、乙丑时占：

寅辰戌子 辰午子甲 卯辰巳午 寅　　未 丑　　申 子亥戌酉	法先以占日干支，横排间书于上，次查占日，甲课在寅，故以地盘上阴神；子书于甲上为第一课，即顺填子于横排空内；又查子上阴神，戌书于子上为第二课；又查占支午上阴神，辰书于午上为第三课，即顺排辰于末位；又查辰上阴神，寅书于辰上为第四课。余仿此。

三传起例九宗门

一克贼

　　取课先从下贼呼，如无下贼上克初。初传之上名中次，中上加临是末居。

释义：一上克下名元首。凡取课先取下克上。如无，即取上克下为初传，初传本位为中传，中传本位为末传。其断法以日干为己身，为外，主动，为尊长，为君父，为夫；以支辰为宅，为内，主静，为卑幼，为臣子，为妻。却以五行生克、旺、相、死、休、囚论之：假令丙日属火，初传卯，卯属木，木能生干火然，干最喜传，生而恶其来克，生我者为父母。爻中传申属金，丙火克之，为财。爻末传丑属土，丙火生之，为子孙。若正月占，春令木旺、火相、土死、金囚、水休，卯木在春，正为有气，丙火为相气又得助。故为吉课。余仿此。

一下克上为重审。假令甲辰日午时酉将占，以地盘午上起酉，将次第排完十二支。甲辰日干，甲课在寅，寅上见巳，即以巳甲为日之阳神第一课；巳上见申，以申巳为日之阴神第二课；再取支上辰字，见未，即以未辰为辰之阳神第三课；未上见戌，乃取戌未为第四课。四课之中取三传，一课四甲不克，二课申巳有克，为下克上名重审，其三四皆无克，不论。取申受克为初传；申本位见亥，亥为中传；亥本位见寅，寅为末传。假令三月主木旺有气，木有气，金无气，初传申属金，金能克木，乃囚金克甲木为官鬼。爻中传亥属水，水能生木，为父母。爻末传寅属木，木见木为比肩，为兄弟。爻三月上占木旺、火相、土死、金囚、水休，但为初传，虽是囚金来克甲木，木被伤，终不吉。

二比用

下贼或三二四侵，如逢上克亦同云。常将天日比神用，阳日用阳阴用阴。若遇俱比俱不比，立法别有涉害陈。

释义：所谓比用者，阳日以阳神为比，阴日以阴神为比。何谓阳日？甲丙戊庚壬是也。何谓阳神？子寅辰午申戌是也。余五干六支为阴，与日为比者用之，或有三下克上，二下克上，或四下克上，皆以比为用，上克下亦然。假令四月辛酉日卯时申将占，以地盘卯上起申，将辰上坐酉，排至寅上坐未为止。辛酉日，辛课在戌，戌上见卯，以戌辛日为日之阳神第一课；卯到本位上见申，以申卯为日之阴神第二课；支辰是酉上见寅，以寅酉为辰之阳神第三课；寅到本位上见未，以未寅为辰之阴神第四课。于内取三传以涉害为用，盖三下克上以涉害论。然卯见辛，辛克卯，到本位又受二克，寅见酉，酉克寅，至本位路上见成为辛，亦受二克，未见寅，寅克未，到本位路上又遇卯为二克，辰上又遇乙木为三克，乃未受克为多取，为初传；未上见子，为中传；子上见巳，为末传。又如正月丁卯日丑时亥将占以地盘，丑时起亥，将寅上坐子以次排至子上坐戌为止。丁卯日丁巳在未，未上见巳，以巳未为日之阳神第一课；巳之本位上见卯，以卯巳为日之阴神第二课；支辰是卯，卯上见丑，以丑卯为辰之阳神第三课。又以丑上见亥，以亥丑为辰之阴神第四课。内取三传，然辰之二课俱受下神所克。何以为用，盖丁阴日也阴，以阴神比为用。第一课，巳加未，无克不取；第二课，卯加巳，无克亦不取；第三课，丑加卯，卯木克丑，土丑为用，乃阴神与支辰为比，故取丑为初传；丑上见亥，亥为中传；亥上见酉，酉为末传。如用上克下，亦如此取用。

三涉害

涉害行来本家止，路逢多克为用取。孟深仲浅季微分，复等柔辰刚日拟。

释义：所谓涉害者，以日辰上见，如日上辰上俱受克，则以涉害深者为用。又有日上辰皆平等，方以刚柔论，阳日以日上神为用；阴日以辰上神为用。假令正月甲辰日卯时亥时占，日上河魁临寅，下克上，盖河魁戌也。戌到本位，历有八路，涉卯为一重害；乙木即辰为二重害；连寅甲共四重害。支上子加辰亦是下克上，前头地下到本位，亦是八路，但辰土一重；巳上有戊土二重；未上有己土三重；连未上四重；戌土五重。比日上多上一重为深，故取子为初传；子之本位见申，申为中传；申之本位见辰，辰为末传。若日与辰上皆平等，方取刚日柔辰之例。

四遥光

四课无克用寻遥，日与神兮递互交。先取神遥克其日，如无方许日来遥。复有两神来克日，或有日去克两神。当择日干比者用，阳日用阳阴用阴。

释义：所谓遥克者，四课之中既无上克下，又无下克上，乃先取神遥克日。神即子丑寅之类。如无神遥克日，即取日遥克神。假令正月甲戌日寅时亥将占，以寅时起亥卯上坐子，次第排至丑上坐戌为止，甲戌日甲课在寅，寅上见亥，取亥甲为

中华传世藏书

钦定古今图书集成

精华本

术数篇

八七九

日之阳神第一课；亥本位上见申，取申亥为日之阴神第二课；支辰戌上见未，未戌为辰之阳神第三课；未之本位见辰，辰未为辰之阴神第四课。然四课之中，上下俱无克，但看日课上亥字被日支上戌土神来遥克，乃以亥上申为初传；申之本位见巳，巳为中传；巳之本位见寅，寅为末传。此为神遥克日，名蒿矢卦。又如正月庚戌日申时亥将占，庚课在申，以申为日干，申时又在此起亥将酉上坐子，排至未上见戌止，庚上见亥，取亥申为一课；亥上见寅，取寅亥为二课，支辰戌上见丑，取丑戌为三课；丑上见辰，取辰丑为四课。然四课上下并无克，又无神遥克日，故取日上庚金，日遥克日，神上寅木为初传；寅之本位上见巳，巳为中传；巳之本位上见申，申为末传。此为弹射卦。

五昴星

无克无遥觅昴星，阳仰阴伏反为门，刚日先辰而后日，柔日先干而后辰。

释义　四课之中既无神遥克日，又无日遥克神，却取昴星。盖昴星，酉也。阳日仰视酉上所得神为初传，阴日俯视酉字落处为发用，阳日以支辰为中传；日为末传。阴日以日为中传；支辰为末传。假令六月戊寅日寅时午将以寅上起午时，卯上坐未，以次排至丑上坐巳止。戊寅日戊课在巳，巳上见酉，以酉巳为一课；酉上见丑，以丑酉为二课；支辰寅上见午，以午寅为三课；午上见戌，以戌午为四课。阳日昴星仰视酉上是丑，以丑为初传；取支上寅字上午为中传；日上酉为末传。此为刚日昴星课之例。又如正月乙未日子时亥将占，以子上起亥，丑上坐子，次第排到亥上坐戌止。乙未日乙课在辰，辰上见卯，以卯乙为一课；卯本位见寅，以寅卯为二课；支辰未上见午，以午未为三课；午上见巳，以巳午为四课。其三传以柔日昴星取俯视，酉落在戌上，即以戌为初传；日上卯为中传；辰上午为末传。此为柔日昴星之例。

六别责

四课不全三课备，无克无遥别责视。刚日干合上头神，柔日支前三合取。皆以天上作初传，阴阳中末干中寄。

释义：所谓别责者，主倚仗，别物借，径而行事当考于初传。然四课止有三课，内伏藏一课，阳日先传，日干上合神为用；阴日先传，支前三合为用。中末皆在日神所落处。假令八月戊午日卯时辰将占，戊课在巳，以卯为时上起辰，将辰上坐巳，以次排至寅上坐卯为正日止。干坐午，即午戌为一课；午上见未，以未午为二课；支辰午上见未，以未午为三课；未上见申，以申未为四课。其中伏藏一课，止有三课，故取戊为刚日，以干合为用。盖戊与癸合，癸课在丑，丑上见功曹以寅，为初传；中末皆在日上。又如正月辛丑日申时亥将占，以申上起亥，酉上坐子，以次排去至未上坐戌止。日干辛，辛坐戌上，戌上见丑，以丑辛为一课；丑上见辰，以辰丑为二课；支辰又是丑，丑上见辰，以辰丑为三课；辰上见未，以未辰为四课。四课之中伏藏一课，止有三课。故取辛之柔日为用，柔日以支前三合取。巳酉丑为三合，巳加寅巳为初传；中末皆在日上。

七八专

两课无克号八专，阳日日阳顺行三。阴日辰阴逆三位，中末总归日上眠。

释义：所谓八专者，支干共位，阴阳两课，五日四辰，表里俱拱于八极，故曰八专。阴阳止有二课，阳日顺行数三辰位上为初传；阴日逆数三辰，又复三辰本位为初传。中末皆在日上。又法：阳日用日之阳神顺数地上三辰。假令正月甲寅日寅时亥将占，以寅上起亥，卯上坐子，以次排至丑上坐戌止。甲课在寅亥加寅，即以亥甲为一课；亥上见申，以亥申为二课；支辰寅上见亥，又是寅亥，为三课；亥上见申，又是申亥，为四课。四课之中止见二课。取甲为阳，亥坐其上，顺数三辰是丑，为初传；中末皆在日上。又如正月己未日申时亥将占，以申起亥，酉上坐子，以次排至未上坐戌为止。己课在未，戌加未上，以戌己为一课，戌上见丑，以丑戌为二课；支二课同。四课之中，亦止见二课。取巳为阴日，戌坐其上，逆数三辰见申，申复其家，却是亥，以亥为初传；中末皆在日上。又法：阴日用日之阴神逆数天上三辰。

八伏吟

伏吟有克还归克，无克刚干柔取辰。迤逦刑之作中末，从兹玉历审其真。若也自刑为发用，次传颠倒日辰并。次传更复自刑者，冲取末位不论刑。

释义：所谓伏吟者，天盘神与地盘神俱会于一处，故取伏藏之意也。假令六月甲午日午时午将占，天地二盘皆一样不在四课中，取三传只以前歌一句，为主甲午，用六甲伏吟。寅巳申为三传。何以用寅巳申？盖甲乃刚日，以日为初传；中传用刑，盖寅刑巳也。又要与日相冲，盖寅申相冲也。此为刚日伏吟之例。

九返吟

返吟有克仍为用，无克别有井栏名。若知六日该无克，丑未同干丁巳辛。丑日登明未太乙，辰中日末识来因。

释义：所谓返吟者，天盘神俱坐地盘神之冲处，天地反覆之谓也。何以为冲？如子坐在午是也。其例有二，有克有无克。假令正月丁卯日巳时亥将占，午上坐子，以次排至辰上坐戌为止。丁卯日，丁课在未，未上见丑，以丑丁为一课；丑上见未，以未丑为二课；支辰卯上见酉，以酉卯为三课；酉上见卯，以卯酉为四课。卯酉为下克上，以卯为初传；卯本位见酉为中传；酉本位还是卯，以卯为末传。又所谓井栏名者，丁丑、丁未、己丑、己未、己丑、辛未六日也。余皆有克。丑日用登明以亥为初传；未日用太乙以巳为初传；中在于支，末在于日。假令正月辛丑日巳时亥将占，日辰阴阳二课俱无克，故以亥为登明作用为初传；辰上未为中传，日上辰为末传。

六甲起行年法

甲子旬内生人，男顺女逆，数至本命位上，即其行年也。甲戌旬起，甲申旬起，甲午旬起，甲辰旬起，甲寅旬起，皆自地盘数起。假如辛酉生人，则在甲寅旬内从地盘寅上起甲至辰数一岁十三，二十五俱在辰，二十六在巳，二十七在午，二十八在未，二十九在申，三十在酉，三十一在戌，三十二在亥，三十三在子，三十四在丑，三十五在寅，三十六在卯，三十七又在辰。若女，行年则于戌上起一岁十三，二十五逆数至三十五在子，三十六在亥，三十七仍在戌也。

行年小运法

男一岁起顺行，至十一却逆行。如一岁起逆行，至十一却顺行。如男是甲子旬生人，一岁起丙寅，十一到本旬为丙子，二十一为丙戌，三十一到申为丙申，四十一丙午，五十一丙辰，六十一丙寅，逆行。如女命在申上起，一岁壬申，十一壬戌，二十一到本旬为壬子，三十一壬寅，四十一壬辰，五十一壬午，六十一壬申，顺行。

六甲旬行运捷径：男以本旬顺前三位上起一岁，逆到本旬，乃十一隔位，而行至戌乃二十一，为丙戌；三十一到申，为丙申。若三十二却返回顺行到酉，为丁酉。此一定之诀法也。女皆以当生本旬后五日位上起一岁，为壬申；顺行十一，壬戌，二十一；到本旬，为壬子；三十一，壬寅；若三十二，却转回逆行到丑，为辛丑；三十三，为庚子。甲戌旬男一岁丙子，十一到本旬，为丙戌。女一岁起壬午，十一壬申，二十一到本旬，为壬戌。甲申旬男一岁起丙戌，十一到本旬，为丙申。女一岁起壬辰，十一壬午，二十一到本旬，为壬申。甲午旬男一岁起丙申，十一到本旬，为丙午。女一岁起壬寅，十一壬辰，二十一到本旬，为壬午。甲辰旬男一岁起丙午，十一到本旬，为丙辰。女一岁起壬子，十一壬寅，二十一到本旬，为壬辰。甲寅旬男一岁起丙辰，十一到本旬，为丙寅。女一岁起壬戌，十一壬子，二十一到本旬，为壬寅。

五行生旺死绝法

长生	沐浴	冠带	临官	帝旺	衰
病	死	墓	绝	胎	养

凡占六壬，以六处决断。日与辰二处、三传，共五处。年命，共六处。年命系二处，实是七处。看类神为要，就于七处取来；问何事，各于类神上决断。如问走

失奴婢，亦有二等：河魁、天罡为男；太阴、从魁是女。此神落在何宫、遇何神？兼取刑冲、破害、旺、相、死、休、囚断之。又看当令不当令、有气与无气、空亡不空亡。然六处之说不同，《心镜》《中黄》二书及《毕法》主此。《直启通神集》与《断经大要》有八处之说：天上时、正时、日与辰、三传、本命，共八处。比前六处，无年，多正时、天上时。《断径了了歌》亦主六处，则日与辰、岁支月建、来人方位，用神比前六处，无年命，无中末传。大抵六处要紧，其太岁、月建、正时、天上时、来人方位，亦不可不庸心。但方位难定，故卜卦者于此忽略，要当兼而用之。

二六潜神秘诀

子中癸水八分真，

壬三辛金是初生。

丑丙己五癸三是，

辛金二半一同陈。

寅宫甲七乙木二，

丙戊三分火土均。

卯中乙木七分是，

癸水初生甲三分。

辰内戊土五分立，

癸乙各居二半真。

巳中四分属丙火，

庚初三分戊三停。

午丙丙丁八分是，

己土二半乙三明。

未中己土五分确，

乙丁二半各均匀。

申有庚七辛金二，

壬水初生只二分。

西宫辛七庚三准，

己丁各二妙无论。

戌伏戊土五分实，

辛丁二半各相临。

亥中壬七癸三是，

更兼甲木系初生。

八法灵源

看数，要先将八法灵源秘旨，熟悉于中，然后断数，方有把鼻。一眼看去，孰为真，孰为假？孰为死，孰为生？孰为来，孰为去？孰为飞，孰为伏？孰为似真而实假，孰为似死而实生？孰为已去而复来，孰为虽飞而犹伏？一一还他明白，此数吉凶，便有捉摸。飞者，断不敢以之为伏；假者，必不容以之乱真；生者，固不得妄视之为死；去者，固不可以之作来；推而来者，亦难容以之为去。断如是，则真假、飞伏，去来，生死，划然不紊，心下光明，胆气活泼。夫八法要旨，本于八卦，妙合自然，是岂人之所为也哉！抑亦天人相见，孔氏所谓"先觉者"是也。知之者罕，因特表而出之。

六壬神式遁干奇，天地人元次第推。

四课三传俱不准，干神将位有差池。

错认日躔为月将，误加天乙乱神祇。

个中纲领惧非法，局外行藏须要知。

取旺因时明发用，披神带煞可迁移。

真飞假伏潜消息，年月日时运动微。

德合刑冲虽定理，吉凶应验不同期。

圆融活泼真奇妙，剖尽人间万事机。

	日生干　传生日　传生用　传生干　传干比和　干不可生传　用亦不可生传
真假飞伏 来去生死	年月日时干　或倒生　或冲克　泄遁气　泄田神之六亲
	年冲日　日冲传　传冲干　干冲时　时冲月　马冲用　一二逢合
	时合年　年生传　传合月　月生日　日合干　二三库见　神在墓中　年月日时冲克
	年时生日　支遇长生　传月生干　神归亥地　支吉　三合六合遁年月日时　六干互有克害
	年生日　日冲传休气　时生月　月冲年沐浴　神为干子　地马空　稍有生扶
	年生时　月生日　传生干干神相合　年月日得四时旺相　传干时遇本日合生切忌子临
	年死时支　月死日支单推季分　时死日支　日死传支　干死本宫支只论日辰　命将　神主万中得一有救

天地人遁歌

六壬机发在目前，应变远驰千里间。

三传神煞皆推定，更将遁法去搜元。

天遁地遁与人遁，三才之中有妙论。

天遁乃在天盘上，却以日干为主运。

从子顺逆去寻甲，数到本干便立定。

假如丙辛起戊子，午时以前甲申问。

地遁却从旬遁寻，数至正时即住停。

旬干甲申时是寅，便是丁亥见分明。

人遁须从时上寻，若是朱雀丙午存。

顺到贵人宫内止，丙日子时亥将论。

贵人乃在酉宫是。子宫壬子元武计。

壬子数到贵人位，人遁乃为辛酉地。

天时神鬼天遁占，地理诸般地遁参。

中推人事详人遁，此为神秘莫轻传。

一详休咎及衰旺，二审本命与月将。

细看日干生破兼，两字分明来掌上。

鬼神难测洪机宜，四课三传皆置放。

万殊人事万般占，莫把休囚一例随。

喜合喜生喜生旺，刑冲克害论其宜。

真假飞伏要详看，去来生死休教乱。

来真生课吉乃全，其余权就推一半。

真死真退真休气，刑冲破害皆凶例。

精心依此细推详，古圣留传须切忌。

六壬真诀，重在遁干二字。其式法之妙，与诸课不同，亦非干神将位可得而比也。遁之说有三：按太乙，遁一于六，示前知也；奇门，则隐元而遁藏其甲也；六壬亦谓之遁者，因天干运动，变化无方，运此移彼。天地本静，因人为动；人物亦静，因心为动。心之机合于四课三传法。用遁干动中有变，周流六极，即能窥天地未发之机，推祸福修短之理，妙在变通。遁干所在之方，即课传之方也。以来人之方及坐方为方者，非也。遁之一字，变化无穷，壬式不以遁干取用，将何为据？不依旺字取用，断法不神。用之一字，圆通无迹。是我是彼之称，就用而言。乃我之运用，是我为主，知我则知彼。若占天之阴晴，则我字难言矣；占六甲，则我字又屑彼。妙在触类旁通，取物象形而已。

披神带煞者，其贵人加临，亦加月将建遁。假如子将遁得壬干加临，并遁出壬字为用，即是子将遥临，虚披元武之类。此为神煞同行，一实二虚之妙。如课传见青龙，即是带寅支甲干而论也。将带神、神带将，总以天干贯之。

《经》云"地下支元有隐伏不明之义"，言旬干也。诸书但言旬丁，盖旬丁者，止言能动。每局，必以旬内十干，布于地盘支上，以佐天盘。遁此，乃真六壬也。再参以类神百煞断之。

神煞赋

三传吉凶有狐疑，全凭煞到解心迷。

德解二神能解祸，仪奇生气亦如之。

月德正己运行孟，日德阳居阴合食。

天德正丁二坤位，三壬四辛五乾明。

六甲七癸八艮逢，九丙十月居于乙。

十一巽上腊月庚，逐月逢之凶变吉。

解神两月行一位，正申九五逆分交。

仪神六甲当旬首，奇神三从两宫移。

子戌牛头申午鼠，寅辰两甲共居猪。

正子顺流生气在，更乘吉将福偏滋。

天诏皇书君命至，圣心天喜乐无迟。

四时养宫承天喜，临官地上接皇书。

天诏正猪顺十二，并乘二马赴皇都。

圣心阴阳分南北，双月逢蛇单月猪。

俱是顺行十二上，庶人利动宦迁除。

天赦皇恩同到课，为官免罪复兴隆。

六阴正未皇恩顺，天赦须知四日逢。

春戌寅来夏甲午，戌申甲子记秋冬。

天龙专利求名禄，卯顺春王十二终。

月合所谋皆就遂，亥宫逆对庆非空。

天庭专主朝堂事，天吏为官最喜临。

三合仲鸡天吏逆，岁干禄后号天庭。

文福二星吉庆来，文占贵客福占财。

文星亥寅午巳申，两两行之此法精。

甲乙福星子丑取，子未丑巳双双语。

天财上课求财吉，谋望成神真有益。

天财六阳正顺午，成神正巳临官逆。

占病须寻天地医，课传有救瘥疗时。

天医寅月辰宫顺，正戌前行属地医。

天马六阳正顺午，驿马三合顶头冲。

传中若不临空陷，行客迁官最喜逢。

天鸡天信主信音，宴会须知有会神。

天鸡天信正从酉，鸡逆飞来信顺奔。

会神正羊二月犬，三寅四亥五鸡轮。

六鼠七牛八在马，九蛇十兔不须寻。

十一逢猴龙遇腊，人生惟喜会姻亲。

天耳天目四时均，捕盗寻人易现身。

天耳墓神春戌顺，乙丁辛癸目方真。

三个游煞同二马，在家思出外思归。

春正自卯安游煞，顺行十二不须猜。

游神春丑逆到戌，四时相配分端的。

游戏春蛇夏鼠依，秋鸡冬向龙宫立。

红煞三煞大小煞，灾如其类定无差。

四仲金鸡四孟蛇，四季丑日是红沙。

三合墓前为劫杀，灾煞天煞次第加。

　　大煞春逆午小煞丑逆查。

　　俱同三合看，仲季是其家。

欲问灾危病体深，死符死气死神侵。

三丘五墓兼亡哭，吊客丧门及墓门。

白虎丧车皆可畏，病符尤忌伏殃临。

死符顺孟增辰土，甲乙重申克岁干。

生气对冲为死气，生前五位死神看。

三丘四季牛先顺，五墓随时作库安。

未戌丑辰尤主哭，哭神见泪猪鼠间。

伏殃原来即月破，旧年太岁病符名。

岁后二辰为吊客，岁前二位作丧门。

岁后四辰为白虎，四生正巳逆亡神。

丧车四仲春从酉，墓门三合绝宫嗔。

血支血忌血光见，女灾羊刃产胎危。

　血支旧月顺，血忌两分之。

　正月当从丑，二月未冲之。

　血光正起辰，逆行十二支。

　女灾寻绝地，羊刃禄前奇。

天贼外有诸盗神，乘时乘鬼暗伤人。

游鲁二都行客忌，路途难免遇灾迍。

天贼阴阳分两处，单从龙起六阳辰。

六阴酉上逢双月，不论阴阳总逆行。

天盗正寅逆四孟，时盗四时旺宫真。

旬盗六甲前一位，须知六乙劫旬神。

日盗鼠宫甲己妒，乙庚猪上丙辛兔。

猴来却忌在丁辰，蛇见应知戊癸恶。

游都甲己常居丑，乙庚在子丙辛寅。

丁壬居巳言非谬，戊癸逢申有寇侵。

游都冲处鲁都见，更主兵家探贼情。

天刑天狱讼多忧，喝散官符两熟筹。

天狱孟神正亥逆，天刑寅顺六阳求。

官符十二正顺午，喝散春蛇孟顺流。

大耗小耗钱财损，五鬼之星忌出行。

大耗正申顺十二，小耗正未顺前轮。

五鬼午辰寅卯酉，申丑巳子亥未戌。

正月起午顺推移，数到戌宫岁已毕。

孤辰寡宿忌联姻，春夏秋冬仔细寻。

寡宿丑辰兼未戌，孤辰巳顺孟神行。

飞符方上难逃避，飞廉诸事速招凶。

飞符甲日蛇光逆，逆到午宫配戌终。

巳日又从马上起，顺行到犬癸干穷。

飞廉正戌二在巳，三午四未五寅记。

六卯七辰八亥临，九子十丑真难易。

十一逢猴十二鸡，见之单主行人至。

阴阳二煞口舌起，阳主男人阴主女。

阳煞正亥进孟神，阴煞正蛇退十二。

　　月厌妨婚娶，关神阻滞多。

　　往亡行客忌，光怪火灾罗。

　　火鬼乘蛇雀，惊焚可奈何？

　　天巫宜祷告，迷惑似痴魔。

　　谩语多虚诞，天机口舌窝。

月压正戌逆十二，关神春牛顺暮行。

往亡正虎先行孟，仲季挨随次第寻。

光怪季神正犬逆，火鬼春干顺仲行。

天巫龙顺全支数，迷惑春牛逆季奔。

谩语马行正顺递，天鸡正酉逆飞奔。

天坑天破损蹄轮，华盖黄幡覆日昏。

悬索长绳牵累甚，桃咸淫乱并奸门。

天坑牛顺一轮转，天破正驹顺仲穷。

华幡正戌同季逆，正申进孟即奸门。

悬索正卯逆四仲，长绳正酉逆仲行。

更有桃花咸池煞，并同悬索一齐轮。

阴奸可卜私通事，四废无成免进趋。

游祸动为皆不利，返魂危病转生机。

正羊逆岁阴奸是，顺仲春鸡四废期。

蛇逆孟神游祸看，四时生沐返魂依。

支旬两煞出逢凶，兼主遗失并逃走。

支亡四生从蛇逆，三合孟神四头走。

旬亡六甲在于辛，庚向亲丁癸闭口。

进神凡事莫蹰心，进神子午见卯酉。

退神强作亦徒然，退神丑未戌辰守。

天怪占天变，风雷雨不同。

雨师兼雨煞，雷煞及雷公。

风煞偕风伯，推求各有宗。

一逢晴朗煞，红日照虚空。

天怪正午逆十二，雨师仲顺鼠先求。

原来雨煞同生气，雷煞正猪逆孟流。

虎逆雷公四孟取，一轮风煞虎回头。

欲安风伯从猴逆，逆到鸡窠藏已休。

晴朗子辰冲在午，日支冲处好开愁。

神煞便有百余名，其他无验皆检出。

只此临传用熟精，祸福阴阳随手得。

肘后神书

六壬秘法式中寻，数语真机不妄陈。

若遇匪人难尽授，敢将仙术告贤人。

主客会分灾福应，类神能责数通灵。

三传夹定分事类，四课盘珠谋事成。

财库加干财不现，鬼墓加日暗鬼兴。

三传朝日分凶吉，始末回还反覆频。

随财人墓财消烁，财归未库禄丰盈。

医人必欲逢生气，医者不宜见死神。

用事宜逢三六合，散事何妨见破神。

传中有墓人遭狱，课遇冲神同出因。

白虎伤干忧消重，青龙加日所谋成。

干加支上人归宅，支加干上出难寻。

支上见空人难觅，支上比和主客迎。

逃亡但寻元本位，盗贼当求元武终。

空加干上空中实，更审空亡何类神。

贵顺元藏物非盗，十二支辰逐类分。

用起贵前人可望，三支关格未归程。

支加干上生男易，时下阴阳男女分。

日辰相加分五等，传神关格有三论。

遥克两般分四项，煞神数百类宜寻。

六墓人传看有救，三宫真假式分明。

别责九课三归一，八专五日干传真。

子来加巳为阳极，午加亥上极阴名。

岁乘天喜天书动，天喜空亡喜不成。

运式依天无妄转，将神随记应如神。

百事分类责神歌

占天	雨责天后狗掩阳，黑云蔽日虎风狂。 课内青龙宜责取，升天坠水细消详。

占科试	若专利试责何神，日命文昌与贵人。 武观白虎文观雀，德立天门喜更新。
占官禄	官禄还须责正官，并将日禄马来看。 青问文兮常问武，现求阳贵未阴还。
占家宅	家宅占来却问辰，看他落处吉凶分。 二才阴后言妻妾，元后从何仆婢论。 父责长生儿责子，命神惟与自身云。
占婚姻	婚姻天喜合神兼，媒妁须从六合看。 男若占时责天后，女占直去向龙言。
占胎产	胎产之神天喜临，忌支二血也相亲。 占胎生气胎神并，母腹胞胎一并征。 产责子孙之驿马，浴盆白虎共占云。
占病	疾病原来责类神，天医生气及丧门。 病符死气同干鬼，白虎还加吊客论。
占埋葬	埋葬先看日墓谁，葬须旺气未生归。 天空论穴当为主，青白朱元属四维。 卯子寅兮男子论，酉午巳上女人推。
占词讼	讼寻官鬼识来情，最紧干支与贵人。 两盘生克兼刑害，逆顺都来喜怒评。 原被须分辰与日，再将白虎喝神亲。
占田禾	田家气象不相同，种谷须知各有宗。 早稻寅兮晚稻卯，还凭六合共青龙。 申为大麦酉小麦，太阴更与太常工。 胜光责处宜寻豆，小吉从来瓜果隆。 元责水荒旱朱雀，腾蛇荒歉是蝗虫。

占出行	出行命马要生扶，劫煞须看亲与疏。 若问行人并信息，信神类马细踌躇。
占求财	求财甲乙责青龙，余日当知责不同。 但看财爻方是准，还凭劫煞类神通。 偏财空手求财责，详鬼如何识利丰。 有本营谋应责正，论官断利允而中。
占买卖 谋生	如求谋望责成神，买卖兼看六合灵。 细推生克分成否，得诀通神不误人。
占口舌	口舌占时别有宗，尝看朱雀落何宫。 并将的煞同来责，仔细推详定吉凶。
占逃走	逃走凭谁去立根？德惟君子责其贞。 小人宜责刑伤处，余向日干责类神。
占防盗	盗非同捕盗看，须将劫煞鲁都参。 元神衰败宜防慎，旺相之时总不干。
占捕盗	捕盗勾陈即捕人，与元相制或相亲。 元来克捕终难获，捕若伤元贼易擒。 赃物武生分类取，窝家生武得其情。
占命 流年	占命流年看六亲，行年到处上神凭。 命中禄马分生害，还与干支一共陈。
占失物	问君失物更何凭？只在支神十二经。 水火木金兼土位，各分物类与谁亲。 比如金铁寻申酉，衣服太常木器寅。 此是课中真秘诀，潜心搜究得通神。

第三十二章　术数汇考三十二

《大六壬类集》二

心印赋

六壬如入，先明日辰。以月将加占时之上，视阴阳为四课之分。贼克为初用之始，相因作中末之身。克多比用涉害，无克是以遥嗔。夫昴星当俯仰于酉上，若别责取干支之合神。伏返以刑冲为定，八专以逆顺为真。天乙居中，后六前五。解纷必嘱事于童仆，

贵人居子，名曰"解纷"，言解除纷纭扰攘也。盖子乃夜半安居之神，故得解去纷扰而坦腹。然既为至贵，日有万几；虽非君象，贵臣宰辅；代天宣化，事亦同天子之劳。恐其繁芜脱漏，故嘱委于有用之童仆，庶不负国瘼民矣。

升堂宜投书于公府。

贵人居丑曰"升堂"。乃本位属己丑故也。升堂则有"泰山岩岩"之象，非可私干，必欲见之，宜持书或移文，必以正大光明，然后可于公堂府第见之。

凭几可谒见于家，

贵人居寅，曰"凭几"。盖功曹乃案牍琐碎之象。贵人有暇，必亲于典籍也。当此有可乘之机，虽细务亦可相干，可就私第谒之，而非公堂之比也。

登车宜诉词于路。

贵人居卯，曰"登车"。卯乃轩车之象。既升车，则非私家；又非公署。若非紧急之事，岂可唐突于贵人之前耶？若讼被屈，或遭豪暴，非陈诉于有位之正人，

何能雪斯沉辱？故不得不俯于路而哀达其情也。

巳午受贡兮，君喜臣欢。

贵人居巳午，曰"受贡"。乃相生助而非不遂之方。既贡，则以贱事贵，以贵下贱，君喜臣忧，忘其授受之私。贡者、受者，俱不越度之象也。

辰戌怀怒兮，下忧上辱。

贵人居辰曰"天牢"、居戌曰"地狱"。非法之地，必非法之人而后入之，何贵人而居此乎？文王姜里，亦莫非天所使耳。在上者有此非常之辱，则俯仰于彼者，乌得不忧乎！

移途则有求干之荣，

贵人居申曰"移途"。盖传送乃道路之神。贵人在道，嬉戏游衍，时也。因而获便以求其进用之私，乘间而行，必荣遂矣。

列席则有酒筵之娱。

贵人居未曰"列席"。盖未乃夜贵，二贵相会。贵入贵家，故有宴会之象，托贵以干贵事，无不遂矣。

还绛宫，坦然安居。

贵人居亥，曰"还绛宫"，又曰"登天门"。此时六凶俱藏，盖腾蛇朱雀之火而伏于水，勾陈天空之土而伏于木，白虎之金而伏于火，元武之水而伏于土，且亥乃夜方，日之劳扰者，至此而坦然安居矣。

入私室，不遑宁处。

贵人居酉，曰"入私室"。盖酉为日月出入之门，有私门之号也。夫贵人达而在上，致君泽民，律身行己，自当持以至公。难进易退，若趋谒于私门，则律己不正，而清论所不容矣，岂遑宁处耶？

但见腾蛇，惊疑扰乱。

前一腾蛇，乃丁巳火神也，主火光、惊疑、忧恐、怪异，盖凶神也。以其离贵人前一位，故曰"前一"也。

掩目则无患无忧，

腾蛇居子，曰"掩目"。不惟子水克，腾蛇之巳火而居夜方，有掩目之象。蟠伏栖息之时，其凶焰无所施，无患无忧矣。

蟠龟则祸消福善。

螣蛇居丑，曰"蟠龟"。盖丑中有暗禽星龟也。夫蛇与龟姤，亦离、坎交济之象，岂复有祸心于人哉！是以祸消。占者修善以立身，斯福不穷也。

生角露齿，祸福两途。

螣蛇居寅，曰"生角"。盖火生于寅，荣旺之极，化蛟化龙，此为之基，贪荣不祸，是以为福。居酉曰"露齿"。盖火制金，乡猖獗得志之地，且金石空地无食，彼蛇肆毒，贪饕求口腹之计，为祸岂浅！得此者，退藏于密可也。

乘雾飞空，休祥不辩。

螣蛇居巳，曰"乘雾"。以雾为隐，虽毒目无所见，毒不得肆矣。得此者，仍宜避之。盖雾之蒙彼，固目迷矣。而我至此，独不迷哉！倘误犯之，为其所噬，悔何及矣！居午曰飞空。以蛇飞空，化龙化蜃之象也。彼有此大志，始有此大为，岂复毒人？纵彼不毒，在我仍宜避之，斯不失为明哲。

入林兮锋不可砍。

螣蛇居未，曰"入林"。未乃木，墓以土；有木，非林之象乎！林麓栖止，既有所蔽，其穴必深，虽有刀锋，无所施其利也。彼螣蛇有此优游之乐，必无肆祸之心，占者无所忌矣。然逢林有蛇，还当莫入。

坠水分从心无患。

螣蛇居亥，曰"坠水"。蛇能水，居则随波逐流，鱼虾为食，似无横路毒人之欲也。在我则任其往返周旋，岂不从心所欲哉！

当门而衔剑，总是成灾。

螣蛇居卯，曰"当门"。卯乃日月之门，蛇当门，则出门即被其害，然有备者无患也。得此者，预为之计，则不待彼奋起而攻其不意。若趋而不顾，斯堕其害矣。居申曰"衔剑"。申，金刃之象也。金刃乃砍彼之物，而胡为彼所衔哉！盖火能克金，得以猖獗逞妖；衔剑，盖异且妖之象。占得者，惟潜而避之，彼凶不能久，妖氛息而吾乃无患也。

入塚而象龙，并为释难。

腾蛇居戌，曰"入冢"。戌乃火，库墓也。为蛇人墓之象。彼深居而简出，我往过，虽不免小心惴惴，而彼非蟠伏路途之比矣。居辰曰"象龙"。蛇乃龙之从也，有化之机，若入龙之窟有随进化之义。夫彼贪上达，必热于中，岂复深为我患哉？故可释难。

朱雀南方，文书可防。

前二朱雀，乃丙午火神也，故曰"南方"。主文书、词讼、章奏、口舌之神，火光怪异，去贵人二位，故曰"前二"。

损羽也自伤难进，

朱雀居子，曰"损羽"。朱雀乃丙午火，而加临水，乡有损羽之象。羽翼不成，进飞必难矣。占得此者，文书无气，而口舌词讼不凶也。

掩目也动静得昌。

朱雀居丑，曰"掩目"。丑亦北方水气之余，制朱雀之火，有投江破头之喻。盖彼既目暝，吾得有为矣。动静俱吉，无口舌之扰，讼息而文书不行也。

安巢兮迟滞沉溺，

朱雀居寅卯，曰"安巢"。盖二木皆火，生助之神，且有山林之象。雀至山林，结巢砌垒，育子贪荣。占者所喜，有口舌消亡之义。而曰"迟滞沉溺"者，盖卜文书、章奏之事，则未免于淹滞而沉溺也。

投网兮乖错遗忘。

朱雀居辰戌，曰"投网"。辰戌名天罗地网，且戌为朱雀火之库，而辰与戌对宫，有丘墓之象，故曰"投网"。夫朱雀之凶，入此不得飞扬，占者之所喜也，胡曰"乖错遗忘"？亦指文书之事言之耳。

励嘴衔符，怪异经官语讼。

朱雀居申，曰"励嘴"。申，金也。朱雀至此，能克制其方得志之处也。励嘴奋啄，所以口舌尤旺也。望文书固有气，而他占则讼诉之象，凶不可免矣。居午曰"衔符"。古名真朱雀。有微细之讼，常人之忧也。若士子入场，斯高中矣。

临坟人水，悲哀且在鸡窗。

朱雀居未，曰"临坟"。言其结巢于古墓之象。夫巳午未申俱在上，有飞空而翔翔之义，朱雀得肆时也。主口舌不细，故曰悲哀。妻孥乌有不悲者哉！居亥曰"入水"。火入水乡，有投江之象，乃甚喜矣。凶神无气，何曰悲哀？盖亦指文书动用而言耳。若有急用，文词不能得用，亦悲也。

官灾起，盖因夜噪。

朱雀居酉，曰"夜噪"。亦火制金，乡得以奋志为恶，其性好乱，便生口舌。得此者，必官非不免，又且酉为门户，口舌入门，非官灾而何？

音信至，都缘昼翔。

朱雀居巳，曰"昼翔"。以巳未交午，乃白昼之象。雀至此，最为有气。占凶，则口舌词讼；占喜，则起用文书。望人信息俱至。

粤有六合之神，婚姻佳会。

前三六合乃乙卯，木神也。主和合、成就、宴会、婚姻。又名私门。以其离贵人三位，故曰"前三"。

待命和同，

六合居亥，曰"待命"。亥乃天门也。我欲成就公私事端，而来天门之下待命，必成，故曰"和同"。

不谐惊悸。

六合居巳，曰"不谐"。盖六合，木也。入于火，乡烟灭灰飞，不吉甚矣。占得此者，恐惧不免。

反目兮，无礼之事端。

六合居子，曰"反目"。子，水也。六合木本相生助，何乃曰"反目"耶？盖子卯无礼之刑也。凡事必起于无礼，以致彼此不投，而有反目之失。

私窜兮，不明之囚地。

六合居酉，曰"私窜"。以卯酉为私门而六合，又乙卯之属，以私并私，以门复门，乃出入私门逃窜之象。且六合之木而临从魁之金，木受金伤，故曰"囚地"。重复私阴，故曰"不明"。得此者，惟奸淫阴私是利，而正大反殃也。

乘轩结发，从媒妁而成欢。

六合居寅曰"乘轩"，居申曰"结发"。盖寅木，乃轩车之象，故曰"乘轩"。

申乃庚也，卯乃乙也，乙庚相合，故曰"结发"。似从媒妁之言，而有成欢之庆矣。

违礼亡羞，因妄冒而加罪。

六合居辰曰"违礼"，居戌曰"亡羞"。盖六合本属乙卯，卯辰有六害之凶，故曰"违礼"。若临戌，则以己之私门而自就，戌以为六合，苟求合会，亡羞之似。占得此者，必因不自检约以招罪愆，非干人之害我也。

升堂入室，并为已就之占。

六合居午曰"升堂"，居卯曰"入室"。午乃离位，似为升堂；卯则六合之本位，故似入室。二者合于堂，合于室，岂非已就乎。凡占得此，皆可成遂。

纳彩妆严，总是欲成之例。

六合居未曰"纳彩"，居丑曰"妆严"。六合临丑，乃贵之本垣也。以贱谒贵，妆饰不得不严，所以事上也。居未乃卯未，有相合之庆，且太常酒食帛物主乡，似纳彩之喜也。占得之者，何事不可成耶。

或逢勾陈发用，必然斗讼争官。

前四勾陈，乃戊辰土神也。主征伐、战斗、词讼、争论、田土之事，以其去贵人四位，故曰"前四"。

更遇受越投机，被辱暗遭毒害。

勾陈居丑曰"受越"，居子曰"投机"。丑乃贵人之乡以争神，而入贵地，乃受其迈越之讼诉，而勾陈得肆，其侮于人也。若至子，乃土能克制之适所以投其狂妄之机，尤可以展布其奋忿之心。占得之者，亦惟忍而已矣。

遭囚兮宜上书，

勾陈居寅，曰"遭囚"。勾陈遇寅，乃克制之方，故有遭囚之象。宜上书者，彼凶既囚，而我得以上言告发其积害成愆之状。若不于此时制之，则过此仍肆虐焰而物受其害矣。

捧印兮有封拜。

勾陈居巳，曰"捧印"。巳乃铸印之方，而勾陈铸印之模范也。印铸既成，捧以奉上，非封拜之象乎？君子见之，迁擢必速；常人见之，反为可忧。自非有不法等情，何于于印信也！

临门兮家不和，

勾陈居卯，曰"临门"。卯本日月之门，而勾陈争斗之神入之，是争神进门矣。必家不和以致抢攘纷更，人眷匪宁，盖亦破败之征矣。

披刃兮身遭责。

勾陈居酉，曰"披刃"。以酉金似为凶器矣。况又阴爻肃杀之气与。勾陈之戌辰生，合彼凶斗之神而持此器，岂有善念哉？然非理之举，法所不容，终于遭责。占者惟避其凶，可也。

升堂有狱吏以勾连，

勾陈居辰，曰"升堂"。勾陈本属戊辰，而入辰非升堂而何？其神主斗讼勾连，故至辰地，则有狱吏勾连之应。知机君子，生平无非礼之举，不过因他人之不法而及之耳。

反目因他人而逆戾。

勾陈居午，曰"反目"。午，火生。勾陈而何曰"反目"耶？以勾陈好斗讼，而午火真朱雀尤讼之最者也。彼此皆反面相贼之人，孰背相容耶？故有反目之象。君子占之，必被他人之逆戾，余波以及之耳。

入驿下狱，往来词讼稽留。

勾陈居未曰"入驿"，居戌曰"下狱"。未乃坦途如驿道也，故曰"入驿"。戌乃"地网"，又曰"地狱"，况与勾陈之戊辰对相冲射，乃下狱之象也。非词讼之往来而何？占者惟退避则吉。

趋户褰裳，返复勾连改革。

勾陈居申曰"趋户"，居亥曰"褰裳"。夫申，非门户之神，何以趋户目之？盖申前即酉户也，立此可以入门，故曰"趋户"。至亥而"褰裳"者，亥方夜静更阑，必褰衣而憩息。然曰"勾连反复"者，申为坤，地户也；亥为乾，天门也。门户之前伺立此等凶神，君子至此，即返；而抽身稍迟，则被彼勾执矣。

青龙财喜，虽主亨通。

青龙前五甲寅，木神也；主财帛、米谷、喜庆，亨通。十二神中，惟此最吉。增福解祸，以其去贵人五位，故曰前五也。

在陆蟠泥，所谋未遂。

青龙居未曰"在陆"，居丑曰"蟠泥"。未近南离之火，故为陆；丑近北坎之水，故为泥。夫龙飞于九天，潜于九渊，神变化而莫测也。若失地，亦阨且困矣。蟠于泥，在于陆，非失地而何？欲望其遂也难矣！

登魁兮小人争财。

青龙居戌曰"登魁"。戌乃河魁也。以青龙之吉神而入网罗之地，则小人争财之象矣。由财喜之神落此，所以致小人之争也。

飞天兮君子欲动。

青龙居辰曰"飞天"。以辰乃龙庭也。而曰"天"者，戌亥子丑象地，在下也；辰巳午未象天，在上也。故曰"飞天"。青龙吉神，飞腾在上，君子有为之时也。非欲动乎！

乘云驱雷，利以经营。

青龙在寅曰"乘云"，居卯曰"驱雷"。寅乃青龙之宫，有乘云出入之象，所谓"云从龙"也。卯乃震卦，震为雷，龙得云雷，非经营之时乎！故驱雷乘云，而得以施为展布。

伤鳞摧角，宜乎安静。

青龙居申曰"伤鳞"，居酉曰"摧角"。申乃阳金，酉乃阴金，金能克木，青龙之甲寅所深畏也，至此有退鳞折角之象。吉神遭阨，岂福佑于我也！惟安居安静而已。

烧身掩目，因财有不测之忧。

青龙居午曰烧身、居巳曰掩目。以青龙之木，得水为喜，而见火为仇，巳上入蛇穴，尤力不吉，故有掩目之象。午乃南离真火，故曰烧身。青龙有此不足，尚可赖之为财神欤！若求谋财物，有不测之忧矣。

入海游江，因动有非常之庆。

青龙居子曰入海、居亥曰游江。盖俱水也。青龙得水，何吉不生，福佑斯民。占者动，则有非常之庆矣。

后一天后之神，蔽匿阴私之妇。

后一天后，壬子水神也。主阴私暧昧之事，蔽匿秽污之神，性似柔而实刚。以其后贵一位，故曰后一。

守闺治事，动止多宜。

天后居子曰守闺、居亥曰治事。天后妇人之象也。壬子，乃天后之本宫，故象守闺阁也。亥乃乾健，自强不息之地，有治事持家克勤之道。二者动止相宜，得其道之正，且当旺相其庆深矣。

倚户临门，奸淫未足。

天后居酉曰"倚户"，居卯曰"临门"。以秽污之神而入卯酉之私门，非淫奔之象乎？除奸私之外，而正大之举反见为殃矣。

襄帏伏枕，非叹息而呻吟。

天后居戌曰"襄帏"、居午曰"伏枕"。盖戌土克水，病之象也；且戌昏之时，有襄帏之象。午乃昼长，午寐之时，故曰"伏枕"。二者皆卧而不快，故曰"叹息"、"呻吟"，非病即事不遂也。

裸体毁妆，不悲哭而羞辱。

天后居巳曰"裸体"，居辰曰"毁妆"。壬子遇巳，有暴露之伤，为刑克之地，故曰"裸体"。辰为水之克贼，王后至此而毁妆，形体裸露而见毁伤；妆易容而不饰，非羞辱而何也？占得此者，悲灾必矣。

优游闲暇，盖因理发修容。

天后居寅曰"理发"，居申曰"修容"。平旦而早起，理发时也；日晡而容残，妆褪时也，故有理发、修容之义。二者非不遂也，且水与木金不克，故主"优游闲暇"，乐其平和也。

悚惧惊惶，缘为偷窥沐浴。

天后居丑曰"偷窥"，居未曰"沐浴"。以天后之子与丑为六合，有私暧之情，窥之恐人知，是以偷窥；未有井宿而壬子入之，有沐浴之象，浴则畏人至矣。二者皆有疑惧之心，故曰"悚惧惊惶"。

太阴所为蔽匿，祸福其来不明。

后二太阴辛酉，金神也。主阴私蔽匿、奸邪淫乱，暗昧不明，又为冥冥中之默助。以其后于贵人二位，故曰"后二"。

垂帘则妾妇相侮，

太阴居子曰"垂帘"。子，正北也。端门向明，垂帘昏夜，无见所以。妾妇居阴位，得肆其慢上之心而欺侮之。不过群小别地生非而已。

入内则尊贵相蒙。

太阴居丑曰"入内"。丑乃斗牛之墟，天乙贵人之位也。至尊而受此阴蒙，则蔽其明矣，乱之始也。君子心谨焉。

被察兮当忧怪异，

太阴居戌曰"被察"。盖太阴之辛酉与戌六害，且河魁刑狱之方，非被纠之象乎？欲饰其非，则愈怪且异矣。故当忧也。

造庭兮宜备乖争。

太阴居辰曰"造庭"。夫辰乃龙庭也，且与酉合，而太阴之妖媚，必与天罡相得；然彼刚之眷宠必夙，亦未常无也。乌得不争宠而乖变哉！

跣足脱巾，财物文书暗动。

太阴居寅曰"跣足"、居午曰脱巾。盖寅方平旦，晨起之时，有跣足之象；午则长昼，昼眠亦必有脱巾者矣。然太阴之金能克寅、木为财；而午则朱雀，反制太阴。二者，乃财物文书，俱暗中动也。

裸形伏枕，盗贼口舌忧惊。

太阴居亥曰"裸形"、居巳曰"伏枕"。亥乃夜深就榻，有裸形之象；而巳则克制太阴，必伏不起，乃有伏枕卧病之义。并主忧惊、口舌、盗贼。盖巳乃螣蛇，主口舌、惊恐；亥乃元武，主盗贼、忧疑也。

闭户观书，雅称士人之致。

太阴居酉曰"闭户"，居未曰"观书"。酉乃太阴之本，家阴好静，故闭户；未乃离明之次，舍土金生养，故有涵泳优游之象。二者安且吉也。

微行执政，偏宜君子之贞。

太阴居卯曰"微行"，居申曰"执政"。卯乃私门必袒裸之象，以入之非微行乎；申乃太阴之旺地，得志行权之所，有执政之象焉。君子占之，非阴神之比，时当微行也。持以贞一之操；或当执政也，亦持以贞一之操而已。

元武遗亡，阴贼走失。

后三元武乃癸亥，水神也。主盗贼、阴私、走失、遗亡、兵戈、抢攘。以其后天乙三位，故曰"后三"。

撒发有畏捕之心，

元武居子曰"撒发"。子乃夜半，其睡未醒，而子鼠乃虚惊之神；况元武贼神，自多怀疑，被惊而夜起，有撒发之象。怀畏捕之心，不过虚疑不害耳。

升堂有干求之意。

元武居丑曰"升堂"。丑乃天乙贵人之位。土能制水。元武不能行盗，以礼谒见，实怀穿窬之心，有所干求，不以实对也。

爱寅兮入林难寻，

元武居寅曰"入林"。寅卯山林之地，盗贼有所凭依；捕者难于追寻，非穿窬得志乎！

恶辰兮失路自制。

元武居辰曰"失路"。辰土能制元武之水神也。至此，非失路之象乎！盗贼消亡，君子坦腹之时也。

窥户也家有盗贼，

元武居卯曰"窥户"。盗贼入门之象。当谨之于预也；

反顾也虚获惊悸。

元武居巳曰"反顾"。巳乃昼方，非盗贼之利也。纵无人追逐，亦必反顾。既无追者，岂非虚惊耶！

伏藏则隐于深邃之乡。

元武居亥曰"伏藏"。亥乃夜方，又属元武本位，深邃之象。捕贼者必难获也。

不成必败于酒食之地。

元武居未曰"不成"。未乃土也，克制元神之水，所以欲盗不成；又未太常之家、酒食之地，必因酒而败。盗易获也。君子之庆，小人之忧。

截路拔剑贼怀恶，攻之而反伤。

元武居午曰"截路"、居酉曰"拔剑"。午乃天地之道路，故取象于"截路"；酉阴金，刃锋之象，故曰"拔剑"。贼势至此，猖獗已甚，岂宜攻之？攻之，必反伤矣。

折足遭囚贼失势，擒之而可得。

元武居申曰"折足"，居戌曰"遭囚"。申乃坤土，制元神之水；且昼方贼所深畏，有折足之象，刚金斩贼也。戌乃地狱，又土克水，故曰"遭囚"。二者，贼失利矣，故擒之易获。

太常筵会，酒食相奉。

后四太常己未，土神也。主筵会、酒食、衣冠、物帛，又为吉庆之神。以其后天乙之四位，故曰"后四"。

遭枷必值决罚，

太常居子，曰"遭枷"。土值水乡，有崩陷之象；又子未六害，日害而陷，有枷锁之象。所以必值决罚。

侧目须遭谗佞。

太常居寅曰"侧目"。寅木克制太常之土，有虎豹在山之势。而太常之土，何敢与为敌耶？况未羊逢虎，受其制伏，敢怒不敢言，亦惟侧目而已矣。尚畏有谗佞于旁谮之，则凶仍不免。

遗冠也财物遭伤，

太常居卯曰"遗冠"。以冠裳之神而入私门，有冠不正之象，故曰"遗冠"。然何以曰"财物遭伤"？太常亦主财物、衣帛，主失去者，以土被卯木之克也。

逆命也尊卑起讼。

太常居戌曰"逆命"。未与戌相刑，且河魁为狱网之凶，故曰"逆命"。未在上，其位为尊；戌在下，其位甚卑。二者相刑，非尊卑相讼乎！

衔杯受爵，不转职而迁官。

太常居申曰"衔杯"，居丑曰"受爵"。申为传送太常酒食之神，二义详之，似衔杯矣。然庆冠裳之象，而非转职之吉也。丑乃天乙之宫，以太常而拜至尊，非受爵乎？故曰"迁官"也。

铸印捧觞，不征召而喜庆。

太常居巳曰"铸印"，居未曰"捧觞"。太常为印绶之神，见巳火乃铸印之位，公器非征召不用也。未乃太常之位，宴会之官，捧觞酬酢有喜庆也。

乘轩有改拜之封，

太常居午曰"乘轩"。午乃天地之道路，乘轩之象也；又立南向北，面君之义。故有改拜之封，君子大庆也。

佩印有用迁之命。

太常居辰曰"佩印"。辰乃天罡首领之神，而与太常印绶，并之乃佩印之义，必主迁除。

亥为征召，虽喜而必下憎。

太常居亥曰"征召"。亥乃天门，有征召冠裳之象。但未土在上，亥水在下，水必惮土之克也。故虽喜而下憎之。

酉作券书，虽顺而防后竞。

太常居酉曰券书。太常之未土生，从魁之酉金，得助于魁，则锋刃成功，宜书之左券，有何不顺耶？但酉金强，自刑其方，终有后竞。惟勿以身贵而贱人，勿以独断而违众，则吉。

白虎道路，官灾病丧。

后五白虎庚申金神。主道路、刀剑、血光、官灾、疾病、死亡，至凶之神也。以其后天乙五位，故曰"后五"。

溺水音书不至，

白虎居子曰"溺水"，居亥亦然。白虎喜山林，主道路。今溺陷于水，则道路不通，不凶矣。盖至凶之神而陷没，有何不利？勿以道路阻而音不达为忌。

焚身祸害反昌。

白虎居午曰"焚身"，居巳亦然。在彼白虎之金，固所深畏，而占者反昌矣。何则？白虎凶丧血光之神，既已焚身，何能为患！

临门兮伤折人口，

白虎居卯曰"临门"，居酉亦然。白虎守卯酉之门，则一家惊惧不宁。轻出无备者，莫不为之噬矣，故伤折人口也。

在野兮损坏牛羊。

白虎居丑曰"在野"，居未亦然。丑未田野之象，白虎在此，固似无威，而丑中之牛、未中之羊，为虎所噬贪哺啜，无复凶矣。

登山掌生杀之柄，

白虎居寅曰"登山"。其威自倍。仕途占之，当有生杀之重柄。常人占之，凶不可当。

落穽脱桎梏之殃。

白虎居戌曰"落穽"。戌乃地狱。吉神入之，则占者必凶。凶神入之，则凶焰猥衰，不复孔炽。占者不被其殃，往返无虎截路，犹桎梏之脱也。

衔牒无凶，主可持其喜信。

白虎居申曰"衔牒"。申乃白虎之本宫，彼贪其巢穴之荣腴，无复肆噬之心，故有喜信可持。而曰"衔牒"者，传送乃往来之神、牒信之象也。

咥人有害，终不见乎休祥。

白虎居辰曰"咥人"。辰中有尸，乃虎噬尸。既曰"咥人"，岂复有吉祥于人耶？得此凶占，亦惟避之而已矣。

天空奏书之神，以天乙尊者无对。

天空后六戊戌，土神也。其神无形无影，由正对天乙至尊，即空亡也；由无敢对至尊而虚其位，故曰天空。专主诈伪不实曰奏书者，言惟执书以奏，则此片时可对至尊耳。

神虽所主体征，必详察卦名之义。

元首象天，重审法地。象天者，先喜而后忧；法地者，先迷而后利。

象天者，上位之动用也；法地者，下位之动用也。以其上克下，故"先喜后忧"；以其下贼上，故"先迷后利"。

知一则得一为宜，

比用卦，又名"知一卦"。知一，不知其他；惟一得，则永得也。

见机则不俟终日。

涉害之深者曰"见机"。"见机不候终日"，言机贵速时者，难逢而易失也。

遥克所卜难成，

遥克者，神遥克日，曰"蒿矢卦"；日遥克神，曰"弹射卦"。二者皆力不雄也，故所卜难成。观蒿与弹之意，自明矣。

别责所占罔济。

四课不备而无遥克，曰"别责"。尤无力之甚也。故凡占罔济，不过利守而已矣。

冬蛇掩目，虚惊而终不伤人。

昂星卦有腾蛇发用，曰"冬蛇掩目卦"。既曰"掩目"之蛇，则人得害彼，彼不得害人，不过虚凶，非实害也。

虎视转蓬，出外而稽留不起。

昂星卦有白虎发用，曰"虎视转蓬卦"。既曰"虎视"，凶不可当，即犹转蓬而避之可也。出外必稽留不回。

伏吟，任信宜用静，去盗非遥。

伏吟刚日自任卦、柔日自信卦，主静也。逃去之人及盗贼、失物，俱不远也。贵顺支前一位寻之，贵逆支后一位寻之。

返吟无依则复旧，往来不一。

返吟来去不定，故曰"无依"。主无依倚也。凡事不定，且主于远。

八专之意，不宜男子波波；帏薄之名，不利妇人嘻嘻。

八专卦支干同位，内有怨女，外有旷夫，故曰帏薄。不修之卦，多淫泆之意也。

龙首累逢，君命恩赐频加。

太岁月建月将贵人同为发用，曰"龙首卦"。君子则有恩命出自大子，常人利见大人。

龙战屡见，改革灾祸不定。

卯酉日辰行年发用，又值此者，名"龙战卦"。不问君子常人，俱主更革，灾祸不一。

官爵改拜升迁，

驿马发用，名"官爵卦"。主改拜升迁。常人得之，反摇动不宁。

富贵增财吉庆。

贵人发用，主增财、喜庆。君子常人皆吉。

斫轮铸印，官职须迁。

卯加申发用，曰"斫轮卦"。戌加巳发用，曰"铸印卦"。有官者必迁；无官者反不能当。而有官非口舌。

高盖乘轩，鼎席必致。

午卯子三传，曰"高盖乘轩卦"。亦同斫轮、铸印断。

芜淫主琴瑟不调，

夫干也、妻支也，上神互克干支名，曰"芜淫卦"。主夫妻异心。

泆女必渎乱太甚。

初传天后、末传六合、更传见卯酉，曰"泆女卦"。主淫奔不正。

是知三交为藏匿，

子午卯酉仲神，全见于三传，曰"三交"。主藏匿、阴私、不明之人。盖此神皆五行之败气，主人昏晦，收留此人，异日不利。

九丑定灾殃。

乙己戊辛壬日，更得四仲相并，而又大吉加仲上，曰"九丑卦"。主占者家长有灾。

斩关不利安居，奔波不定。

罡魁加干支上，更得六合青龙，名"斩关卦"。主不能安居，而奔波不定。

游子不遑宁处，碌碌无常。

辰戌丑未全四季，在三传本静，而丁神驿马入之，曰"游子"。主动而碌碌，奔波不免。

天狱忧刑罪责，

凡用神囚死更天罡，加日本之上，曰"天狱卦"。主官非口舌，刑罚及身。

天网因系灾伤。

凡时与地支并克天干而发用者，曰"天网卦"。词讼必遭囚系，常占多主病凶。

悬胎主隐匿，藏怀为胎孕。

寅申巳亥全在三传，曰"悬胎卦"。主隐匿藏怀，或为胎孕。

赘婿主伏潜，屈辱或相将。

支神加天干之上，被克为用，曰"赘婿卦"。主屈身于人而受辱，必依栖于人而相傍。

无禄之名，是上骄而下弱。

凡四上克下，曰"无禄卦"。上皆得意，故骄下，皆受制，故弱。无禄，犹无路。最凶之占也。

绝嗣之意，乃下逆而上伤。

凡四下克上，曰"绝嗣卦"。下皆得志而逾逆，上皆受制而全伤。尤凶之甚也。

又为厉德以动摇为意，

贵人当卯酉之地盘上，曰"厉德卦"。贵人不自安而动摇也。

乱首以悖逆为心。

日加辰而被辰克，曰"乱首卦"。悖逆之象也。

稼穑定自微而至著，

辰戌丑未，全在三传，曰"稼穑卦"。土有生物之功，而日渐增长，故自微至著。

曲直必福善而祸淫。

三传亥卯未，曰"曲直卦"。为福者，愈增其福；有祸者，愈益其祸。乃木日渐长之象也。

巳酉丑俱逢，则伤情革故。

三传巳酉丑全者，曰"从革卦"。主革故鼎新之象。且金乃破物之神，主刑伤之凶也。

寅午戌全见，则意欲成亲。

三传寅午戌全者，曰"炎上卦"。主气焰薰天，上进之象。而急于进用，有相亲傍之义焉。

原夫润下之道，惟宜施惠于人。

三传申子辰全者，曰"润下卦"。主恩泽下流，惟宜施惠于人，不可独利而招尤。

凡断吉凶，占从将意。大抵功曹为用，木器文书。

功曹，寅也。寅乃木神；功曹乃奏书之神，故主文书。

传送加临，行程信息。

传送乃邮驿之象，故主信息、行程。

太冲盗贼及车船，从魁金银与奴婢。

辰为斗讼，兼主丧亡。

天罡主斗争词讼，亦名"天牢"，又名"天罗"。主死亡。

戌为欺诈，或称印绶。

天魁主欺诈，亦名"地狱"。又主印绶之神。

登明征召，太乙非灾。

胜光火怪丝绵，

午主光明怪异，又主丝绵布帛。

神后阴私妇女。

子水天后之宫。主阴私不明，事干妇女。

未为衣物筵宾，

小吉乃太常之宫也。主衣冠物帛、筵会宾客。

丑号田宅园囿。

大吉土神，主田宅园囿之事。

大吉小吉会勾陈，因田宅而争讼。

丑未主田宅。见勾陈斗讼之神，必因争田宅而起讼。

从魁河魁乘六合，为奴仆之逃亡。

酉主婢，戌主奴，乘六合之私门，乃奴仆逃亡之象。

文宜青龙不战，武欲太常无争。

文看青龙为类神，武看太常为类神。旺相相生必吉；上下克战则凶。

登科者禄马扶会，

"登科"者，禄神驿马临于干支之上，富贵干支乘禄马是也。马主前程远大，禄乃临官之神。

不第者刑害俱并。

三刑六害并临干支之上，刑主有缺，害主有阻隔。

投书宜虎勾无气，

投书献策，见上贵也。若白虎勾陈无气，自然无阻。

捕贼欲元武相侵。

捕贼以元武为类神，若元武临克地，自然易获也。

若候雨占风，须看青龙白虎。

白虎主风，青龙主雨，有气旺相，有风有雨；囚死空亡，风雨必微。

若迁官进职，宜观天吏天城。

寅为天吏，甲为天城，若加年命发用，必主迁升。

动望行人，视二八卯酉之限。

占东南行人，以酉为中途，子上神为至期。若西北行人，以卯为中途，午上神为至期。

追逃亡盗，捕四六元武之阴。

占捕盗贼，看元武之阴神上所得何神，便知其在何处，捕之必获。

失伴必详胜光而可见，

胜光在日前，则向前追必见；在日后，则稍等立至。

亡财则察元武而可寻。

失财物，以元武之阴神上见乃知方，所寻之必获。

此皆略举其纲要，在智者临时而审情。若夫旺气求就官职，相气经营利禄，囚气囚系呻吟，死气死亡悲哭，休气疾病淹延，详在四时丘墓。

旺气发用利求官；相气发用利求财；囚气发用，讼者闪系呻吟；死气发用，病必死亡哭泣；休气发用，疾病淹缠。若丘墓同之，必凶。

相加孟仲，万事新鲜，季上逢之，互为故旧。

孟仲之神发用，主新事动；季神发用，乃旧事矣。

欢欣在旺相之中，悲哀在死囚之处。

旺相发用，皆主喜；休囚发用，皆主忧。

凡见火加水上，亡遗口舌非宁。

乃巳午临亥子也。火乃朱雀，主口舌；水乃元武，主遗亡。

火入金乡，淫泆奸邪未息。

火则螣蛇朱雀，金乃白虎太阴。淫泆奸邪皆太阴，为火所逼致也。

水加土位逢财，若在火宫迁职。

水加土上，受土之克，则为财；水加火上，受火之克，则为官。

木逢水，则流落他乡，

以木之少而见水之多，有水漂木之象。故曰流落他乡。

水遇土，则人财散失。

水加土上本为财，而主散失者亦水，为元武之位也。

金居火上，则疾病死亡。

金居火上，白虎入朱雀螣蛇之位，故主疾病、死亡。

土临木地，则田宅讼起。

土加木，乃勾陈受制之象。主因争田宅而兴词讼。

金加火位，中传有水无妨。

若金加火为发用，而中、末见水，则有救矣。

火入水乡，末得镇星复喜。

若火加水上为发用，而中、末有土，则不凶矣。

贵人顺行，凶将少降祸殃；天乙逆行，吉将聊施恩惠。

天乙贵人，顺则凡事顺，逆则凡事逆。顺贵虽凶，将降祸必轻；逆贵虽吉，将赐福不重。

逢灾遇恼，上下皆凶；招利求祥，始终俱吉。

三传中全无吉将吉神者，灾恼并见。三传中全吉者，主招财利，可求吉祥。

凶神刑害，灾祸连绵；吉将相生，欢欣不已。

三传中凶将更乘，刑害灾祸愈重；三传中吉将更得，生助喜庆愈多。

凶神和合，逢灾不致深危；吉将逢伤，赐福终非全美。

三传中凶将见生合，虽凶不甚；三传中吉将见伤克，虽吉亦不甚。

日辰有彼此之殊，神将有尊卑之异。

日干为自己，支辰为他人。贵神在上为尊，月将在下为卑。

辰来克日诸事难成，日往克辰所谋皆遂。

支辰来克日干，乃我受制于人也；日干去克支辰，乃人听命于我也。

男逢灾厄，须以日上推穷；女遇迍邅，但向辰宫寻觅。

日干又曰"天干"，故看男子之灾祥；支辰又曰"地支"，故看女人之祸福。

先凶后吉，终成喜庆之征；始吉终凶，必见悲哀之兆。

初传凶末吉，终于吉也；初传吉末凶，终于凶也。

初刑末位，灾来果系非轻；末克初传，祸至须知不小。

先贤以时作先锋，占万事，皆必可指。

若乃披刑，则侵欺诡诈；乘马，则动摇迁移。

时作支刑，如子刑卯之类乘马，主摇动也。

冲支冲干，彼己不遑宁处；同辰同日，尔我塞滞逢疑。

时冲干，己不宁；冲支，彼不宁。同辰塞滞，同日逢疑。

时日相生，迭为恩惠；生克其辰，宅有灾祥。

时生日下报上；日生时上惠下。时生支宅吉，时克支宅灾。

所以遇子遇午，若往若来；值卯值酉，为门为户。

子午，天地之道路也，往来之象。卯酉，日月所出入也，门户之司。

更宜视以用及传，终当察其生与畏。

大抵克多则事繁，克少则事一。

涉害比用，主繁元首，重审事一，克者动也。

鬼临所畏，当忧而不忧；财在鬼乡，闻喜而不喜。

财而变鬼，祸难立至。

神将互克，占及夫妻；同类来伤，事因兄弟。

鬼乃夫也，鬼动事起夫；财乃妻也，财动事起妻。比肩爻动，事起兄弟朋友也。

财遇天空爻，产业须伤；鬼临旬尾爻，官灾不起。

时爻空，求妻财不得也；官爻空，有官非不妨也。

吉神临凶卦之中，无咎争之道；恶煞临吉卦之内，无欢忻之理。

煞虽恶生我，则其喜终至；将虽良克我，则其忧不已。

如虎勾生我。其力尤雄；龙合克我，其凶亦至。

凶神无吉也，合干则讼休；吉神无凶也，克日则祸起。

与日合，虽朱雀之口舌亦休。

更若识其通变，举一隅而不待复矣。

雨血鬼哭集。

值阳奇事宜显应，

其事主应速。

当阴偶机在隐谋。

其事主应缓。

发端慎始，厥末虑终。末克初，人乘我隙；初克末，己取彼衰。

互刑则根本先摇，

其事主难。

递生，则源流俱盛。

利末至初。

进气则先发制人，

进茹递生。

退气则后期颓志。

用神无气。退茹或脱至末脱货利。

生旺相扶，事纵倾危终可望；刑冲叠见，谋虽周到必无成。

神来伤日，他人屡见龃龉。

用与披带。

日去伤神，自己频生辁轲。

用受伤也。

仲为危地并传，则事势难安。

寅申巳亥、或二三入传而不得用，且披带不吉，事险阻不宁。

库是迟星互列，则机缘未偶。

三传库披带土，为谋多而就少。

值四孟或见合刑，吉神来断为十美。

子午卯酉、或二三入传、三传冲动，而发用。又与日干生合，披带又吉；又与本命生合，则凡事吉断也。

得三奇又当顺数，由煞去占作万全。

甲戊庚阳奇，乙丙丁阴奇。子寅辰，辰午申，亦顺数三奇。子丑寅顺数，披带又吉，且与本命生合，万全之吉数也。

六阳以动，否极泰来。

干支同。

六阴咸临，迍多吉少。

且带凶煞不吉。

纯偶呈奇，事宜静待。

缓图可也。

纯阳作吉，类可设施。伏吟，凡事务宜收敛。返吟，定谋必主变迁。三局须审其旺衰，六合当详其变动。

当详日干本命与传相刑冲。

顺天时者，事无舛错；悖行生者，动出参差。

五行相悖不生。

马临正地，行人断作临门；骑入库中，旅客须知难返。

值本日干库更的。

戊己淹留他国，

马所披煞。

庚辛强半程途。壬癸多逢，萧然行李。

马披。

丙丁叠见，富贵腰缠。

亦须分披衰旺。

贵人临马，须知官长扶持；天马合生，必定因财阻滞。

临财长生。

华盖覆青龙，众扶势旺。

马逢龙并华盖。

贵人生华盖，机速财盈。合三阳，赖人扶助。

马子寅辰。

临四局，必见沉滞。

马申子辰。

常六到，门宅平安。

初末。

元雀临，须防失盗。

天地披火。

乘天后，家有阴私。

天地后阴。

作官鬼，行多错谬。

初披带以鬼旺，此居外占家宅。

禄飞贵，地定谋成。

二禄临贵人。

禄拱命，元须遂志。

命中首尾二禄。

系六仪，大吉无讹。

首尾戌子得禄。

并三奇，众谋皆合。

甲戊庚又生合得禄。

升天门，允为超越。

亥长生又命禄长生。

沉海底，断作空亡。

子旬空壬癸元武。

旺官虽吉，赖孙子之陶熔。

鬼太旺中末子。

衰鬼全彰，喜吾身之乘势。

身得势而乘受。

元临墓，知病者之难痊。本命更刑，衣衾速备。

命墓元地穴，更与命刑冲。

常遇水，识官司之有理。太岁文吉，狱讼成抒。

常天门，或太岁地，太岁。

岁逢龙，公私两利；朱合贵，名利皆成。

贵用中末。朱合贵，或天乙地，朱皆是。

魁度天门多阻隔，甲木到事反速成。

甲乙二利。

罡塞鬼户任谋为，元武行遍多窒碍。

辰加寅，逢元武。

功曹临巽，宜入公门。

巳为风门。

传送加辰，快寻媒妁。

申加辰，水合。

神后会白猿，威惊宵水。

子卯申。

登明乘金马，皆遁权奸。

阴私临午。

小吉登舟，最利江湖商贾。

未加子。

胜光出猎，大宜破贼将军。

午加戌。

墓中大吉，诸事皆空。

用丑旬，空日命二墓。

马上太冲，行人即返。

天乙二马临卯。

从魁临甲寅，惊散一车之鬼。

寅鬼户酉，加克寅车，披带青龙。

天乙坐巳丑，竟成盖世之名。

贵人巳丑加巳干。

织女渡银河，百为皆利，而最利者阴私。

太阴披辛临丑，丑为金库酉合，丑女为太阴。

牛郎逢猛虎，诸事以迟，而更迟者栽种。

六合临寅披壬。

玉女登堂，百事称心如意。

旬丁临午如甲子，卯加午。

将军执戟，出兵速奏凯歌。

白虎辰，披丙午。

铸印贵人，许功名之易就。

午披带庚，贵火，局生土。

旺生文卷，知官府之可亲。

未卯木，局披癸。

双蛇相会，家宅不宁。

蛇临巳，披乙干。

两虎并持，难辞盗贼。

白临寅地，元武披戊干。

挺刃交加，官刑未脱。

卯日刃，披癸未，局又与命刑冲。

枷锁互动，词讼频兴。

六合酉披辛金，局地朱雀。

阴后披丙丁，妻妾不和。

天地。

六膑逢壬癸，奴婢作祟。

天地。

元临日月时，逃贼必获。

初元建正时披巳。

空临寅卯辰，奸计难成。

天空所临。

贵入蟾宫，燃犀照水。

酉披丁，临贵。

龙投阱内，幽谷潜鳞。

申披庚，临青。

人事统乎天时，万殊归于一断。愚者举一忘三，智者闻一知十。引伸触类，天机发乎先见，学者务在精研。

壬学前知占宗。

课传既立，玩而占之，必有所宗。神将之类，不可不审。

神克将为内战，虽吉有咎；将克神为外战，虽凶可解。

如太岁，乃天元一气，号令四时；为众煞之主，至尊之神。若作贵，不救病，神不必入传，皆有救助。

惟不救病。

月将乃幽冥之司，福德之神。在日为福，在辰为龙德，宅舍光辉。临用年，命皆吉；临元武，贼必败。乘天空，空亡亦为光耀之象。

其属为部院，带马为使命，青龙为公卿，常勾为大将。

旬丁为变动之神，附以魁罡，传以二马乘龙，合太阴万里飞腾之象。

若避难者，当往大吉之下。

天乙贵神握尊权，随在无犯，临日辰年命发用最吉。螣蛇为惊恐卑贱之神，占怪视蛇之阴，小儿之病亦责之。

朱雀为口舌文书，若占选举，视朱雀之阴；而文移亦责之。

六合神为和合婚姻，视合之阴。

勾陈为迟滞斗争词讼，视勾之阴。

青龙为富贵财神，求财视龙之阴。

天空为虚诞，仆从视其阴。

白虎为道路，占病视虎之阴。作日官带马，为催官使者。

太常为衣服酒食，

元武为虚耗盗神。

太阴乃暗昧之神，

后神为恩泽取妻。视后之阴，女人之病责之。

诸将之中，日德为一日之喜神。访谒贤者，亦视其阴。至于魁罡，贵神不临，作用反多。天罡则又随所占，而操其吉凶之柄，尤为紧切。然神将为众课之所同，而年命为一人之所独，故命为日之应，不得与太岁日上神相伤。年为用之助，不得与日用相伤。

如命上见财，宜求财年命，见月建，能消一切祸；见申乘凶将，主病；见亥乘凶将，主水厄。

若三传，初为心之所之。事之所向，故曰"用神"。

要神将比和、上下相生，为吉。如用克岁，岁中灾；克月，月中咎；克日，忧身及家长；克神，宅不安；克时，心惊；克中传，有头无尾。

中传为事体，

母传子则顺，子传母则逆。鬼主事坏，墓主事止，空为折腰。

末传为之结果。

克初为吉，传空事败。如初有凶神，克之方吉；初有吉神，末生为宜。

占应

占事尚应，期证其验也。有取决于五行者，

谓水一、火二、木三、金四、土五是也。

有取决于先天数者，

谓巳亥四、辰戌五、卯酉六、寅申七、丑未八、子午九。

有取决于末传者，

谓事吉，取末传合处所临之神，为成期；事凶，取末传冲处所临之神，为散期。

然皆不若决之于发用。

如发用是日，即日应是。辰旬内应太岁一年，月建一月，四正季内正时。因前节应半月，候应五日。大抵用起第一二课，天乙顺行，在贵神前者，应事必速；用起第三四课，天乙逆行，在贵神后者，应事必缓。第四课发用为蓦越，应事不可测度。蓦然而成，多为他人。

迟速日期，各循用而至独应。期神之说，则又在所不必拘者。

用起亥子，则以丑上神为应期。寅卯取辰上，巳午取未上，申酉取戌上。

至若关格之课，则又在所当参看者也。

辰加子为天关，加午为地关，加卯为天格，加酉为地格。凡所为之事遇天关，必因天时而格；遇地关必因地理而格。念四节，共七十二候，一节三候，故"云候应五日"也。

期应

占事之临期应验，当决诸末传。如吉事，取末传合处所临神，以定成期；凶事，取末传冲处所临神，以定散期。旺相应速，休囚应迟，在日前者应速，在日后者应迟，空亡则不应也。一云：凶事取刑、墓、绝，吉事取生、合、旺，皆求末传所冲合神临处言之。一云：末传之阴，冲合之日言期。或墓神对冲之日，上下之辰以定期。一云：阳神取绝日，阴神取墓日言期。一成合之期，用三合末日，取天将临处以言其期。如寅午戌日，三合之末乃戌戌配天空，视天空所在入课传者为的；否则，视戌所临处亦是。其他三合日，可仿此。一用起申酉，取戌上得何神，以言其期。言此一气联珠，从未日上所临神为期应，是也。余五行一气未日，可仿此推。

古歌云：用传申酉戌为期，亥子须从丑上推。寅卯不离辰上用，方知巳午未当时，土神四季前为用，此课传人可指迷。

一间传名折腰，三合看中传对冲一辰，为成就之期，谓之虚一待用。

《远信章》曰：远信，月将加正时日上阴神，是信期；信见临官，并帝旺家神无气，信方归。

　　　　　试问文书何日降？朱雀合处求马上。

　　　　　合神绝处用为真，不见之时不足尚。

　　　　　马动临支占远信，忽然合日行人应。

　　　　　但将用墓作归期，百发百中无差径。

　　　　　所用克期去几时？各于合绝上推之。

　　　　　行人行马于巳上，合申绝亥是归期。

凡成合之期，如寅午戌日，要见天空；无天空，则候戌月就也。

第三十三章　术数汇考三十三

《大六壬类集》三

指掌赋

六壬通万变之机，大为国而小为家；日辰定动静之位，日为人而辰为事。

变即穷变通久之变。家国要从地盘分野处看，若单论家宅则惟在支上看可也。

月将加时，局图顺布。日二课而辰二课，合成四象；生主和而克发用，义法三才。

日上神为太阳，日阴为少阳；辰上神为太阴，辰阴为少阴。阴阳生合比和处，吉凶之端倪不露，惟于相克处一逗杀机，而吉凶遂尔见形。盖不杀不成其为生而取克，正所以观五行相生之妙也。

一上克为元首，理势顺而百事攸宜。

上天下地天克地，于理势为顺，故百事皆宜。

一下贼为重审，人事逆而谋为不利。

地克天，是下陵乎上，故逆。

二三贼克，知一总名。神将凶而祸不单行，神将吉而福祥双至。

如二三克贼，则看克处与本干有益无益，而祸福之来可决矣。

用孟名曰"见机"，当因时以制宜。仲季号为"察微"，事未萌而预料。克贼重重，比用涉害。用辰主外灾害己，用日主我祸延人。

涉害取地盘孟仲季发用。涉四孟乃见机课，涉仲季乃察微课是也。涉害比用复等，则刚用日比，柔用辰比。盖人我以支干分：日上发用乃我先发端，辰上发用是人先发端也。

蒿矢神遥克日二克，主两事而合为一事；弹射日遥克神一克，主一端而分作两端。

日止一日，克有两克，是两事合来作一事。一克互观，自见二课。若见金土二煞，为有镞有丸，能伤人。

昂星如虎，对立视俯仰，以卜远近之忧危。

俯忧近，仰忧远。杀气至酉而盛，故将曰"太阴"。俯仰皆以酉位言。阴阳无克，乃从至阴处讨出消息来，正君子履霜之渐，而多忧惧之时也。

别责如花，待时合日辰，以定人事之巧拙。

课名不备，事属有待，如花待时象可知矣。玩别责字，言事见端于此而成就于彼之义也。

八专士女怀春，一名不修帏薄。

凡阴阳施化以别而神。今干支同位，阴阳不分，主客未辩，故取象若此。

丁己辛，同丑未。井栏射，主灾深。

井栏射，亦主前途忧危。

伏吟任信用刑，而作事忧疑。

诸课有加临，皆可信任。独伏吟上无加爻，止堪自立主张，尽多忧疑之兆。

返吟无依迭传，而事多反复。

无依，谓十二神各居冲位，无可依倚，主反复不宁。

凡上克，则事起男子，或属他人；若下贼，则事由女人，或因自己。

大凡克处是动机。上克，动在客、在阳，故为男子、为他人；下贼，反观可知。

将克神，为外战，灾自外来；神克将，为内战，祸由内起。

将谓月将，神即贵神。将克神，相战在外；神克将，相战在内。灾外来是因彼而有克也，祸内起以其克加于我也。

用在日前，事情已过；用在日后，事起将来。日辰发用，应在今时。辰日刑冲，事成恍惚。年月节旬发用，事应年月节旬。

如甲课在寅，则卯为后而丑为前，盖前为已往，后为未来故也。日谓今日，辰主十日，言日干发用事应在今时。凡日寄辰，辰仰于日，要合德禄比合相生，乃为足贵。刑则人情不美，冲则反复不宁，故事多恍惚也。年主一年，月主一月，节主半月，作炁字看。如立春为节，雨水为炁，节字论炁，非谓月也。此二句，论克应之理最为绝妙。《方朔克应歌》云："起岁年华问，逢蟾月里寻。占旬旬日应，值日日前陈。炁动蟾分体，候来旬折身。诸门从此起，万类若通神。"苗公云："七位克应诀，季神总用同。墓中见的实，吉凶取合冲。阴阳分墓绝，七位应须通。"又云："看发用是何季之神？如见寅卯，则应在辰月辰日辰时；如见巳午，则应在未月未日未时。"故言与日同也。

吉神旺相事皆吉，凶神旺相事必凶。

旺气求官吉，争财相气亲。死主丧祸起，囚动见官刑。休来忧病患，五气仔细寻。此皆以克日论也。吉凶二神，谓三传日干年命兼岁月建正时来方，支辰上神非搜尽此十一处也。须要视何处生我克我？还是生我者多，克我者多？助我生者多，或助我克者多？生我者得地，还是克我者得地？宜详察。

已上九门定式，次观附卦加临。日临辰而受克为乱首，主行悖逆之道。

如庚午日申加午，是日临辰而辰克之。

辰临日而受克为赘婿，不能自立其身。

如庚寅日寅加申，是辰临日而日克之。夫日寄于辰，今反克辰，是自家竟无安顿处矣。

辰临日而生日名自在，有恢拓之志。

辰来生我，可云安亨。

日临辰而受生名俯就，有荣显之风。

我就他生，一何荣显。

日临辰而生辰名历虚，主无稽之笑语。

我去生他，便为脱气。

辰临日而受生名归宠，主福履之未祟。

辰是我所履之境，加我于上，而与贵合体生辰，岂非福履之崇乎！

同类相加，培植和合。

培植和合，言比肩之妙。

日辰交生，名为脱骨，主彼我舒情多实；日辰交克，号曰无淫，主内外疑忌生猜。

交生，不认我而认人，故为脱骨，乃相信之诚也。交克反看。

传课皆在年月日时，名天心，忧不成忧，而喜中加喜。三传不离四课名回环，吉不全吉，而凶不全凶。

天地大化不离，见在天之心也。玩回环意，不宜占解散事，三传所以变化，四课不离，殊少变动之意，故吉凶不全。

三上克为幼度厄，腐绳维巨室之象；三下贼为长度厄，越海无舟楫之形。

凡长幼课看发用财官父子何如？是财，则伤财。余可例推。又看余一课，或是上克，必主上下不安，争斗致凶。若生日干，则凶可解，上下相生，凶亦稍解。

四上克为无禄主孤单，得救神亦能免祸；四下贼为绝关主贫苦，虽吉将到底成空。

救神：如三传年命有一处生干，即是。若四下贼，则是我所遇皆仇敌，吉将其奈我何？

日辰见辰戌又发用为斩关，阳逃亡而阴主伏匿。

辰戌动神，中传更遇寅字，为天梁，主万里飞腾。故阳日为逃亡，阴日为伏匿，总无踪迹可寻也。凡传遇寅卯未子，乘贵阴合，为天地独通，出行吉。

贵人临卯酉分前后为励德，庶人吝而君子亨通。

视干支，阴神如立贵人前，是小人恃势，当绌。阳神如立贵神后，是君子谦冲，当进。此励德之义。盖日阴辰阴，为卑不合，妄居于前；日阳辰阳，为尊不合，退居于后也。

天乙在卯酉立私门，名微服而各怀异志。

天乙来临二八门，日辰阴阳俱后存。即此是为微服象，惟利阴私贵后存。谓居贵人后。卯酉为日月门，阴私之象。惟利安居，不利有为。

夫妇若年神交相克，作芜淫主琴瑟不调。

夫妇年若相克，上神更与日辰互克，乃乖戾之象。

用卯为龙战，用酉为虎斗，主更改而忧疑不定。

凡卯日发用，又卯行年，又在卯上，为龙战卦。虎斗仿此。盖卯日阳炁南出，阴炁北入；酉日阳炁北入，阴炁南出。阴主刑杀，阳主德生，相战于门，故名。主事疑惑，反复不定。

后合为佚女，合后为狡童，主厌斁而男女奔淫。

卯为六合，私门也。酉为太阴，私户也。凡卯酉作传，而前见天后，后见六合，阴往求阳，非佚女而何！前见六合，后见天后，为阳往求阴，非狡童而何！

三传四孟，名曰元胎，非怀孕则有移旧更新之意。

四孟，五行生地，故曰"胎"。元，水色黑。言方胎于中，男女未分，不可见也。主事有根蒂，日渐长进之意。如入胎于母腹，铸成五官之象，所以说"移旧"。

三传四仲，谓之三交，加日辰则主隐匿罪人之占。

凡仲日，四仲相加，一交；有克发用，二交；课传又见阴合，三交卦也。子午卯酉所藏，乃乙、丁、己、辛、癸五阴干。阴为刑，偏阴无阳。故太公立课，将五阴干移于四季正，此谓也。盖四仲当阴干之旺，如乙禄到卯丁，己禄居午，则其炁已极盛矣。而五阳干生于四孟者，以四仲为沐浴败地，是这仲位，刑旺而德衰也。若课传年命，全逢乎此，诸事不吉。故武侯云："德炁在内、阳炁在外之日，不可出兵也。"

四仲亦名二烦，主杀伤而更遭狱讼。

凡太阳加仲，斗系丑未，为天烦；太阴加仲，斗系丑未，为地烦。是天地大小吉之炁，俱为天罡所伤。而太阳加仲，是德为刑也；月宿加仲，刑炁太旺，故主杀伤、狱讼之象。如斗不系丑未，名杜传，德在内，刑在外。凡占，利静不利动。

四季名为游子，乘天马而将欲远行。

四土是游行之地，天马是游行之象，故名"游子课"。不止远行，凡事主游移不定，踪迹无凭。

用天马而中卯末子，名为高盖，主公卿爵位。

正月午为天马，卯天车，子华盖，"利见大人"之象。

卯发用而中戌末巳，号曰斫轮，为印绶俱全。

卯加庚辛，木就金雕，中传戌，又是辛之寄宫。末传巳火炼辛金，而金又斫卯木成器，且戌中辛金得巳火又为铸印，而戌又为印绶，所以说印绶俱全，爵禄崇高之象。

巳戌卯为铸印乘轩，驷马六合而升官爵。

丙辛合为铸印，卯戌合为乘轩。驷，房星，谓卯也。如卯发用，升官之兆。

若逢真破，得罪于帝王之象。害炁交加，远涉有江湖之患。

凡刑冲破坏，皆谓之破。于仕宦，则为得罪；于贾人，则为江湖之患。以卯为舟车故也。

时逢太岁作贵人，兼发用而乘月将，名时泰，有锡宝升官之庆。口时月建会青龙，而用岁炁作初传，名富贵，主利见大人之征。

天乙发用，又日辰月建会青龙，岁支作天乙，是为用岁炁言一时，而诸吉臻合也。

四离前一日为天寇，利居家而不利远行。四绝前一日为天祸，事体绝而又复重兴。

分至前一日为四离，已非远行吉兆，那堪月宿极阴，元武阴私重加，故主遇盗贼。四立前一日为四绝，似阴阳交卸之日，那堪立绝互交，是乘权卸肩，两不得力，所以主事体绝而复兴。

四时前孤后寡，或值旬空，苦楚无依。闭口旬尾加首，乘元发用，病危讼失。

如寅卯日当春之时，则巳为孤、丑为寡，若无别吉象，则为孤寡课。闭口有二格，如元武加天地盘，六甲合此成两般。病逢闭口，则饮食不进；讼逢闭口，则枉屈难伸。

时克日而用又助之，名曰"天网"，有死丧之厄。用死囚而斗加日本，名曰"天狱"，主囚系之灾。

时用克日为天网。如春占甲干用土金，死囚神而辰复加日，本亥，则木之根本受伤，运用不旺，囚系可知。

上下旺相为三光，始终迪吉；神将顺布为三阳，作事皆成。

用旺相，一光；吉神临用，二光；干支当令，三光。用旺相，一阳；日在天乙前，二阳；贵顺，三阳。忌克破刑冲害。

传见六仪，病将瘥而狱因出。三奇发用，疑惑解而喜气生。

旬首发用为六仪，子戌旬中奇在丑，申午旬中奇在子，寅辰旬中奇在亥。丑为玉堂，鸡鸣于丑，而日精备；子为明堂，鹤鸣于子，而月精备；亥为绛宫，斗转于亥，而星精备。

用起天魁为伏殃，有杀伤之厄；传虎死神为魄化，主死丧之忧。用乘丧魄，健者衰而病者死；传起飞魂，家有咎而人有灾。

天魁正酉逆四仲，非河魁也；死神正巳顺十二，是虎乘。死神加日主死，加辰主丧。有吉可解。丧魄正未逆四季，飞魂正亥逆十二。

卦曰始终，视神将玩克战以方知。课名新故，用刚柔察死生而后见。

"始终"，要兼旺相休囚，细细推寻。然亦就三传说三传，原该本事始终。或始克终生，或始生终克，或始生终墓，或始墓终生，皆"始终"之义。"视神将"者，神将以生我为吉；不生，则虽吉，将亦减力。凡阳干发用，得阴为故，得阳为新；阴干发用，得阳为故，得阴为新。阳主生事方生，而未有艾也；阴主死事已去，而不乘权也。死生，即得令不得令之义。

八迍立见，忧危将至；五福必主，福禄骈臻。

八迍、五福不是定然八件、五件。八是阴数，一切恶神、凶将、克贼，日辰兼带刑害者，是阴惨之极，故名。五乃天之中数，极阳明之象。如传逢生旺，贵人日德，即有凶，亦解救矣。

若顺相加之卦，传列巳申亥寅。春元胎者，生意已萌于中。夏励阳者，机关略见于外。秋占四牡，驱驰不息；冬占全福，行止亨通。

凡三传顺加以巳上，加申起算，四季是五行长生之地，顺加则水火木金，各就所生，是四生之神，复各居长生之位也。如春令寅木乘权勾萌甲拆，生意方蒙，乃生生之始也，故曰胎。四孟至于夏，则生气日长日盛，曰励阳者，谓阳气盛，中伏衰，君子当勉励勿纵，犹退藏意。秋时生气渐微，杀气渐盛，且言申位，何为传送？天地之化至七月，是生杀之转关，是送往迎来之会也。盖巳为海角，巳酉丑三合为宽大，坤为马，即四牡，即传送也。以申加巳，行宽大之地，正驱驰不息意。至于冬，万物归根，四生各归生处，是全福而无害，行止有不亨快者乎？

四仲相加，子午卯酉。春占关隔，若羝羊之触藩；夏占观澜，以游鱼之吞饵；秋占四平，日逢望弦晦朔，名曰三光不仁；冬占匿阳，时遇日月辰戌，号为四门俱闭。

四仲、乃四败地。以卯加子起算，四仲相加。在卯，为阴不备，以日出于卯，离太阴也；在酉，为阳不备，以日入于酉，离太阳也；在子，一阳初复，阳气不壮；在午，一阴始生，阴气不壮。玩课体名义，重阴互换，知无一吉占矣。春曰"触藩"，言为阴所缚，进退不得自如。"观澜"意同。盖午生于寅，败于卯，前见辰，是水库，乃观澜而不敢进意。弦月渐进，望月已满，晦月既尽，朔月初生；重阴相加，又逢弦望晦朔，更加四仲天官，如六合太阴，总是阴翳之象。故曰"三光不仁"。日月卯酉也，四仲相加，更卯酉上见辰戌，总是阴阳闭塞意。又子乃一阳初生，今加于酉方，向闭塞之路，那见生机？故云"匿阳"。

四季相传，丑辰未戌。春稼穑而生长以时，夏游子而飘流不定。秋地角据一隅而忘天下，冬五墓舍朝市而守丘墟。

稼穑者，以辰加丑起算，为顺。土生万物，故在春为稼穑。且辰加丑，土气乍开乍生之意，初动又土盛。于夏，乘巳午之生，有千万里之势，故云游子。至秋，则土气渐衰，生物之功成矣。曰"据一隅而忘天下"，便与夏之通达不同。四土皆库，独以冬为墓者，休囚故也。

若逆相加，势情为悖。三传亥申巳寅，六合一名六害。春亢毓有始勤终怠之形，夏洪钧秉中正权衡之象，秋含义而无中生有，冬待庆而暗事将明。

逆相加，谓以亥上加申起算，六合六害在加处见寅盛。于春已毓矣，又值亥生，则毓之太过，故曰"亢毓"；且亥加于寅，为休囚用事，故云"始勤终怠"。寅加于巳，木火通明，是为"洪钧"；巳加于申，正火旺于夏，亨嘉之会，谓之"中正权衡"，固宜申金断制为义。巳加申，是金生于巳含义之意，故曰"无中生有"。申加于亥，天乙生水，得申金之光，相涵相生，是为"将明"。从此而春而夏而秋，生长万物之庆，皆为有待。

四仲逆传，子酉午卯。春占陷阱，如鸟投笼；夏占正烦，若牛受刃；秋失友，既离而复合；冬出渐，阴极而阳生。

四仲以酉，加子起算，则皆相逆，为五行死地，如金库于丑，则酉死于子，余可类推。投笼正表，其象正烦，或作二烦，以日宿月宿临四仲分，曰"受刃"，则生气尽矣，金主杀，酉加于子为泄杀炁，炁既衰，故为"失友"。酉未为离隔之神，加于一阳初生之地。为阴静而阳复，乃离而复合之象。

逆传四季，丑戌未辰。春占越库，散财不以其道；夏曰转魁，委任不得其人；秋杀墓，势将兴而将起；冬伏阴，机渐收而渐藏。

四季以辰，加未起算。春季辰土受未，中乙木之克，是发越库，财已散矣。曰"不以其道"者，顺则合道，逆则不以其道也。戌为天魁。中藏辛金，夏季未土木库加戌，而为戌中辛金所克；又戌为火库泄木之气，是木转魁上，为委托非人也。戌火库，丑金库，火加金，则杀金，金阴象原伏而不动，遇火炼之将，有发越之象。丑金库，辰水库，丑加辰，则金水相涵，象重阴，又子见母，故云"收藏"。

若顺相合，理势自然。申子辰为润下，以和顺为义；寅午戌为炎上，以发达为名。亥卯未为曲直，当举直错枉；巳酉丑为从革，宜革故鼎新。三传稼穑，田土稽留。

子为水，申为生地，辰水库，自申而子而辰，理势自然，有不和顺者乎！甲乙日为生气炎上，顺其次序，自然烈焰弥天，与和顺同解，更得驿马贞位，为倚权利奏对也。凡木之生，先曲后直，举直错枉，正去徇向直意。金有革故之义，才言革故，自有鼎新之势。凡占得四土，虽当作稼穑，须玩顺逆，玩四时，参上文方备耳。

子辰申为出奇，自新改过。午戌寅为间魁，舍窦从庭。卯未亥为合纵，彼我各怀其忿。酉丑巳为献刃，远近俱被其伤。申辰子为呈斗，玩阴阳于天象。戌寅午为顶墓，会消息于方舆。丑巳酉为藏金，因事而韬。未亥卯为从吉，待时而动。

若逆三合，事主乖违。辰子申为循顺，贵母蹻等。戌午寅为就燥，行合中庸。未卯亥为正阳，遵发生之意。丑酉巳为法罡，防肃杀之威。四土逆行，尚宜守正。

水局逆行，言母蹦等者，欲其以顺正之也。火不顺则燥，故正之以中庸。玩遵之一字，言当依木生，生之理，而毋毗乎阳也。罢杀气金逆，而杀气愈盛，故肃杀宜防。土能生金，若逆生，恐犹未出于正，故特用戒之。

子申辰为仰元，守凝寒之困。午寅戌为正义，显朱夏之形。卯亥未为先春，未萌先动非时过。酉巳丑为操会，已过受时岂失宜。申辰子为间斗，聚秀气于怀中。寅戌午为华明，彰精光于天表。亥未卯为转轮，因颠蹶而自反。巳丑酉为反射，怀杀伐以酬恩。天罡加四仲为关格，人事暌违；登明临日辰为萃茹，事情和美。

卯酉日月门也，子午为阴阳之门，辰戌为网罗之煞。辰加四仲，则门被阻隔，人事何由通快。子午为关，卯酉为隔，卯酉既为日出而作、日入而息之门户，子午既为阳死阴生、阴死阳生之地，则人事一动一静，能离此阴阳、离此门户乎？今被此网罗煞，阻隔人事，岂得亨快？亥为乾位，加日辰，是统天之德聚于日辰也；天德照临，人情自然和美矣。

用为发端之门，中为移易之府，末为归计之宫。

太公立三传，极重在发端，归结在末传。

孟为神之在室，仲为神之在门，季乃在外之应。

孟、仲、季，乃泛论其理，不在传之例。孟为生地，仲为旺地，季为结果之地。此正由微而著，由小而大意。

初生中，中生末，名遗失而事久凌夷。末生中，中生用，名荣盛而人多推荐。初克中，中克末，为迭噬而受众辈之欺。末克中，中克用，为僭亡而致外人之侮。

《毕法》云：“三传递生人举荐。”重下生上，不重上生下。大凡发用之炁，要无所分析，一心聚于干上方好。若初生中末，则益我之气薄矣。所以事久凌夷。惟从末生上专，专益我，故荣盛耳。又上吞下，为迭噬。下贼上，为僭亡。众辈侵欺，即《毕法》“众人欺”意。然中初、初中，缓急有辩。

三传生日百事宜，日生三传财源耗。日克三传，求财可羡；三传克日，众鬼难堪。初传克末成者罕，末克初传事可成。传见妻财利益多，传见父母饶生意，传见兄弟口舌生，传见子孙福禄满。传见官鬼有两途，病讼畏兮官位显。子传父兮逆且疑，母传子兮顺且便。干支吉兮三传凶，谋事不成终不善。三传吉兮干支凶，事吉而成无少惮。支若传干人求我，干若传支我求人。课连茹，传逆速而顺则迟；越三间，向阳明而向阴暗。故顺三间之课，亥丑卯为溟蒙，而事多暗昧；子寅辰向三阳，而渐望光明；丑卯巳为出户，春雷震蛰；寅辰午出三阳，金鲤波中；卯巳未迎阳者，鸣高冈之鸾凤；辰午申登三天，得云雨之蛟龙。巳未酉变盈者，名秋场之登稼。午申戌出三天，似鸣鹤之在阴。未酉亥为人局，主心劳而日拙。申戌子涉三渊，当隐于山林。酉亥丑乃凝阴，而忧不可解。戌子寅入三渊，而屈不能伸。

天地之气东南为阳，西北为阴，自寅至酉为日，自酉至丑为夜。凡人日出而作，与阳俱开，故向阳则明；日入而息，与阴俱闭，故向阴则暗。凡人逆则归，归则速；顺则游，游则远，自然之理也。若三传俱在夜方，岂不暗昧？寅为三阳，而传之前后拱向之，岂不光明？卯为门户，出门而向阳，正如雷之震蛰，阳起地下也。寅三阳之地，出乎此，一路向东南。辰午之旺炁，可知亨快鱼得水之象。午为阳，而卯巳未迎之，正高冈鸣凤之象，占事宜速就，稍迟则无炁矣。午申在南，先天乾位固曰"天"；而辰在东南，亦是阳明之位合之，曰"三天"。登之，故有蛟龙云雨之象。只一巳字，在午之前，而未酉则向西去矣，阳终阴始，肃杀初进，万宝告成，故曰"登稼"。午当阳极，而申戌巳流于酉矣。在阴子和，言闻其声不见其形也。未酉亥阴炁盛矣，凡人心劳不休皆属于阴。《书》云："为善心逸日休，为恶心劳日拙。"善恶之际，阴阳之别也。申子水局，有林之象。戌土山象言入夜方，似幽人之守正也。酉亥丑皆在夜位，阴炁所凝，何忧如之。戌寅火局，而子水居北，乘旺为渊，则火亦化而为水矣，故曰"入三渊"，屈不能伸，无非幽暗之意。

至若逆三间之课，亥酉未为时遁，无出潜之意。戌申午曰悖戾，有追悔之心。酉未巳励明者，出入从其所便。申午辰凝阳者，动止罔戾于心。未巳卯为回明，而利有攸往。午辰寅为顾祖，而喜气和平。巳卯丑为转悖，当吉凶二者之间。辰寅子为涉疑，入祸福双关之道。卯丑亥名断涧，义利分明。寅子戌为冥阳，善人是宝。丑亥酉为极阴，如月隐西山。子戌申名偃蹇，似马驰栈道。

亥酉未逆传，亥遁于酉，酉遁于未，有退而归隐之意。戌午火局，中间一申，反成克象，不和同矣，故曰"悖戾"。酉至未巳，有背暗投明意。曰"励明"者，言策励以从明也。申午辰居东南阳位，故曰"凝聚于阳"，所以行止如意。午为明，未巳卯回绕而向之，故"利有攸往"。午火生于寅，三传午辰寅有顾母之意；和平者，谓得所生而安也。巳丑酉金局，为杀机之悖，今中传不用酉，而用卯，是悖之转，转则吉；然犹未离于杀也，亦主凶，故为二者之间。辰子水局，中传见寅，虽涉于疑，而不沉于渊；但两局不纯，故云"祸福双关"。《经》曰："断涧如何涉，忘前失后时。君子宜退位，小人须有悲。"盖亥为水，丑卯有桥梁意，言难进也；高高下下，义利岂不分明！寅戌火局，中传见子，阳入于冥，乃怀宝不出意。丑亥酉皆是夜方，不见光明。子申水局，间一戌土在中坎，水见险，岂是坦道？

若顺连茹，亥将顺行。亥子丑为龙潜，阳光在下，空怀宝以迷邦。子丑寅为含春，和气积中，勿衒玉而求售。丑寅卯为将泰，有声名而未蒙实惠。寅卯辰为正和，展经略而果浴恩光。卯辰巳曰离渐，利用宾于王家。辰巳午为升阶，亲观光于上国。巳午未为近阳，名实相须。午未申为丽明，威权独盛。未申酉为回春，若午夜残灯。申酉戌曰流金，似霜桥走马。酉戌亥革故从新，小人进而君子退。戌亥子隐明就暗，私事吉而公事凶。

亥子丑俱在夜方，全无阳气，故云，即《易》"潜龙勿用"义。子丑寅得阳气而未畅，仍宜韬养勿用。寅为三阳开泰，此时从丑初履之，虽有将兴之誉，而功业犹未成就。寅卯辰为日之始，正君子向明图治之会。卯辰巳逼近离火之位，是君子作宾于王朝也。午正阳有泰阶之象，从辰巳升之，岂非观光乎！午阳明君位，巳未近之，君臣合德，功成名就之象也。午未申是圣主当阳揽权御下之象。未申酉东南之炁减矣，是以比之残灯励之也。申酉戌乃金地肃杀，何险如之，曰"霜桥走马"，危之也。酉戌亥纯是夜方，乃"小人道长、君子道消"之时。戌亥子以公私分明暗。若占逃亡、贼盗，又当用夜方也。

若逆连茹，亥位逆推。亥戌酉曰回阴，心怀暗昧之私。戌酉申为返驾，主行肃杀之道。酉申未名出狱，主离丑出群，疏者亲而亲者疏。申未午曰凌阴，主行险侥幸，安者危而危者安。未午巳力渐晞，脱凡俗而渐入高明。午巳辰名登庸，舍井蛙而旋登月阙。巳辰卯名正己，人物咸亨。辰卯寅为返照，行藏攸利。卯寅丑联芳晦吝，须知否极泰来。寅丑子游魂，乘凶坐见，事成立败。丑子亥为人墓，有收藏之态，仕进无心。子亥戌为重阴，安嘉遁之形，宁甘没齿。

自亥而回戌，自戌而回酉，一团阴气，用事可以卜其心之所藏矣。戌酉申肃杀之地，昔孙膑占此，不满期而出，刖足而返故名；戌为狱，酉不向戌而向申，是为出狱，不与戌之丑群为伍，而往西南，是平昔之亲类反疏，而疏属反亲矣。申为阴，而未午凌之，阴阳交战，安危之机也；睎指午未，渐而入之，是脱凡境入高明意。午巳辰逆转，又未中有井宿，午逆向巳，巳中有蟾月阙是也，巳宽大有正己之象。从巳至辰卯，正己而正物，人物皆归于通达。寅中有生火，辰卯返而从之，是返照也，阳明相比，行藏自利；发泄太过，中藏乌有，反为咎象。今归寅卯于丑，披枝归根，方是泰来之兆。寅之阳气正好发舒，反入于丑子，极阴之位，诸事不利，魂阳魄阴，向晦宴息，百事收藏。占者宁矢志没齿静候，不敢进也。

局有进退之异，气有旺绝之殊。衰墓总同退断，胎生进气无虞。退气则吉事成凶，凶事反吉；进气则安者益安，危者益危。

"长生"等十二位，所以象人之始终也，要从"胎"处说起。"胎"在母腹中，"养"在始生之时，"长生"则从始，生渐渐长矣，宜竟接"冠带"，何为有"沐浴"一位？盖五行之气，不郁不舒，不凝聚不发散；正复卦，安静以养微阳意，这一点生意不得，"沐浴"处一番闭藏，如何得"冠带"，而"临官"，而"帝旺"也。到"帝旺"处，一生事业尽矣。"衰"、"病"、"死"，理势自然，至"墓"之后，"胎"可言矣。又加一"绝"字者，五行之气不绝，不生、不有。十月之纯阴，何以得一阳之生？"绝"，正死生互换之交，人鬼转关之路也。课义虽言五行，实字字切著人事，细玩自见。进退二字，全在"旺"、"相"、"休"、"囚"、"死"五字中分别。大抵吉气进则聚，若散则吉者不吉矣；凶气退则散，若散则凶者不凶矣。

顺连茹空，名曰"声传空谷"，退吉而进则不宜；逆连茹空，名曰"踏脚空亡"，进宜而退则不可。三间之课，亦有缘由。课传六阳，利于公干；课传六阴，利用阴谋；半阴半阳，原情审势；阴多阳少，以理推求。

阳为德而阴为刑，阴从夫而阳自处。癸为闭而丁为动，闭主死而动主生。

子午卯酉多是五阴所寄，而日德从于阳干，在四孟位上。如甲禄在寅，乙禄在卯，甲则合己而以寅为德禄，乙则合庚而从庚之申以为德也，余例推。癸水润下之性，干逢旬尾曰"闭口"者，言水气在上，不能开口也。假如人在水中，一开口便不能生矣。丁火之性主阳，主动是生之象，正与癸相反。

空亡乃耗散之神，初斩首，中折腰，而末刖足。辰戌为网罗之煞，辰覆巢，日毁卵，而用置逵。

空亡为天中煞，人只知旬空为十干不到处，不知惟虚能起化，此正天之中也，故曰"天中煞"。数中凡遇空亡，不可便说不好，要细察始见端的。天罡之气鼓万物而出，天魁之气收万物而入，为四时网罗之杀，言一网无余也。在日辰上是静位，所以为覆巢，为毁卵；在用上是动机，所以为置逵，言一往便留碍也。

年命若立魁罡，动者静而静者动。日辰加临卯酉，离者合而合者离。

立，是年命所乘神，立于地盘辰戌之上，非辰戌作年命也。

三传纯子孙，不求财而财自至。三传纯父母，勿虑身而身自安。三传纯妻财，而父母克害。三传纯官鬼，而兄弟成灾。

《毕法》云："六爻现卦防其克。"即此意也。

见克不克，从其鬼贼，崖岸迫而勒马收缰。见生不生，不若无生，鸟兔尽而藏弓烹犬。见救不救，灾须自受，当如燕雀处堂，见盗不盗，本根无耗，须识荆棘巢凤。

凡见克神，要细看他立处。若是生地，他自恋生，不来克我。若是他之克地，他自受制，不能克我矣。下三句俱如此看。如人之临于危崖，尚可收缰，危而不危也；鸟兔尽，盲人之施恩于我者，今已尽矣；"燕雀处堂"，而不知危机将至，救神无力也。"荆棘"解"盗"字，"巢凤"则盗而不盗之意。

合中带煞，蜜里藏砒；煞遇空亡，饥飡甘李。交车入长生之位，苦尽甘来；交车坐刑害之宫，幸中不幸。

吉中凶，凶中吉，须详之。干支门路，正在上下照射处，故曰"交车"。此处刑冲破害，极有关系。盖"交车"二句，似指交车立地盘，长生刑害也。玩"位"字"宫"字自见，不然与下节重复矣。

先生后克，乐极生悲；劫煞人辰，萧墙祸起。

乐极生悲，即《毕法》"乐里悲"意。劫煞，如亥卯未劫在申，其应极速，萧墙应辰字。

日辰神将交生，龙虎聚明良之会；日辰神将交克，猿鹤争风月之巢。

龙虎是合炁的状，猿鹤是不合炁的状，交生交克可谓极切。

交车入墓，瘖哑双盲。交车冲刑，风瘫瘈膈。

瘖盲俱切墓字，风瘫切刑冲字，凡断当各从其类。

乙戊己辛壬同四仲，名曰九丑，天地归殃。死绝休囚炁加日辰，号为二难，夫妻反目。

凡戊子、戊午、壬子、壬午、乙卯、己卯、辛卯、乙酉、己酉、辛酉日而大吉，又临日辰子午卯酉上者，为真九丑卦也。盖乙是雷电始动之日，震而不安。戊己是诸神下位之日；又戊己为坤，诸神清虚之炁，合德于乾，转入坤维，曰下位是也。壬是三光不照之位，壬禄在亥，六阴俱足，日月之光至此损照。辛是西方杀物之位，如何又居在四仲极阴位上？大吉是十二宫神之主，为贵人之本家，所以为星纪言诸星朝会于斗也。今又临四仲极阴之位，是为九丑。九，阳数。九丑，言阳之丑也。"二难"，正配"夫妻"两字。

上下六合，主客和同；上下刑害，冤仇相见。引从日辰，名曰用媒，家必兴而人必旺。干首支尾，名曰回环，成事吉而散事凶。男年支而女年干，合后成婚；辰加罗而日加网，巧中反拙。太阳照武，宜擒盗贼。月将加辰，宅舍光辉。魁度天门，行多阻隔。罡填鬼户，事任谋为。既定课传，次观神将。贵人为百神之主，得位为福，失位为殃。螣蛇为卑贱之神，旺相怪异休囚，亦主忧惊。朱雀文书，亦主刑戮、奸逸、口舌。白虎道路，又为官灾、疾病、死亡。勾陈主迟滞勾连之事，囚主讼而旺主争。元武为盗贼虚耗之神，休失人而旺失物。六合为婚姻和合，妇女得之则为私门。太常主酒食衣裳，武职占之则为擢任；青龙所主财物，文官见之尤为恩宠。天后虽为妇人，庶人得之，亦主亨嘉。天空奴婢妄诞，太阴暗昧不明。

太公前止用天将十二，后见丑位，为己土之精，北斗之枢，是十二宫炁化拱照之地，因而加一名，曰"天乙贵人"，贵人即丑也。前五位引之，后六位从之，其间分文武、贵贱、男女，如天后贵人之妻、太阴贵人之妾。空、螣、武，皆贵人奴婢，龙朱文臣常勾虎武将所，不可不知也。螣属巽，风火摇动不宁，故主惊疑。离火，外明内暗，故曰"奸谗"；火色赤，故主"刑戮"。虎处坤方，故主"道路"。又申金杀物，故主官灾、疾病。勾陈，辰也，万物至此，勾萌甲拆，未舒迟滞，勾连之象也。元武为亥水，阴私暗昧，故主虚耗六合和合之意。妇人岂宜私合？未，味也，言物至此月而始成味也，故曰"酒食"。衣裳者，谓麻絮丝绵，都于是月就绪。曰"武职"者，言巳午所生之金，得未土，而刚锐之气毕聚；至申位，方显出纯金来，可见未中之金已旺了，故为武职。寅为三阳开泰，号曰青龙，正应文武之德，世间财物、吉凶、嘉宾、生死、丧祭、贵贱、尊卑、男女、长幼，那一事少得，所以属青龙，言其变化莫测也。天后有恩泽意，故亦云"亨嘉"。天空诞诈，太阴阴私是也。

寅功曹，主木器文书。申传送，主行人消息。卯太冲，主林木舟车。酉从魁，主金九奴婢。辰天罡，为词讼，兼主死丧。戌天魁，为欺诈，或称印绶。巳太乙，惊怪颠狂。亥登明，阴私哭泣。午胜光，官讼连绵。子神后，奸淫妇女。丑大吉，咒诅冤仇。未小吉，醑歌医药。

辰乘贵人，合禄公门役吏，遇马而为奔走公人。戌逢空禄，临孟为嘹哨边军，见丁而为逃窜落阵。大吉小吉作勾陈，斗争田地。天魁从魁为六合，奴婢逃亡。从魁若乘武合，妻妾怀娠；传送上会青龙，子孙财损。胜光如逢天马，必问行人。太乙若逢白虎，家多疾病。未逢天后，妇人奸淫。丑合贵常，欲添财喜。天空临酉，走失家奴。常遇登明，亲朋酒食。辰戌上见空武，奴婢逃亡。小吉单逢六合，婚姻聘礼。

辰上原无贵人，若天乙立地盘，辰上则贵而不贵。若合日禄，主为公门役吏，但食其公食而已；更带日马，则为奔走公人。戌加天空，军人之象，临孟而为嘹哨者，言去路方赊也。丁者壮也，惟壮盛善走，所以落阵中亦能逃出。从魁是妻妾，元武为胎合，是怀孕子孙，历代相传，传送之意。青龙为财，居申受克，非财损而何胜光；离火为日之精，行游之象也，更乘天马，岂非问行人事！太乙在紫微垣内，家室之象，家遇疾病刑煞之神，则抱恙可知。未地始离于阳，渐进于阴，再乘天后，奸淫必矣。丑为贵人本家，太常为财为田，合而得之，则财产之事添进无疑。天空为奴，酉门户也；奴临门户，背主逆行。亥卯未三合，故未亥为亲朋也；

又未中酒食，与亥共之。辰戌动而不静，有奔逃之象；空是奴，武是婢，临于辰戌，故云小吉，主礼仪酒食，又见六合牙媒之神，其为婚聘可知。

辰逢勾虎，必问田坟。丑作虎勾，墓田破损；太岁龙常，来占官职。子乘龙合，女受皇恩。寅乘龙合，儿孙欢庆。二八如同阴武私通，门户摇动。巳亥若逢阴后二女，争淫不已。子作六合为荡妇，见亥亦作孩儿。丑遇天空为矮子，会申名为和尚。寅作朱雀会卯，为文章之士。寅乘元武见巳，为炼丹道人。卯上乘传送为匠研，辰上见白虎是屠人。巳入西宫，为犯刑远配，会太阴亦作淫娼。酉加午上，为宠婢登堂，会六合必主淫乱。未加酉为继母，申乘合作医人。戌作天空，健奴军吏。亥乘元武，乞丐鬼神。

天罡主动勾陈属辰，为田坟之象；更见白虎凶丧之神，则动问必在田与坟矣。丑土主静，遇勾虎凶神，心主墓田破损事。太岁君象，文视青龙，武视太常，二者如近太岁，岂非问官职之事乎！子为天后，龙为恩宠，女与龙合，自是膺受皇恩之象。寅即青龙，喜神六合，为儿孙所主，必喜庆事。二八谓卯酉，如乘太阴元武，蔽匿阴私之神，则门户污淫必矣。巳为双女，亥为双鱼，都是淫乱之象。子为妇女，见阴私六合之神，自然所主淫荡。亥为幼子，乘六合儿孙之神，其为孩儿无疑。天空是戌为足，而加于丑，足为丑刑，不能大长，故为矮子。天空亦作和尚，申解作身，身会空，则身入空门矣。寅为书籍文章，卯为士，朱雀文明之象；课象值此，自是文人声誉。寅为道士，元武不正之神，乃窃取财物者也。巳为鼎灶，相会为一，炼丹可知；一说寅属艮，成言乎艮，道在是矣。上元武下巳火，水上火下，《正丹经》所云"取将坎位中心实，点化离中腹里虚"也。申者身也，身琢木为匠作；又卯加申，琢成器物。罡乘虎，杀炁太旺，故为屠人。酉主杀，是天地之刑官。巳从巽，入兑相克，犯刑之义也；又巳加酉，为配所刑，必属远配。巳双女见太阴，私蔽匿之将所主，必淫邪事。午正阳有堂之象，从魁为婢，加午为登堂，若见六合阴私之象，其淫污可知。土生金者也，金旺于酉土，败于酉，以败炁生旺金，如子巳长成，而母又生之，故为继母。申身也，身入六合药材之中，岂非医流！戌者戍也，天空戌之本位，故为军奴。元武脱耗，亥为天门，故云"乞丐""鬼神"。

虎踞二六之门，八难兴而三灾发；贵立天门之地，四煞没、而六神藏。

卯酉为二八门，诸事所必由。今为虎踞，灾难自兴。惟丑贵加亥，方说得四煞没、六神藏；四煞即辰戌丑未，而加四孟地，则化凶为吉。六神藏者，蛇临子、朱临丑、勾临卯、空临巳、虎临午、元临申是也。

太常乘破碎为孝服，加天狱螣蛇，生灾致讼；天空会勾陈为斗争，并伏殃化鬼，家破人离。天后临卯酉，一举成名。月将乘贵龙，片言入相。勾龙同居，旺地财宝，如山常贵，共入官乡，当朝执政。

四孟金鸡四仲蛇，四季丑日是红沙，此破碎煞也。太常主衣服，而遇破碎，岂非孝服之象？天狱即天狱煞也，或值天狱卦，亦是常乘，此更会螣蛇惊恐之将，灾讼必矣。天空即戌，勾陈即辰，辰戌相争，又魁罡动摇，岂非斗争伏殃！正酉逆四仲，凡四仲为五阴之地，阴盛化鬼，家破人离之兆也。又天后为恩泽之神，月将君将之象。又青龙为恩宠，太阴属金，乃财帛之神，勾陈积聚之神，妙在同居旺地四字。问功名一事，大抵要官星得地，若太常天乙共入官乡，而他处更无克害，便是升官迁职吉兆。

年临孤寡，自甘半世孤灯。日遇空亡，多主首阳饿死。太阳加神后之位，有水火之灾。太阴临胜光之宫，主自缢之患。财遇绝宫而上乘旺气，定因白手成家。子作白虎而下见离明，多主螟蛉承嗣。年命加临卯酉作事朝移暮改。龙合下临丑未，为人佛口蛇心。武会太阴，嘲风弄月。虎同天后，恋酒迷花。财同朱雀，主口舌上生财。武见官鬼，因奸伪中成事。财为天后，主宅主妻；财作太阴，为奴为婢。年作卯酉而入空申，随娘再嫁。时逢酉未而成刃绝，市井呼卢。合武乘旺临酉寅，非雷惊必主沉溺。虎蛇带煞临未巳，非虎咬必主蛇伤。子午卯酉为关格，谋望多主难成。辰戌丑未为墓神，发用多因掩蔽。

四时前孤后寡，或值旬空，皆为孤寡。若人年临孤寡地，占婚最忌。日遇空亡，非日干上见空亡，单言日干落空，则主空乏之事。水火相激而成灾，干火克乾，金乾为首火为心，心自害其首，故有自缢之象。财物遇绝，是白手之象，上乘旺气，则绝而复兴。虎伤子息，本应无儿，幸离火克虎，则绝而不绝。卯酉为日月往来之门，故主移动不一。六合青龙乃东方生炁，主慈；而临于丑未上，又主克，是口慈而心毒。阴金生阴，水象淫泆，又金水相涵，风月有情，白虎为传送之神，会天后，则闺门那得贞静。大凡事之成否，要视官鬼，苗云不克不成事者，此也。申为坤、为母，申空而母不安室矣。人年又加卯酉，必主变动，故云。凡酉为歌喉，未为酒肆，又乘刃绝，故不事正业，但日趋于败耗也。六合属震，元武属水，水雷屯，正雷雨之动、满、盈也，故云。又蛇虎凶神带煞，乘巳未之生，其凶愈甚，故主受伤掩蔽，要论旺相休囚。

占天，看云龙风虎，察水火升降，以辩阴晴。占地，看玉藻金英，视神将生克，以知凶吉。占宅占人，看日辰而次详课义。占狱占病，视勾虎而解救同论。捕亡三奸之下可得，鬼祟类神之位推详。占婚姻，视天后妻财与日辰比合。占胎孕，看夫妻年上方判阴阳。占谋望，要成神合炁。占求财，看旺相龙常。占功名，先看吉神吉将。占官职，当明天吏天城。

占地支之阳神，是墓支之阴神，是穴玉藻金英有之。勾主狱，虎主病，见此宜视救神。凡亥子丑有一位加于地盘仲上，则对冲处便为三奸对冲。视天盘天后，妻财日辰，比合俱重，若一处并吉，便可言吉男女。自夫妻年上推来，方的成神，正巳顺四孟合炁，是合旺相之炁，言成神有炁，不休囚也。龙常是财神。

出行，日为陆而辰为水，视神将之生克，以辩吉凶。经商。辰为主而日为客，视神将之衰旺，以卜合宜。子孙动而求官不吉，官鬼动则兄弟迍邅，兄弟动则妻财有损，妻财动则父母灾危，父母动则子孙受克，官鬼动亦忧及己身。吉神宜旺宜相，凶煞要墓要空；吉神空吉中不吉，凶煞空凶内不凶。吉居德禄之宫，出潜离隐而招祥致福；凶居生克之地，恋生解客而无暇害人。贵人顺治，凶神少降灾殃；天乙逆行，吉将聊施恩泽。

子至巳为阳，亥至午为阴，乃天地一大开辟也。贵人顺治向南，诸事吉；逆治向阴位去，则诸事少吉。

凶神刑害日辰，连绵灾患；吉将交加传课，不绝欢忻。凶神和合，虽灾而不致深危；吉将刑伤，有庆而终难全美。日辰有彼我之分，神将有尊卑之别。克日则灾及己身，刑辰主祸延家宅。男推日而女推辰，于中元妙；阳课明而阴课暗，此际幽微。孟仲发用，事应尊亲；季作初传，定应卑幼。用神验人事，比合为亲为近，不合为远为疏。神将断吉凶，旺则日新月盛，衰则渐退旋颓。贵神带印克今日，有位有禄；申午相加乘天后，为保为媒。虎克日辰，官灾痨病；勾刑卯酉，路死扛尸。白虎会旺相之金而克害年命，难免一刀之患；勾陈合太岁之神而刑冲日辰，定遭尸解之厄。年逢阴鬼，暗地生灾；日遇阳宫，明中致福。

大凡合处为来之有路，带印非生我之印，乃巳加戌为铸印也；又戌为印绶，皆所谓带印。《经》云："带印皆指遁干生，贵人说此大有理。"传送象媒，保午为朱雀，乃口舌上生财是也；又传送于道路，而发用在天后。日主讼，辰主疾，勾主死尸，卯酉主道路。金旺虎愈旺，其凶愈甚。岁君合勾陈，刑冲日辰凶不可解。专言勾虎者，以二煞原极刑极阴之炁故也。阴鬼是建干遁来之鬼，阳官则实见干上矣。

要见分类形状，当视州野区分。子列青州，亦主江湖沟涧。丑为扬地，更为宫殿桥梁。寅主幽燕，亦主栋梁寺观。卯为豫州，更为棺椁门窗。辰为兖州，亦主井泉坟墓。巳定荆楚，兼为弓弩鼎筐。午主三河，亦主山林书画。未为雍地，亦主酒肆茶房。申主晋分，更主神祠鬼屋。酉为冀地，又为仓廪山冈。戌主徐州，亦主州城牢狱。亥为邠地，更为屋榭厕房。此特举其大略，于中仔细推详。

子作内房、妇女、鬼神，兼泄泻。丑为庭院、秃头、病腹，患脾肠。寅主道路，人长生则为道士，主须发而病疯疥。卯为门户，会元武而为经纪，主手背而病在膏肓。辰为墙垣、书簿，主皮毛痈肿之灾。巳为窑灶、小口，主咽喉面齿血光。午为堂屋，主心目、吐泻、瘟瘟。未为井院，主头胃、膈咽、脊梁。申为驿递，主骸骨、心胸，脉络不利。酉为门户，主口耳、小肠，喘嗽难当。戌为墙院、足腿，亦主梦魂颠倒。亥为侧阁，疟痢，定应脾疝膀胱。自兹触类而长，当遵此例推详。

天后为妇女，天乙生水，鬼神变化之始。丑为星纪塞，土不生毛，故云"秃头"。木主肝，又膏上育下，肝之表也。巽为风，主入腾蛇。火主血光。未井宿。先天午未属乾，为首。未者，味也，故言胃。魂藏辰戌，魄藏丑未，疟痢，寒热往来。

先贤时察来情端倪，无不应验。时遇空亡，必主侵欺诈伪。时乘驿马，必主动改迁移。冲日冲辰，彼我流离颠沛。同辰同日，事情偃蹇迟疑。时日相生，迭为恩泽；日时克，害互作。日克时，则为财；时克日，则为鬼。遇子遇午，时往时来。

值卯值酉，为门为户。时乘日墓，虽冲而终成蒙昧。日得夜时，见贵而反为不祥。日逢时破，主走失之灾。辰遇时刑，应讼狱之祸。时干日干相合，外事和同。时支日支相合，婚姻和会。日辰俱合明时，内外见一团和气。正时冲刑月将，顷刻有不测灾来。

古人以时为先锋门，故未得课传，先视正时与日干、禄墓生克何如；又以天上正时所乘神为直事而事之，原委已可知矣。如甲日巳时巳作腾，便知其为子孙忧疑事也。

大抵四课三传，克多则事烦，克少则事一。生多作虚诞，生少则理明。三传内有克日子孙，名为救神，无克则为脱气。日辰交相人墓冲神，号作天恩，遇墓终成破损。天地务致中和，阴阳不宜偏胜。鬼临畏地，当忧不忧；财人鬼乡，闻喜不喜。神将交克，占及夫妻。同类相伤，事因昆季，财遇天中，产业倾颓。鬼临旬尾，官灾不起。吉凶视其神将，生死辨其安危。条例多而同归一理，举一隅当反三隅。

天中，谓空亡也。旬尾，谓闭口也。

第三十四章 术数汇考三十四

《大六壬类集》四

军帐赋

主将临戎，传式论攻。测将神之动静，辩主客之雌雄。

月将加时，战雄神者，春寅、夏巳、秋申、冬亥，皆雄击雌。战雌神者，春申、夏亥、秋寅、冬巳也。

吴次临奇岁，刚柔之运转；秦宫加偶月，支干以研穷。

吴为丑地，黄帝初占云：阳年以大吉加岁支，阴年以小吉加岁支，常以四课三传及占十二邦国，各得吉凶神将，主之事每阳月子、寅、辰、午、申、戌是也，阴月丑、卯、巳、未、酉、亥是也。以十二天官所临官，以配前后天官刚柔之月建，每月月支临日之辰用，用日上神。今日假令己丑阴年为用，立课日支上神以小吉加丑，反为四柔用对冲，为初传巳上登明将，得初传腾蛇；中传丑上见小吉将，得青龙；末传巳课，于未上见大吉将，得天后。此例为丑占用也。卯上宋国分，从魁为朱雀，主口舌为反吟。占墓治，以从魁见太冲为白虎二月忌灾，赵分酉位是也。今贼丁火以小吉加丑，即知大吉临酉上，赵分见墓神所临，自乱而破其十二邦国分，皆占所临神将，上下凶恶以决，安其中斗牛宿，吴分之丑神，小吉中有井鬼，秦分之未神。

亦举合神，加月支于南北。

合神，甲己、乙庚、丙辛、丁壬、戊癸是也。正时加月支。如甲申之年遁五，子元见正月丙寅加支法以岁；合神加月建，以占十二国神将吉凶成败。

复推日宿，立用时而东西。

月将加正时为法，自后行宿度差，宜从中气而求之。即得其所治之神，观四正位后七日用，月将正位，更在明哲，算约过宫时日，即无差也。

敌有使来，正时占察；支神制干，即为真说。反此情伪。

敌有使来，未知善恶，未审虚实，以月将加正时，占之辰上神制日上神，其言可信，客畏主也。反之者，日上神克辰上神，主有好心，其言不可信。

日将朱空而言有欺诈，

日上神将见朱雀天空，来情有变，虚词欺诈。凡此并为虚诈事，不可信也。

年角阴行而推穷奸诡。

角者，天罡阴者。太阴加在用神及年命者，所言不信，谓太阴蔽匿、天罡凶神也。

下生上位，

正寅二卯下生，次时上神，与日上神相生。

知诡诈以休行。

所生必是实情，相向多矣。

干叶于支，

日上神与辰上神相生。

谓阴谋之罢结。

二军无碍，阴谋必止。

寅申巳亥，天耳四时。

春寅、夏巳、秋申、冬亥，乃天耳也。

年上见者，来使潜机。

天耳日临辰，或人行年上者，来使必有奸谋，其言不足信也。

后乙曹冲，

后即神后，乙即太乙，功曹，太冲，四神。

在日辰而诈约

占敌人相约，可往否？曹、冲、后、乙临日辰，亦无实，不可往。皆为奸欺之情，更以察之。

贪狼奸贼，

辰未为奸邪，申子为贪狼，亥卯阴贼，此为六贼之神也。

临支干以虚欺。

日辰上见贪狼奸贼，皆凶神。

外国人来岁，神克乙而祸主。

外国人来投拜者，正时占太岁上神克天乙，假如太岁在申五月壬子日，主人殃不可信也。甲子日卯时占，辰上见卯，卯上见未；子上见辰，辰上见申。朱雀空，阴神后为白虎加临在太岁，乙乘巳，在寅受在太岁上亥所克。

他邦异情，阴神贼日以愁之。

日辰之阴神自胜其上神者，主受贼败。假令七月丙午日申时占，丙上见寅，寅上见亥，午上见卯，卯上见子，功曹加丙，阴神见亥，所克丙日之火。此为阴神自胜日，主大人不利也。

发使诸方，年路支干。

发使在外方，正时占日辰及使年上，去诸路方位，忌见凶神也。

切忌魁罡，次忧伏返。

忌见魁罡，加临所向方位及人行年支干，亦伏吟返吟，时皆不利。

门伤年处，道行殃而凶将灾深。

正时占所去上为门。若门上神伤行人者，使年上道必有殃。吉将凶杀，去将必伤。

年制门时，滞病归而吉神祸浅。

假令人行年在巳，所向门路在东方，四月酉时占，门上见寅，年上见辰，此乃门神伤行人之年也。身必灾滞。若行人年上神伤门上神，行人不安，滞病而归。如人年在巳，四月丙午日酉时，传送加酉，西行为使，即是行年伤门上神也。

初宜参觜，

参觜位属晋宋分，行使初发之时见传送，大吉。

三传终而吉将堪凭。

加之初传不见传送与吉将伴，及中传见申与将伴，或其三传中见申，亦须去将，并为上也。

日忌岁伤，

行者使发时，日干五行，勿令岁所克也。

顾干神以到时预选。

假令庚辛日终，而不宜丙丁日到，伤元发日。又甲乙日发，丙日到，则吉。庚辛申酉日到，则大凶。取相生者，吉。

忽闻贼起，天罡之前。

天罡，天角也。以月将加正时，视天罡临处也。

临孟虚诞，季则真然。

天罡加孟，贼不来；加季，贼来吉。

加仲盘桓，神后加时，便同月将。

天罡加孟，贼不来，或半途迟疑未进，又以神后加正时，天罡加孟，即虚加季，实加仲半道。

欲知行止，

要知贼在之位。

圆精视处，必见心田。

圆精者，天目也。夏丁、春乙，秋辛、冬癸月将加正时，占贼行处，天目因察之。

井角贵人，

井宿秦分，小吉角宿，天罡郑分，辰未临日，辰贼必至；辰未不临，日辰贼不来。

覆支干而贼兵益急。

若辰加季，天乙临日，贼必至。天乙临日，辰加孟贼，去虚言不至。

元白制日。

元者，元武也。白者，白虎也。闻贼兵至时，元武、白虎所来神克日贼强，宜急准备，若我临他必得。

入荧惑而贼垒宜坚。

太白庚神入荧惑，贼必来；荧入丙辰、入太白，贼不来。六甲旬庚辛为太白，丙丁为荧惑，天上庚辛加地下丙丁，是也。

复察游都，

游都者，甲己丑、乙庚子、丙辛寅、丁壬巳、戊癸申。游都皆以合神取用，看旺相休囚死者，若临子丑寅巳申。临辰复日立见，贼来无差也。

支干伤吉。戴虎并蛇，师徒败绩。

游都临在日辰，贼立至。克日辰，尤凶。与螣蛇、白虎并，军惊恐。若游都在死囚之地，为尤凶。不克日辰，即无事。

都将囚死，日辰不克以无惊；或加支干，上下相制而来疾。

都临日辰，上下相克，制而来疾。

孟仲季神，

游都临孟，虚不来；加季，贼必来；加仲，迟疑不来。

定虚真，总领于天罡。

天罡加孟，忧畏；加仲，两相守；加季，出战。

耳目神居，

大小二吉，是天目也。

探消息，皆从于地室。

地室，耳也。太冲、从魁是也。闻贼不得知其处，即使骑向天耳之下临之，必得其贼住止行动。凡听人密事，向地耳下听之，准的也。室者十二支位，占天耳所临之位是也。

不临支干，

游都不临今日支干。

忧合贵人。

游都与天乙并者，贼来。

好乡必不战，

游都相生。丙丁临寅卯，寅卯临亥子，亥子临申酉，申酉临戌己，戌己临丙丁，此为好乡不战。

畏处必交兵。

丙丁日忌亥子，甲乙日忌申酉，庚辛日忌巳午，戊午日忌寅卯，壬癸日忌壬戌，丑未父子不相保，中外不相信。凡游都天乙并在日辰前，一辰则一日，至二辰则二日，至隔四辰则不至也。游都所临下辰克日，亦忌。

若在东方，猛烈兮宜坚城垒。

闻贼至游都在东方，其贼势猛也。

或当南面，威强兮速渡关津。

闻贼至游都在南方，其贼威锋不可近敌也。

在西迟疑，可赏符于将士。

游都在西方，其贼迟疑未进，可行动赏犒将士。

临北事退，得游玩于良辰。

游都在北方，其贼退，可极宴乐无虞。又须看旺相。

天罡天阳，月建地阳。

《玉帐经》云：天罡天阳也。

动偶天魁，

动偶为天魁。太岁，天魁也。

静阴元见。

是地阴也。

若交相覆，君臣惊备于奸谋。

若上用兵察地，阴者覆阳，臣欲害君，子欲害父，妇欲害夫。若阳覆阴，君欲害臣，父欲害子，夫欲害妇。

或日重临水火，堤防于事变。

若值重阳、重阴，皆凶。重阳时有火惊，重阴时有水惊。若闻贼，宜速备也。

功曹加甲阳，居日以无忧。

常以功曹加六甲首闻贼。占日干上见阳神，贼不来也。

句首承箕，阴在干而逢战。

功曹加甲见阴神临日干，贼必至也。

大吉返伏，太乙追寻。

《玉帐经》云：大吉小吉临丑未，必藏于轸星巳上也。

吴临子午，太冲可任。

吴丑地也，未皆大吉，临子午，贼在太冲下也。

巳亥见牛，于星纪而排阵。

大吉临巳亥，还于大吉，停星纪，大是吉也。

辰戌遇斗，向营室以加心。

大吉临辰戌，贼兵伏，营室乃亥上是也。

卯酉逢听，可掩袭于太簇。

大吉加卯酉，贼兵在从魁，下潜伏太簇，乃酉神也。

寅申值耳，当备战于实沉。

大吉临寅申，贼兵定，是在参星之下参，乃申神也。

干见贼多，支逢寇少。若皆占来，国分大小。

闻贼加正时视亥子二神，临日贼多，临辰贼少。又游都临辰寇少，临日贼多。凡占巳亥上贼四万四千四百四十人，辰戌五万五千五百五十人，卯酉六万六千六百六十人，寅申七万七千七百七十人，丑未八万八千八百八十人，子午九万九千九百九十人。看得国分野大小，旺相必多，休囚必少。假令春占木旺、火相、土死、金囚、水休也。

辰加克日，奇兵须防于后应。

支干辰克，贼在应后。又云：支若临干，贼必袭我后，速宜防备。

日覆于辰，锐卒急当于前扰。

干加支，贼必在我之前。又云：干加支，贼当道伏藏，宜准备。又云：天罡、太乙、神后、太冲四神临日，贼兵在前；临辰，贼兵在后也。

雀蛇之日，

朱雀螣蛇临日，我兵必惊怖也。

白勾制而血光。

白虎制勾陈临日，必有兵。加辰，贼立在其方，有贼相布谋切，宜预备敌之。

虚轸之辰，

虚于之宿，轸巳之辰。

蛇鼠会而贼矫。

正时占见贼。巳临日辰而克。日辰者，其贼急畏，未可攻，我宜处阻依隘，从太岁备之。

太乙罡冲，遇必争先。

闻贼，占见太乙、太冲，天罡克；不克，贼先至矣。

夜防贼至，兵备宜专。

三刑临日，夜贼研营，太乙、太冲、天罡临日，宜固备。

甲乙闻忧，

甲乙日闻贼，宜丙丁己午时择吉门而出，必胜。甲乙木畏其金也。

烟怒可除于寇乱。

烟怒炽，当见贼。以五色利之大胜也。

庚辛知事，叶光定见破烽烟。

庚辛日见贼，宜取壬癸亥子时出军，大胜。皆是子扶母前行也。

木土东青，

春木旺，不可甲乙戊己日东征，大凶也。

金火南输兮夜月。

夏火旺，不可丙丁庚辛日南征，大凶。

甲庚西罹，

秋金旺，不可庚辛甲乙日西行，必败。

丙壬北败兮冬天。

冬水旺，不可壬癸丙丁日北行，大凶。四季月，不可用戊己壬癸日出兵四维土，大凶也。

贵人出兵，开地千里。

占时用起见天乙以出兵，敌人千里畏伏。

螣蛇逢阵，众心忧畏。

正时用起螣蛇出军，多生惊骇死。

太常粗吉，知军士之营安。

正时用起太常出兵，营垒坚固，士卒粗安。

六合尤宜，获金宝之美丽。

正时用起六合出兵，或占得邦国获金帛子女，大吉。

青龙大胜，得府库与图书。

正时用起青龙出兵必胜，占得邦国府库图书，成功也。

朱雀多词，虑军戎之大耻。

正时发用见朱雀被敌人毁辱，见灾。

太阴中怯元武，失物以忧深。

发用太阴出兵，士卒怯弱，用起元武出兵，遗失士马，奔溃也。

天后无威白兽，自败而祸起。

发用天后出兵，不战则败。发用白虎出兵，士卒不安，有丧疾也。

空亡为失众，

初传虽吉，中末见空者，不可出兵。

天空乃毁军。

发用天空不利出兵，士卒死伤，被欺诈凌辱之事。

勾陈发用，则战士折伤。

发用勾陈出兵，士卒死亡，车马折伤。

天罡加巳，则行者获利。

斗柄天罡指巳为天地，初开时出兵，开千里大胜。

纵横建马，

天罡加午为纵横，坐甲而不出，则吉。

坐帐调琴。

宜宴乐而备兵防贼。

指未必通，谓声名之显著。

天罡加未，未通小吉时可出军，及备所得也。

向申地迫，言灾祸以弥深。

天罡加申天地小争时，又为道路迫时不可出军，避之即吉。

值酉西方地闭，而车折马死。

天罡加酉为天地关格，不可出师。必有隔绝，人马斗伤。

反来戌上人乖，而将殒兵伤。

天罡加戌为天地反吟时，不可出兵。君臣反逆，父子相违，夫妇情别，奴婢害主，用之相害，出兵当乱，君臣不利，士卒多伤。

亥上见之天窄，而数伤惊怖。

天罡加亥为天地窄时，百事皆凶。

子边见之地逼，而半路难居。

天罡加子为地逼时，兵半路恍惚不安也。

丑向通途，三十里宿。来晨任意，神助潜功。

天罡加丑为天地小通时，其兵三十里宿，来晨任意前来。

每向寅上，龙见天乙以情欢。或到卯中，天地闭塞而气换。

天罡加卯谓天地闭塞不通，时宜藏闭可也。

伏吟辰地，关梁闭塞以潜通。

天罡伏吟时，亦为天地闭塞时，伏吟守己也

若守城营，客将忧疑而自缩。

若守城营，贼将自退，不可出兵，必候贼擒。若近掩袭，贼寇到，皆取之，必得。远行吉。

卒逢贼将，方处来占。

时下见贼加正时，看从何处来。

轻兵神后，

从子上来者，贼将先来，并是轻奇兵。

步卒牵牛。

贼从大吉上来，其贼将坚强也。

猛健功曹，

贼从功曹上来，其将士猛健也。

车骑长锵于兔腹。

贼从卯上来，有车骑相兼。

急旗角亢，

贼从辰上来，必有伏兵急速也。

卫兵变阵于龙头。

贼从巳上来，名曰龙头，是太乙也。卫兵者，善能进退变化，行阵宜察而用之也。

马队胜光，大将秦宫而坐甲。

贼从午上来，其将武勇，或车马之众，当用奇兵待之。

骁从传送，

贼从申上来，其贼将勇、兵锐。

明天赵次以运筹。

贼从酉上来，能明天道。酉为赵地，大梁之次也。

天魁猛壮而难击，

贼从戌上来，将士猛壮锐勇不可击。

登明突急而难留。

贼从亥上来，多有突急锐兵、奇伏之卒也。

象色天机，金来火应。

贼从申上来，我以赤旗火阵应之，四方皆此也。

刀兵相入，勾陈是刑。

正时占勾陈克日，即战与刑并在斗甲子东方也。

勾陈临日，两军合战以争雄。

申酉作勾陈临甲子为刑，金克申，克申必战，战在门，两伤。四季神在外，必有大战也。

井斗来临，彼此收戈而息怒。

大小吉临甲子日辰，兵自解而不战也。井小吉，斗大吉也。

年逢六害，

若上将本命上见六害，子未、丑午、寅巳、卯辰、申亥、酉戌，是也。与三命六害同也。

凶神必并于斗伤。

六害与凶神并者，当今日时必败，克日、大凶。

日值孤雄，吉将堪逢于阵击。

孤者，岁月后二辰是也。孤者背而击，虚也。正月起子为孤，以午为虚；二月丑为孤，未为虚。次十二月十二辰，周而复始，雄神背神临击雌者，大胜。雄神者，春寅、夏巳、秋申、冬亥宜取为精。凡精，凶神临行，年本命日辰，必大胜也。

官军欲胜，勾制元都。

勾陈制元武者，所以必胜。官军利也。主将年上神克与元武、白虎，亦胜。一说始终三传前三五六合青龙也；后二四太阴、太常也。如有气天乙神临将军行年及用起天乙，须有气之乡，元武陷死囚之地，则战胜。若元武临日辰逢克时上勾陈，勿战而必败。天乙勾陈所乘神于克游都者，必败。

损支坐败，

正时占干上神遥克支上神，或干支克，乃上克下，皆为坐败也。

伤干行输。

支上神克干上神，或支或干，下克上，为主胜也。

欲掠何乡，戊己须逢于吉将。

欲出潜兵劫掠，视天地二位，其日是何甲旬，次占地，占戊己位逢吉将，时出门有功名。凡天上戊己，亦为天将者，尤为吉也。假令甲子旬中辰巳位，属戊己上下，皆为吉将者，必获大胜将也。

前三后二，

前三六合，后二太阴是也。

私门禁户以相扶。

有四禁户者。除定危开，为地禁户。若卯酉六太常、太阴、青龙历其地，大吉。入水不伤，入火不伤，受天乙之禄也。

三路迷心，时下罡随于孟仲。

路逢三叉，欲知何道吉。正时看天罡加孟，左道加季，右道通仲，中道通此下。本军大捷，所求必通。

两歧惑意，日辰左右以规模。

行逢道两歧者，干吉者左道通，支吉者右道通。

欲渡江河，干伤莫入。

正时占之，害水必涨，有沉溺之灾。

卯辰及酉，

地有三井，卯、辰、酉是也。天有三河，壬、癸、子是也。

天河覆井以沉波。

正时占有三河，内一河临地井者，覆水之厄，不可渡河也。

泊忌冲罡，太岁遭虚而祸急。

正时占见太冲、天罡，加支干风涛神后，支干太岁，船行沉溺之灾。

泥陷之地，天罡指处以堪行。

亦作泥池。干吉利陆，如有泥水，亦取天罡，去通乾地也。一云天孟勿前行，加仲勿中行，加季勿后行。

支吉干伤，水面通船而宜立。

支吉利水路行。凡丙子、癸丑、癸未为伤水龙日，不可涉水，有沉溺之灾。又戊寅、己卯。亦凶。凡卯为船为车，临支为船，临干为车；卯在旺相，车船无损，在死囚之地，车船故破。乃占天罡加孟，前有补处；加季，尾有补处。

昏濛失路，执式天盘。

出林野贼，漾树木大，林暗失路，执式盘于地，取天罡加孟，左行加仲，直行五十步，当得好道也。

参行意晓，

参宿传送下，自然开路也。参即申。

天角堪行。或临孟仲季之方举兵，不可误也。

天角，天罡也。去必有路。天罡加孟左行，加仲直行，加季右往，即通角，即辰也。

以天罡地户之头戴行，情自开焉。

常以天罡地户头戴式行，则不迷惑。天门地户此空，下有天门地户。

丙壬憩歇，

正时占丙、丁、壬，潜行憩歇。

趋井房之清泉。

正时占小吉，有井宿、太冲，有房宿其下，可以求泉或河。不出三百步，亦天道，路也。

欲劫军粮，向吴秦之太庙。

月将加正时大小吉，下必有劫粮；吴分大吉，秦分小吉，此二位求粮必得。

大吉紫房，神后华盖。

大吉为紫房，神后为华盖。

能藏万卒，急行无害。

凡占吉事须行藏者，大吉神后，可以掩袭，必得也。

太冲千骑，

此下可藏千骑。

从魁可遁百人。

酉为女后之神，可藏百人。

牛鬼参回，天驷当潜不败。

凡伏兵及避恶，可以从丑上去向。未问向申立，定向未上去。潜兵避恶，追不可得也。丑上有牛宿，未申上有井、参宿也。

青常阴合，

青龙、太常，太阴六合是也。

大梁大火以同居。

大梁从魁酉，大火太冲卯也。

除定危开，主将其方而喜在。

除定危开，为地禁户。卯酉天乙之私门，青龙、太常，太阴六合并出其下，大吉。

急贼方所，初传五行。

忽闻贼，正时占只是初传，贼之位也。

水为北房，火作南兵。

亥子为水，巳午为火。

后见土神，有虏急从于四季。

辰、戌、丑、未也。

初当木位，其谋必见于东溟。

东方初传见子亥，是此方来也。

地恐埋军，

军行，次山林石城间。波泽，恐有伏兵。

参轸虚房而速备。

正时占申巳子卯临日辰，必有伏兵。

象宜休卒，蛇支兽干以寻惊。

神旺相与刑煞并者，大凶。必有战。有与刑煞并日，能制支，伏兵不敢动。与蛇虎克日辰，有卒惊、宜察而备之。

斗季损支，邀截我后。

正时占天罡加季，有伏兵。支伤干吉，伏兵在后也。

干伤前伏，阴阳左右。

干伤支吉，伏兵在前。天罡加阳，伏兵在左。加阴伏兵在右。

带刑并煞，旺相而猛将来争。

伏兵上子、卯、巳、申并煞，有旺相。

无煞空刑，将弱而庸夫退骤。

刑杀上空亡无气者，伏兵不敢起退。

三刑五墓，日辰遇而夜防。

正时占日辰上见三刑五墓神加之者，主将宜徙营；不然，大凶也。

蛇虎魁罡，支干遭而宿候。

又占辰戌，为白虎螣蛇临支干者，皆有伏兵夜防。寅上至。

寨营心动，青龙常分，信使将来。

注曰：下营未定心动者，正时占日辰上见青龙、太常，必有来使也。

郊野目眴，风雨暴分，高陵欲就。

正时占日辰上见魁罡蛇虎，必有贼至。占见卯子临日辰，欲有暴雨，就安高处置营。

忽被围绕，日辰阴阳。

《经》云：伤不伤视阴阳。正时四课日辰之阴阳不去。

交争见损，和好无伤。

若支干被伤，有恶斗相伤。假令见吉神临日，不伤。

凡欲突围，随斗罡而可击。

月将加正时、正罡所临之方，黄帝曰兵围干。

后占出路，以勾陈而取强。

假令寅卯为勾陈，可宜四季之旦，从开星下。去吉开星者，春房、夏张、秋娄、冬壁。

审察其情，用神传出于天乙。深知其义，吾军可动于龙骧。

正时占，初发动，初在天乙后。传出在天乙前，可向天罡，可向出而必利。

潜起掠地，元神须壮；能制支干，戎兵必旺。

我欲掠他境，潜伏谋军，正时占乃视元武所乘神；旺相克日辰者，必捷也。

若乘四季，

元武乘辰、戌、丑、未四季，为神也。

忌甲乙为东征。

忌甲乙日发行，及行兵行东方，则凶。

曹冲二神，

元武乘功曹、太冲二神。

虑庚辛而西向。

忌庚辛日发兵，及兵行西方，则凶。

龙头莫犯，

凡攻城勿攻辰之神。龙头，必损主将。

察支干以休囚。

凡旺相之日外之气强，可战。干气强，不可攻击也。

背腹宜攻，要日辰之旺相。

攻城宜龙头，腹必获捷功。凡阴城龙头在亥尾在巳，腹魁背辰；阳城龙头在巳尾在亥，腹辰背魁。

视法式以昭昭，知军情之荡荡。

明视法式，明心清净，使军心之定。孤虚者，空亡为孤，对冲为虚。一说岁后或日月后是孤，对冲是虚，以攻击背孤向虚者，吉。

《经》曰："怖不怖视五墓，败不败视六害，斗不斗刑相簇。"此将军玉帐之珍，乃帝王金门之宝。

兵帐钩元

野宿安营

日晚行疲欲建营，支干逢墓不安宁。

《元经》曰：五墓并日辰者，夜必有贼兵至，宜防之。五墓者，春未、夏戌、秋丑、冬辰。假如春占乙丑日巳时亥将小吉，加丑日支，逢墓主，本夜有贼偷营，宜备之无虞。

十干忌例：甲乙木忌未，丙丁火忌戌，庚辛金忌丑，戊癸己壬忌辰。

卯辰巳兮宜防贼，兵书说此是三刑。

其法：以卯辰巳三刑，若临日辰，主本夜有贼兵至。兵法曰：三刑五墓日辰逢，而夜防贼至。假如壬戌日申时寅将支干并逢墓刑，余仿此。

若见魁罡为恐怖，

占法不分四季。但凡辰戌临日辰，主本夜有惊恐。假如癸未日未时戌将，其支逢魁，其干逢罡，主本夜有惊恐。

将兼蛇虎重遭惊。

占法以月将用贵神。若螣蛇、白虎临日辰者，则主本夜有贼兵至。假如辛卯日戌时寅将其日支逢螣蛇，主本夜有惊恐，宜备之。余仿此。

大吉临干宜急去，

占法以月将加时。若大吉临干，不宜安营，去之吉。假如丙子日辰时子将占大吉临干，宜急去，择地居之吉。

不逢斯将即堪停。

以月将加正时，不分三刑五墓蛇虎魁罡大吉，若不临干，但任立营，吉。

行择吉道

遇寇途中择路行，马蛇为武北休征。见木为之忌申酉，庚辛南往不宜兵。元武畏方为厄地，军师须要会其情。

兵书曰：元武所畏之方，不宜行兵。假如丙申日巳时酉将占，乃功曹为元武，不可西行。

军行择路实多途，更以阴阳作岁模。

其岁，论阴岁、阳岁。子寅辰午申戌为阳，丑卯巳未酉亥为阴也。

阳岁大吉来加上，阴岁还将小吉铺，丙丁之下为天道，甲庚之下是人居。

阳年以大吉加太岁，阴年以小吉加太岁，寻甲庚丙丁之方，行军吉。假如甲午年以大吉加午，向未戌子丑方，合甲庚丙子之方。吉。又如癸卯年以小吉加卯，向辰戌丑卯方，合甲庚丙丁之方，吉。盖甲在寅、丙在巳、庚在申、丁在未，寅巳申未所临之方，是也。

惟此四方临处吉，其余方所并凶乎。

凡行军向此四方，大吉。余仿此。

察贼所在

闻贼未知其所在，加时春乙夏居丁。秋辛冬癸名天目，贼当此下伏其形。

闻贼不知所在，以月将加正时视天目所临之方，贼必在其下也。天目者，春乙、夏丁、秋辛、冬癸。假如十月癸卯日巳时寅将癸在子前，大吉。临辰，故知贼在东南方。

途中前后疑逢贼，大吉所临知贼程。

《神枢经》曰：欲知贼在何所，以月将加正时视大吉所临之方，则知贼之所在也。

临于子午大冲下，如加辰戌伏登明。寅申贼居参宿下，丑未必应藏轸星，卯酉却于从魁伏，巳亥还于大吉停。

大吉停者，大吉方停止也。若大吉临子午，贼必伏于大冲下；大吉临寅申，贼必伏于参宿申下。假如丙子日巳时酉将大吉临酉，贼伏正西，从魁酉下。余仿此。

带刑旺相难冲击，设法抽军别路行。

占贼所在，须要察其刑旺之方。如甲子日刑在东方，谓卯刑子，子刑卯也。旺如春占得木，夏占得火，秋占得金，冬占得水，相如春火、夏土、秋水、冬木，是也。假如夏丙寅日申时申将大吉临丑，贼伏巳方轸星下。巳属火，夏旺，乃贼居旺地，有兵旅之责者，不可妄攻。余仿此。

疑贼前后

贼近我军推后先，加时占测用防奸。巳申子卯临支后，立在干头巳在前。干若临支寇当路，支若临干随我轩。

占贼前后，看巳申子卯四神临干，贼必在我之前。若临支，贼必在我之后。若不临支干前后，俱无贼。若支干俱临前后，俱有贼。

疑贼伏兵

恐贼埋军居要程，支干上诀最通灵。子卯巳申来复立，敌寇奸邪布伏兵。

出军安营，恐有伏兵，以正时占之。若巳申子卯临支干者，主有伏兵。不临支干者，无伏兵。假如己丑日申时卯将申临丑支，主有伏兵。

旺相带刑逢必战，休囚空亡不敢征。

旺相者，论四季。如春占木旺火相、夏占火旺土相、秋占金旺水相、冬占水旺木相。假如春占甲戌日申时酉将卯临干，此神为旺相，主有伏兵。带刑者如巳临寅、子临卯、申临巳、卯临子之类，是也。假如戊子日寅时巳将占申临巳，此神旺相带刑，主有伏兵。又如乙卯日寅时亥将子临卯空亡带刑，主无伏兵。

干伤前伏支伤后，干支俱损莫冲惊。

干受伤，有伏兵。在前支受伤，有伏兵。在后干支俱受伤，主前后俱有伏兵。假如丁卯日申时亥将戌临干、午临支、干支俱无伤，主前后皆无伏兵。

抽军避寇

贼势凭陵我未强，拙军回避向天罡。系孟直须从右隐，仲季偏宜向左藏。

若途中逢贼，他强我弱，以月将加正时视天罡所在。如孟宜向右边避之，仲季宜向左边避之，吉。假如乙亥日辰时未将天罡加季，宜向左边避之也。

从魁大冲为胜地，天上申加为好方。

凡出，宜向从魁大冲方下去之，吉。假如乙酉日巳时申将，则从魁临午、大冲临子，宜向子午方，吉。只忌旺方，忌旺方者，春不宜行东、夏不宜行南、秋不宜行西、冬不宜行北。

渡关觇贼

觇贼行程渡彼关，

我之师欲行程而渡，彼之关将觇贼之情事以为进止。

行年岁月日冲难。

行年太岁月建日辰冲破下，切不可去。将军与去人，同之。

日干上将休囚恶，

假如春占日辰上见登明、神后、从魁、传送、太阴、元武、白虎、天后，此神为休囚，故恶之。

旺相相生去即安。

假如秋占日辰上见传送、从魁、登明、神后，太阴、元武、白虎、天后，此神为旺相，渡关安妥无虞。

游都占贼来否

贼欲相凌切要知，游都作限用占之。游都甲己当居丑，乙庚在子丙辛箕，丁壬居巳言非谬，戊癸从申更不移。

此言游都逐日所在。甲己日寻丑、乙庚日寻子、丙辛日寻寅、丁壬日寻巳、戊癸日寻申。又云：庚临丙兮贼信方来，丙临庚兮寇情欲退；正与奇门，白入荧兮贼即来，荧入白兮贼须灭，同意。

游都复日今将到，前之一日在明期。

兵法曰，游都，如今日日辰贼，主今日到；前之一日用之，一日到也。假如辛卯日未时巳将，占贼来否。以月将加正时，寅为游都加辰，居辛卯日辰之前一辰，主贼明日即到也。

二三依次须防御，若临前四不侵围。

若游都临日辰之前二辰，主贼后二日到；临前三辰，则后三日到。若临日辰之前四辰，谓其贼已过去，必无来意。假如壬午日午时寅将占，以月将加时巳，为游都在酉，居日辰之前三辰，主贼后三日到。

游都旺相支干畏，贼势凭凌难守持。

若游都旺相而克支干者，其贼势猖獗难当。假如春丙辛日占寅为游都，旺，谓木旺于春也，丁壬日巳为游都，相，谓巳属火而寅生之是相也。朴斋曰：若是游都旺相加休囚死地者，贼势虽旺必败。游都囚死加旺相地者，贼攻城池。若勾陈克游都者，贼必败；不克者，未败也。

旺相休囚生克例：同类者为旺，我生者为相，我克者为休，克我者为囚，生我者为死。

游都加处喜降卒，

言上下相生为喜，若游都加处；上下相生无克，贼主不战而降。假如丙辛日以寅为游都加亥子之地，此乃上下相生，又是旺生之方，故不战有降也。

畏下难侵大战时。

谓游都加所克之地，为畏。假如丁壬日以巳为游都加亥子之地。巳火受克，故为游都所畏之方，不宜为客也。

若在东南灾稍重，

《经》曰：游都临东方，贼势必猖狂。又曰：或居东方猛烈兮早坚城叠，或当南面威武兮速备关津。

临于西北祸当微。

《经》曰：游都在西，宜以犒兵；游都在北，御奸振旅。又曰：在西，迟疑，可息饷士；居北，退闲，戏玩佳美。

不见游都视天乙，临处还如都将推。

游都逐日有在，如何不见？谓离日辰远，故曰不见也。天乙者，贵人之名也。还如都将推者，谓寻贵人临处，照依游都之法推之。假如庚子日亥时丑将以月将加正时，游都在子临戌，退于日支后二辰，故曰"不见"。今乃不见游都，当视天乙所临以当之，抑天乙本贵人之名，居十二神之首，亦以月将加正时，见小吉为贵人，加巳在日辰之前五辰，主贼已过他境，必不来也。

子辰巳未加今日，贼到猖狂疾似飞。

闻贼之时，若子辰巳未临日辰者，主贼到自速。假如甲寅日未时戌将巳临日辰，主贼到，即又遁回；丙辰日，复来也。

闻贼去审

传闻贼去尚疑奸，却把天罡占试看。加孟未行加仲去，加季行行已出关。

《三元经》曰：寅申巳亥为孟，子午卯酉为仲，辰戌丑未为季。

《灵辖经》曰：占贼已去未去，以月将加正时，视天罡所加，即知去否。其法，以月将加正时，若天罡加孟，主贼未去；加仲，即欲去；加季，必已去矣。假如十一月甲辰日午时丑将天罡加酉，主贼将去也。

大吉临干将出界，不然犹自在吾山。

此专视大吉临干，主贼必启行，已出我之地界；不临干，尚未也。假如乙酉日午时卯将大吉临干，贼已出界讫。

突围出处

或被兵围不要忙，即寻出路向天罡。

太公曰：兵围千里，斗到必通。其法，以月将加正时向天罡下，出走，大吉也。假如丁酉日巳时亥将天罡到戌，宜向西北乾方，逃避之吉。

若值降宫申酉地，

以月将加正时，若亥加子午卯酉，谓之降宫，宜向申酉方，出吉。假如丙午日未时卯将亥临卯，为降宫，宜向申酉之方，出吉。

明堂时往大冲方。

月将加正时，若子临子午卯酉，谓之明堂，宜向卯方，出吉。假如戊申日卯时午将子临酉，为明堂，向卯方，出吉。

玉堂直突天魁下，

月将加正时丑临子午卯酉，谓之玉堂，宜向辰方，出吉。

利若锋铓八极张。

谓兵历危险之地，卒逢敌人，势甚不利，宜向天罡下，走出，吉。此为八极张也。朴斋曰：八极者，人极也；天罡者，八极开张之地也。凡避人走势，宜从天罡下，出去自吉。

日辰上将相生吉，相克如今见损伤。

兵法曰：伤不伤视阴阳。凡被兵围，视日辰上，无伤，吉；若日辰有伤决，主伤损兵将也。假如甲子日辰时丑，将法以月将加正时，顺数至本日支辰上见酉，为从魁金神也；至日干寅上见亥，为登明水神也。此二将俱不相伤，无虑。

今日战否

两军相守已经时，今辰忧战欲占之。

谓两国将兵，对垒相守多时。今日恐见阵故，占其吉凶何如耳。

勾陈克日刑并斗，不克无刑各护持。大小吉临支干上，两军俱自解其围。

占今日战否，当视勾陈克日必有战，若刑并者，尤的。假如甲寅日未时丑将占，乃酉为勾陈属金、日干属木，被勾陈克之，主必见阵也。又如丁丑日酉时卯将占，未加丑，丑加未，是大小吉加于干支之上，两军决不接刃。

斗罡加孟须坚守，加仲相伤彼此疲。加季出兵攻击胜，若人知此合天机。

月将加正时，若天罡加孟，固守无战；加仲，必主营战，互伤之象；加季，出兵急击大胜。孔明曰；凡有戎兵之责者，皆准天罡参看，无往不利。

欲战审刑

六害加临年命上，此时攻战自遭刑。

若将军本命行年上见六害与凶神并者，当日时出，战必败。为将者，不可不慎也。六害者，丑午害、寅巳害、子未害、卯辰害、申亥害、酉戌害，谓之穿心六害，假如主将本命甲午壬寅日卯时戌将占，大吉临干，马牛相畏，为六害与本命相关，此时不宜攻战，凶。

白虎若加凶更甚，

假如丙丁日辰时午将，主将本命壬寅白虎加之，凶。

日辰还忌切须明。

若日辰之上，亦忌白虎加之，凶。假如甲戌日酉时午将，白虎临日辰，极凶。此时出战必败，为将者尤当勖也。

战雄用起春寅胜，夏巳秋申冬亥并。

战雄者，春寅、夏巳、秋申、冬亥也。其法，专以主客论。若雄临干，客胜；雌临支，主胜。假如丙寅日未时丑将亥为战，雄临干，客胜。

冲破为雌值凶恶，此术标题龙首经。

战雌者，春申、夏亥、秋寅、冬巳，雄对冲者是也。雌临干，客败；雄临支，主败。假如春占己卯日酉时戌将申为战，雌临干，客败。

决定胜负

两军交战谁当胜，主客后先看日辰。先起为客后起主，将若明之不陷军。

其法，专以日辰干支分主客，先起者为客，后应者曰主，故为将先明主客，然后方决胜负也。

干克支兮利为客，支克干兮宜主人。

若干支克利为客，宜先起兵；支克干利为主，宜后举兵也。假如乙未日未时酉将午临干、酉临支，谓干上午火克支上酉金，乃上克下，客胜，宜先举兵。孔明曰：干为上，支为下，看干支所得之神，论生克也。

本将行年宜制虎，

主将行年本命，若克白虎，吉而师有功；白虎克主将年命者，凶而败也。假如壬戌日午时寅将主将本命乙丑河魁，为白虎丑戌相刑，与本命刑克，凶。

不然须见克勾陈。

主将行年本命不能制虎，而能克勾陈者，亦吉。假如丁卯日巳时午将主将本命壬寅未，为勾陈本命上得卯木克之，是勾陈受克，利行军，吉。

无此即须勾克武，

既不制虎，又不克勾，只看勾陈克元武，亦吉。勾克武者，论天上勾陈，元武相克是也。假如乙丑日丑时辰将，则天罡为勾陈，登明为元武，故曰勾陈克元武，最利行军。

勾陈利克贼方神。贼方之上勾陈立，天乙遥能制下辰。

凡勾陈所乘之神能克贼方之神，即胜。假如丙午日寅时亥将，贼居午地，太冲为勾陈在。午，是贼方之上勾陈立遥者，远也。今勾陈立于贼方之上，无从制之，故取天乙所乘之神，亥水遥克贼方午火，使贼不得力而易败耳。故曰，天乙遥能制下辰。

遇此名为天灭寇，佑我行师得大勋。

若主将行年本命刑克勾陈、白虎，或勾陈克元武，或天乙遥克贼方之神，谓之天灭其寇也，大利。

第三十五章　术数汇考三十五

《大六壬类集》五

毕法赋（上）

前后引从升迁，吉。

夫前引后从格者有二等，如遇初传居干前为引，末传居干后为从，值此格者，必升擢官职。又如遇初传居支前为引，末传居支后为从，值此格者，必迁修家宅。二事皆吉。

拱贵格：引从天干格内，如庚辰日寅加酉为初传，子加未为末传，此乃初末引从。庚干在内干上丑，为昼贵人兼三传，下贼上，岂不应升擢官职也。夜占，乃墓神覆日，亦无畏，缘中传未作天乙冲破，丑墓仍为吉课也。

两贵引从天干格：如壬子日初传，巳加子为昼贵末传，卯加戌为夜贵，亦是墓神覆日，赖中传之戌冲辰，不畏墓也。凡值此例，必得上人提携，或两处贵人引荐成事，如辰为月，将尤妙也。

初末引从地支格：如己亥日初传，巳加子末传，卯加戌亦系引从地支格。虽初末加其干，墓覆支，赖中传之戌冲辰，亦无畏，宜迁修家宅，则吉。又如丁亥日初传，巳加子末传，卯加戌亦初末引从地支格。奈昼夜天将皆是白虎，居于支上，岂宜迁修宅舍乎？殊不知亦赖中传戌蛇冲辰，虎不为害也。如用辰为月将，尤为妙也。或占人行年本命，又居巳位以巳上二戌冲辰，众凶皆散矣。

昼夜贵人临干支上拱其年命在内者，宜告贵用事必得两贵人成就。如丁酉日酉加丁亥加酉占人年命在申，丁巳日亥加丁酉加巳占人年命在午、癸亥日巳加癸卯加亥占人行年在子，凡干支夹拱，在下层，惟甲子、甲辰、癸亥、癸卯；在上层，惟庚午、庚戌、丁巳巳、丁巳酉。

二贵拱年命格：如癸未日初传，巳加子末传，卯加戌占人行年本命在亥，宜告贵成事，名末助初财初德，亦贵人助贵人也。

干支拱定日禄格：惟伏吟卦为的。如丁巳、己巳、癸亥皆伏吟，宜占食禄事。癸亥为嫌，禄空。

干支拱夜贵昼贵格：惟伏吟为的。如庚午、己酉、支干拱夜贵，甲子支干拱昼贵，皆伏吟卦，宜告贵人求事。

初中拱地盘贵人格：如庚午日干上戌支上申，乃支干并初中拱夜贵也。又庚午日干上酉支上未，又庚午日干上午支上辰，乃支干初中皆拱地盘之夜贵，皆宜告贵而成合事，余皆仿此。

首尾相见始终宜。

谓干上有旬尾，支上有旬首，名周而复始格，亦名一旬周遍格。凡值此者，占事不脱，所谋皆成。占赴试宜代工，占讼宜换司易局，占交加用事去而复来，惟不宜占释散事。如有忧疑，其事尽在，未能决断。惟乙未、辛丑、丙申，壬寅、戊申五日有之。干支隔四位方有前四日俱甲午旬，惟戊申，乃甲辰旬。

干上有旬首，支上有旬尾，惟乙丑、辛未、丙寅、戊寅、壬申五日有之。诸占亦照前断。惟戊寅，乃甲戌旬，其余四日俱甲子旬。

天心格：乃年月日时皆在四课之内。凡占，乃非常之事，即日而成，或干天庭之事，定然成就。如占阴私，常用鄙俚之事，反成咎也。

回还格：乃三传在四课之中，如辛亥日干上酉亥上戌三传戌酉申是也。此以不备言之。至于干支自作三合者，内多回还格，乃干支相会，不可作不备言之。如丁卯、丁亥、己卯、己亥，皆干上卯或干上亥，诸如此类，占凶，凶成；占吉，吉就。凡事只宜守旧，不能动作。如占病，其病难退。讼不解。如女命占得干加支，男命占得支加干，来意占婚，尤验宜详。其生克空脱刑冲，破害墓言也。

帘幕贵人高甲第。

帘幕官者，如昼占乃夜贵，夜占乃昼贵。如占科目，专视此神临于占人年命之上，或临日干上，试必高中矣。凡庶人占得帘幕，得林下官扶持；如有官人占得之，为休官之象。

旬首作帘幕官者，临年命日干之上，尤的。惟乙巳辛日有之。

又辰戌作旬首，临年命日干者，必中魁元，乃甲辰甲戌两旬二十日有之。

斗鬼相加格：或丑加未，或未加丑，作年命日干者，亦中魁元。缘丑有斗、未中有鬼，斗鬼二字合而为魁故也。

亚魁星天盘酉临年命日干者，占试，必高中，缘酉为从魁也。已上诸说忌空亡。

德入天门格：乃日德加亥为用，士人占之，必高中。亥为天门，德者得也。

真朱雀格：如六巳日于四季年占用夜贵逆布，乃朱雀乘午，占春闱，其文贴上意，必得高中。缘朱雀主文书。生太岁又生日干，如真朱雀克太岁，占讼，必达朝廷，罪必致死。惟申酉岁的。

朱雀乘神克帘幕官，占试，其文不贴主文意。

朱雀乘丁，马榜将出，忌。

昼夜贵人拱年命者，赴试必中。如丁酉日干上酉支上亥占人年命，在申大宜；占试，缘干支上神，作昼夜贵人拱年命上河魁。

源消根断格：如癸卯日干上卯支上巳，年命在寅大宜，占试，不在此论，缘只取二贵拱年命也，但高中矣。恐以不摄，终成劳瘵。

帘幕贵人尤分喜畏，细具于后：甲日不喜未，墓为之；庚日不喜丑，墓为之；又甲寅日不喜丑，空为之；庚寅日不喜未，空为之；丙寅丁卯日不喜亥，空为之；己卯乙亥日不喜申，空为之；壬子癸丑日不喜卯，空为之；壬寅癸卯日不喜巳，空为之；六辛日不喜午，克为之；又辛亥日不喜寅，空为之。空亡尤甚，使试官置卷，不视，徒劳一次。

占武举法，以巳为弓弩，申为矢箭，申加午必箭中红心。如申加寅、申、巳、亥为四脚花，以第几课发用，言其箭中之数四墓脱垛。

催官使者赴官期。

凡占上官赴任，见日鬼乘白虎加临日干成年命之上，乃名催官使者，纵是远缺，必催速赴任也。如催官使者空亡，又是虚信，或被遣差。

催官符如官星临日干年命者，其三传上神生其官星，是也。

恩主举荐，例传年日辰有父母爻者，是亦为食禄之地，如值长生、作贵人，亦如之。如乙日见日贵，为父母；己日见夜贵，为长生；外乙卯日昼贵，空；己卯日夜贵，空不用。

四时返本煞，占赴任极迟。夫返本煞者，春得金局、夏得水局、秋得火局、冬得土局，是也。如赴任占得返吟，多不满任。

六阳数足须公用。

六阳格：谓支干四课三传，皆居六阳之位是也。凡占，皆利公干而不利私谋。假令庚子日第一课，戌加庚第二课，子加戌第三课，寅加子第四课，辰加寅作初传，其中传午加辰，末传申加午，卦名登三天，宜占天庭事，有动达高尊之象。如君子占之，稍畏初中空亡而减力；如常人占之，赖初中空却省力也。尤未免公干，明白事理。

悖戾格：亦名倒拔蛇。如甲午日干上子，虽四课三传皆处六阳之地，缘三传退间主事，间阻艰难，兼被初传戌财引入中末鬼乡，凡占事皆艰辛，尤不免公用也。如甲戌日干上子四课三传，亦皆处六阳位以上，是自夜传出，昼尤明白。

五阳格：课传居五阳之上者，或占人年命填之。亦名六阳，事主公用明白，利公不利私也。此例极多，不暇细具。

六阴相继尽昏迷。

六阴格：谓课传皆居六阴之位是也。凡占利，阴谋私干不利公闻，尤尽昏迷也。或白昼传夜，昏迷愈甚。如己卯日第一课，酉加巳第二课，亥加酉作初传，第三课，巳加卯，第四课，未加巳，中传丑加亥，末传卯加丑，课名溟濛。凡占事，必是阴谋奸私之象，兼天将、天后、螣蛇、六合、元武，支干上皆乘盗炁，又是弹射发用，坐于空乡，至费力而不可言也。占病，必死求望，皆为脱耗。

又己亥日干上己同。

五阴格：课传止五阴者，占人年命填之。凡占，利私不利公，利小人不利君子。

源消根断格：如癸卯、癸未、癸巳干上卯课传俱在五阴之位，又是下生上神，迤逦而脱去。占病，缘不摄而致病，岂不危绝乎！凡占，皆脱耗。其法如神，切宜秘之。又如辛卯日干上子自干至支及初中末，迤逦下生上神，尽被脱盗，虽不系五阴位全其理，一同已上例。除占病外，诸占未免脱耗，日渐消烁也。

旺禄临身徒妄作。

谓日之禄神，又作日之旺神，临于干上者，切不可舍此而别谋动作。如乙卯日干上卯，幸得乘日之旺，禄何不守？此乃舍而就初传之财中末之生，殊不知皆是旬内空亡。既逢干空，不免啰唦，再归干上就禄就旺，诚所谓到处去来，不如在此之语也。又乙酉乙亥日干上卯，癸巳癸丑日干上子、辛卯辛丑辛酉日干上酉、己亥己酉己巳日干上午，虽不系己土旺神，亦可用也。已上皆在钤内。又如辛巳日虽干上酉为日之旺禄，奈是旬空。既旺禄空亡，必所得不偿所费，反不宜坐用。未免弃禄而就三传之财，及别谋改业，遂致亨旺。切不可如前论之。又如癸亥日干上，虽乘子为日之旺禄，亦是旬空。未免弃禄而就初传之戌，乃值日鬼乘白虎。又不免向前投中传酉，又值败炁，又坐鬼乡。酉加戌为鬼乡也。迤逦至于末传申，始逢日之长生，凡值此课，未免舍空禄而就艰难中，更进一步，始得如意。此意法奇妙，丁亥日干上午，乙巳日干上卯，同外有乙未日干上卯，缘是闭口之禄而不可守，遂投初传，奈是昴星不入之财，不免中传，再归干上，受其旺禄；又不能守，致于末传，弃禄而归于末传，宅上受其干墓之乡。以此占之，乃见食于人，把心不定，终处于家中受困厄而已。

禄被元夺格：如辛卯日干上酉为日旺禄，缘昼乘元而夜乘虎，遂不可守。未免投初传丑，又是日墓，中传子又是脱炁，末传又是丁亥乘虎而遥伤日干，自末传至干，虽欠一位，终不能复投其旺禄也。此例尚有，皆在钤内，甚详。又辛未日干上酉，夜乘虎支上午，火初巳、中归巳乡、末丁卯。

权摄不正禄临支。

谓日干禄神加临支辰上者，凡占，不自尊大，受屈折于他人。如占差遣，主权摄不正，或遥授职禄，或正宜食宅上之禄，或将本身之职禄替于儿男者，斯占尤的。且夫此例每日有一课，可逐类而言之。假令甲子日寅加子、乙丑日卯加丑之类，不暇细具，皆仿此。

禄被支墓克脱，外有日干之禄加支上被支辰墓其禄，或被支克其禄神者，必因起盖房宅而失其禄，或被支辰脱其禄神者，必因起盖房宅而以禄偿债。假令辛丑日酉加丑，乃禄神受墓。又乙酉日卯加酉，乃禄神受宅。克乙巳日卯加巳，乃禄神受脱。此例极多，不暇细具。余仿此。

避难逃生须弃旧。

避难逃生格：如甲子日戌加子作初传，虽日日财，乃是旬空。中传申金又是日鬼，末传午火作日之脱炁，且三传既无所益，不免只就干上子水而受生，乃应避难而逃生之语。丁卯日干上亥、乙亥日干上酉、戊寅日干上申、庚戌日干上午、辛未习干上丑、戊午日干上辰、己巳日干上酉、辛酉日干上亥、壬申日干上寅、庚辰日干上子。

避难逃生，如甲子日辰加寅为初传，虽日日财，奈昼夜天将，皆是六合，其财受上下夹克，终不可得。中传午火，乃日之脱气，末传申金又是日鬼三传，既无所益。不免日干就子支上而受生，亦谓之避难而逃生。又如庚子日子加申，此乃支神上门而脱干，兼三传水局，皆作脱炁；及昼夜天将，蛇龙武皆是水中之兽也。愈击其水而蚀庚金，诚所谓脱耗迍遭而不可逃。熟视之天盘，申金坐于辰土之上就生，子水坐于申金之上长生，岂能蚀天上之申金？亦为避难逃生也。

占人本命作丁神，动摇不安；而坐长生之上，亦为避难逃生。

避难逃生而终不能逃生者例如丁亥日干上戌，夜占昴星三传午戌寅，缘始弃干上之墓，遂投初传之禄，奈是旬空。不免弃空禄，而再归干上中传戌墓，终不可受其久困。又投未之长生，奈值白虎，未免止居宅中，受惊危之长生尔。

避难逃生得财格：如壬午日辰加亥作初传，乃是墓神覆日，为用三传辰酉寅，不免弃墓，而投中传酉金之生，又是旬空。遂再投末传寅木，又是脱炁。然后弃其三传，而壬干加午而取财也，如丙寅日寅加丙，申财加亥，乘元三传亥申巳，缘申见在之财落空，又焉能求外来之财也。

舍益就损格：亦名不受福德。贲初九贲其趾，舍车而徒。如壬寅日不就干上之申金为长生，愿以壬干加寅木而受脱。

舍就皆不可格：如乙酉日干上亥，辛丑日干上未。唯有庚子日干上辰，乃空亡。庚午日干上戌乃空亡。

墓作太阳格：谓墓神覆日，却作太阳，处难中得上人提携。共有五等：一就干上之生、二就支上之生、三日干坐地盘之生、四本命乘丁，坐地盘长生、五日干下临财乡。

朽木难雕别作为。

谓斫轮课中卯为空亡者，故名朽木不可雕也。凡值此例，宜改科易业而别做营生。如庚戌日卯加申，辛亥日卯加辛，此二者尤的。余有癸丑日卯加申发用。

斧斤不利格如丁丑日卯加申为发用，乃申酉空亡。卯木加空地，非朽木难雕之例也，凡谋不遂。

众鬼虽彰全不畏。

假令壬辰日戌加未为初传，丑加戌为中传，辰加丑为末传，三传戌丑辰，皆是日鬼，诚为凶也。殊不知干上先有寅木，可以敌其三传之土，制鬼贼不能为害，兼是蒿矢择比为用。又坐空乡鬼力至轻也。凡占，未免先值惊危，下稍无畏，但言必有人相谋害，终不能为祸也。如用夜贵，初乘白虎，尚可畏焉。如用日贵全无畏矣。且论寅木，切不可作脱炁言之，实为救神；其寅木，论如孔氏门下有子路，能御侮者也。又如壬戌日干上寅，丙子、丙申、丙辰干上丑，皆是己亥日干上申，夜贵必得贵人力。

家鬼取家人，如己丑日干上申、支上寅，为用三传寅卯辰，如用夜贵，必得贵人解救。自支寅木发用，中末传俱归木乡。凡值支上有鬼，引入鬼乡者，皆如此说。如丙申日干上丑、丙寅日干上辰，从支阴发用为鬼，亦以家鬼断；赖干上有救，有官人，可病，讼凶。

家人解祸格：如癸亥日辰加癸；为用三传辰未戌，皆是土神，并来伤干，兼夜天将，皆是蛇勾虎，诚为凶也。殊不知支上有寅木，可以敌鬼，不为凶咎。此例必得宅中之人解祸。余仿此。

引鬼为生格：谓初传日鬼而生，其末传来育干者是也。如丙子日并干上子为初传，虽是鬼却生末传寅木，作丙火之长生，反不畏干上之子水，亦赖宅土，未土为救，是丙子日是也。丙午日亦有丑土为救也，余不为救。己丑日卯加申，甲寅甲午日酉加寅，乃先凶后吉。

传鬼为生格：三传皆作日鬼反生，起干上之神而育干者是也。

如庚午日干上辰、三传戌午寅火局，虽全伤日干，殊不知三传反生干上辰土，而育养庚金也。又癸巳日巳加酉，用昼将，皆土克日，殊不知土将生三传金局，三传金局生干，乃凶返吉也。

贵德临身消除万祸格：如乙丑乙巳日并酉加巳为初传，三传金局并来伤其乙干，如用昼贵，凶不可遏，设用夜贵，反为吉。言初传酉金上被螣蛇克，下被巳火伤，又被中传丑土来墓，末传巳火来克，其酉金全无力来克干，纵然干上乘申金，又为贵人，又为日之德神，临身能伏诸煞。

天将为救神格：如辛巳日午加辛为用，三传火局并来伤干，诚为凶也。如观天将昼夜皆是贵，常勾土神而窃其火烬，生其日干亦宜免祸。

脱烬为救格：如壬子日未加卯为用，三传木局并来脱干，且此例既无日鬼，岂宜处干众鬼？虽彰，全不畏者之例。三传木局，切不可作脱烬言之，如用夜将，缘三传天将皆是勾常贵人，土神并来伤壬干，反赖三传木局去其土将，岂不应斯格也。余五壬日干上卯，夜贵并如其说；壬戌、壬子、癸卯、癸亥，三传未卯亥夜同。

虽忧狐假虎威仪。

狐假虎威格：如丁未日干上子，其丁火实畏子水所克，反倚赖支属土，却能制其子水，不敢来伤丁干也。疑丁火喻狐，未土喻虎，故名为狐假虎威仪之例也。凡占，切不可动谋，如动用离其未土，其子水随迹而伤丁火也。又辛亥日干上亥，昼虎夜元，皆乘脱烬，尤赖亥水坐于戌土之上，尚惧戌土，不致辛金全脱，尤不宜动作，稍如前例。余五辛日，亦可如此说。

鬼贼当时无畏忌。

假令戊子日干上午，三传寅卯辰，皆是日鬼，如春占木旺，诚所畏也。殊不知木至春令而荣旺，既贪荣盛而无意克土，故戊土不畏木克也。此例虽春占无畏防，至夏秋其祸仍发。如有祸时，便宜断绝，免致后患。其余传内全逢日鬼者，各详四季天令而言之。

三合为鬼格亦如前说。

传财太旺反财亏。

假令戊申日干上丑，三传子申辰，皆作日之财，兼昼夜天将，皆是水中之兽。又于秋冬水生旺之月，占求财事，即无财也。如取其财，切防反费己财，缘水自贪其生旺，不能与我作财，只待身旺之月，财炁稍衰之月令，方可取其财。例尤多，余亦仿此。

进退连茹为财格：如网江鱼之谕，求财不宜坐财墓，亦忌财加鬼墓。

财神空亡格：求财反费己财，缘见在之财已空，求外来之财，岂有得也？如辛亥日干上寅、支上卯，二财皆空。庚戌日同。

脱上逢脱防虚诈。

谓日干生其上神，上神又生天将者，故名脱上脱。凡占尽被脱耗，多虚诈不实之象也。假令六庚日干上子、夜将上乘青龙，此乃庚干生上神，子水又生青龙，木将那更三传？皆是水局并来盗日，凡占岂不遭虚诈乎！内有庚子日子加庚，乃支上门来脱干三传，又来脱之并三传，天将夜昼，俱是蛇龙元尽被脱盗。倘熟视之，其庚居天盘坐辰土之上受生，子水居申金之上受长生，终不致脱尽，不可不知。六甲日干上巳，昼占上乘太常；六乙日干上午，昼占上乘天空；六丁日干上丑，昼占上乘太阴。

无依脱耗格：惟丁未日反吟，昼占乃干生丑，丑将生，一火逢九土如忧事不止一件，若止见一件，别项又来，必有大灾。六己日干上酉，夜占上乘天后。

脱盗格：乃干上逢脱气，天将作元武者，例亦如前说。六辛日干上亥，夜占乘元武；六壬日干上寅，昼占乘元武；六癸日干上寅，昼占上乘元武。余有甲午日午加甲三传，又是火局并支来盗干，虚诈尤甚。内辛亥日干上亥，尤可恶。缘支干上皆脱初墓，又坐脱方，中末空亡，昼虎夜元之将日上，俱值其凶可见。

空上乘空事莫追。

谓上见旬空乘天空者，凡占指空话空，全无实象。如甲申日干上未，昼占上乘天空，余占日上空亡，上乘天空，皆仿此。

脱空格：谓干上有脱，乘天空，亦名脱空神。凡占皆无中生有，尽是脱空，全无实迹，不足取信也。如辛卯日干上子，昼占上乘天空，初传又是遥克，中末皆空亡。凡占尽被脱空，六辛日干上子，昼占乘空；六乙日干上午，昼占乘空。余日皆仿此。

但凡遥克为用，作空亡，或坐空乡，或乘天空者，凡占皆虚无不实也。

进茹空亡宜退步。

假令壬子日干上子、三传寅卯辰，皆是空亡，既向前值三空亡，即宜退步，抽身缩首。却就支干上子、与丑合，反有所得。庶使壬水不被传木全脱，可以全身远害，不利托人。如甲午日干上卯、三传辰巳午，亦皆是空亡，亦宜退步。庶乎甲木不被传火脱尽，奈支干前后夹定脱烝在内，尽被脱空，而无穷也。如遇丑为年命，始宜退步，就其禄神。

脱空格：如癸丑日干上寅，自是空亡，那更寅卯辰为三传，使癸水生其脱空，虽有千金，亦不周其足。如昼占乘元武在干上，尤甚；占讼，费而不直；占病，脱而虚甚。终不能退步。

踏脚空亡进用宜。

谓退步传全值空亡者，故名踏脚空亡。既退后遇空，宜进而不宜退也。如戊申日干上辰、三传卯寅丑，皆作日之鬼，幸遇鬼，空足以脱灾避难；惟不宜守旧。缘干上乘墓，反宜于三传之外，向前一步，便逢禄神，此却不利。有官人占之，缘官爻空亡故也。

寻死格：如丙午日干上辰、三传卯寅丑，虽三传生日，岂宜皆空！如占病，乃寻死格也。占父母病死尤急。如占子息病，无畏。占讼，理亏必官，人不主张，缘生我者空亡故也。如乙卯日干上卯，亦若寻死格已上例。如背后有三阴坑，岂宜退乎？如退，则脚下踏空，反陷其身。凡占宜催督。

踏脚空亡格：惟不宜进前者例，但占事，虚声而无成就耳。如甲子日戌加子为初传，乃是本旬之空；申加戌为中传，乃后旬之空；午加申为末传，乃外后旬之空亡。故向后全无实意，尽无成就。甲申日午加申、乙卯日丑加卯、丙辰日丑加卯、丁巳日丑加卯。

胎财生气妻怀孕。

谓日干之胎神作日之妻财，又逢月内之生炁者。如占妻，必孕也。如壬寅日干上午、七月占午加亥为发用，壬水胎在午，又是日之妻财。及七月生炁在午，占妻必有孕而无疑。五壬日干上午、七月占皆同。六庚六辛日干上卯、四月占皆然。六戊六己日干上子、正月占亦主孕喜。何故？言戊己土神胎亦在子，或有用午为胎神者，不可不知，未免略具。拟《土神歌》于后，歌云"戊己当绝在亥怀，明知子上是胞胎"云云；"支之胎神作月内，生炁占妻有胎孕"亦确。不必作干之财，惟此胎神临妻之年命，尤好。或临支上，亦同妻财作生炁，纵不作胎神，亦可用。

损胎格：如壬辰日干上午为发用，又七月占，虽妻财作胎神乘生炁，必后有损孕，缘午作空亡故也。余仿此。

妾孕格：如辛癸巳日胎神为生炁，乃妻妾之妹有孕，尤验。如丙丁日胎神在子，如正月占，非妻有孕，即是偏房也。

私孕格：如辛癸日乘元有私，外有甲乙日胎神，在酉十月占，丙丁日胎神，在子正月占，非妻有孕，必是偏室，婢妾有胎孕也。如作空乘死炁，必是鬼胎也。

互胎格：如戊寅日干上酉，乃支之胎神；支上午，乃干之胎神。又作夫妻之行年本命，必然妻怀孕喜，不必寻生炁及财神也。乙丑、己未、癸、未干上子，己未、癸丑、己丑、辛未、丁丑干上午，甲申干上卯，庚寅干上酉，已上并是干上得支之胎神；支上得干之胎神也。

忧子格：论孕产乃六合。三月占，加申；四月占，加酉，乃月之死炁克六合，至产则忧子凶。此二例乃天后、六合为子、母之类也。

忧母格：如十一月占，天后乘辰；五月占，天后乘戌；八月占，天后乘丑；二月占，天后乘未。已上者，乃月内死炁克天后也，如至产期必忧母凶。

子恋母腹格：如干加支、支加干，而互相生者，乃名子恋母腹利。占孕，则保育不利。占产，如至产期占之，迟生则吉；外有支加干而克干者，主产速，或无克，亦产；支为母俯首，已见其子也。

损孕格：如壬辰日午加亥；癸巳日午加丑；庚戌日卯加申；辛亥日卯加戌；戊

午日子加巳；己未日子加未；甲戌乙亥日酉加巳、午；丙辰、丁巳日子加辰、戌、丑、未，已上例缘胎神作空受克。占产，当日便生。占孕，必损。

月厌煞：如三月占，不宜申加母年命上；九月占，不宜寅加母年命上，缘死炁作月厌。占产，必凶。六月占，己加母年命；十二月占，亥加母年命上，缘生炁作月厌。占产，必速生。

养神二血法：如丙、丁、戊、己日胎神在子，养神在丑。如在正月占，言血支血忌皆在丑，并养神而克胎神；如占产，生速；如或占孕，有损无疑。如在十二月占，言血支血忌皆在子作胎神，如占产，亦生速；如占孕，亦防损。已上血忌作空亡，或坐空乡。占孕占产，亦无妨也。

三元胎格：如寅加亥为生，元胎怀孕之时，渐有生意，生下男女，必兴旺家门也。如寅加巳为病元胎，如值此怀孕之时，母常有病，生下男女。多病不甚长进。寅加辰为衰元胎挂，惟乙未日亥加丑、昴星一课是也，怀孕之时，家道日渐衰替，生下男女，身躯衰弱，全无生意。

昴星格：刚日生女，或柔日虎视生男，取俯仰而生故也。

胎受克绝格：胎神临本日及临绝受克，六壬日午加亥、六庚日卯加申，乃胎临本日，占产，可言当日便生，且安好。或六癸日午加亥、六辛日卯加申，乃胎神临绝受克，占孕占产，俱畏。六戊日子加巳，同六甲日，亦如前说，且占产，稍不畏矣。

小产法：如母之年命上神冲克胎神者，纵作生气，必是小产，此法极验。

胎神坐长生格：如丙、丁、戊、己日子加申，庚辛日卯加亥，壬癸日午加寅，甲乙日酉加巳，大宜。占孕惟不利；占产占得此者，反凶。

腹胎格：腹加胎神丑为腹也，如甲乙日丑加酉，丙丁戊己日丑加子，庚辛日丑加卯，戊己壬癸日丑加午，如值此来意，妻必有孕，缘胎在腹内，丑为腹之类加临胎神故也。

腹空格：如天盘之丑作空，或落空。如占产，则生速，缘腹空而必已诞其子；占孕，必损孕。

全伤格：支干全伤，子母俱凶。独支受伤，害母；独干受伤，害子。如产期以本月之内、破胎之日生，或害胎之日生，或刑胎之日生，或月内生炁之日生，或以子息爻中长生之日生，或以五行养处生。如甲乙日以戌为养神，或以逐季之天喜神所临之日生，妙矣。夫天喜者，乃逐季养神也，以上不利。占孕反有损。

纳音法：又妻本命纳音之胎神冲破之日生产，尤验。

夹定三传格：如干支夹定三传，或初末六合，如占产，子母俱不可保，缘炁塞于中故也。如约母之年命透出支干之外可免，母之凶也。

胎财死炁损胎推。

戊己日子为胎财，七月死炁在子；庚辛日卯为胎财，十月死炁在卯；壬癸日午为胎财，正月死炁在午；甲乙日酉为胎财，四月死炁在酉，甲戌旬鬼胎空亡，余亦仿此，全如前篇论。但凡胎神作月内之死炁，妇孕不育。

交车相合交关利。

交车长生，大宜合本而作营生。庚寅干上亥，支上巳；甲申干上巳、支上亥；戊申伏吟、戊寅返吟。

交车合财，惟宜交关，取财以财交涉最好。辛丑干上子、支上卯、辛巳干上申、支上卯，壬申返吟，辛卯伏吟，癸未午加癸、子加未。

交车脱虽，相交涉而用事，彼此各怀相脱之意。如壬午干上未、支上寅，乙亥寅乙戌辰酉戊丁卯戊丁甲申巳甲庚寅亥庚各自脱，壬辰酉壬乙未午乙自脱。

交车害，彼此各相谋害，但不宜相交用事，各有庆害。辛酉伏吟，乙卯伏吟，丁丑午丁巳丑午己。

交车空，如占事始初相交之时，极和极美，后总成画饼，靡不有初，鲜克有终也。

交车刑，如结交朋友正和美，中必致争竞，各无礼也。丙寅、戊寅伏吟，辛未、辛丑伏吟。

交车冲，不论亲疏先合而后离，夫妇、父子、兄弟、客主皆然。丁丑、癸未、甲申、庚寅俱伏吟。

交车克，乃蜜里砒、笑里刀之喻也。匿怨而友其人，如相交涉必至争讼。庚子丑庚庚戌卯庚辛未午辛自克。

交车三交，乃三交为三传，凡因交关用事，必有奸私，或相交涉二三事。己酉辰己丁卯戊丁丁酉辰丁己卯戊己子午日无。

交车三合，乃三合为三传，又支干交车相合，亦名交合格。凡值此者，家合仁义，外人相助而有成合，惟忌空亡。乙丑子乙三传己丑酉、辛未午辛三传卯亥未之类，已上谓日干与支上神作六合、地支与干上神作六合故名。交车合，凡占，皆主交关，交易、交加、交换而成合也；惟不利占解散诸事矣。此例，如六十日内除甲寅、庚申、丁未、己未、癸丑五日系八专日，干支不分，交车无合；其余五十五日每日一课，更宜详其相合、凶吉而言之。内有伏吟相会合者，亦同其说。内辛未日干上午、支上卯三传卯亥未，如占交易后必龃龉，始见龃龉后却和合，因发用乘丁也。又丙寅日返吟，亦同。

上下皆合两心齐。

谓支干上神作六合，地盘支干亦作六合，如乙酉、丙申、戊申、辛卯、壬寅此五日伏吟者，是也。

干支相会格：如乙酉日酉加乙，或乙加酉；丙申日申加丙，或巳加申；戊申日申加戊，或巳加申；辛卯日卯加辛，或戌加卯；壬寅日寅加亥，或壬加寅，缘上下作六合也。

上下俱合格：如日干与上神作六合，地支亦与上神作六合者。例如甲申日干上亥，与甲干作六合；支上巳，与地支申作六合。丁丑日干上午、支上子己丑日，同癸未日干上子，支上午，庚寅日干上巳、支上亥。

独支干上神作六合格：如戊辰日干上丑与支上子作六合，又戊辰日干上未与支上午作六合，辛未日干上寅又干上申、乙亥日干上酉又干上卯、丙子日干上卯又干上酉、戊子日干上卯又干上酉。

交互六合格：如干上神与支作六合，支上神与干作六合。如乙丑日干上子支上酉、丙寅日干上亥支上申、戊辰日干上酉、辛未日干上午、乙亥日干上寅、丙子日干上丑、戊寅日干上亥，每日皆有。内有一字空亡，反为凶咎。已上相合，凡占主客相顺，神合道合之象。

外好里槎芽格：凡占皆如其言。缘支干上神虽作六合，奈何地盘支干上神却作六害也？如壬申日干上寅与支上亥作六合，殊不知壬干与申支作六害；乙卯日干上丑与支上子作六合，其支干辰卯却作六害。况合空亡而害实在，凡事空喜而实害。辛酉日干上丑与支上子作六合，俱空独留，支干酉戌六害。又辛酉日干上未与支上午作六合，支干酉戌自作六害。乙卯日干上未与支上午作六合，卯辰支干自作六害。丙寅日干上寅与支上亥作六合，干己与支寅却作六害。戊寅日干上寅与支上亥作六合，干己与寅支干作六害。

日辰邻近格：缘干支相会上神作六合者。凡占皆主有变换，彼我共谋求合之事也，如壬子日子加亥与支上丑作六合，又是支加干兼支干相邻近也。戊午日干上午与支上未作六合，又是支加干兼支干相邻近。丙午日同值此例者。客主相顺，神和道合。

干支相会格：缘上神相合而不相邻近者例，亦可相共谋而成合事。丙寅日寅加巳、亥加寅，丙戌日戌巳加及卯加戌，戊戌日戌加巳及卯加戌，壬辰日辰加亥及酉加辰。

彼求我事支传干。

谓初传从支上起、末传归干上者。凡占必主他人委托我干；谋事体，吉凶皆成。故占吉，则吉遂；占凶，则凶成。行人至求取得。

如癸酉日初传从支上巳起，末传至于上酉止乃，三传巳酉丑也。

我求彼事干传支。

谓初传从干上起，末传归在支上者。凡事勉强，不免俯求于人，亦为人抑勒，难自屈伸。旺相尤吉，死因不安。又主为卑下所屈，兼礼下求人之意，只宜低心下意，不宜高上。百事不举，家宅不和，行人未来，病者难愈死。如丁亥日自干上酉作初传起，至支上丑作末传止也。

金日逢丁凶祸动。

如有官人占之，则赴任极速，不欲占人行年上神克去六丁所乘之神，常人占之，反宜制丁乘神，谓庚辛二干三传年命日辰逢旬内六丁神者，必主凶动，如乘勾陈必被官词勾追，如乘月之死炁，必亲族在外府郡，报死亡而动。往乘贵人必贵人差，往乘元武，主逃或妻有血灾，蛇雀尤的。如庚午辛未二日见卯，是丁神，则因妻而凶动；不然，取财而祸起，或先得财而后凶。庚辰辛巳二日见丑，是丁神，则因父母之墓田而凶动尤分，旺相为田，死囚为墓。内辛巳日昼将顺行，丑乘白虎作丁神，而遥伤日干，其凶动尤速。庚寅辛卯二日见亥，是丁神，则因子息而凶动。内辛卯日昼将逆行，亥乘白虎凶动尤速。庚子辛丑二日见酉，是丁神，则因兄弟或己身而凶动尤分。庚日是兄、辛日是弟，及己身、及禄有动遥。内辛丑日夜将顺行，酉乘白虎，其凶尤速。庚戌辛亥二日见未，是丁神，则因父母长上而凶动。内辛亥日夜将逆行，未乘白虎，其凶亦速。庚申辛酉二日见巳，是丁神，则因官鬼及长上而凶动尤分。庚日主鬼动，辛日主官摇动。

火鬼蛇雀克宅格：缘火鬼乘朱雀而克宅神，其末传又乘丁而遥克日干者例，惟庚辰日卯加辰冬占用昼将是也，如值此课，必遭天火焚伐而无怨也。余有火鬼乘蛇雀而克宅者例。春占，火鬼是午，如甲申、戊申、庚申三日并午加申，用夜将乘螣蛇而克宅，宜以井泥涂灶禳之后，例亦同。夏占，火鬼是酉，如甲寅庚寅戊寅三日酉加寅用夜将乘朱雀而克宅，乙卯己卯二日酉加卯用夜将乘螣蛇而克宅，丁卯日酉加卯用昼将乘朱雀而克宅。秋占，火鬼是子，如甲午庚午戊午三日并子加午用昼将乘螣蛇而克宅，丁巳日子加巳昼将乘螣蛇而克宅，辛巳日子加巳夜将乘朱雀而克宅。冬占，火鬼是卯，如甲辰戊辰庚辰三日并卯加辰昼将乘朱雀而克宅，癸未日卯加未昼将乘朱雀而克宅，辛丑日卯加丑夜将乘螣蛇而克宅，壬辰日卯加辰昼将乘朱雀而克宅。

人宅罹祸格：缘日上神克日而辰上神乘丁，又克日主身宅，皆凶；人且灾而宅必动摇。惟有官人占赴任，极速宜平。昼将凡六庚日巳加庚、六辛日午加辛者，皆丁神临宅。

蛇虎遁鬼格：专论蛇虎二爻。谓六甲日遁旬内之庚，乘白虎在六处；并辛日遁旬内之丁，乘螣蛇在六处者，凡占，至凶、至危、至怪、至动。纵空亡不能解救，如甲子日庚午加戌三传，戌午寅，又庚午加子返吟，又庚午加丑三传辰申子、并用昼将，此乃遁旬内之庚乘白虎，而遥伤日干者例。辛巳日丁丑乘蛇加巳临宅三传午寅戌、又丁丑加申三传卯申丑，丁在末传又丁丑加酉三传酉丑巳，丁在中传并用夜将，此乃遁旬内之丁乘螣蛇，而遥伤日干者例。

凶怪格：谓月厌大煞天目墓神丁神，皆主怪异凶灾，并临年命日辰。如乙巳日干上未、四月占庚辰辛巳日干上丑。十月占此，主极怪极凶。

马载虎鬼格：如甲寅日申加午，为末传昼将，又乘白虎，又伏吟，又申加戌，又申加亥；并用昼将戊午日寅加未、昼将戊辰日寅加未，又寅加酉，又寅加亥；并用夜将白虎克干，余甲戌及戊申此二日。虽有此例，赖鬼空亡，不能为害。其余日辰极多，不暇细具。凡占主凶速。

蛇虎乘丁格：如乙亥日丑加亥、辛亥日未加亥者，乃丁作白虎而克支辰，必因家宅而有动；不然，屋宇塌倒以致损人口，或染灾病而不可免。余日鬼乘丁作腾蛇，尤凶尤怪。乙未日干上酉夜乘腾蛇，亦凶。外有丁神作日鬼乘白虎而克日干者，未免本身有凶动也。惟有己巳一日卯加巳夜将乘白虎而克干者，是也。

水日逢丁财动之。

惟畏占人行年上神克去六丁所乘之神，则财不动。谓壬癸二日三传年命日辰之六处，逢旬内之丁神者，必主财动及远方封寄财物付本身之象。如未有妻，则有娶妻之喜；如已有妻，则主别妻之忧。如壬申癸酉二日见卯是丁，则因子息动而有财。内癸酉日因门户之财动，或为子息而得财。壬午癸未二日见丑是丁，则因官鬼之财动。内癸未日伏吟与癸丑日同说，壬辰癸巳二日见亥为丁，则因己身或兄弟之财动。内有癸巳日见亥丁马交加财动又速。壬寅癸卯二日见酉是丁，则因父母或长上而财动。内癸卯日又因门户之财。壬子癸丑二日见未是丁，则因官鬼之财动。内癸丑日干上未，并初传是丁，缘三传皆鬼不可取财。壬戌癸亥二日见巳是丁，则因妻之财动。内有癸亥巳为丁马交加，财动尤速。离妻娶妻更的。

财乘丁马格：缘财神乘丁或为驿马者，必因出入求财、或因妻动用者，如丁马交加，必因妻财而非细之动。如己丑日亥为财、乘丁马甲辰乙巳见未、丙申丁酉见酉、戊子日见亥、甲戌乙亥日见丑，太常乘日之长生临日干上者来人，心占婚姻之喜，或有锡赐物帛之事。如六甲日亥加寅夜将乘太常，六己申加未昼将乘太常，癸亥日干上亥夜常未巳卯，皆财。

太常乘日之长生临支上者，宅中必有婚礼之喜，或宜开采帛铺，或开酒食店肆后有长进。如甲子日夜占亥加子作太常为日长生，又是交车合并；甲戌日亥加戌夜将，亦是交车合乘太常作日之长生，斯二例古婚尤的。甲寅日亥加寅夜巳未日申加未昼。

牛女相会格：缘丑中有牛宿、子中有女宿，子与丑合乘太常为用。如乙丑己丑子加丑、丙子壬子丑加子，乘太常大宜。占婚姻，内壬子日是芜淫体后，必不成。

传财化鬼财休觅。

谓三传皆作日之财，而生起干上日鬼，而伤其日干者，必因取财而致祸，及防妻与鬼交而损失。余生支上鬼者主破家，如辛亥日干上午三传未卯亥皆作木局，为日之财，其财且不可取，欲待不取，奈财在目前争忍舍之？设取其财，即生起干上之午火而伤辛金，难免其凶祸也。此财如在虎口，又喻如刀上蜜焉可舐，稍识事君子见其财，自祸而出，必不取之，庶得全身远害。此例虽不利取财，惟宜以己财而告贵人成其事，言用昼贵乃以财生贵，必宜倩求关节事，可谐也。余辛卯、辛未二日干上午同前说。丁巳、丁丑二日干上亥，若丁酉日干上亥三传亥卯未全生，但日上见鬼耳，幸为贵德，宜告贵得益。宜为长上占之，若壬戌日干上未夜乘太常三传全脱。占病，则因伤食以致邪祟侵缠，尤恐不救。如得占人年命去其干上之鬼，稍轻。内有丁丑日干上亥三传酉丑巳，其金财不能生亥水，言初中空陷、末作天空、夜占三传天将，皆土能克去亥鬼，致使财亦不可取，祸亦不伤身。未免经籈此二事后，始无一成。并丁巳丁酉二日各视天将言之。

传财化鬼格：缘三传作日之财反生起支上神而来伤日干者，此等祸害，必自宅中而发。惟要行年本命上神克制其鬼，庶不致深害。如乙巳未乙三传未戌丑支上申、乙亥丑乙三传丑戌未支上申、丁亥申丁三传申酉戌支上子，惟宜纳粟得官，或以财告贵，买恩泽而补授极妙。但有官人占之，则吉，必升擢官职也。又如四己日己卯、己亥、己酉，己未干上亥虽为日财，奈三传曲直术局，并来伤干，亦宜纳粟求官。

因财致祸格：或畏妻室如带凶将，或被妻伤者，缘财爻反克干上之神者是也。如庚辰日干上丑初传寅木为财，乘白虎而伤干上丑土，必被妻伤，其命又被丑旬中之丁作墓而覆日，亦是命运灾衰以致然耳。不然，娶恶妻而不孝于父母。

财遁鬼格：缘日上神作财却遁旬中干鬼，必因财致祸，为食丧身。因妻成讼。

如甲戌日干上庚辰、甲辰日干上庚戌、乙丑日干上辛未、乙未日干上辛丑、丙寅日干上壬申、壬戌日干上戊午、癸酉日干上己巳、丁卯日干上癸酉、戊辰日干上甲子。

借钱还债格：如辛酉日干上卯支上寅，壬子日干上巳、丙午日干上申、外有乙，未日伏吟，凡干支相同者，不宜求财耳。此曰借钱还债，不明也。

第三十六章　术数汇考三十六

《大六壬类集》六

毕法赋（中）

传鬼化财钱险危。

谓三传俱鬼则能去。比肩既无夺财之神于传内，有一作财现其财，安稳而无破也。谓三合课中虽作日之鬼，两课俱空，独存一字中间为财者，乃名全鬼变为财。其财终是危险中出。纵得之，亦不安稳。倘君子识事必不取其财也。如占人命年上乘日鬼，其祸仍发，亦不为财也。如丙申，丙子、丙辰三日并干上丑土，可以敌其水局，独存申金为财。如用昼将少畏，龙蛇元皆水兽，恐为祸也。

取还魂债格：缘三传全为脱气，反生干上财神者。例如己丑干上亥三传酉丑巳，虽为日之脱炁，殊不知金局生起，干上亥水作日之财。己巳干上亥空亡，尤为的验。壬寅日返吟，甲戌、甲午、甲申、甲辰、甲寅日干上戌，又如丁丑日酉加巳，用墓土将生空亡之财，亦如前说。有三传为脱炁，生起支上财神者，如壬寅、壬戌二日并支上午、甲午日支上戌亦为取还魂债。

求财急取格：如乙未日未加乙。虽曰财就人格，惟宜速去取之。如缓，则财反被未来墓其乙木却，恐为祸。又如辛卯日卯加辛，虽名财就人格，亦宜速取其财，如少缓，亦被卯木克其戌土，反有害也。

空财格：如丙子日酉加巳，乃空财。如用夜将反生三传之财，亦宜索债。

危中取财格：缘干克支辰为财、支上神为鬼者，不免自惊危中取财。如甲辰日乃甲木克辰土为财，如辰上乘申是也。甲戌日支上申空亡，似乎无畏。乙丑、乙未二日支上酉，丙申日支上亥，丁酉日支上子，戊子日支上寅，己亥日支上卯，庚寅日支上巳，辛卯日支上午作空亡，不可畏之。

　　眷属丰盈居狭宅。

　　谓三传生其日干反脱其支辰者，是也。值此必人口丰隆而居宅窄狭也。如甲申日干上午三传辰申子水局全来生日，乃应人口丰盈也；申金为支辰反生三传之水局，乃应屋舍窄狭也。如得此课，切不可迁居宽广之房舍，恐反生灾咎。此乃造化使然，不可逆天理而妄作也。其余占别事，即我盛而他衰，我胜而他负。后例准此：乙酉日干上申三传申子辰，又干上巳三传亥子丑。

　　人旺弃宅格：缘三传生其日干而克其支辰者，占人虽亨旺而无正屋可居。纵为官多是寄居，或欲逃亡而弃其家，尤的。如丁未日卯加未，又亥加未用，癸卯日酉加巳用，甲午日子加丑丙，戊日卯加辰用。

　　赘婿卦：缘支加干而被干克者，其支上又乘脱炁或克支者，必无正屋可居。如丙申日申加丙亥脱申、丁酉日酉加丁亥脱酉、戊子日子加戊未克子、己亥日亥加巳卯脱亥。

　　屋宅宽广致人衰。

　　谓三传窃盗日干反生支辰者，是也。凡值此课，必宅不容人居止。不然，人口少而居宽广之屋舍，致使人口日渐衰羸，患难俱生。惟宜弃此住场而别迁居止，庶免此患。余占事，皆我衰他旺，我负他胜。后例准此，如甲辰日戌加寅，甲戌日寅加戌，又壬午日未加卯。

　　卖宅备患格：缘三传生支克干，惟宜兑卖宅舍，以钱预备灾患之费。如癸酉日辰加丑用，己巳日卯加未，丙寅日子加丑，癸酉日伏吟。

　　狮兽冲宅格：缘对邻兽头吻冲其本家，或有狮子道路冲宅以致家道衰替。如对邻空亡，不足畏也。如壬辰日申加戌，作白虎冲支上寅，辛巳日伏吟，亥作虎冲支上巳，甲午、庚午二日伏吟，子作虎冲支上午，辛丑日酉加未，作虎冲支上卯。

　　血厌克宅格：缘天后乘血支血忌作月厌临支克支，凡交易买卖铺店皆宜忌此。如十一月癸亥日辰作天后加亥，乃夜占，缘七月血忌在辰月厌亦在辰，又墓克其宅神故也。止有七月占有血忌与月厌同处，余只有天后临血支血忌之例。

三传递生人举荐。

此格有二等：一、自初传生中、中生末传、末传生日干；一、自末生中传、中传生初传、初传生日干。凡占值二例，必隔三隔四有人于上位推荐之意。所谓皆赖众人之说，如欲干官及请举文状，皆宜得之。必得始终成就也。惟宜详初末空亡，如值空亡者，虽有举荐之心，终无成就之实，乃便作闲话多，赤心少之语也。如辛丑日卯加丑为初传，生其中传巳，中传巳生末传未，未土生辛干，此中空末落空。如年月并，干事人命填实可成。又辛酉日干上寅，癸未日干上卯，甲子、壬申、壬辰、甲申、壬寅、壬子、壬戌并干上午，丙子、丙寅、丙辰、丙午、丙申、丙戌干上申，三传申亥寅，此数日内有传空者，有传不空者，如丙子初中空，丙寅中末空。

将生财神格：缘三传作财、其天将又生财神者，大宜取财。如六丙日酉加巳夜。

支干相生格：如壬戌日干上申，支上未，土生申金，金来生日可无畏，未为鬼，然后作福。

两面刀格：如六戊日伏吟、巳申寅末传寅能助初生干，必能克干。俗谚云：成也萧何，败也萧何，作两面刀。

外有三传生干天将，又生传者例，如六癸日三传酉丑巳，或巳丑酉。昼占天将贵常勾。

三传互克众人欺。

此例亦有二等：一、初克中、中克末、末克日干；一、末克中、中克初，初克日干。凡占值此二例，必有人递互而相克害我也。或使众口一词总相欺凌，或如常人所为凶横，遂被他人雷攻状论。如或见在朝官占得此课，宜自检束堤防，恐有台阁上言之患。如丙辰日初传寅加酉克中传未，其中传未克末传子，末传子克日干丙火，辛酉日干上卯，己巳日伏吟。六戊日伏吟，如丙子日末传寅加未克中传，未中传未克初传子，初传子克丙火日干。

求财大获格：如庚辰日干上丑三传寅未子。自庚金克初传寅为财，初传寅木克中传未土，中传未土克末传子水，总为财故。求财可以大获。此法极好，他课例推。又如乙酉日未加寅，或如乙丑日干上酉三传寅未子，俱同。

土将助财格：如六丙日酉加巳三传皆财夜将，又皆土神尽生起财神，大宜求则，事尤宜成合。万事却不利，父母占病死，兼此人不义多贪横发。

雀鬼格：朱雀作日鬼加干。如在朝官防弹章及不宜上书，献策反受责黜。六丙日干上亥夜、六庚日干上巳墓、六甲日干上酉夜、六戊日干上卯昼、壬癸日未乘雀，昼贵顺行有之，但不临干如临年命，亦可用。

三传内战格：缘三传俱下贼上，迤逦克去，递相侵伐，乃名三传内战。凡占必是有窝犯，讼自家庭而出，如癸酉日未加寅，下克上；中传子加未，受克；末传巳加子，亦受克。且天盘未克子，子克巳，地盘寅克未，未克子，尽相伤伐而无穷也。又如戊辰日寅加酉为发用，亦同。

有始无终难变易。

此一句乃是二项事体。夫有始无终者，乃因初传是日之长生，末传为干之墓是也。夫难变易者，乃初为干墓、末为干之长生是也。如乙未日初传亥加未为干之长生，末传未加卯为干墓。占得此例者，如初起谋事之时，如花似锦，后将必无成合。又如，乙丑日亥加丑初传亥、末传未，皆自生传墓也。亦如前说。又如丙寅日戌加寅初传戌为干墓末。传寅乃丙火长生之地，占事先难后易。又如壬子、壬寅二日辰加寅为初传申加午为末传，此乃自墓传生，先迷后醒。如占得此例，谋事之初虽值艰难，已后却有成合。凡占，未免先暗后明。

舍损就益格：如甲辰日丑加甲，丑乃日之破碎，支上卯又作六害，又是干之羊刃，宜弃此而就。三传子亥戌为生干，凡占，不免舍无益而就亨旺也。占得此例，一则有寿，二则自微至显。又如甲子日亥加甲，六月占，乃父母爻作空亡，又是死炁，又为木之长生，主父母灾。如父母殁，后不论。余极多仿此。

苦去甘来乐里悲。

此一句亦宜分为二项说。且夫苦去甘来者，如戊午日末传申生中传亥水，中传水生初传寅木，而克日干之戊土，诚为被寅木之苦，殊不知反赖未之申金冲克，其寅又为戊土之长生，乃应苦去甘来之喻也。凡占，未免先受磨折，后却安逸。又如六戊日伏吟，乃初克中、中克末、末克日干，亦是先被寅苦，殊不知又赖寅径生其巳火，而生戊干也。以上二例，亦可作成败萧何。

一喜一悲格：如癸亥日干上戊乘龙克日，乃幸中不幸。支上申乘虎生日，乃不幸中幸。又癸卯日干上申，乘虎支上戊乘龙，又壬寅、壬子、戊加子发用，夜将同，如干上长生，于月令无尪，却喜传中见鬼，乃甲日上见亥，月令无尪，传中见申，酉为可生亥水也。亦名不幸中幸。

乐里生忧格：如庚寅日干上巳，乃庚金之长生；支上亥，乃寅木之长生。此乃先各有长生之意，然后递互相参。其庚金反被亥水脱，寅木又被巳火脱，却反为两边脱盗，凡占皆然。又甲申日干上亥、支上巳同前。又庚辰日干上戊生、干支上午生辰此例，止宜坐待用事，尽有其益；如若动其支干，皆坐于克乡。如庚午日干上辰土生、庚金支上寅木生午火亦宜坐用；倘动其支干，坐于脱尪乡，如庚子日干上巳作干之长生。殊不知巳火亦能克庚金，且支上酉生支。殊不知水败于酉，如癸酉、癸丑、癸巳三日酉加癸，昼占三传，虽金生日，其天将皆来伤日，虽有面前之生，背后反为深害。占病，死。占讼，刑。乃应俗谚云：贪得一粒粟，失却半年粮。凡占，俱如是。如庚辰日干上巳，虽曰日之长生，却被末传生中传、中传生初传之巳火而克。庚干丙申日夜占干上申三传申亥寅、初传申加巳作日之财受，上下夹克而无用。中传为日之鬼、末传乘虎遁壬水克干，先是初生中、中生末、末生日干，后却变出许多不美，亦如前说。已上诸例，变宫商薤露。

恩多怨深格：缘干生初恩也。初生中、中生末、末却克日干，反威仇是也。如己巳日申加巳生中传之亥水、中传水生末传之寅木，反克日干之己土，乙亥、乙未、乙巳、乙卯四日午加亥用。

不幸中幸、幸中不幸格：缘白虎却作长生，青龙却乘日鬼，是也。凡占皆然。如六戊日伏吟，昼占三重，白虎作长生，乃不幸中幸。如夜占三重，青龙作日干之鬼，乃幸中不幸。外有戊己日返吟，三月占，生尪克日，主病死尪、生日主生。

人宅受脱俱招盗。

此例亦有二等：一则支上干上皆乘脱尪，一则干上脱支、支上脱干。已上二例，凡占，人被脱赚，家宅必被盗窃财物。如占，病定然起，盖屋宅费用以致心气脱弱，而成虚惫，宜服补元气药饵获愈。内有支干递互相脱者，及相交涉，必是我欲脱漏彼，彼亦早办脱漏我也。既各怀脱漏之意，故应道典云：天网恢恢，疏而不漏。

遥克昂星别责乘空、落空，为初传发用，将乘元武者。凡占，定主失脱。此法极验。如乙亥日蒿矢酉元加亥用，丙子日弹射申元加子用昼将，己巳日弹射亥元加酉，辛丑日别责巳元加申夜将，庚午日昴宿戌加酉昼将夜将有之。又有庚子日元首辰空元加子昼将皆乘元武，辛亥卯加戌昼将，此等日乃空亡，乘元武为用，但初传不系遥克，并昴星。

财空乘元格：或临支发用。亦防失脱。如甲子日戌加子昼，占上乘元武，此例极多。

鬼脱乘元格：缘日鬼或脱炁乘元武来意。占失脱为发用尤的。

如己酉日卯加酉昼，辛丑日亥加丑夜。

干支皆败势倾颓。

谓干支上皆逢败炁者。占身，气血衰败；占宅，屋舍崩颓，日渐狼狈，全无长进；更不可捕捉奸私告讦他人阴事。倘若到官，必牵连我之旧过同时败露，各获罪也。其余占用，彼此皆值衰败，乃应俗谚云：杀人一万，自损三千之意也。如甲申日干上子、支上午，庚寅日干上午、支上子，丙申、丙寅日干上卯。

破败神临宅格：缘支上有败炁，又为破碎煞，必宅中有人不利，而致日渐衰残，家道破败。宜详其破败者，类神是何人。如己巳、己亥二日干上乘酉，乃干之败气，又作支之破碎，故总名为破败神也。以类推之，昼占必家中有破败之子，缘酉为己土之子息故也。夜乘天后因妾败，又戊申、戊寅日干上酉，壬寅，壬申、癸巳、癸亥四日干上酉，并同其酉为婢类，亦缘酒色而败家。其余破败神临之，同说。一说，破败神临干主凶，非临支。

末助初兮三等论。

谓末传助其初传而生日干者，亦有末助初而克干者，亦有末助初传而作日之财神者，此三等皆是傍有相助而各成。其上说内，末助初生日者，欲年命制末，始可言吉；年命生末反凶。如庚午日干上午三传午辰寅、末传寅加辰生，起初传午火而克伐庚金末传之寅木，乃教唆词讼之人也。其为公曹吏道士为胡须人，或属虎人，或姓从木，详天将逐类而言之。尤不宜求财，取财反为祸也。又庚辰庚申二日寅加辰，辛来日卯加戌，甲辰日辰加子。

抱鸡不斗格：缘己亥、己酉，卯丑亥为传，庚寅日午辰寅为传，癸亥日丑卯巳为传，虽末助初而克干者，因初传或空亡，或落空，本无意克其日干，其末传徒为冤憎，奈初传无力，终不能克干故。取喻于抱鸡不斗之例也。

枉做恶人格：如庚戌日午辰寅为三传，末空干上午，又庚子日午辰寅为三传，末传落空，亦是末助初传而克日干者。缘末传空亡，不能助其初传，其教唆人必自败露，所以喻为枉做恶人也。渴求祸出格乃支上神作财生，干上神为鬼者。大不利谒贵求财，犯之即有祸出。如甲子、甲午日干上酉，甲辰、甲戌日干上申，乙亥、乙巳日干上酉，乙卯、乙酉日干上申，丙寅日干上子、又干上亥。

二等者，如辛酉日末传巳加子，助其初传之未土生日干者例，必傍有人暗地相助推荐而致亨旺。如值末传空亡，亦名闲话多赤心少也。六戊日伏吟，己巳日伏吟，己丑、辛亥、己巳、己卯、己亥、己未、辛酉七日并干上子。

三等者，如甲辰日干上子三传戌申午、末传午加申助其初传之戌土，而作甲干之财者，凡占值此，必暗有人以财相助也。如占博弈，宜此末助初为财者作例来意。占婚尤的。如甲寅、甲午、癸未日干上子。

末助初传作日财，反克干上神者，如甲子日干上子三传戌申午，又壬申日干上酉三传午辰寅同。

自招其祸格：缘年命自助其初传而克干者，乃自招其祸必致患害也。

闭口卦体两般推。

《心镜》："云阳神作元武度四，是终阴闭口卦，止宜捕盗贼而追逃亡。"此课纵值目前，时师多未尝拈出，故立成法于后。

地盘旬首上神，乘元武者，每日有一二课推之。如甲子旬中甲子日辰戌加子昼夜，皆乘元武，戊辰戌加子昼夜、乙丑日卯加子昼、乙丑日亥加子夜、戊辰日辰加子夜昼、庚午日戌加子昼夜、庚午日辰加子昼夜、己巳日卯加子昼、己巳日亥加子夜、丙寅日伏吟夜、丁卯日返吟夜。

甲申旬中甲申日辰戌加申昼夜，戊子日辰加申昼夜，又戌加申昼夜、庚寅日辰戌加申昼夜、乙酉亥加申夜、卯加申昼、丙戌日子午加申夜，又返吟伏吟昼、丁亥日午子加申夜返吟、伏吟昼，壬辰日子午加申夜、返吟伏吟昼、乙酉日巳加申夜、酉加申昼。

甲戌旬中，凡甲戌庚返吟伏吟昼夜，皆是。乙亥日己亥加戌夜、卯酉加戌昼、己卯日卯酉加戌昼、己亥加戌夜。

甲午、甲辰、甲寅三旬，止有天盘之旬首乘元武，无地盘旬首乘元武，因元武不到东南方也。亦可如其说，凡旬尾加旬首作元武者，惟甲子、甲申二旬，甲戌旬无之。

旬尾加旬首为发用者例，更值初末上下六合，则气塞于中。如占病，即是哑重，或患噤口痢，不然咽喉肿塞，或痰厥症，不纳饮食。如占胎产，定是哑儿。如占失脱，纵有傍人见其贼盗窃物，竟不肯言之。凡求人说事，人但闭口而不语有无之意。余占更详。天将而言其事类，且如上乘贵人告贵不允；上乘朱雀占讼，屈枉难伸；乘白虎占讼，使人不明而伏罪。余皆仿此。但不免应闭口之意。此法尤好。如甲申、丙戌、丁亥、壬辰、庚寅日并巳加申用，甲寅、戊午、癸亥、丙辰、丁巳、己未、庚申日并亥加寅，内惟丙辰、丁巳为闭口发用。若甲午、庚子、丁酉日卯加午，甲辰日丑加辰、乙巳日丑加辰，甲子、丁卯日酉加子，甲戌、乙亥未加戌，以上不必皆属闭口发用，但旬尾加旬首即有闭口之意。六旬中皆有。

禄作闭口，缘辛未日酉加寅，大不利。占病，缘日禄作闭口，非旬尾加旬首，如乙未日卯加申酉夜，又乘白虎，或乘元武不在传课，就天盘言也。亦非旬尾加旬首，辛未日酉加戌夜，亦乘白虎，外有丙戌、戊子日巳为闭口禄神，但不乘虎，壬戌日亥为闭口，亦无白虎。

财作闭口，或食神空亡，皆如前说。丙寅日干支上酉、丁卯日干支上酉、甲戌日干支上未，壬辰、癸巳日干支上巳，庚子、辛丑日干上卯，甲辰、乙巳日干支上丑，戊午、己未日干支上亥。

太阳照武宜擒贼。

谓元武坐于太阳月将之上。占贼必败，缘贼人喜夜而可以隐形。岂宜被太阳之光照耀以致盗贼之形现露！不劳捕捉，必然自败。纵太阳月将乘天空，或作空亡，及坐空亡，尤好缘太阳不被云翳更光明也。惟畏占时在夜，贼反大幸也，尤宜逐季推寻月出日入之时，极准。如止以卯为日出，酉为日入，则元武止有临地盘之申上者为昼，缘不临地盘寅卯辰巳午未故也。如推究节气，日出日入则元武纵临酉戌，尚可作太阳照武之用也。如壬申日返吟卦，十月占且支上寅木，乃是日之盗炁上，又乘元武必是家中人作盗，后必败露。缘寅为月将照破元武故也。如辛亥日亥将戌时三传丑寅卯，此课所合主失脱而无疑也。缘干上亥是日之盗神，又乘元武，又初传是日之墓神中传，虽寅卯为日财，又是旬空，虽是太阳照武，奈是戌时，太阳已归地下，其贼难获。此例极多。余皆仿此。至元武虽不临太阳之上，如加于卯辰巳午申天盘之上者，尚可捕盗，或元武临天马六丁，更临酉戌亥子丑上，其贼终不败露，必至远窜。如占失财，其财坐长生之上者，终不致失，或所失物类坐于长生之上者，亦不至失也。

天网四张格：最宜占贼，必获。谓用神与正时同克日是也。惟在破网卦，反难捉贼矣。破网者，有神克其初传者是也。

贼向防连坐者例。缘元武所临之神有神作六合是也。如元武加子临丑子、与丑作六合故也。

捉贼不如赶贼格：假令甲日占以申为贼，不可，便以丙火去克之，虽去，其鬼贼亦窃甲干之炁，尤忧所费。以此推之，不如以壬水暗窃其申金，尤生其甲木为妙。

游都下捉贼必获。游都煞者，甲己日丑、乙庚日子，丙辛日寅、丁壬日巳、戊癸日申。

元武加丁，主失脱。

贼捉贼格：如壬癸日辰、戌、未、丑等为传三传，自相刑冲，可以凶制凶。又内有四金字可以化鬼也。又元之本家上神能制元，亦是。

鬼作生炁，贼来不已。如日之劫财，或占失财，亦以此为贼。或鬼贼本家与元武本家上神乘太阳占盗贼，立获。

后合占婚岂用媒。

谓干为夫，支为妻。凡占婚，全看此。岂宜支干上乘天后六合以应私情，那更女之行年居在干上，男之行年居在支上，此乃私情。先相交通，至嫁娶之期，何用媒伐乎！如占婚，值此者，必有先奸后娶之意也。如丁卯日干上寅昼乘六合支上戌乘天后，又干上子夜乘六合、支上申乘天后，又干上戌乘天后、支上午乘六合夜，更看那边空亡、审其真伪，如值空亡，则虽乘天后、六合，既已坐空，乃止怀虚意也。

富贵干支逢禄马。

谓干上有支驿马、支上有干禄神者，故名。真富贵卦。凡君子占之，加官添俸，富贵双全。常人占之，病讼俱凶，宅移身动。如丙寅日干上申乃支驿马，支上巳乃干禄神，余仿此。

尊崇传内遇三奇。

且夫三奇者有二等，有三传。全遇甲庚戊者有三传。全遇乙丙丁者，其法亦有二，有遁旬中之干者，有遁五子元建之法者，凡值此二例，君子占之，官居一品之尊贵入岩廊；纵使常人占之，虽无吉泰之兆，亦可消除灾祸。

遁旬中之干者，如己卯日干上午第四课发用，初传丁丑加寅、中传丙子、末传乙亥，又己巳日丁卯加辰、丙寅加卯、乙丑加寅，又壬申日初传乙丑加子、中传丙寅、末传丁卯，戊辰日初传丁卯加辰、中传丙寅、末传乙丑。

遁甲巳还生甲者，如辛巳日干上午，初传甲午加戌，中传庚寅，末传戊戌，己酉日初传乙亥加戌，中传丙子，末传丁丑。余仿此。

害贵讼直作屈断。

如甲申日未加申为夜贵，乃日之墓神丑作昼贵，又受寅木克，又作天空初传子与未，又为害。如占讼，理虽直而必致曲断，事小而必大凶。余占，皆弄巧成拙，止宜识时而屑就，庶不为大祸。其余五甲日未加寅用夜贵，亦如其说。又如乙酉日未加寅，作初传害中传之昼贵其象，稍相类。占亦如前说。曲直作鬼枷锢。如六己日逢曲直课是也。卯加亥先曲后直；卯加未先直后曲。凡申加午为白虎投朱雀；午加辰为朱雀投勾陈，皆主讼。

课传俱贵转无依。

如丁酉日第一课干上酉乃夜贵，第二课酉上见亥乃昼贵，第三课酉亥相加，第四课又归亥乡。然后三传酉亥丑，此四课三传，皆是昼夜贵人所聚，名曰遍地贵人。多贵者不贵。凡占，不归其一，反无依倚，或权摄所委不一，托事无成。如用夜贵乃名咄目煞，如贵人咄目专视，反坐罪也。大不利。告贵占讼尤凶。外有三传皆是贵人者，亦可用辛巳日干上午，丁卯日干上酉，乙亥日干上子，又干上午。

昼夜贵加求两贵。

谓六处有旦暮天乙相加者，如占告贵求事，必干涉两贵人而成就。或占谒贵，必不得见其贵人，缘贵人往见，别贵多不在宅；纵然在宅，必会贵客而排筵，盖贵临贵位，乃官人见官人也。如是，同官占之，反宜谒见。已后虽值昼夜贵人相加在传，视其合用之贵，如值空亡，不可照前说。如六丁日亥加酉昼，丁巳、丁亥、丁卯、丁丑日酉加亥夜，六丙日酉加亥夜，六癸日巳加卯昼，癸未、癸亥、癸巳、癸酉日卯加巳夜，辛酉日午加寅昼，辛巳日寅加午夜，乙酉日子加申昼、申加子夜，甲、戊、庚日返吟，余虽有之缘，不在传课，故不具载。

贵覆干支格：缘干支上皆乘昼夜贵人例。凡占，亦得两贵人周全而成事。如甲申日干上丑、支上未，庚寅日干上未、支上丑，己卯日干上子、支上申，己亥日干上申、支上子，丁巳日干上亥、支上酉，丁酉日干上酉、支上亥。

两贵空害格：如己卯日干上子、支上申用夜贵，乃空亡之贵，加宅上又克宅。干上之昼贵，却作勾陈，又为六害。凡占，必家庭神位不齐，尊卑相厌，邪正同处，以致人口灾患；又不宜告贵，告则反逢其怒；或夜贵人加在昼贵人上，宜求关节也。

贵人差迭事参差。

谓昼贵临于夜地，夜贵却临昼方，故名贵人差迭。如占，告贵人求事，多不归一，如俗谚所云：尖担两头脱也。此例极多，不暇细具。或每日有二课者，但仿此而言之。如甲子日丑为昼贵坐在酉上，未为夜贵却坐在卯上，是也。

贵人顺治格：缘一日内全无逆贵人者，凡告贵皆顺，竟无阻，却兼宜催督，频复进取。唯有巳为月将甲戌庚日有之，内有空亡，贵人乃无用，如丑未坐于辰戌上，贵人怒嗔。

贵人逆治格：缘一日内全无顺贵人者，凡告贵竟无相允意，止宜退步，不宜进前；如进，则反受挫。惟亥为月将甲戌庚日有之，内忌空亡。

日贵在夜，开眼作暗。

夜贵在日，自暗而明。

贵在干前，事不宜迫。迫，则反为贵所怒，事必无成。

贵在日后，事宜速催。不催，事反被散漫，久必有灾。

贵虽在狱宜临干。

谓天乙贵人加临地盘辰戌上者，虽名入狱如是。乙辛二日占，却名贵人临身。反宜干投贵人，周全成事。其余八干昼夜贵人坐地盘辰戌之上，始名天乙入狱，干官贵怒，惟宜私谋阴祷，亦名贵人受贿。如辰戌二日占之，乃为贵人入宅，非坐狱论也。

鬼乘天乙乃神祇。

如六辛日午加干。如用昼占，虽是日鬼临身，缘为贵人，切不可作鬼祟看。占病，必是神祇为害，如临宅上者，必是家堂神像不肃而致病患，宜修设功德，安慰宅神，庶得无咎。又六丙日昼将亥加巳，或亥加支六丁日昼将亥加未，或亥加支六乙日申加乙、或申加支。

空亡贵人格：缘贵人作空亡者，亦是神祇挠害。占讼，大凶。亦为之闲，贵人尤忌。

贵人作墓格：六甲日丑为夜贵作墓神加干，六庚日丑为昼贵作墓神加干。

贵人脱气格：如六壬六癸日以卯为夜贵作脱炁，必被贵人脱赚，或神祇降殃，以致脱耗。

两贵受克难干贵。

凡昼夜贵人皆立受克之方者，切不可告贵用事。缘二贵自受克制，必自怒而不能成就。我也不论在传不在传，皆可用之。占得此课，不如不告。天乙谩，被怒阻也。如六乙六己日申加午、子加戌，六丙六丁日亥加未、酉加巳，六辛日午加子、寅加申，六壬六癸日巳加亥、卯加酉，惟甲戌庚三干无此例。

白虎或乘临丑格：乃贵人怒恶之貌。凡占干，贵官值此，必招贵人嗔怒。占讼，尤忌。缘丑乃天乙之本家，不宜见白虎也。或欲告贵人求文书，事吉。

贵人忌惮格：缘朱雀乘神克贵人，不可告贵求托，必贵人忌惮而不肯用事。如甲日丑加寅乃昼贵临身，如占用文书之事，不吉。

缘朱雀乘卯克天乙之丑土故也。又六己日申为夜贵临身，朱雀乘午而克贵，又六己日昼贵人是子临身，朱雀乘戌而克贵。

真朱雀格：缘朱雀临午，惟可求文书于朝廷，或达于至尊之前，最宜。戊己年或辰戌丑未年占之，以真朱雀生太岁故也。若申西年占之，大忌。

二贵皆空虚喜期。

凡昼夜贵人皆空亡者，如干投贵人事，已蒙许允，后却被人挽越。凡占，若值此事，事成拙，或有人报喜，且勿信，恐为同名姓人，后非我喜，诚为虚喜，而己反有所费也。故俗谚云：争似不来还不往，亦无欢喜亦无忧。如丁丑日酉加未作空、亥加酉又落空之类，主告贵先允而事未决，后换旬始可有望。

魁度天门关隔定。

谓戌为天魁、亥为天门。凡戌加亥为用者，占谋用皆被阻隔；或壬癸日占旦暮，皆乘白虎；占病多是隔气，或食积隔，或是邪祟为灾，服药宜下之为佳；如占盗贼，难获访人，不见诸占总不免关隔二字也。如壬午、壬辰、壬子、壬戌、癸亥五日并戌加亥为用，旦暮天将皆是白虎，又乙亥、丙子、丁亥、戊子、乙未、己亥、庚子、己酉、辛亥此九日亦见戌加亥为用者，宜观昼夜之天将，以定其吉凶之兆。

罡塞鬼户任谋为。

谓辰为天罡、寅为鬼户。凡辰加寅为罡塞，鬼门不论在传不在传，皆名罡塞鬼户。使众鬼不得窥觑，宜闪灾避难，阴谋私祷，或吊丧问病，合药书符。如甲戌庚日尤的。缘昼贵登天门、天罡、塞鬼户，凡占无不亨利。又如己丑日卯加丑为初传，乃是日之鬼中传巳；又入鬼乡末传未空，诚为凶课，如用辰为月将，尤妙。名天网四张，赖天罡塞鬼户，使万鬼潜恶兽伏；所作任意谋为，无阻无障碍也。

贵塞鬼户格：缘三传作日鬼，赖贵人塞鬼户也。亦任谋为。如壬戌、壬辰日巳加寅，癸丑、癸亥、癸未、癸酉四日亦巳加寅三传辰未戌皆鬼，如用昼贵，乃名贵人临寅鬼门，杜鬼贼不出，万事皆宽。已上例，如不在传上，或占人行年本命在寅，亦是也。

神藏煞没格：如甲戊庚三日以丑未临亥者，尤的。余日有神藏无煞、没有煞没无神藏，缘贵人登天门，百煞拱护。凡谋亨利。且夫六神藏者，如甲戊庚日丑未为昼，夜贵加地盘亥乃名贵登天门，螣蛇临地盘子名坠水，朱雀临地盘癸丑名投江，勾陈临地盘卯名受制，天空临地盘巳名投绝，白虎临晦地盘午名烧身，元武临地盘申名现形，此乃六神藏也。夫四煞没者，缘辰戌丑未五墓煞陷于四维而没故也。于四孟月内占尤的，缘四维为月将故也。

余且尚未可用。

两蛇夹墓凶难免。

谓丙戌日戌加巳、及支辰来墓日干兼昼夜天将乘蛇、及地盘之巳，亦是螣蛇之位，故名为两蛇夹墓也。如占病，必有积块在腹中，因此疾以至不救；或行年本命是戌，其死尤速；如年命居亥上乘天罡，可用辰虎冲戌蛇，故名破墓，庶得少延。如丙申日得此，终不能为救，缘辰作空虎无力冲其戌蛇也。外四丙日亦然。但不得如丙戌日例。已上占讼，必被囚禁。凡占事，已见凶祸，卒难脱免。转昏转晦，不能亨快。占病，难愈。占产，凶。此例邵师为抱石投江之喻。外有六己日辰加未夜占，乃两常夹墓；辰加辰伏吟，两勾夹墓，六壬日辰加亥，乃两后夹墓；六辛日丑加申，两虎夹墓；六甲日未加丑夜贵，两贵夹墓；未加戌昼贵，两空夹墓；六乙日未加巳，两蛇夹墓；六壬六癸日辰加巳，两蛇夹墓；六庚日丑加丑，两贵夹墓；丑加戌，两空夹墓；六丁日戌加巳，两蛇夹墓；六己日辰加辰，两勾夹墓。

虎视逢虎力难施。

谓虎视课者，乃柔日也；昂星课者，乃刚日也。缘鸡鸣则仰首，虎视则俯首也。如柔日虎视卦，中天将又乘白虎者，譬如前后皆有猛虎，纵勇夫至于此时，亦难施力。凡占，岂免至惊至危乎！如丁亥日夜将寅加亥，作自虎在末传，丁丑日辰加未夜将，又辰加丑昼将，辛卯日子加卯夜将，辛未日亥加戌昼将，虽白虎临戌亥是空亡，缘临干上乃白虎临身，兼中传并干上，是两重虎。又支上乘申，及初末申，亦作白虎之本位乃支干三传乘其虎五，凡值此课，惊天动地而凶祸难免也。及有戊寅日丑加酉，旦占虽是刚日，亦如前说，俗谚云：双拳不敌四手，何况逢两猛虎乎！履六三，咥人凶，九四愬，愬终吉。外有己巳日干上申、初传申、中传申，又是虎视卦。凡占，既历四重虎穴，岂免至惊至危！又己酉日第四课，白虎未加申，末传又是申，又是虎视卦体。凡占，亦如值三虎。又癸未日乃虎视卦，初传申、中传寅，亦是虎。末传又是申，一如四虎。乙未日寅加辰，亦是虎，又是虎视卦。未乘白虎临酉，酉为年命者，更凶。

所谋多拙逢罗网。

谓干上乘干前一辰，支上乘支前一辰，故名天罗地网。凡得此卦，网罗兜裹身宅，诸占岂能亨快！此例如进，连茹课中多有，不必细具。如甲申日干上卯、支上酉，余访此。凡占，止利守己，则为支干乘旺。倘若动谋，变为罗网缠其身宅，及作羊刃之煞，伤其身而毁其宅。又乘凶将，其祸尤甚。如占人年命上神冲破支干之网，始无咎也。或遇空亡，亦名破罗破网。

干上乘支之网、支上乘干之罗者例。凡占事，我欲网罗他，他已网罗我，互相暗昧。如庚寅日干上卯、支上酉，余干四绝体中多有。值干之天罗地网有官人，主丁父服；值支之天罗地网，主丁母服。丁丑日干上寅为互网，又干上申为皆网，癸未日干上寅申，己丑日干上寅申，庚寅日干上卯酉，丙申日干上午，庚申日干上酉，戊申日干上午，壬寅日干上子。

天网自裹已招非。

如甲申日未加寅，乃墓神覆日。如占人本命，又是未生，乃名天网自裹。凡值此课，必是自招其祸，非干他人暗算所作。昏晦如处云雾，常被揶揄，必是命运灾衰，星辰不顺。惟宜醮谢本命星位，庶免前殃。余干仿此。或是用起并时，同克日课；又值本命作日墓神，尤为凶甚。

丁神厌目格：如乙巳日未加乙，乃墓神覆日。如夜占上乘螣蛇，如四月占又为月厌，亦是飞廉大煞，亦是天目煞。又乘旬内之丁神，如占，人未为本命，必是夜多怪梦，而至身位灾衰，亦宜祷禳上天星煞，庶免极凶。余甲辰旬中遇未加支，于四月占，皆如前说。

必宅中多怪现形，盖未为丁神乘厌目等凶煞，故也。

费有余而得不足。

如丙午日干上寅、支上卯，此支干全生，岂宜俱空？其第二第四课，却全见鬼贼，如壬午日干上申，虽为日之长生，奈是旬空，既是见生，不生不如无生，不免寻初传巳火为财。又坐空乡，又为破碎，反至破费钱财，岂宜中传见寅为脱炁，及支上卯木并力，而盗脱其日干之气，以此推之，得之不足，费之有余，亦喻所得不偿所费。又如癸未日干上申金乃长生作空，支上寅木乃脱气却实，又戊子日干上午，虽是生气，奈是旬空。既生我者空亡，岂宜三传寅卯辰，皆鬼引起干，午反为羊刃，其凶难免。如亥子本命稍缓，又癸未日丑加巳、三传金局生日，岂可初末空亡，独留中传丑土不空，并昼将贵勾常土将，尽来克干。又乙巳日干上卯空亡，情愿以干加支而受脱也。以上总皆生空脱与鬼，皆实论耳。

得少失多格：如甲寅日干上卯，乃日之旺神、三传辰巳午，彼此引入初传辰，乃干上卯之六害中末盗气，此所谓贪他一粒米，失却半年粮也。

用破身心无所归。

如戊申日干上未三传子寅辰。初传虽是日财，奈坐戌土之上受克，又乘白虎，缘恋此惊危之财，引入中末鬼乡，尤幸鬼亦空亡。凡占，乃应俗谚云：争似不来还不往；亦无欢笑，亦无愁。又丙寅日申加巳夜乘蛇夹克财，中末空陷，丁卯日酉加丁昼乘朱雀夹克财，中末鬼空；癸未日巳加子作财，乃传墓入墓，中末虽是日鬼，缘贪墓其巳火，不能为鬼；己酉日亥加巳作财受克，虽三传克干，奈中末空亡；壬寅日返吟，弃干上空财，就初末脱炁，幸受申生干也；壬寅日伏吟，干上虽逢日之禄，如昼占乃乘天空中值脱，末财又空。巳上财禄，俱作空被克，总无实得之意也。

华盖覆日人昏晦。

谓辰之华盖，作干之墓神临于干上为发用是也。凡占身位，多昏多晦，卒难明白；或遭冤枉，难以分诉。占行人不归，尽在彼处不如意也。如壬申、壬辰二日辰加壬为用，乙亥、乙未二日未加乙为用。

太阳射宅屋光辉。

如丙午日戌加午，乃是支墓。如占家宅，诚为宅舍，不亨快。如用戌为月将，反名太阳辉照家宅，其屋必向阳而明朗，不然，常有上人光饰尤胜。如太岁贵人入宅更美。其余占彼我，乃我不利而利于他人，以支属他人也。又如乙卯日子将卯时，此乃太阳作贵人而生宅，如占宅下必有宝藏；或是子年占之，其年必产贵子，其子虽是旬空，缘太阳乃悬空之象，不畏空亡故也。余论太阳，惟忌坐于夜方而不可用，或太阳临身，甚宜。辩明雪恨。

干乘墓虎无占病。

谓六辛日丑加戌昼将乘白虎作墓神，内辛酉日丑为空亡，尤可畏也。至辛巳日可畏愈甚。缘丑作丁神乘虎作墓。占病必死。诸占且昏且迷、又且凶恶，堤防仇人冤执而遭捶楚。如冬占稍轻，缘丑至冬旺可作库说。外有六乙日昼贵顺行，虽是未乘白虎，止有临行年本命上者，即无加干者也；夏占稍轻，缘未旺亦为库也。其余干，无此例。

虎鬼加干格：如六己日卯加己夜、六壬日戌加壬昼夜、六癸日戌加癸昼。除乙辛二日及甲丙戊庚壬丁己癸八日无之。

支乘墓虎有伏尸。

此例有二等：一者干墓临支，二者支墓临支，以上二例，占宅必有伏尸鬼为祸，或有形向；如又克宅者为的，假令乙亥日未为干墓临支而克支，如昼占上乘白虎，其余乙未日伏吟，并乙酉日未加酉，虽是墓虎临支而不克，支外有辛未、辛酉二日，虽是丑加支，缘不克支，稍轻。其墓作月将不在此限。第二等者，假令丙子日辰加子昼，占乃支墓临支而克支，乘虎，如占家宅值此课者，必家中有孝服动，或有丧吊；其年内必有停丧，尤详其墓属何类而言其人死。又丁亥日辰加亥夜。

虎鬼克支格：缘支鬼乘白虎而克支者。例如壬子日戌加子昼，丁丑日寅加丑夜，壬寅日返吟夜，癸卯日申加卯夜，壬午日返吟昼，乙未己未日卯加未夜，丙申日午加申昼，癸亥日戌加亥昼夜，皆乘白虎。

墓门开格：如卯酉日占干墓乘蛇虎加支，主重重有丧。

蛇墓克支格：缘干墓乘螣蛇而加支，又克支者，必宅内怪异频见。如丙子日戌加子夜，壬子日辰加子夜，余有虽临支而不克者，稍轻。然亦未免怪异，外有三十三日例，不欲细具。已上例宜召法官行遣，或安镇之吉，此乃墓门开。占病主死，三两口乘白虎者，亦的也。

彼此全伤防两损。

谓支干各被上神克伐者，故名。此例如占讼，必两家皆被扑责。诸占必两边各有所亏。如占身，被伤。占宅，崩损。如丁亥日干上子水克丁火、支上辰土克亥水之类，是也，诸例欲去其所克者，内辛未日干上午、支上卯，如占交易，等后必龃龉，如先龃龉，后却和合。

夫妇芜淫各有私。

谓干被支上神克，支却被干上神克者，为芜淫卦。既名芜淫，何又云夫妇各有私乎？缘夫妇乃人之大伦，既无夫妇好合之情，必有奸私不协之意。却详何处？有情而言夫妇之私情也，如《心镜》中以甲子日干上戌、支上申一课为例，乃甲将就子受申克，子近甲分魁必侵，妻怀内喜私情。有申子相生、水合金是也。余有癸巳、壬午干上子，庚子、乙亥干上丑诸例。凡占不可执为芜淫卦，非专言夫妇而已。如先有人相允许，后备不相顾接，非独无情，尤彼此各怀恶意。

真解离卦，缘干克支上神、支克干上神，或夫妇行年又值此者，尤的。如甲子日，干上午支上辰干克支、上辰土支克干上午火，如男命年在支上、女命年在干上，此时占人必占解离事。已后例内，唯详空亡而言之。小畜九三舆说辐，夫妻反目。

干墓并关人宅废。

谓日干之墓作四季之关神发用者，是也。宜分干支发用。如日干之两课上作发用者，主人衰。如支辰之两课上作发用者，主宅废。

夫关神者，春丑、夏辰、秋未、冬戌。如乙丑、乙未、乙酉、乙亥四日于秋季占之，未乃干之墓作关神为发用，临于干上，乃应人口灾衰。余六甲日，除甲辰秋占未作丁更凶，其余各占，皆如前说。如丁卯日戌加卯为发用，冬占乃干墓临支上，乃应宅瞻废。余仿此。

墓神覆日作生气格：如占作库务差遣必得，勿作墓看之。

支坟财并旅程稽。

谓地支之墓却作日干之财者，必主商贩，折本在路阻程。凡谋蹇滞不亨通也。

如甲子日辰加子，乃支之墓神而作干之财为发用，甲午日戌加寅用，甲午日戌加子用，乙酉日丑加辰用。

疑惑格：卯酉日占事，如行年又在卯酉之上者，必主行人进退疑惑，此《心镜》内龙战卦中具载。尤忌天车煞。天车煞者，春丑、夏辰、秋未、冬戌也。

受虎克神为病证。

金神乘白虎必是肝经受病，可治肺，而不可治肝；木神乘白虎必是脾经受病，可治肝，而不可治脾；水神乘白虎必是心经受病，可治肾，而不可治心；火神乘白虎必是肺经受病，可治心，而不可治肺；土神乘白虎必是肾经受病，可治脾，而不可治肾，已上诸法，常得灵验。惟虎受克及空亡，不必治也。

运粮神格：占治病。专视日干之食神尤妙。干行年乘之，乃名运粮神忌空。

禄粮神格：缘宜观干之禄神，亦名禄粮神。唯不可落空亡及作闭口，或受克。如占久病，值此必绝食而饿死。如辛未日酉加寅，乃是禄坐绝乡，又作闭口，又名无禄卦，占病必死。占食禄事亦忌。

绝体卦，乃是柔干之禄受绝。返吟卦，乃是刚干之禄受绝。绝嗣体，先亡为祟。

生死格：宜观生炁，死炁尤验。如正月生炁在子，死炁在午，乃生炁克死炁也。如在甲寅旬中占之乃生炁空亡，而死炁实在。占病可畏。如行年上神是亥水，尚可医疗，缘亥水克其午之死炁故也。如死炁克生炁，又落空亡，或行年上神生其死炁者，必死。如生炁与死炁不相克者，占病虽无妨，但迁延而未即，瘥也。

白虎乘日鬼而作空亡，必已病而未瘥。

虎墓格：缘日干之墓乘白虎在六处者，如占病必是积块病，宜以破积药治之。如六乙日昼将顺行，乃未乘白虎，内乙酉日未空亡，无畏，或易疗。非年深积块也。又六辛日昼将顺行，亦丑乘白虎，辛酉日丑空亡，亦容易治疗。

虎乘丁鬼格：如六辛日有白虎乘丁者，占病必知所患疼痛之处也。如辛卯日亥加丑作中传，昼占乃亥乘白虎作丁神，必为头疼以致不救。余观丁虎乘类而言之，丑为脾疼或腹疼；卯手疼或目疼；巳齿疼或咽喉疼，未胃疼或积瘕疼；酉大肠；亥临戌亥子丑寅卯为头；亥临辰巳午未申酉为肾，余逐类言之，如日鬼临于六处，不乘白虎，但拟其鬼亦为病证，如火为鬼便言肺病；木为鬼便言心病；金为鬼便言肝病；土为鬼肾病；木为鬼脾病。如鬼受克并空亡，不必疗亦瘥。

蒿矢卦，亦宜言有疼痛处。金加火上筋骨疼痛，惟庚日申酉加巳午，尤的。

连茹卦，作日之财占病，必因伤食而得。如人年命上神能制其财神者，尚可医疗。如年命上神生其财神者，必致死亡。

斲轮格：如卯加申、戌加卯占病，必手足不举，或有伤。

空禄格：缘日之禄神作空亡，又坐克方，占病必绝食而饿死。如甲辰日寅加酉夜，又乘白虎返吟夜，乙巳日卯加申夜，返吟夜，丁亥日午加亥夜。日之食神在禁方，与前课同。

禄神闭口格：缘禄神作闭口为旬尾乘白虎者，是也。如乙未卯加申，又返吟夜，丙戌戊子巳为禄神闭口，辛未日酉加戌夜，壬戌日亥为闭口禄。

六片板格：缘六合乘申临卯为尸入棺，缘申者，身也。于三月占，尤的。乃是死身，即死尸也。且上有六合、下有卯木，是为棺也。尸入棺，占病必死，尤宜详其类神而言之。或申加卯不乘六合，于九月占，但病在床而未愈，缘申是生气，卯为木床。癸卯日申加卯，占父母长生病死尤速，缘父母爻入棺，放也。又如丙戌丁卯二日申加卯昼将上乘六合，如占妻病必死，缘妻财爻亦入棺故也。已上皆三月占，尤验。

白虎入丧车格：缘申加巳发用为的，占病可畏。

人入鬼门格：如庚日申为本命返吟课，占病必死。

收魂神，乃戊日辰为元武者，是夜顺昼逆有之。于十一月占尤的。缘辰为死炁故也。

浴盆煞，缘忌浴盆有水。夫浴盆者，春辰、夏未、秋戌、冬丑是也。如地盘见浴盆上忌乘亥子水，天盘见浴盆上忌天后、元武二将，如占小儿，病死尤速。缘亥为孩子，为子息，故不要见水也。天后亦是子，元武亦是亥。

寒热格：如巳午加亥子，如或克日，主瘴病。十干返吟，必心患店

宴喜致病格：如癸酉、癸亥、癸丑三日，并支上未作太常为用，夜将有之，壬戌、子寅日并支上未作太常为用，夜将有之，壬戌、子寅日并支上未作太常夜贵有

之，已上六日例，缘未为太常克干，居于宅上，或为发用，如占病，必因喜事及宴饮、或往亲戚家带病而归。若是官人占之，必因赴宴席过觞而得病。余占皆因前事而致不美。

因妻致病格：如壬子、癸丑二日未遁旬干者，必往妻家得病，极验。惟宜占人行年本命上有卯木为救。如乘寅木必得神护，尤宜命法官治之为妙，倘少缓，寅木反被未墓，便难救也。

血厌病虎作鬼格：白虎乘病符克干，尤可畏。或年命上乘血支血忌者，必是血病。或女命占病，又带月厌作血支血忌，病必是血崩，或堕胎尤验。

制鬼之位乃良医。

凡鬼喜见者，惟妻占夫、与有官人为宜。其余皆凶。巳午作虎鬼，不宜灸。申酉作虎鬼，不宜针。如乙丑日酉加乙，乃日之鬼，却赖支上，有午火而克其酉金，此午火便是良医；或是本家亲人能医；或得家堂祖宗神位保护，其余可逐类而言之。除占病外，凡占虽值危难灾患之中，必得人解纷，诚为救神也。其神临干，占人行年本命之上者，宜雪理辩明，自解其祸。如制鬼之神上乘贵人，必得上人除释过愆，如见被囚禁，必有救援而可免祸；或乘蛇虎必得神护，更详神类而还谢，且制鬼之神，即是良医，缘皆是日之食神故也。赶贼神，宜占捕盗，即制鬼之神。如甲戌日干上酉，虽为日鬼，奈是旬中空亡，不足为畏，兼支上巳火坐于墓上，亦不能为救。似此一例，求医，其医虽言病证甚的，其实庸愚不能治疗，奈何有福而成功也？必竟巳火克空鬼，又巳丑日干上卯、支上酉，壬辰日干上戌、支上卯，其余救神不在支上而临三传之上，及临行年本命，亦可为救虎鬼临处为长期，且如制鬼之神加亥子，宜服汤药。加寅卯并四土之上，宜服丸散。如巳午宜灸；加申酉，宜针砭。其余制鬼神空亡者，乃言不副行之，喻医神所生为瘥期、所克为死期，乃天地医也。

天医作虎鬼格：不宜医者治，虎乘干鬼，必有不明之人作祸。

病体难担荷格：如丁巳日干上申三传申酉戌俱日财，占病，必因伤食而得，以致不救。缘丁火逢病死墓，更于秋冬占之，无疑也。如求财，春夏二季却有缘干强之故。尤宜详空，而忧喜俱无。如占病，三传俱财，无制财者，必死；有制财者，可救。丁丑丁未丁亥日干上申用。

虎乘遁鬼殃非浅。

谓自白加临旬内之干，为日鬼者例，此法应验如神。凡占皆畏其咎弥深，难以消除；纵空亡，亦不能为救。如甲子日昼占，乃虎加庚午临戌为用。又旦占，虎加庚午临子在支上。又旦占，庚午作虎加干，或返吟。乙丑日昼占，虎临辛未加戌；戊辰日夜占，虎临甲子加戌。

明暗二鬼格：乃干上神作日干明鬼，又支上神遁旬干作日干暗鬼。如六甲日申加甲，庚加支；六乙日酉加乙，亦庚加支；六丙日亥加丙，即壬加支；六丁日子加丁，即壬加支；六戊日寅加戊，即乙加支，六己日卯加己，即乙加支；六壬日未加壬，即戊加支；六癸日占，无。

鬼临三四讼灾随。

谓日干之鬼临于第三四课全者，官词病患继踵而至，唯宜修德作福，及归正道，庶得稍轻，犹未免于病词二事也。如或全值空亡，始能免此。然亦且先见此，而后无虑。如乙未日申加未为第三课，酉加申为第四课之类。如甲戌日酉加戌为第三课，申加酉为第四课，虽日日鬼加临辰两课，尤幸皆作空亡，不能为害，似可无畏也。

岁破作鬼临支格：如再克支辰，讼灾免难。

天鬼作日鬼格：在六处占病，必是疫疠。如天鬼作日鬼空亡者，病虽似疫，旋即无事，但未免头疼发热而已。

朱勾相会格：如丙辰午加辰，乃朱雀入勾陈，必有非常之讼。

病符克宅全家患。

夫病符者，每年旧太岁是也。且如子年亥为病符，丑年子为病符，余年仿此。若病符临支、又克支者，乃主合家病患；更乘天鬼，定遭时疫而无疑也。病符乘白虎而临支克支，尤凶。如病符作月之生疠，尤主合家病；或作月之死疠，必死。已上乘天鬼，尤凶。天鬼者，正月酉逆行四仲，涉害深者，必久病。

宜成合旧诸事格：缘病符临宅，反来生宅；或生日干或作日财；或作贵人者，却宜成合残年旧事；一切之事宜逐类而推之，勿作病符论。

丧吊全逢挂缟衣。

谓岁前二辰为丧门，岁后二辰为吊客。如支干上全逢此二位凶煞，主凶。又于占人行年本命上神乘之其年，必哭送亲姻、身披孝服也。若论支干上全逢丧吊者，唯甲午、丁亥、己亥、庚子、癸巳，乃干上乘吊客，支上乘丧门；甲戌、丁卯、己卯、庚辰、癸酉，乃干上乘丧门，支上乘吊客。

内外孝服格：如日鬼作死炁而乘太常加干上，必主有外孝服。至如六辛日午加戌，正月夜占为死炁作太常；六壬日未加亥二月夜占；又六壬日丑加亥八月旦占；六癸日未加丑夜占，二月为死炁；内辛亥日太常临午加戌支上未，亦为太常上；又乘白虎作丁神而克支，此必有内外孝服。内壬子日太常临未加亥支上申，又乘白虎，三月占又是死炁，乘虎入宅，亦主内外孝服。又壬戌日太常临丑而克亥干支上子，为白虎作空亡，羊刃入宅。

孝白盖妻头格：如癸亥卯未三日干上未夜将酉年二月丑为年命；如是妻占夫病，必死。缘妻之年命上乘华盖作太常为日鬼，又是死炁为吊客故也。如八月内占之，乃未为生炁，尚有孝服未已。又如日干之鬼作死炁，乘太常如于支上，主有内服，至再见丧吊，更凶。又乙未日申加未，三月占用，昼将作死炁，乘太常入宅；又戊戌日卯加戌，十月占用，夜将乃卯作死炁，乘太常入宅，而又克宅，凶尤甚也。又戊子日卯加子作太常，死炁入宅、刑宅，亦十月占用，夜将有之，又壬子日丑加子，八月占用，昼将乃日鬼乘太常作死炁入宅、克宅；又辛酉日午加酉正月占用，夜将乃死炁作日鬼，乘太常入宅、克宅，凶甚。又壬戌日未加戌，二月占，夜将乃死炁作鬼乘太常入宅；又癸亥日未加亥，二月夜将乃死气作日鬼，乘太常入宅、又克宅，凶。又癸酉日未加酉，二月夜将乃死炁作日鬼，乘太常入宅；辛未日，九月昼将寅加未作死炁，乘太常入宅、又克宅；甲戌、庚戌二日卯加戌，十月占，夜将乃死炁作太常入宅、又克宅；己亥日戌加亥，十一月占，昼夜将乃死炁作太常入宅、又克宅，辛亥日戌加亥五月占，昼夜将乃死炁作太常入宅、又克宅。

墓门开格：如岁后五墓，又为干墓临卯酉作蛇，又作月厌，必主重丧。如子年四月乙酉日未加酉夜，乘蛇同上。又午年十月辛酉日丑加酉，乘蛇作月厌为岁后五墓，而又作干墓。

中华传世藏书

钦定古今图书集成

精华本

古今图书

术数篇

一〇一四

前后逼迫难进退。

假令壬寅日干上子三传辰巳午皆空，而不可进，欲退后一步，逢地下寅盗丞；又退一步，逢丑为干鬼，乃前不可进，后不可退，以此推之，惟宜守干上之旺，切不可轻举妄动。如动，则虚耗百出。又癸巳日干上子、乙巳日干上卯三传卯寅丑、甲寅日干上卯三传辰巳午、壬申日干上子三传丑寅卯、癸卯日干上寅三传辰巳午，此于逼迫二字不合。若克处同归，又受克，还似。

初传被下克，继归地盘之本宫，又被上神所克，格此例，乃克处回归；又受克，虽虎贲之勇，亦不可为。如癸巳卯丑亥四日午加癸为初传，乃午火受癸水所克；及归本家午上，又被亥水所克，使其午火去住不能也。且午火之类神，为日之财，主财聚散，如用夜将元武加午，主失财；其午火之上亥亦为元武，主重重失财；亦为日干之妻，主妻常病；亦为马类，或有马而常被人挠；亦为屋类，主频迁徙，而耗费用；亦为心类，主心病；亦为眼类，主常患眼目。已上之类，皆不宜占。

全伤坐克格：如支干各受上神克，又坐被克方者。假令甲午寅丙寅午辰戌癸卯巳并是返吟。

顾祖格并回环格：止宜守旧，亦进退不能也。

空空如也事休追。

谓三传皆空亡者是也。于进退连茹课中多有。如三合课两传空亡，纵有一传不空，而上乘天空将者亦系此例，不必细具。凡值此等例占事，皆主指空话空，全无实象。惟宜解散忧疑，欲成事而不可得也。或鬼空尤妙，如遇占病，久病者死，新病者安。欲望事成，合须待改旬再谋之，方可也。凡鬼空亦宜制之，不然，尤有虚挠之凶，为我难见彼之象。

四课全空格：四课无形，事不出名；纵然出也，也是虚声。如乙巳日干上寅为空亡，第二课又入空亡，乡支上卯作空亡，第四课又入空亡乡，此乃四课皆空，放应前言。丙午日干上寅，戊辰日返吟，戊戌日返吟，已上前例内，如年命上乘空亡，但非成事，或替他人占事，或初传遥克作空亡，坐空乡，尤无力也。

宾主不投刑在上。

凡支干上乘刑者有三等，凡占，未免相刑之意。所谋交涉事，必各有异心。

一字刑者，乃四课上神，全逢辰午酉亥者是也。甲辰日第一课酉加寅，第二课辰加酉，第三课亥加辰，第四课午加亥，此乃四课上神，全逢辰午酉亥者也。又癸亥日干上午同，又乙酉日第一课亥加辰，第二课午加亥，第三课辰加酉，第四课复亥加辰；支干上乘辰午酉亥，又克支干者，尤可畏也。壬午日干上辰克干、壬支上亥克支午、又已酉日辰加巳上为墓覆，干午加酉而克支，丙戌日干上亥克干支上辰。墓支，如甲子日支上辰，其三传辰申子，乃名自刑，在干支上；又如乙丑日支上酉其三传巳丑酉，亦支上重逢自刑；又丙寅日干上酉其三传酉丑巳，乃干上重逢自刑之酉也。余并仿此。

二字刑者，乃支干上全乘子卯者是也。子卯相刑者，两边无礼。乙未、丙申、戊申，壬申、辛丑五日干上子支上卯，乙丑、丙寅、戊寅，辛未、壬申五日干上卯支上子，已上十日，乃支干上神，各无礼之刑也。

三字刑者，乃三传寅巳申，或丑戌未是也。寅巳申三刑者，未免无恩之义。凡占，必恩反怨也。如丑戌未者，凡占，多恃势而凌弱，尤宜观干上之神，带生旺不空乘吉将，乃名能刑于他人也，三传寅巳申、巳申寅，或申寅巳、丑戌未、戌未丑，或未丑戌俱是也。

金刚格：巳酉丑三合，为三传支干上复见酉者，乃应金刚自刑其方。缘巳刑申、丑刑戌，唯酉不能刑。故自刑其西方也。

火强格：寅午戌三合，为三传支干上复见午者，乃应火强自刑其方。缘寅能刑巳、戌能刑未，唯午不能刑。故自刑其南方也。水流趋东格申子辰，为三传干支上复见辰者，乃应水流趋东也。缘子能刑卯、申能刑寅，惟辰不能刑。故趋其辰之本宫，以辰为水之墓库故也。

木落归根格：亥卯未，为三传干支上复见亥字者，乃应木落归根也。缘卯能刑子、未能刑丑，唯亥不能刑。故归其亥之本宫也，兼亥为木局之本。夫本者，乃木之父母乡也。已上皆不宜值之，如占讼，不论一字刑、二字刑、三字刑，皆被刑责；如乘凶将，其凶尤甚，唯空亡及皇恩，或天赦可解，亦宜问罪犯轻重，而言赦宥，如犯重但刑稍轻，而未免遭刑，如情轻则无刑也。皇恩者，正月起未顺行六阴位。天赦者，春戊寅、夏甲午、秋戊申、冬甲子。

四胜煞格：乃干上酉、支上午，或支上酉、干上午者，皆是。又就自刑中，单言酉午为四胜煞。凡占，各逞其能，或皆邀功逞俊之意。如乙丑、丙寅、戊寅、辛未、壬申五日干上酉、支上午，又壬寅、乙未、丙申、戊申、辛丑五日干上午、支上酉。以前无恩刑等中，如甲子日寅刑干上巳，子刑支上卯，丙子日干上甲日刑干上申、子刑支上卯，辛丑日戌刑干上未、丑刑支上戌，癸卯日丑刑干上戌，卯刑支上子，辛卯日戌刑干上未、卯刑支上子。于前例中如此五日，乃支干相刑其上神，又是子卯无礼刑外有甲寅、庚申、己未、丁未、癸丑五日，或干上乘辰午酉亥，亦作自刑例。

助刑戕德格：乃六处有神，作支之自刑，又作干鬼，又结连三传为鬼是也。庚午午加庚发用，又午加未暮将天乙临于本身，可以解凶。

彼此猜忌害相随。

此例有五等：一者干支上下皆各作六害，凡值此者，彼此各相猜忌，主客不相顾接，乃两意相谋各有戾害，如甲申日干上巳与干为六害支上亥、与支为六害外有庚寅、丁丑、己丑、癸未等日皆干支上下作六害者。二者支干上神作六害，亦主各相猜忌。如乙亥日干上子与支上未为六害，辛巳、壬午、丙子、戊子日干上子、支上未。三者支干天盘、地盘皆作六害，此等戾害尤甚。如辛酉日返吟，支干戌酉为六害，上神辰卯六害，又壬申、乙卯、丙寅返吟，又乙卯、戊寅、丙寅、壬申、辛酉伏吟，皆有之。四者干支三传皆作六害，此局全无和气。如辛卯日干上未、支上子、三传，又子未子皆作六害，辛未日干上亥、支上申三传，又申亥申皆作六害。五者支干上下交互作六害，如我方动念害人，人已早思害我。此局更为危难。如乙未日干上子与地支未作六害，支上卯与干作六害，而支干上子卯又复相刑，展转为害，无从解免，外如甲申日干上亥、支上巳，庚寅日干上巳、支上亥，丁卯、己卯日干上辰。

人喜我忧格：如辛丑日干上酉与干上作六害，支上子与丑却作六合也。外有乙未、乙丑日并干上卯、辛未日干上酉。

第三十七章　术数汇考三十七

《大六壬类集》七

毕法赋（下）

互生俱生凡事益。

虽有生而作墓败。空亡者知其人宅盛衰，彼此旺败。

互生格：干上神生支、支上神生干是也。此例两相有益，各有生意。如辛卯日干上亥生支，支上辰生干；庚戌日干上巳生支，支上未生干；庚子日干上酉虽生支，而却败其支；支上丑虽生干，而却是干之墓；庚午日干上卯虽生支，而却败其支；支上丑虽生干，而却墓其干；丁酉日干上丑虽生支，而却墓其支；支上卯虽生干，而却败其干；己酉日干上辰虽生支，而却墓其干；支上午虽生干，而却克其支；辛巳日干上卯，虽生支而却败其支；支上戌虽生干而却墓其支；辛亥日干上酉虽生支，而却败其支；支上戌虽生干，而自克其支；壬午日干上寅生支，支上酉虽生干而作空亡，又为败炁也。如值此等例，虽有生旺之名，反作衰败空耗论矣。

俱生格：乃干上神生干、支上神生支是也。此例各有生意，彼此和顺，或两家合本作营生，尤应也。如逢月生炁尤的。支干全受上神生，丙寅、丁酉日并干上，寅庚午子戌申日并干乘辰，丙寅日干上卯，虽生干而亦败其干，支上子虽生支，而亦败其支；丁卯日干上卯，虽生干而亦败其干；支上亥虽生支而奈作旬空；乙卯日干上子，虽生干而作空败。支上亥为长生此一课，乃利宅不利人，利彼不利己。己巳日干上巳生干，支上卯虽生支，而反败支此一课，乃利己不利彼，利人不利宅。

丙子日干上寅实生其干。支上酉虽生支，而反败其支又作旬空。丙午日干上寅、支上卯，皆作空亡。

自在格：如甲子、乙亥、丙寅、丁卯、戊午、己巳、庚辰、辛未、壬申、癸酉十日并支，加干上，而生日也。

互旺皆旺坐谋宜。

互旺格：止甲申、庚寅二日有之。甲申日干上酉，乃是支之旺神；支上卯，乃是干之旺神；庚寅日干上卯，乃是支之旺神；支上酉乃是干之旺神。凡值此者，惟宜两相投奔，各有兴旺。客旺主而主旺客，人旺宅而宅旺人。夫旺妻而妻旺夫，父旺子而子旺父，兄旺弟、弟旺兄，朋友彼此助益。

皆旺格：支干上皆乘旺神者，乃彼我客主，夫妇父子皆然兴旺。凡谋事顺利，不劳其力。惟宜坐待，不利谋动，止可就本身之宅职而静听迁转，或已遭失而欲复旧事，极妙。倘若意外之求、或远谋而动用，则变为网罗缠绕身宅，乃作羊刃，反为灾祸。如或坐待则人口通泰宅复兴隆，并无心中得人扶持，而发旺。斯占最的。甲申日干上卯、支上酉，庚寅日干上酉，壬申、壬寅日干上子，丙申、丙寅日干上午，忌空亡。

干支值绝凡谋决。

如甲申、甲寅日返吟，乃支干上皆乘绝神。又丙申、丙寅日亦是返吟，绝神作鬼止，宜结绝凶事，亦宜释解官讼。占病，痊。丙辰、丙戌日如昼占，亦宜告贵结绝凶吉二事皆可。戊寅、庚寅、壬寅、戊申、庚申、壬申六日返吟，缘绝神作日之财神，止宜结绝财物事。惟不利占妻病，值此必死；又作月内之死炁者，妻死尤速。壬辰、壬戌日如旦占，亦宜告贵结绝财物事，已上返吟结绝事极速，缘绝神投绝乡故也。亦不宜占食禄事，缘禄神投绝；如占病又作死炁，必绝食而死。外有乙未日干上申，为乙木之绝；支上亥，乃未土之绝，如夜占，却宜告贵结绝事理。又辛未日干上寅，支上亥，如夜占，亦宜结绝告贵之事。又癸未日干上巳、支上亥，昼占亦宜告贵结绝事理。丁未日支干上皆乘亥，己未日干上亥，又干上巳，巳上皆宜结绝，亦不宜占食禄事。此言土内有寄寅者，故以亥为绝也。

绝神加生格：如庚辰寅加亥为用是也。凡巳加寅、申加巳、亥加申、寅加亥，最不宜占结绝事，缘绝神反坐长生之上。凡占事，卒未了，当必止了又兴或年命乘之。

递互作绝神格：最宜两相退换屋宇，或兑替差遣，交代职任等事。如甲申、庚寅二日伏吟，又癸未日干上亥、支上巳，丁丑日干上亥、支上巳，丁未日干上亥，癸丑日干上巳。

人宅皆死各衰赢。

干支上互乘死炁格：如戊申日干上子、支上卯，庚申日干上子、庚寅日干上午、支上子，甲寅日干支上午，诸例惟不宜吊丧问病。如乘月内之死炁尤的。如占病必死。

支干全乘死炁格：如庚寅、庚申、辛丑日并干上子，乙丑、甲申、甲寅日干上午，己未、壬申、壬寅并干上卯，丙寅、丙申、丁丑日并干上酉，此例止宜休息，万事不利谋动。

传墓入墓分憎爱。

此等，例详初传是何类神而言之。如是日之财神、禄神、长生、官星等，不可值中末之墓。如是日之鬼及盗炁等，却喜中末墓也。细具于后。

生我者传墓入墓，如辛未日三传巳戌卯，巳加子作初传，乃日之长生，岂宜中传戌来墓巳末传，又入戌乡，又己巳、卯未、亥丑日并巳加子为用，大不利。占生计，及长上之事，如辛未日有官人占之，缘官星德神长生入墓。如常人占之，反喜鬼入墓也。

德禄传墓格：如丙子日巳加子为用，癸未、壬子日巳加子为用，乃财神入墓；戊子日巳加子用，乃德禄并生炁入墓。

长生入墓格：如庚子巳加子用，常人占之，喜鬼入墓。

脱炁入墓格：乙未日巳加子用。

财神传墓格：丙戌日申加卯，庚辰日寅加酉用，乃财入墓。庚戌日申加卯用，乃德入墓格。

长生脱炁入墓：戊戌日申加卯用。

鬼入墓格：戊辰日寅加酉用，巳上如占，行人来迟。

不行传者考初时。

夫不行传者，乃中末空亡是也。中末既空，但只以初传断其凶吉。言其事类，此例极多，不必细具。或一日内有三五课者，如甲子日干上巳初传申是日之鬼，中传亥是日之长生，末传寅是日之德禄，既长生德禄皆空，岂宜独存？初传之申金为日之鬼，而坐实地，若以初传用事，必好事无而恶事有也。巳后如值初传凶者，若是遥克者，好恶俱无，皆仿此，亦名守株待兔。

独足卦，己未日干上酉，凡占，万事皆不可行此一例。乃初中末并支干皆在未上，于七百二十课中止有此一课，故名独足。既止有一足，焉可行乎！如欲商贩利行舟而不利陆路；如欲逃亡者亦然。占病，死。虽众皆知有独足例，殊不曾稽考己未伏吟卦亦名独足。且己未伏吟，虽有未丑戌为三传，缘中传乃旬内空亡，既中传空亡，岂能刑其末传之戌乎！且中末既无，惟支干与初传皆在未上，与独足何异耶！凡谋皆不能成也。

万事喜忻三六合。

谓三传寅午戌等，或干支上见未、三传亥卯未等，或干支上见戌，三传申子辰等，或干支上见丑、三传巳酉丑等，或干支上见辰、皆名为三合课，又与中间一字作六合者也。故经云：三六相呼见喜忻，纵然带恶不成嗔。且夫带恶者，乃金日得寅午戌、土日得亥卯未、木日得巳酉丑、火日得申子辰，纵然三传克干，亦不能为祸，尚可成合。其余占，虽曰未尽善，究竟事亦可成就也。何况三传生日，或作日之财。又三六相呼，凡谋皆遂，全无障碍。不然，有人在中相助而成合事。唯不宜占解释忧疑事，如占病，其势弥笃。如占行人，忻喜而来。如乙酉日申加辰用，三传申子辰水局并来生干，又支上见丑，乃名三合。中有六合为全吉之课，兼三传之天将昼夜，皆是贵勾常土神并作日之财，尽可求财。舍占财外，大不宜尊长及不利占作生计，缘天将上神克生炁故也。又如丙申、丙子、丙辰三日干上丑，三传皆水局来伤日干，殊不知三合六合相呼之格，带恶不成，嗔之义也。兼干上丑，亦可以敌其传水。凡谋，虽有成意，终是可畏。但顾目下成合，余畏拨置事也。又辛未日干上寅、壬午日干上卯、辛亥日干上午、壬寅日干上未、戊申日干上丑、三合课中又逢天将六合居干支上者，亦可用，但力稍轻。

合中犯杀蜜中砒。

谓三传寅午戌，如支干上有午，为自刑；见丑为六害；见子为冲。三传亥卯未如干支上有子，为无礼刑；见辰为六害；见酉为冲。三传申子辰如干支上有卯，为无礼刑；见未为六害，见午为冲。三传巳酉丑如干支上有酉，为自刑；见戌为六害；见卯为冲。凡值此例，所谓三合犯杀，少人知。惟防好里定相欺，笑里有刀谁会得，事将成合失便宜。占得此者，必至恩中变怨、合中有破；虽是属我之事，亦被人在中阻隔。俗谚云：笑里刀蜜里砒，正此意也。其中犯杀空亡，徒为冤憎，下稍成阻，不免先应其事。

初遭夹克不由己。

谓初传坐于克方，又被天将所伤，故取名夹克。凡占，必身不由己，及受人驱策，尤宜详其受克者。是何类而言之？且如夹克者是财，必财由己费用。或是日之同类受夹克者，乃自身不由己，惟是日鬼受夹克者为妙，乃当忧不忧之义也。如六甲日戌加寅为初传昼夜天将，皆乘六合木神，此乃夹克其财。六壬日午加亥为初传昼夜天将，元武水神及天后水神，此乃夹克日财，必财不由己而费用。外有甲辰日辰加卯为初传昼夜天将，皆是六合木神夹克其财，又甲申日戌加卯同上。或妻常病。

家法不正格：缘三传皆受夹克例。唯乙丑、乙卯、乙亥日并寅加酉旦占有之。

俯丘仰仇格：甲子日夜将寅加未为用，乃俯见丘、仰见仇，乙巳日酉加丑、乙未日卯加未夜。

将逢内战所谋危。

六合内战为发用者，凡用事将成合而被人搅扰也。如癸巳日昼占六合加申、申金加巳火之上。天后内战为发用者，如丁卯戌加卯旦占，必妻常作闹而多病。

夜贵内战格：六癸日卯临申为用。

螣蛇内战格：丙辰日旦占子临辰为用。

朱雀内战格：丁丑日夜占，乃朱雀乘亥临丑为用。

勾陈内战格：丁丑日昼占，乃勾陈乘卯临申为用。

青龙内战格：壬寅日夜占，乃青龙乘申临巳为用。

白虎内战格：丁亥日昼占，乃白虎乘午临亥为用。

太常内战格：丁酉日昼占，乃太常乘卯临酉为用。元武无内战。

天空内战格：如丁丑日卯加申为用，夜占。

太阴内战格：壬辰壬戌日返吟夜占，乃太阴乘巳临亥为用。夫十一天将皆有内战此例。余向有之，不暇细具。今略具一例，余皆仿此。而逐类言其内战之意也。

三传日辰内战格：支干三传皆下克上者。凡占，皆是家法不正，或自窝犯，或丑声出于堂中以致争竞。斯占极验。如癸酉日癸水克上神之午火、酉金克上神之寅木、初传未加寅、中传子加未、末传巳加子，皆下贼上。凡占，全无和气。占讼，被刑。占病，必死。吉事不成，惟宜占官，从卑贱而迤逦迁转大为兴旺。舍此皆凶。己酉辛酉日未加寅，戊辰日寅加酉，皆如前说。

人宅坐墓甘招晦。

谓天盘支干皆坐于地盘墓上者。乃心肯意肯情愿受其暗昧，凡事皆自招其祸，切不可怨天尤人也。不惟本身甘招其祸，犹且将家宅亦情愿假借与他人作贱；欲兑赁终不能出脱也。如壬寅日亥加辰、寅加未，壬申日亥加辰、申加丑，己未日未加辰丁丑日未加戌、丑加辰，庚寅日申加丑、寅加未，庚申日申加丑，刚日四绝体也。

互坐丘墓格：干坐于支墓之上、支坐于干墓之上者。乃彼此各招其昏晦，惟不宜两相投奔，必是愚蠢人也。如丁丑日未加辰、丑加戌，戊寅日巳加未、寅加辰，甲申日寅加丑、申加未，庚寅日申加未、寅加丑，戊申日巳加丑、申加辰，余传内虽有所喜之神，其年命上却克去者，乃心多退懒，自不肯向前也。

干支乘墓各昏迷。

如支干全被上神墓者，其人如云雾中行，其家宅敝而自尘暗。凡彼此占不亨快。经云：墓覆日辰，人宅昏沉。壬申日干上辰、支上丑，壬寅日干上辰、支上未，己未日干支上辰、丙寅日干上戌、支上未，丙申日干上戌、支上丑，乙丑日干上未，巳上诸例，乃干支两课皆见墓神。经云：干支墓全逢，所为皆不通，两处欲克害，犹忌合墓神。如甲申日干上未，如用夜贵，则两处皆通，可以解疑。

互乘墓神格：干乘支之墓，支乘干之墓者。此例我欲昏昧他，却被他已昏昧我也。《道典》云：天网恢恢，疏而不漏。戊寅日干上未、支上辰，戊申日干上丑、支上辰，辛未日干上辰、支上丑，甲申日干上丑实、支上未空，庚寅日干上未空、支上丑实，乙未日干上辰空、支上未实。

欲弃屋宇格：凡干加支求宅，必得。缘己身入宅故也。或被支所克，或被脱，虽目下强得其屋，后无益也。凡支加干得之，尤不费力。缘宅来就人故也。亦不可受宅克墓脱，如我有屋宅，欲出兑者，如值干加支，乃人尚恋宅；或支加干，乃屋尚恋人。二项皆不能脱也。其支干相加，宅生其人，切不可弃之。后有长进，如被克脱墓者，终被屋所累矣。

任信丁马须言动。

夫任信者，伏吟卦也。如刚日名自任，可委任于他人；柔日名自信，可取信于自己。凡值伏吟卦，切不可便言伏匿，而不动。于传中及支干上有旬内丁神，或乘天马驿马者，必静而求动，不可不知。如壬辰、戊午、丙辰、甲寅、庚申、癸未、癸丑、己酉、辛亥巳上俱丁神在传，如占访人，必出外干事。如先允许，后必改易，故名无任无信也。天马逐月推之如卦，内无天马驿马旬丁者，如始欲谋事，尽伏尽匿，终不可动谋矣。如已尝得人，先蒙允许，后必有信也。凡占静中求动终是静，或动中求静终是动。诸占不易之故也。

伏吟卦内无丁马，却占人本命行年上乘魁罡及丁马者，亦主动，尤速。又乙酉、己丑、癸巳三日伏吟，如占人年命是亥，乃丁马，又如占身动最速。又乙卯、己未、癸亥三日伏吟，如占人年命是巳，亦丁马交加，身动尤速。

非伏吟而乘丁马者，亦主动。如癸亥日干上巳为财动，余同。又癸酉、己未、丙子、戊寅、辛巳、丁亥、甲午、庚戌九日伏吟，占行人必中路被阻，缘中传空亡而不能刑至末传，故前后难进退耳。余占，必先虽允许，后却无实惠也。

六丁加天马，或天马加六丁，必非小动也。如甲子日卯加甲、十一月占是也。余皆仿此言之。如值丑为本命，乃名本命恋宅，全无动意，此法极验。

伏吟卦六丙日吉，缘初传为德禄、中传为财、末传为长生、各忌空亡。

伏吟卦六戊日伏吟凶，缘初传巳火克中传申金、中传克末传寅木而伤日干，似乎无和气也。且戊日伏吟，切不可被时人惑作甲戊庚三奇言之。且初传天盘乃巳火、地盘乃戊土，岂可言三传甲戊庚耶！此之不可不知者也。

来去俱空岂动宜。

夫来去者，返吟卦也。缘初传与末传、初中末往来交互也。故凡占得返吟卦，切不可便言凡事往来动移。内有三传皆空亡者，虽有动意，实不动也。尤详其空亡有用及无用言之。己酉返吟三传卯酉卯，此乃鬼皆空亡，正宜处难中解祸。余占空空然。乙丑日三传戊辰戊，此传财俱空亡。止宜占病，不宜问婚妻及财凶。戊辰日返吟三传巳亥巳，此乃生炁落空亡不利长上。或六月十二日占之，尊长病死尤的。戊寅、戊午、戊戌、戊申、戊子、己亥、庚戌、甲辰等日返吟，皆空。更宜逐类推之。

德丧禄绝格：乃阳日返吟者是。若阴日子加巳，乃四绝体也。

移远就近格：天罡乘青龙六合在日上，乃真斩关卦。如占时为发用，名动中不动，寻远在近处。兼中末空，亦然。如初见太岁中末，见月建成日辰，亦名移远就近，将缓为速。又如己丑日干上辰、支上戌，虽干支上全乘魁罡，缘干上墓覆、又是柔日昴星伏匿万状，终不能动。庚寅日干上辰、支上戌亦是真斩关卦，必主动。缘中末空亡，反不能动。又干上戌、支上辰，同后二假令。乃言斩关卦之义，非返吟也，须知之。

似返吟卦，癸未日干上寅，虽不系返吟卦，缘三传申寅申，往来皆在支干上，似乎与返吟相类也。如占事，虽不免往来交通下稍全无一事，缘始末皆空，又是柔日昴星，故伏匿也。如用昼贵三传、合元后阴私万状，兼支干上，皆乘脱炁，占事不出，旋窝诸返吟卦，占事难成而覆破，访人差迭复被诱差迭。

虎临干鬼凶速速。

谓日干之鬼上乘白虎者。凡占凶祸，速中又速。如六己日卯加未夜占、六壬日戌加亥旦夜占、六癸日戌加丑昼占，此三干乃虎鬼临干者。六甲日申乘白虎旦将顺行有之，但不临干而在五处，六戊日寅乘白虎夜将顺行有之，亦不临干；六庚日午乘白虎旦将逆行不临干而在五处，若乙丙丁辛四干无此例，唯宜详其虎鬼，或空亡，或鬼坐鬼方，或坐生方，及虎之阴神能制虎者。虽目前值其灾祸，后却无畏也。如甲子日申加戌昼将上乘白虎作中传，诚为可畏，殊不知申坐戌空，又赖虎之阴神上乘午火而制虎鬼。经云；虎之阴阳还制虎，生者安宁病者愈。此虎鬼论如小人，稍得其势，即为祸患，极速。倘受制伏，随即缩首拘捉、灰飞烟灭，而不能为害也。又如甲子日申加午昼将上乘白虎作末传，其申不空，诚为可畏，尤赖申金坐于午火之上。经云：鬼坐鬼方无所畏。又如戊寅日寅加亥夜将上乘白虎作中传，纵干上有申金，缘作空亡而不能克其寅鬼，诚为凶也。殊不知寅木坐于亥水之上，寅木受亥水作长生，不来为害。经云：鬼自就生不来侵，其余虎鬼无制不空等。占讼，被刑。占病，作死兆必死。所占万事，祸不可逃。唯有官人占赴任，却名催官符赴任极速。反不宜受制及空余，仿此而推之。

马载虎鬼格：乃虎鬼作日之驿马是也。凶祸尤速。占讼，必得罪于远方，极妙。如戊辰日夜将得寅加未作末传，乃鬼乘白虎，又是驿马。又戊辰日寅加酉夜、又戊辰日寅加亥夜、戊子日寅加未夜、甲寅日申加午昼、甲寅日伏吟昼、甲寅日申加戌昼、甲午日申加午昼、甲戌戊申二日，虽有因虎鬼空亡，不足论也。

龙加生兆吉迟迟。

谓青龙乘生干之神，又作月内之生兆者，虽日下未足峥嵘，却徐徐而发福也。此例喻君子，欲施惠于人，未尝启齿，缓而作吉，尤奈岁寒尔。如六丙日寅加巳夜将乘青龙，三月占尤的。六丁日干上寅夜将，三月占内丙午、丁未日空亡不中用；六戊日干上申昼将乘青龙，九月占内戊寅日申空；六己日干上巳昼将，六月占内己亥日巳空。余干无例。

妄用三传灾福异。

时人起三传尚有错误想，灾福应无的验也。且问三传错误者何如？辛酉日干上亥既是辛日，岂可便以亥加戌为初传乎！又如乙酉日亥加辰，既是乙日，岂可便以亥加辰为初传乎？乙巳日干上卯，既是乙日，岂可便以卯加辰为初传乎？戊寅日第四课申加巳有克，又如甲辰日干上戌，时人皆以戌加寅涉害为用，三传戌午寅皆作脱兆。凡占，谋用无成，有忧皆散。殊不知乃择此为用非涉害也，何故？缘甲木与子水比，和戌土长甲木而不比，乃子申辰作三传，皆来生日，凡占欲成合，而不利解释灾祸，但凶吉二事皆成也。后学何得以知之？又甲戌日干上辰，乃子加戌为用、非辰加寅用也。又戊辰、戊戌日返吟，丙子、戊辰日干上子，内戊子一日干上寅，庚辰、丁亥二日干上卯，壬戌、甲申日干上辰，庚子日干上午，乙卯日干上申，又乙卯日干上寅，庚寅日干上午，甲申日干上戌，各有其说也。

喜惧空亡乃妙机。

凡空亡，有要见、有不要见者。后学不辩一例而言之，诚为可叹！盖天盘作空亡者，谓之游行空亡，其吉凶有七八分。如地盘作空亡者，谓之落底空亡，其吉凶有十分。此不可不知者也。且夫要空亡者，乃克盗墓神及神遥克日已上皆要空亡。惟生我者及救神，并天德生炁，财官及日遥克神，并不宜空亡，皆返为凶兆。尤有遇、不遇者。共列五等于后。

见生不生格：甲乙日以亥为生，其亥水居申上他自恋生不来生我，或是亥水居于辰、戌、丑、未之上，为土所制。纵日辰行年上见之，亦不能生我。至于亥入空亡，则大凶。如生我者空亡，占父母上人病，主不救。占干上位，亦是徒然。略举一例，十干仿此。各令占之，亦如上说。

见克不克格：如甲乙日以申酉为克其金、居巳午火上，他自受克，何暇克我？又申酉坐辰、戌、丑、未上，他自恋生，亦不来克我。鬼陷空亡亦不能为害。惟鬼作空亡，加日辰传年命上无制伏者，极凶；或失人口；或犯官司，费用百出。十干仿此。

见财无财格：如甲乙日以辰、戌、丑、未为财，其财居寅卯上，不可取财也。或财作空亡，虽得反，有所费财；陷空亡，亦不得，尤费财。如财居申酉脱炁之上，反有所费，十干仿此。戊辰日干上酉、壬午日干上未、壬寅日干上子、庚子日干上酉、丙午日干上午、己酉日干上申。

见救不救格：如甲乙日传内先有申酉金于日辰上见巳午火，乃为救神。其巳午火居亥子上，或作空亡，或陷空亡，或在寅卯上，他自贪生，此不能为救也。如此，反为灾咎。如不见日鬼其救神，即盗神也。余八干仿此。

见盗不盗格：如甲乙日见巳午火居亥子之乡，或入空亡之内，皆是盗我之气，不得也；反，变成吉。十干日同，今人不看。如何见生便言生，见财便说财，见鬼便言有鬼，有救便言救至于所立之地？所行之方，不少为分别。惜哉！

德贵合局生身格，亦贵德临身消除祸患格：如乙酉日干上申昼占，虽三传水局生日，缘天将昼夜皆贵勾常土神，使水局不能生其乙木；如用夜贵，尚赖贵临本身，犹能勉强倚贵而求生计。

长上灾凶格：乃长生空亡之例。戊寅日申为长生作空亡、庚子日巳为长生作空伤、壬午日申为长生作空亡、甲子日亥为长生作空亡、丙午日寅为长生作空亡、月内生气亦忌空亡。

喜惧格：一则以喜、一则以惧之例。谓干上长生三传皆鬼。

六爻现卦防其克。

财爻现卦，必忧父母。歌云：三实俱作日之财，得此须忧长上灾，年命日辰乘干鬼，争知此类不为乖！如辛未日干上午三传卯亥未木局，三传皆作日之财，虽忧父母，赖干上先有午火生其父母爻，窃其财爻，此名传财化鬼，人但知言父母等类，而不知言传财化鬼。如欲占财，则有灾祸耳。余日辰年命上无官鬼爻者，乃可言父母灾也。亦必支干年命上先有父母爻，后被传财克者，始可言父母长上灾。如无父母爻，则亦不言此例。如丁丑日干上先见卯为父母爻，岂应三传金局之财来伤卯木，此方可言长上灾。或求财而妨生计；或被恶妻逆其翁姑，此二事尤的。又有己丑日干上午、庚辰日干上未、丁酉日干上卯、戊戌日干上午，皆如前说。必待财旺月，乃忧长上其财休囚，却为财也。外有乙亥日欲赖支上申生父母爻，而窃其财爻，殊不知申空亡，仍主父母之灾。

父母爻现卦，必忧子息。歌云："父母现卦子孙忧，日辰年命细参求。同类比肩居在上，儿男昌盛不为仇。"如戊寅日干上丑三传戌午寅火局，皆作父母爻，虽忧子息，赖干上先有丑土生其子息，窃其父母。

若子息爻现卦，必忧官事。歌云："子息见时官事无，古法流传实不虚。岂知四处财爻现，官迁讼罪病难苏。"己巳日干上亥三传酉丑巳金局，皆作子息爻，虽忧官职，缘干上先有亥水生其官鬼，窃其子息爻，余如前说，官讼则忌。

官鬼爻现卦，忧己身及兄弟。歌云："官星鬼贼作三传，本身兄弟不宜占。父母之爻如透出，己身昆仲总安然。"如乙丑日干上子三传巳丑酉金局，皆鬼爻，虽忧己身及兄弟，奈干上先有子水生其己身兄弟，窃其官鬼爻也。余仿此。

同类现卦，必忧妻及去财。歌云："干支同类在传中，钱财耗散及妻凶。支干上神乘子息，妻宫无恙反财丰。"如丙寅日干上丑三传戌午寅，皆是日之同类，虽忧妻位及损耗钱财，奈干上先有丑土生其财爻，窃其比肩。余仿此。

六爻相生而成类，乃三传生起干上之爻象者。

传财化鬼者，如辛未日干上午三传卯亥未生起干上之午鬼。

传鬼化父母者，如乙巳日干上子三传酉巳丑生起干上之子水父母爻。

传父母化兄弟，如戊午日干上丑三传戌午寅生起干上之丑兄弟爻。

传兄弟化子息，如丁亥日昴星干上戌三传午戌寅生起干上之戌土为子息，乃不言墓。

传子息化财爻，如甲寅日干上戌三传戌午寅生起干上之戌土为财巳上，如或占病，或父母、兄弟、子孙、妻妾、己身有病，如逐类现卦，虽曰不吉，其各类加干令得地，反不为凶。如位死绝，又坐克方，死而无疑。

三传内现类而传自墓克者，例皆是午丑申作三传者，如乙亥、乙酉、乙未、己卯五日并午加亥为用，如有官人占之，不可得官；如常人占之，反宜急难除祸。缘末传之申金为官鬼，被初传午火所克，又被中传丑来墓申、兼末之申金；自坐于丑墓之上，其申金全无气象。又如丙辰、丁亥二日亦是。午丑申为三传，乃申金财全无气象。亦缘初被克，中被墓也。己亥日长生无恙、庚辰日德禄无恙、辛亥日兄弟爻无恙、六壬日长生无恙，已上皆是午丑申为三传者。

支干同类格：难求财，缘支干各相争夺。惟有十二日甲寅、乙卯、庚申、辛酉、丙午、丁巳、壬子、癸亥、己丑、己未、戊辰、戊戌。

白蚁食尸格：壬癸日申坐丑上夜将上乘白虎，此乃父母爻。乘白虎坐墓，必父母墓中生白蚁，或兴祸端。如父母在，主病灾，更作月内死恙、死神，占父母病，必死。又六戊日午加戌昼将上乘白虎、六己日巳坐戌旦将上乘白虎，皆如前说。余干逐类而推之。

懒去取财格：六甲日干上寅，或卯纵传内见财爻，如求财，必心多退悔，懒去取财，恐争夺也。余日逐类看所乘何神，而言其事类。

德丧禄绝格：阳日返吟，阴日四绝体。

旬内空亡逐类推。

甲子旬戌亥空亡，甲子、乙丑日妻财及父母空，丙寅、丁卯日墓贵及官鬼空。戊辰、己巳日兄弟及妻财空，庚午、辛未日父母及子息空，壬申、癸酉日官鬼及兄弟空，又壬日德禄皆空，已上纵戌亥在六处，亦不可用。

甲戌旬申酉空亡，甲戌、乙亥日官鬼空，丙子、丁丑日妻财空，戊寅、己卯日子息空，庚辰日德禄空，辛巳日兄弟、己身空，壬午、癸未日父母空，已上纵申酉在三传年命日辰上，亦不可用。

甲申旬午未空亡。甲申、乙酉日子息、墓妻财空，丙戌、丁亥日兄弟子息空，戊子、己丑日父母、兄弟空，内己日禄空，庚寅、辛卯日官鬼、父母空，辛日旦贵空，壬辰、癸巳日妻财、官鬼空，内甲戌庚三日夜贵空。

甲午旬辰巳空亡，甲午、乙未日妻财、子息空，丙申、丁酉日子息、兄弟空，戊戌、己亥日兄弟、父母空，庚子、辛丑日父母、官鬼空，及长生空，辛日官德空，壬寅、癸卯日墓及官鬼、妻财空，并昼贵尤不得力，内丙戌日德禄空。

甲辰旬寅卯空亡，甲辰、乙巳日兄弟、己身并禄空，甲日德空，丙午、丁未日父母空，戊申、己酉日官鬼空，内己日德空，庚戌、辛亥日妻财空，内辛日夜贵空，壬子、癸丑日子息空，止宜脱祸。

甲寅旬子丑空亡，甲寅、乙卯日父母、妻财空，丙辰、丁巳日官鬼、子息空，戊午、己未日妻财、兄弟空，庚申、辛酉日子息及父母或墓空，壬戌、癸亥日兄弟、官鬼空，甲、戊、庚、乙、己五日旦贵空。十恶大败日，乃无禄之日也。盖甲辰、乙巳、壬申、丙申、丁亥、庚辰、戊戌、癸亥、辛巳、己丑此十日内禄神空亡，故为无禄之日。

所筮不入仍凭类。

如占失脱，虽元武日脱炁日鬼不在六处，亦宜用此类而言其方，所色目也。余所占万类皆如其法。

非占现类勿言之。

如前贤有诸秘法用之极灵。且如白虎临寅在支上发用者，必宅中有栋折榱崩之惊。斯法极验。设有占课，君子问求财事，卜得此课，切不可言其梁栋摧折，大抵与求财异。如此条贯，犯之极多，时人不可不为自警。举此一法，其余可知。

常问不应逢吉象。

诸龙德、铸印、高盖、乘轩、斫轮、官爵、富贵、三光、三奇、三阳之吉泰卦。但有官君子占之，则为吉兆，或迁官转职，或面君而奏事也。如常人占得上项吉卦，恐致灾咎临身，大难相压，盖常流百姓既不事贵，兼以本身无官无禄，岂宜占得面君及见贵之卦乎！必因讼而名达朝廷，不然，必到讼庭面见太守而遭罪。占病，必见阴司。如得远干出外，可免病讼。

巳灾凶逃返无疑。

凡值丧魂魄化天祸，天寇伏殃，天狱天网四张，天地二烦，诸凶否卦，如已见病、讼灾地之后，占得前项诸凶卦，其灾却可消除，不足为虑。如未见病、讼之前，占得此者，必病、讼丧祸并至，更无疑也。至天罡之神临身命行年，静者主动，动者主静。如占讼入狱者，即出狱也；及问罪曾犯与不犯，然后言之。其余，占凶者却吉，占吉者却凶。

结绝格：六丙日干上亥。或常问，必主病、讼。如已见凶灾，反宜结绝旧事。又作昼贵，尤宜告贵人，而结绝凶事。

以凶制凶格：六癸日辰加丑，此乃墓神覆克日，诚为凶也。如夜将又乘蛇尤凶，以末戌乘白虎冲辰，谓之破墓冲鬼。以凶制凶，凶即散，而无咎也。又四癸日戌加丑昼将，亦赖末之蛇冲虎辰冲戌，尤宜解忧，外无癸酉癸亥日也。

第三十八章　术数汇考三十八

《大六壬类集》八

元首课

凡一上克下，余课无克，为元首课，象天。如君克臣，必顺其正，无乱动反常之理。为九宗之元，六十四课之首，故名元首。君占，则有伊、吕之臣；臣占，必遇唐虞之君。常人占之，万事顺利。大哉元首！元亨利贞，首出庶物，万国咸宁。统乾之体，乃元吉第一课也。

象曰："天地得位，品物咸新。事用君子，忧喜俱真。君臣和合，父子慈亲。婚谐鸾凤，孕育麒麟。用兵客胜，论讼先陈。市贾出色，名利超群。官职首擢，柱石元勋，门庭喜溢，利见大人。"如日辰用神，年命值旺相气，乘吉将，更逢富贵、龙德、时太、三光、三阳、官爵、高盖吉课，有一助之，则有乾之九五飞龙在天，云龙风虎相从，大人之象也。

如甲子日卯时，子将，占寅命，行年在未，四课得一上克下，午加酉为用，曰元首课。

此必正月仍用子将也。不然，发用何云旺相？

青 午 未 卯	后 天 子
阴 亥 甲	
常 申 亥	
酉 子	午
午	年 卯
酉	辰 戌
巳 午 未 申	
寅 卯 辰 酉	
寅丑子亥命	
腾贵	

此课子孙乘青龙发用，主文职，占子孙及本身前程、家宅事。他日父子均登高品官爵，儿子于午年发科，未年及第，屡于寅午火旺年月转官。本身见任，寅年应诏，官由词馆，屡于己丑年月转迁。家宅吉利，招女聪俊，获配武弁崇勋，多益母家。惟朔望弦晦日忌。此课为天烦也。

解曰："盖课得午加酉为元首，主首擢，利见大人。"三传，午为天马，卯为天车，子为华盖，为高盖乘轩，主公卿之贵。日辰用神旺相，吉将在中，为三光，主加官进爵，庆贺之荣。又看青龙，主文书，甲木以午火为子，值旺相气，上乘青龙，午上遁得庚金，为官星。行年未上，辰乘六合，亦为儿，主子求官。午岁火旺，上见卯木相生，乘朱雀，主文字发科。未岁上见辰，为亚魁，乘吉将，主及第佳兆。火为威仪，主礼部。午数九、龙数七、庚数八，主二十四年。火数二，主极品高贵，尚书之位也。一阴二阳，以卯属阴为主，乘朱雀为文明，甲日为本身，值旺相气，主见任干求官职。甲上亥为长生，学堂为天诏，主应诏，官由词馆。卯数六、朱雀数九，主十五年。象首擢，旺气数倍，主师傅极品之贵。卯为羊刃，属肝木，主风疾。末传为归结，子数一，月将天后为恩泽，主乞求休时有加一品之恩。子与天后，九数相乘，主寿得八十一。支为家宅，子上见酉，主招女。乘太常吉将，主聪俊，配武弁。相生，主益母家也。

如四月丁丑日子时，申将，占，巳加酉为用，曰元首课：

<table>
<tr><td>

常 勾 贵
巳 丑 酉

贵　　　空
酉　亥　卯　丁
　　丑　卯

己
酉

　　　空
卯　辰 巳 午 未
寅 申
酉
贵

丑 子 亥 戌

</td></tr>
</table>

此课昔越王有郑妃当诞，召范蠡占之。以月将申加子时，得一上克下。巳加酉为用，上是旺火，克下死金，上强下弱，故决生男。如秋占火囚气，课皆阴，则未然也。如乙酉日巳加酉发用，一上克下，为元首课。巳岁占，则吉凶应在一岁之内。若正月建寅，用起功曹，则事应正月之内。丙子日立春，用起太乙神后则事应半月之内。甲子旬内起神后，则事应十日之内。庚申日寒蝉鸣，用起传送，则事应五日之内。日应日，时应时。旺气发用，主干求官职。相气经营财货，死主丧孝，囚主刑讼，休主疾病，墓主淹涎。诸课应验，同此推断。又于亥日未加亥，乙未日卯加未，丙申日卯加戌，壬寅日巳加申，辛酉日午加申发用之类，则为元首。六壬总计七百二十课，内合元首课凡一百一十有五。举此数课为例，则余课可推矣。

订讹

元首：一上克下，以尊制卑，大顺之征，为诸课首，故名元首。

占主天地得位，品物咸亨，事从外来，起男子，忧喜皆实。臣忠、子孝、婚谐、谋遂、孕生男、兵讼先者胜、贾人获利、官职首擢、利见大人。如日、辰、年命、发用、正时六处，值旺相，乘吉将，更逢富贵、官爵、三光、三阳等吉课，仕人贵显不可言。

此课大象，顺利十分。然或得凶神恶将、三传不顺，反主下顺上而上不从。又如一上克下，而上休囚死气，下却旺相、德合、岁月反建，主上虽制下而下不受制，未可执一也。

观月经

课中一克下，元首卦本宗。

元者，长也。首者，初也。上克下者，诸卦之长也。

起岁年华问，

本岁发用，其吉凶应年内也。假令太岁在寅，为功曹，其将勾陈，主一年内争讼田宅也。

逢蟾月内寻。

蟾者，月之名，十二月斗建是也。假令正月斗指寅，以功曹发用，其吉凶在一月内必应也。

传辰旬日应，

假令正月将甲子日午时占，第二课子加未以神后为辰发用，其吉凶不出十日应也。

值日目前辰。

假令今日甲子以甲为日，课中功曹发用，其吉凶当日应也。

气动蟾分体，

蟾者，一月之数也。体者，全之数也。分体，半月之数也。气动者，二十四气之首日为发用，每气十五日。假令丙子日立春之节，四课之中用起神后，其吉凶应在半月内也。假令丙子日立春，第五日庚辰子将卯时占，太乙加申上克下为用神，初传勾陈，主财物、田宅、斗讼、官灾不出一气之内也。巳火发用，即立春丙子也。

候来旬拆身。

候者，七十二候也。旬者，十日也。每一候五日。拆身，是拆破一旬之数也。假令七月初一日寒蝉鸣为候，是甲申，第二日乙酉寅时午将占事，三传申子辰也，传送加乙，一上克下，其吉凶应在五日之内也。或用起功曹亦是。

诸卦从此起，万类若通神。

凡七百二十卦皆例此卦断之，取年月日时为应期。明五行之奥义，通万事之正理，如神明也。

旺气言官职，

春木旺、夏火旺、秋金旺、冬水旺。四季土旺。如春月戊己日占事，见木神发用，克今日土。君子有官职，小人争财官事。若传入三光、三阳、三奇、六仪，不

可例断官事也。

妻财相气论。

春火相、夏土相、秋水相、冬木相、季月金相。假如春月壬癸日占事，见火神发用，为妻财，主财帛事动。若不是妻财，则不可以财帛一例断之也。

死言丧者起，

春土死、夏金死、秋木死、冬火死。凡死气为用，乃丧亡之事，更与自克自的应。假令春月壬癸日发用，土神克今日干也。

囚动见官刑。

春金囚、夏水囚、秋火囚、冬土囚、季木囚。凡囚气动者，更克日为官鬼也。假令春月甲乙日占，申酉发用，乘凶将，主官词刑伤也。

休来忧病患，

春水休、夏木休、秋土休、冬金休、季火休。凡占休气动，主疾病灾患也。

诸家卦备陈。得旨从天降，不误后学人。

诸卦用元首五行旺相死囚休断之，君子得五行之旨趣分明，神报吉凶、祸福、人事、物类、数目、远近、应期，皆同天降也。

心镜

四课之中一克下，卦名元首是初神。臣忠子孝皆从类，忧喜因男非女人。

上克下，事起于男子也。

上即为尊下卑小，斯为正理悉皆真。官词先者皆为胜，后对之人理不伸。

上克下，利为客。争讼先起是客，后诉者是主。

袖中金

元首卦，尊制卑，贵制贱，占事多顺，忧喜皆实。皆以神将吉凶。凡事宜先，事起男子，然就以神将、支干、四时、休旺、年命、三传推测，乃见吉凶。如一上克下为用，而上休囚死气，下却旺相、德合、岁月建，乃下返胜上。如正月甲寅日，日上西金加之为用，虽是元首，奈西金囚气，甲寅乃月建，支辰为日德禄。又旺气下，既得势，必不受制，则尊卑不顺，反乱之道也。又如《心镜》占孕歌曰："用神克下生男子。"若执此例，不以上下胜负推之，第恐有误。昔越有郑妃当产，于四月辛巳日子时，召范蠡占之。月将申加子时用，得巳加酉，上克下，是旺火克死金。此上强下弱，故生男也。如秋月占得此课，则不然矣。切在参详，不可执一也。

重审课

凡一下贼上，余课无克，为重审课。象地事逆，以下犯上，如臣诤君，不敢擅为，必再三详审定计而后人，故名重审。积善者庆，积不善者殃。君子占之，利以攸往。至哉重审，含章可贞，或从王事，无成有终，统坤之体也。

象曰："承天厚载，柔顺利贞。一下逆上，岂无忧惊？贵顺福至，贵逆乱兴。事宜后起，祸从内生。用兵主胜，受孕女形。诸般谋望，先难后成。"如初传墓绝，末传生旺，灾祸自消。生旺传墓绝，不吉；墓绝传生旺，吉。初传克末凶，末传克初吉。或逢龙常、阴后、六合吉将，生气、解神、天德、月德、天喜、德神、合神吉神，得一在末传，可化凶为吉。君子厚德，中道而行，则有坤六五"黄裳元吉"之象也。

六申贵亥元寅	如四月丙戌日巳时，申将，子命，行年在酉，以申加巳，一下贼上发用，为重审课。
阴丑辰戌丑　六申丙亥申　贵亥子丑寅　戌酉辰卯命年　申未午巳空	四月如何申为相？取长生也。 断曰：此课申为相气加巳，妻财乘六合为用，主谋为利禄事。中传官鬼乘贵入亥，为天门，主以财纳官的京职。末传父母乘元武，主发财，能发身。三传递生日干，大吉，决主上人举荐，终始成就高贵。为子求官，亦不免用财取贵，用起孟神，传入四孟，为元胎。戌支为妻，上见丑，为丙日火之子。申财亦为妻，乘六合，亦为子。丑为天喜，主妻怀孕，课象弄瓦。中传属阴为主阳包阴，生女也。

<table>
</table>

阴
寅 青 未 贵 子

常　　　六
辰亥　寅酉　乙
酉辰　寅酉

戌酉申未　命丑寅卯辰年
　　　贵子
　　亥　巳
　　午
　　空

如乙亥日辰时，酉将，占申命，行年在亥，寅加酉，一下克上为用，曰重审课也。

此课李司马占，旺气发用，日辰旺相，乘吉将，为三光卦，主干求官职，有升迁庆贺之荣。果应验也。

订讹

重审：亦名始入。一下贼上，以下犯上，为逆征。事有可虞，须再三详审，故名重审。然止于一下克上，为发难之端，故名始入。

占主不忠不孝，事从内起，由女人，孕生女，兵讼后者胜，谋望先难后成。大抵贵顺吉，贵逆凶，墓绝传生旺吉，生旺传墓绝凶，初克末吉，末克初凶，全要末传得吉将天、月、德等，可化凶为吉也。

此课利下不利上，然或一下贼上，而下休囚上旺相，则下虽乖违，终不能肆害。如生金不畏死火之类。

观月经

一下贼其上，重审卦本音。

四课中有一下贼上，名重审卦，其体凶也。

父子相离析，夫妻不敬恭。

看发用的卦，是今日子孙刑并乘勾虎蛇，必害父也。若用是今日财，必妻害夫。此卦大不利也。

顺行犹自可，逆去忧来深。

天乙在亥，顺行犹轻；天乙临戌，逆行犹重。又曰：顺行，则忧浅；逆行，则忧深。

入墓应难避，

假令初传木，末传小吉，为木入墓，主杀害之事难避。他墓例此也。

传生可容易。

发用木神，末传亥为长生，事易避也。他生例此。

太常与阴后，合乙及青龙。同并生神处，恩来祸不从。

若贵龙合常等同入长生之地，主反祸为福耳。

空元并蛇虎，勾雀墓末逢。喜事翻成恶，

凡元武、天空、蛇、雀、勾、虎，皆为凶将，同末传入墓者，喜事反成恶事也。

亲者也成凶。

从生入墓者，吉变为凶，再有刑害者，纵亲者亦成仇怨也。

诸卦皆如此，学人莫乱攻。

下面诸卦皆如此，一例推之。此是奥理难见也，如后人不得乱攻胡断之也。

心镜

从下贼上名重审，子逆臣乖弟不恭。

事起女人忧损重，防奴害主起妻从。

万般为事皆难顺，官病相侵恐复重。

论讼对之伸理吉，先讼虚张却主凶。

袖中金

一下贼上，卑犯尊、贱犯贵之象。占事多不顺。事起女人。如春占，土加寅卯其土死木旺，是旺鬼贼上，正应此课体。若夏，得巳午火加亥子水下贼上为用，则火旺水囚，不能贼上，有乖违之患。大抵生金不畏死火，生水不畏死土，是生旺不畏死囚也。不可执一而论之。

知一课

凡课，有二上克下，或二下克上，择课之阴阳，与今日比者，而为用神，曰知一课。比者，和也。阳日阳比，阴日阴比，二爻皆动，事有两歧。善恶混处，必知择其比。和一善者而用之，故名知一。事宜惟一，允执厥中，占物、占人，皆在近也。统比之体，乃去谗任贤之课也。比者，亲辅也，有"不宁方来"意。

象曰："比者为喜，不比为忧。词宜和允，兵利主谋。祸从外起，事向朋谋。寻人失物，近处堪求。"如课下克上有嫉妒，日辰贵后主迟疑。或至三克度厄、四克无禄，乱动狐疑，则有上六"比之无首凶"象。或上克下有嫌疑，日辰贵前主事顺，及止二克，贞固择一，则有比六二"自内，贞吉"之象也。

白戌 常酉 元申 朱卯 白戌 壬 寅卯 辰 酉戌 辰卯寅丑 贵巳 午子 未申酉戌 亥空	如八月壬辰日巳时，辰将，占，得二上克下，壬日属阳日，取戌加壬与日比发用，曰知一课。 断曰：此课天魁、官鬼乘白虎发用，主事由家奴起，祸中致妇女。衣服食物失盗，终可捕获，在西邻也。盖三传戌为奴，酉为妇女，太常为衣服食物，元武为失盗，比用为近，秋占旺气，失物可获也。

订讹

知一：亦名比邻。择课之阴阳与日干比者为用神，阳日阳比，阴日阴比。二爻皆动，事有两歧，必知择而定于一，故名知一。

课中或二上克下，或二下克上，故亦名比邻。

占主事起同类，祸自外来。失物寻人，俱在邻近。兵讼宜和，凡事狐疑不决。若是吉神，比者为近，不比为远；若是凶神，比者为喜，不比为忧。

此课大端舍远就近，舍疏就亲，恩中有害之象。

观月经

欲知比用卦，四课里头生。二体原来别，分身是两名。甲壬庚戊丙，比阳子戌呈。申午辰寅类，可应五阳精。

甲丙戊庚壬是阳日，若天盘内见申子辰寅午戌，为阳神有克者，是比；若阴神有克者，是不比。

乙丁己辛癸，比阴卯酉成。登明丑未巳，可应五阴精。

此五阴干，若天盘上四课中见亥卯未巳酉丑，有克为比；见阳有克，是不比。

要用求相克，不比亦得行。

如阳日无阳克，有阴克，便以阴神相克者为用。

下克先取用，无下上神凭。

四课之中下贼上为用，故曰"下克先取用"。无下贼上，取上克下者为用，故曰"无下上神凭"。

二下双克上，比者是亲情。俱比俱不比，涉害卦详明。

或有二下贼上，俱比、俱不比，以涉害取用也。

双上来临下，亦依此路行。

四课无下贼上，只有二二上克下，与日是比者，亦依先克为用，亦仿此而取之。

二上克下为知一

课中知一卦，体是相比邻。二上来临下，贼盗在逡巡，小心须准备，看看惹祸迍。若言失脱事，闭口卦中寻。

四课之中，二上克下取比者为用，是知一卦，主贼盗亡失事。若追寻遗失，得不得在闭口课内寻也。

心镜

知一卦何如，用神今日比。婚姻失谐和，事因同类起。逃亡不远离，失物邻人

取。论讼和笑好，为事尚狐疑。

袖中金

二上克下，二下贼上，以比为用，舍远就近，舍疏就亲，恩中生怨。凡事狐疑，仍须看上下克贼，全在变而通之，消而息之。

金匮经

欲知其一，必知其日。二上克下，同类相加。朋友谗佞，祸从外来。利客不利主，二下贼上，妻财争讼，咒咀不宁。

涉害课

凡课有二上克下，或二下克上，与今日俱比、俱不比，则以涉地盘归本家，受克深处为用，为涉害课。涉者，度也。害者，克也。若五行属土，则以土为深浅。如亥加丑土，前行历辰、戌、未、己、戌土位五重，归本家亥位，不论孟、仲、季比用，止取涉度害克位之最深者，故名涉害。占者凡事艰难，必有稽迟，然历尽风霜而后得。统坎之体，乃苦尽甘来之象也。

象曰："风波险恶，度涉艰难。谋为利名，多费机关。婚姻有阻，疾病难安，胎孕迟滞，行人未还。"如神将凶，三四克，灾深难解，则应坎初六"习坎入坎"象也。或我克他，日辰旺相，神将吉，受克浅，忧浅易解，事难终成，则应坎卦辞"有孚心亨"象，以是而行必有功矣。

```
朱亥 贵
  酉 阴
  未
勾      常
亥丑  卯巳  巳丁
丑    卯巳
空  辰戌  巳己
卯寅丑子  辰    午未申 贵
午未申酉  亥    戌
```

　　如正月丁卯日丑时亥将占，二下贼上，若论仲、季，则丑加卯前行，只历辰中乙木一重，归本家丑位，以亥加丑前行，辰、戌、未、己、戌土位五重，归本家亥位。此涉害深者，当取亥加丑为用，为"涉害课"。

　　断曰：此课得涉害，亥岁占，朱雀发用，事干奏章，论讼犹豫，时宜见机而作，可行则行，可止则止，失计妄动，决如重险，始获宁家。凡课有二上克下，或二下克上，甚至四克贼，俱比、俱不比，以寅申巳亥孟神用，为见机格。如课中有仲、季，必待用孟之机深者。盖事之初起，祸福随之，见事必知机而作，故名见机。占事有疑，急须改变；若守旧，则有稽留难解之患也。

　　象曰："利涉大川，有孚贞吉，动作知机，不俟终日。名利难遂，胎孕未实。疑事急改，犹豫有失。"如神将吉以吉言、凶以凶论，乃多算胜，少算不胜。将涉水，不轻进之象也。

```
腾午 六
  辰 青
  寅
元    腾
申戌  午庚  辰午
戌    子
卯寅丑子  巳  午未申 贵
辰    亥  戌    空
```

　　如四月庚子日戌时申将占，二上克下，以午加庚四孟位者用，为"见机格"。

　　凡课有克贼俱比、俱不比，无孟取仲、季用，为察微格。盖孟深、仲浅、季作微分。课克无孟，必审察仲季之微克者，故名察微。占者恐人不仁，或有小人谋害之意，必思虑提防，无可患也。

　　象曰："笑中有刀，蜜中有砒。大人利见，旧德微施。人情浅薄，世事难披。防范机密，物欲必齐。"凡事详神将吉凶言之，乃少算胜，而无算不胜。尚中正，不利涉大川之象也。

<table>
<tr><td>

元
辰青申腾子

腾　　后
辰子庚　午寅
子　　寅戌

子丑寅卯　贵
亥　　戌亥
巳辰　酉申未午
空

</td><td>

　　如庚戌日辰时申将占，得二上克下，以辰加子四仲位用，曰"察微格"。

　　凡课涉害者，复相等以四课中先见者用，为缀瑕格。盖涉害数归本家，又复相似。刚日以日上先见神为用，柔日取辰上先见神为用。如二物相并，深中取先，高中取捷，冠上有缀瑕玉饰之，故名"缀瑕格。"占事艰难，首尾牵连，惟才德服众者吉也。

</td></tr>
</table>

　　象曰："两雄交争，经延岁月。人众牵连，灾耗不绝。君子宜亲，小人可辍，胎孕逾期，行人失约。"如月建吉神人传吉，日辰有气，虽事迟延，有成之象也。

<table>
<tr><td>

合辰青午白申

白　　合
戌申　申午
申　　午辰

空　　合
未午巳辰　戌亥子丑贵

</td><td>

元
亥后酉腾未

空　常　空
寅乙　子寅　丑卯
寅　　亥丑

午未申酉贵
巳戌
辰亥
卯寅丑子
空

</td><td>

　　如六月甲午日辰时午将占，课得辰加寅历卯木一重，归本家辰位；申加午历丁火一重，归本家申位，乃涉害相等。刚日以日上先见神为用，柔日以辰上先见神为用，名曰"缀瑕"。

　　凡涉害课，用神畏日干所胜，以比和者为用，曰比用格。如甲戌日论孟用辰加寅，辰土畏甲木克，则取子加戌，子生甲木，比者为用也。戊辰丙子日例同此推。又如甲辰三传戌午寅为脱炁，凡谋难成，惟忧可解，殊不知戌土畏甲木为不比，不取涉害，当取子水比和者为用。三传子申辰生日，凡为吉事皆成，惟凶事难散。戊子日午、卯、子，壬戌日申、丑、午，庚子日戌、申、午，乙卯日亥、酉、未，皆用比，不用涉害，故名比用。若妄用三传而灾祸异也。

　　假如乙卯日寅时子将占，二下贼其上，当取亥加丑为用，乃为"比用格"。

</td></tr>
</table>

订讹

涉害：二三或四上下相克，俱比、俱不比，以涉害深者为用。涉，渡也。害，克也。从地盘历数归本家受克深者。假如庚子日午加庚、戌加子，两上克下，俱与阳日比，午加庚金前行，历酉辛金二重，归本家地盘午位；戌加子水前行，历癸水一重，归本家地盘戌位。二重者较一重为深，取午发用。丁卯日丑加卯、亥加丑，两下克上，俱与阴日比，丑加卯木前行，历辰中乙木一重，归本家地盘丑位；亥加丑土前行，历辰、戌、未、己、戌土五重，归本家地盘亥位。五重者较一重为深，取亥发用。此皆遍历艰难险阻，故名涉害。

占主疑难迟滞，欲行不得，行事有两而取一，历尽风霜而后已，乃苦尽甜来之兆也。上克下忧轻，下贼上忧重。二克又神将吉，忧轻；三四克又神将凶，忧重。

见机：涉害俱深，则取四孟上神发用。孟为时令之首，一季之气候悉已胚胎。如事之初起，祸福藏焉，须见机详慎，可也。故名见机。

占主事有疑，急须改变，若守旧，则愈稽留难解矣。此多算胜少算，趋安避危，先难后易之兆。若魁罡加日辰，官事欲起。

察微：涉害俱深，无孟则取仲上神发用。孟为四生地，生处见克，受害独深。由孟及仲，害渐浅而微矣。无孟必审仲、季而察其微，故名察微。

占主恐人不仁，或有计算谋害意，必思虑堤防，可无患也。此少算胜无算，乃思患预防之兆。若魁罡加日辰，妇人产难。

缀瑕，亦名复等。涉害俱深，孟、仲、季复又相等，则阳日取干上神为用，阴日取支上神为用。干上神乃干两课之先见者，支上神乃支两课之先见者，二物相并，深中取先，高中取捷。冠上缀有瑕玉饰之为裹，故名缀瑕。

占主两雄交争，经延岁月，人众牵连，惟才德服众者，吉也。切宜亲君子而远小人。

观月经

涉害卦相争，还从比用生。前头看同类，路涉阿谁同。有克量重数，偏多得用情。

假令甲辰日亥将卯时占，河魁加寅下贼上，看地下前去离河魁本宫有八辰，路涉前头一重卯木，二重乙木为涉害。其神后加辰，下贼上，看前去神后本家，亦离八辰。巳上戊土、未土、未上己土，前又戊土，共四重，为受克多，故当以神后发用为精也。又神后为仲，河魁为季，孟深仲浅季无取，用戌者，非也。

忽然涉害起，先举莫相争。

俱孟俱仲，受克地盘俱同，为复等卦。如六月甲午日申加午下贼上，路涉丁火一重；辰加寅下贼上，前涉卯木一重，此受下贼俱同丁火，为涉害复等。辰加日为先举，当以辰为用三传辰午申也。

卦入谁家体，相随灾福生。

看卦入何体，随卦吉凶断之也。

见机察微：用孟为见机，仲、季为察微。

二上双克下，卦元分两名。见机起四孟，求事后须成。

四课之中有二上克下，分见机、察微也。假令正月己丑日卯时占事，系二上克下卯临未、巳临酉，以巳为初传，是巳为孟，故以巳为用，求事先难后易也。

用起季兼仲，察微产妇惊。魁罡临四孟，必定举哀声。

涉害用仲、季者，为察微也，主产妇惊恐。如魁罡临四孟发用，即主伤产妇也。如正月庚寅卯时占事，戌加寅为初传，是河魁临孟也。又酉时占事，天罡临寅亦是也。

心镜

神有两比两不比，上天垂象见人机。
涉害发用为初传，作事稽迟多忧疑。
患难消散经几日，占胎伤孕忌当时，
失物定知家内窃，逃亡亲隐已非迟。

袖中金

涉害浅深为见机，欲用不用，欲言不言，事有两件而取一也。事主迟疑艰难，进退不定，难于先而易于后也。其法以受克神往前数至本位止，遇地所克深多者即起用传。若所克俱多，先取孟神；如无，即取仲神为用；如无孟、仲，方取季神；或俱孟俱仲、季，受克又同，此之谓复等。阳日用日上神，柔日用辰上神也。故曰"孟深仲浅季无取，复等柔辰刚日拟。"

指要

舍轻就重，趋安避危之象，事宜见机而作。涉在孟，事多反覆；四仲四季，进退无定。《心镜》云："略举课体而已，吉凶便以五行天将定之，一应四课取象克贼为用，惟有元首、重审决事有准，余者各详之。"《经》云："人不入，事最急。"凡课以克贼发用者为入，无克贼发用者为不入。

遥克课

凡课无克，取日干与四课上神相克者为用，曰遥克课。遇有两克相比为用，遥相克贼，故名"遥克"。如蒿矢无镞，弹射无丸，射物难中，不足为畏。凡事祸福不测，忧在西南，而在西北有喜，乾阳方也。盖此课先尽四课上神克日干为用，曰蒿矢格。如遥神克日，缓而且轻；折蒿为矢，力弱难伤，故名"蒿矢"。占事始而雷吼惊恐，终却无妨，统暌之体，乃狐假虎威之课也。又暌，乖异也，小事吉。

象曰："始有凶势，愈久愈休。忧喜未实，文书虚谋。外祸干己，有客为仇。兵利为主，不利他求。"如神将凶，贵逆，日辰用神无气，主盗贼阴谋，有"载鬼一车"之凶象。若神将吉贵顺日辰用神有气，则干贵有喜，行人来访，人见事有成，灾祸渐小而安，有"婚媾""遇雨"吉象也。凶吉应在暌上九推之。

如壬辰日巳时申将占，课上下俱无克，取遥克，则以辰上阴神戌土克日干壬水为用，曰蒿矢格。

如课上下无克，又无神克日，则以日干遥克课上神为用，曰弹射课。盖我去克他，以致远如弹丸，当箭遥射，傍物难中，故名弹射。占者事远难就，纵成虚名，虚利不得实用。或日克两神，为箭中双鹿，事尤多心两意。

青戌常丑后辰

戌未　巳寅　寅壬
未辰　　　戌卯
　　　　　酉辰
申未午巳　贵
空亥子寅

象曰："己谋他事，祸从内施。兵用客利，事宜后为。访人不见，行人未归。空亡发用，动作尤虚。"如神将凶，带刑害，贵逆，主事不睦，多冤仇、盗贼凶象。神将遇德合，贵顺，则亲朋和气，吉象也。

如壬申日申时亥将占，用日克神、巳加寅为用，曰弹射。

贵巳合申空亥

寅亥　巳寅　寅壬
寅亥　巳申
　　　　　戌卯
　　　　　酉辰
申未午巳　贵
空亥子寅
元

订讹

蒿矢：上下俱无克，取神遥克日为用，神虽遥克，力弱难伤，不能为害，如折蒿为矢，故名蒿矢。占主始如雷吼惊恐，终却无事；愈远愈小，渐渐消磨。此时有客，不可容纳，主小人口舌。凡事忧在西南，喜在西北；西北，乾天门也。占事人谋己，利主不利客，利后动，利小不利大。神将凶，日辰无气，主盗贼阴谋；神将吉，日辰有气，则干贵有喜，行人来，访人见。

弹射：无神遥克日，则取日遥克神为用，日虽克神，终不能害神。如弹丸为箭，故名弹射。

占主己谋人，利客不利主，利先动，利上不利下。神将吉，遇德合，顺贵，主亲朋和气；神将凶，带刑害，逆贵，主事不睦，及冤仇盗贼，访人不见，行人不来。若克两神，为一箭射双鹿，事尤多心两意也。

此二课俱主远事，虚惊不实；纵有成就，亦虚名虚利。带金土煞，则能伤人。

盖蒿矢见金为有镞，弹射见土为有丸，主蓦然有灾。若传空，又名遗镞、失矢，不能成事，大端祸福俱轻。若见太阴、元武、天空，当有欺诈之事而祸起。

二课有近射、有远射。第二课发用为近射，是日之两课自战多，主外事不干于内，凶势略大，不可出尖。第三课、第四课发用为远射，凶势渐小，盖第三课乃辰阳与日干相竞，尚觉凶重有力，不可先动。若第四课，无力也。

遥克中克多论比，涉害论深。以后凡克多者，皆如此论。

观月经

四课俱无克，须看日本因。

四课无克者，以神遥克日为用。日本者，即十干也。

三神何地类，

三神者，日之阴神、辰之阳神、辰之阴神也。

类内阿谁嗔。俱比俱不比，先举用为真。

四课之中，两神克日干以今日比者为用也。比者，乃举也。

吉将朝天去，

初传及中末俱见吉将，乃出外朝天去也。触类而言之。

凶神祸到身。

若三传凶将动者，阴将主有盗贼阴谋，阳将主有人来害己身。吉凶灾祸在重审卦注定矣。

弹射卦

欲知弹射卦，日克卦中神。

四课无克、又无神遥克日，以日遥克神为用。或有日克两神，以今日比者为用。

求财合吉将，

三传不比，与今日是三合或六合逢吉将者，必为喜庆之事也。

凶害遇仇人。

若凶将与六害动者，主欲为报仇人也。六害者，合冲助仇也。如甲日冲申，得巳为六害发用是也。丙戌日得寅为发用，亦是害。日上六害乘凶将发用，为外动，仇怨是他人也。辰上六害乘凶将发用，为内动，仇怨是己身也。

刑动阴谋窃，

日干克神更与三刑并，又用凶将，主窃盗贼也。

相生各自伸。

相生或吉将，主各自伸舒也。

谋刑劫盗贼，

若三刑有杀害之意，如子日得卯，为子刑卯也，为内动，己身谋害他人也。

合来喜事频。

若三合、六合主喜庆之意，如甲子亥用为六合，或寅午戌为三合，更得吉将，主内动喜事，或青龙财帛喜庆婚姻，逐类推之。

分明是两卦，体段一般陈。

陈，说也。一名蒿矢，一名弹射。支德亦喜子日在巳，顺十二支也。

心镜

神遥克日名蒿矢，

射我虽端不足畏。

日克课神名弹射，

纵饶得中还无利。

贵神逆转子无良，

天乙顺行臣不义。

家有宾来不可留，

每忧口舌西南至。

袖中金

神遥克日名曰蒿矢，日遥克神名曰弹射。然事多动摇不定，主人情倒置。若带金土煞，足能伤人。占人祸福俱轻，求事难成。以蒿为矢，以泥为丸，无利势也。若第二课为用，乃日上两课自战，作事无力多事，不干内事，不可出尖。第三课为用，乃辰之阳神自战，两阳相克，作事凶重有力，不可先动。用第四课又无力，蒿矢利主不利客，利小不利大，利后动。占行人来，访人见。若朱雀勾陈，当有官事，祸从外来。

弹射利客不利主，利上不利下，利先动，不利占讼。行人不来，访人不见，忧事主散。若见太阴、元武、天空，当有欺诈虚诞之事，祸从内起。蒿矢传金为有镞，弹射传土为有丸，事主蓦然有灾。若传空亡，又名遗镞失丸，不成事也。

昴星课

凡四课上下无相克，又无遥克，取从魁上下神为用，曰昴星课。夫昴星者，酉中有昴宿也。酉位西方，白虎金位，性主刑杀，义司决断，死生出入之门户。此从酉立传，从魁酉之神名，故名昴星。刚日仰视地盘酉上神为用，中传辰上神、末传日上神，为虎视转蓬格。一日春虎视、夏转蓬、秋昴星、冬蛇掩目。刚者，阳也。夫阳性从天，男子气浮，仰视之如虎视之转蓬而动，故名虎视转蓬。占事惊恐，守静则吉。统履之体，乃蛇虎当道之象也。履有所蹑而进之意，"履虎尾"而不见伤之象。

象曰："关梁闭塞，越度稽留。行人作禁，孕男无忧。事恐惟外，祸起无由。家居守静，方免闲忧。"如用囚死，罡乘死气，蛇虎入传，大凶。病者死，讼者狱，见龙亦凶，应六三"履虎尾，咥人凶"象。或日用旺相见魁罡龙虎为吉，占科举主高中，则有上九"视履考祥，元吉"之象。

元戌常酉青午
戌酉
常酉未　青午戌
午未
空
午巳辰卯　申　酉戌亥子
　　未　寅丑贵

假如戊申日卯时辰将占，刚日昴星取酉上戌为用，曰虎视格。

凡昴星课，柔日伏视天盘酉下神为用，曰冬蛇掩目格。中传日上神、末传辰上神。柔者，阴也。阴性从地，女子气沉，则伏视之，如冬日蛇之掩目，故名冬蛇掩目。刚日本乎天者亲上，末传归干，从天类也。柔日本乎地者亲下，末传归辰，从地类也。占者事多暗昧，犹豫难行，惟欲潜藏者吉也。

腾子青辰后戌
后戌丑　青丑辰
未戌
辰丁
空巳午未申
寅丑子亥贵　卯　辰
　　戌　酉

象曰："人情失意，进退无凭。女多淫佚，内有忧惊。访人不见，作事难成。行者淹滞，逃亡隐形。"如腾蛇尤多怪梦忧疑，或申加卯为车轮倒斫，传见虎武甚凶，惟午加卯为明堂，主万事昌隆。盖午为离明，卯为天驷，房心明堂之宿，纵遇衰败凶神，亦主吉象也。

假如丁丑日辰时丑将占，柔日昴宿取酉下神为用子。

订讹

虎视转蓬：刚日四课无上下克，又无遥克，取酉宫上神为用，中传支上，末传干上。酉中有昴宿，属秋分，为天地关梁，为日月出入门户。且属白虎金位，性主肃杀，义司决断，取以为用，故总以昴星名之。刚者，阳也。阳性从天，男子气浮，则仰视之如虎视转蓬而动，故名"虎视转蓬"。

占主惊恐，关梁闭塞，津渡稽留，出行身不得归，恐死于外。大抵祸从外起，惟家居守静则吉。

此课如日用囚死罡乘死气蛇虎入传，大凶。病者死，讼者狱。若日用旺相，又不在此论。

冬蛇掩目：柔日四课无克，又无遥克，取酉下神为用，中传干上，末传支上。柔者，阴也。阴性从地，女子气沉，则俯视之如冬日蛇之掩目，故名“冬蛇掩目”。

占主事暗昧不明，进止两难，女多淫佚，祸从内起，访人不见，行者淹滞，逃亡隐形。

此课如螣蛇入传，尤多怪梦忧疑，或申加卯为车轮倒斫，传见元武，凶甚。惟午加卯为明堂，主万事昌隆，盖午为离明，卯为天驷，房心明堂之宿，遇凶亦吉也。

上二课刚日本乎天者亲上，传终归干上，从天类也。柔日本乎地者亲下，传终归支上，从地类也。以天道言，昴星阴气用事，微霜始降，枯槁皆死，此决断万物、收敛精神之时也。以人事言，昴星于五行为金，五常为义，当其言不必信，行不必果，惟义所在，然后决之，故以昴星作课，然虽断之以义，亦归责于己，斯可矣。故终末从其日辰也。酉为天狱，二课最忌。刑狱大端，惟潜藏稍吉耳。

观月经

虎视转蓬：阳日昴星，名蓬游无止。

四课无遥克，神仙立此门。五阳看酉上，见发卦基根。

四课无克贼，又无遥克，刚日看酉上所得天盘之神为发用，初传也。

辰作中传用，末传日上论。

看辰上所得之神为中传，日上所得之神为末传也。

出行遭禁系，淫乱暗乾坤。

昴星主淫乱奸邪之事也。

冬蛇掩目卦：柔日昴宿，名蝙蝠遇昼。

冬蛇交掩目，万事不相从。五日柔为用，从魁初传临。中传在日上，末传在辰宫。

五柔日，看天上从魁临地盘下之神为用也。假如乙未日寅时辰将占，一课寅乙、二课子寅、三课巳未，四课卯巳，上下无克，又无遥克，当以昴星观之。从魁加亥，亥为初传，寅作中传，巳作末传，取上卦为例也。

伏罪何须出，无劳西与东。

主匿罪不通，不宜出行也。此凶神之卦。再遇凶将，尤凶也。

心镜

用起昴宿为虎视，

秋分在酉知生死。

出入关梁日月门，

举事稽留难进止。

刚日出身身不归，

柔日伏匿忧难起。

女人淫佚问何因，

此地名为难禁止。

袖中金

刚日看西所得之神为用，是虎视转蓬也。柔日视从魁所临地盘之神为用，是冬蛇掩目卦。此论昴星也。占人主事稽留伏匿，阳日如虎，睛光转运不息。主病多惊恐，转蓬不已。阴日如冬蛇蛰藏，掩目不动，主事多暗昧，进退迟疑惊恐。阳日稽留于外，阴日隐伏于内。酉为天之私门，肃杀之地，故仰俯取之为用。昴日鸡酉中之宿，刚日昴星者，取鸡鸣必仰之象。西方白虎，亦昴宿也。柔日虎视者，是取虎视必伏之义，尤忌子午卯酉日得之，昴星虎视，必灾危也。

别责课

凡三课无克，别取一神为用，曰别责格。盖阳干常动而易位，故刚日初传用干合上神，如戊癸合，癸寄丑，即丑上神为用。阴支常静而守位，故柔日以支三合前一辰，如未日三合前一辰，即亥字为初传，中、末俱并日上。此三课不备，别从其类，责取一合神为用，故名别责。占者凡事不备，主有留连之体。

贵亥青午青午

空　　　青
午　巳　未　午丙
巳　辰

午　未　申　酉戌亥子　责
空巳　　　丑
辰卯　寅

象曰："谋为处正，财物不全。临兵选将，欲渡寻船。求婚别娶，胎孕多延。损而能益，事遇神仙。"如神将凶，日用休囚，则应凶象；神将吉，日用旺相，则应吉象也。

如丙辰日卯时辰将占，昂星四课不备，刚日取丙合辛，辛寄于戌，即戌上亥为用。

订讹

别责：亦名芜淫。不备，课。克，又无遥克者，别取一合神为用，中末传重并干上。阳日取干，合上神为用。如戊日合癸，癸课寄丑，取丑上神为用丙日合辛，辛课寄戌，取戌上神为用是也。阴日取支前三合神为用，如未日取未前三合亥、酉日取酉前三合丑为用是也。盖四课不全，又不克，欲如昂星取酉，而课又不备，只得别从其类，责取一合神为用，故名"别责"。阴阳全无克制，二阳一阴，如二男争一女；二阴一阳，如二女争一男，舍正而别求合，夫妇各得无淫佚之意乎？故亦名"芜淫"。

占主凡事不备，谋为欠正，且合神事主留连，临兵欲进不进，胎孕多延，凡事倚仗他人，借径而行，吉凶多系于人，不干己也。求婚另娶，占家宅夫妻事，当以淫断。

此课外又四课，备有日辰互克各生者，亦名芜淫。如甲子日，戌甲、午戌、申子、辰申，三传戌午寅。甲干，夫也。子支，妻也。甲欲从子，忧申克；子欲就甲，畏戌克。然申子又自相生，乃妻与人有私。夫上戌为用，传逢三合，内外生奸，各相背也。

戊午、戊辰与丙辰，干上皆午，是为亲。辛丑、辛未各二日，干上皆是丑未真，丁酉当为巳丁是，辛酉原来是酉辛。

法云：皆以天上作初传，刚日人皆知取天盘矣，柔日人皆取支前三合，独不用三合上之神，何也？如巳日取酉上神，非取酉也。存疑。

别责虽亦名芜淫，其实芜淫乃另一取三课有克者是也。别责无克。

八专课

凡干支同位无克，取阳顺阴逆三神为用，曰八专课。盖八专日有五，除癸丑日俱有克，无克者，甲寅、庚申刚日从阳，主超进顺布；己未、丁未柔日，主退缩逆行。中末传俱并日上神，如甲寅日干上阳神亥，顺数至丑，乃丑亥亥也。丁未日辰上阴神卯，逆数三辰至丑，乃丑巳巳也。皆日辰阴阳共处论。伏吟四课，八字干支神同一位，如八家同井事专，故名八专。占理家务，重轻易举，不利奔波于外，统同人之体，乃诸侯会盟之课也。

	象曰："二人同心，其利断金。阳进男喜，阴进女淫。兵资众捷，物失内寻。成功异路，显擢士林。"此八专为两课阴阳并，虽主事乖疏，凡事以两课决之。阳日尊长欺卑幼，则主超进，主事欲速出。阴日夫妻怀背及奴婢反主，柔主退缩，主事迟欲归。占婚姻，进人口，主口舌分离，则应九三"三岁不兴"之凶象。若龙常天乙吉将及天月二德善神，则应同人九五"大师克相遇"吉象也。
贵 丑 阴亥 阴亥 白阴　白阴 申亥　申亥 亥寅　亥甲 寅卯辰巳午未申 丑　　　戌酉空 贵子 亥	如甲寅日辰时丑将占，刚日顺数至丑用，曰八专课。

凡八专课遇天后、六合、元武一将入传，为帷薄不修格。盖重门树塞以限内外，讲堂设帐以别男女，今阴阳共处，男女混杂，又遇后合阴私之神，郑风尤甚，故名帷薄不修。主私佚不明，内失其礼也。

如丁未日丑时辰将占，八专课遇天后入传，名帷薄不修格。

凡八专课逆数到日中、末相并，为独足格。夫三传皆归一神，如路遥驿递，无人传送，独展一足难行，故名独足格。凡事不能动移，自己尤多费力，或中、末传皆空亦然也。惟利乘舟。

如己未日未时酉将占，三传皆日上神，归为独足格。

订讹

八专：四课缺二，止有两课。有克，照常以克、贼、比、涉等项论。干支同位，专聚一处，故名八专。

占主"二人同心，其利断金。兵资众捷，物失内寻"。阳日尊长欺卑幼，主事超进迅速；阴日妻奴背夫主，主事退缩迟缓。占婚及进人口，主口舌分离。占忧喜，事俱重叠。

此课若逢龙常、天乙吉将及天月二德，则有同人协力，众轻易举之象也。

帷薄不修：八专无克，又无遥克，刚日从干之阳神连根顺数第三位为用，柔日从支之阴神连根逆数第三位为用。中、末俱重并干上，如甲寅日干之阳神亥，顺数三位至丑，乃丑亥亥也。丁未日支之阴神卯，逆数三位至丑，乃丑巳巳也。八专之课已为尊卑共室，人宅不分矣。但有克者尚有制缚，不可以淫佚断。独此无克者，任顺逆数去伸缩而用之，全无克制防范，故名帷薄不修。

占主外不隔而内不备，事多重叠，忧喜再来。干涉妇人，久而反背。若后、合、元、阴入传，淫乱必矣。

独足：八专课内，己未日未时酉将占，三传皆日上酉酉酉。盖三传皆归一处，如路遥，驿递无人，传送独占，一足难行，故名独足。

占主不能动移，极是费力，商贾不可行。占胎不成，远行宜舟。

此课外有八专中、末传皆空者，亦如此断。

观月经

日辰同一位，便是八专门。五日阴阳配，

五日者，癸丑、甲寅、丁未、己未，庚申是也。

三传逆顺存。阳来顺数去，阴至逆行奔。

凡八专两课无克者，是刚日从日上之神顺数三辰为用传也。

伏睹日辰上，中末此处论。

如阳日八专，庚申日亥将申时占，一课亥庚，二课寅亥，下二课俱同无克，从申上亥顺数三辰得丑为初传，日辰上见亥为中、末也。又如己未日亥时酉将占，一课酉巳，二课亥酉，辰上二课同无克，从亥逆数三辰至酉，复以本日所得之神见酉为中、末传也。此课三酉，是独脚课也。

奸邪惊怪起，淫欲乱乾坤。

主阴罪是也。凶将自不教觉，吉将事不彰露，重审卦注也。

逆到日辰上，三传别起根。神仙隐秘法，此课少人温。

逆行三辰者，神仙隐秘之术。诸人错用，不得明显。术人少得温寻，今已明之尽矣。

心镜

日值八专为两课，阴阳并杂不分明。不修帷薄何存礼，夫妻占之总不宜。厌翳合门元武袭，

天后为厌翳，六合是私门。初传见此二神，或见元武，主淫乱之兆。

嫂通于叔妹淫兄。人间密事难推测，元女留经鉴此情。

传见元武，阴后主淫乱也。

袖中金

帷薄八专卦，干支共位，阴阳两课，尊卑同处，人品不分。凡事忧喜再来，事干妇人，帷薄不修，多有不正也。支干共位，阴阳两课，五日四辰表里拱于八极，故曰八专。尊卑共室，人伦不分也，又曰帷薄不修。内不隔而外不遏，事多重叠，忧喜再来，干涉妇人，久而反蔽。后合入传，则男不知耻，女不知守，门墙生茨之兆也。

指要

八专，日顺逆数为用者，曰帷薄不修，名为芜淫卦。盖日辰一位而无别，奸邪之所由生。凡占遇之，多主不正，又不能分析，须当以存心正大。若占婚及进人口，当有口舌离别之兆。尤忌太阴、六合临日辰。凡有所占，只于日辰上神将决之，无不应也。

曾门

一神二神，阴阳共焉。日辰重之，惟用二神。阴阳不克，逆顺数之。数至三辰，上神为用。中、末二传日上神。当此之时，内乱淫泆，父子同妻，姑嫂共夫。

定章曰：此谓日辰合为一神，阴阳不相克。刚日从阳，顺数至三神；柔日从阴，逆数至三神。中、末在日上，名曰八专。主父子同妻，姑嫂共夫，尊卑不

分也。

伏吟课

凡课月将加时，十二神各居本宫，取神克日为用，曰"伏吟"。如子加子之类，则以神克日干为初传，取刑为中末传，此六癸日初传丑、中戌、末传未是也。其天地神自居本家，日辰阴阳伏而不动，自相克贼，独隐呻吟，故名"伏吟"。占事静中有动，统艮之体，守旧待新之课也。

<table>
<tr><td>

勾丑 白戌 阴未

丑丑　丑丑　丑癸
丑丑　丑丑

贵巳 午未 申酉戌亥空
巳辰卯寅　午　未　申酉戌亥
　　　　　未　丑　子

</td><td>

象曰："科举高中，求名荣归。病忧土怪，讼争田庐。春冬灾浅，秋夏势危。律身谨慎，动作无虞。"如春占木旺能克土鬼，冬令水旺不畏土克，季忧土鬼乘旺气至秋鬼为祟，更乘凶将，其势危也。当应艮九"三危厉薰心，凶"象。或天马、天喜、恩德吉神人传日辰旺相，科举主中魁，求官职等事则应上九"敦艮吉"象也。

如癸丑日午时午将占，日上神丑加癸用，为伏吟课。

</td></tr>
</table>

凡伏吟无克，刚日自以日神为用，曰自任格。刚者，阳也。日辰阴阳各居本家，并无相克。如甲日自用寅，三传寅巳申丙；戊日自用巳，三传巳申寅；庚日自用申，三传申寅巳。然自任未免强暴用刑，故以刑为中、末传，此天地神不动不克，无所取择，自任其己之刚，进用于时，故名自任。占者自强出头，此当闭塞为柔顺吉，而事可成。

空巳元申六
寅
青　　　空
辰辰　　巳丙
辰辰　　巳巳
空
巳辰　午　未　申酉戌亥贵
卯寅　　子　丑

象曰："任己刚暴，必成过愆。行人近至，逃亡眼前。胎孕哑聋，祸患留连。干谒不出，株守吉言。"如甲日春占、丙戌日夏占、庚日秋占，三刑全有气无克，传逢驿马劫煞，主守己待时，或不获己而动，亦动中有成，则应吉象。惟庚寅日三传申寅巳，末太乙为勾陈，刑克日干非秋占者，多凶象也。余详神将吉凶推之。

如丙辰日申时申将占，伏吟无克，刚日以巳为用，曰"自任格"。

朱丑后戌常未
　　　常未丁
丑丑　未未
丑丑　未未
巳辰　午　未　申酉戌亥贵
卯寅　　子　丑

凡伏吟无克，柔日以支神为用，曰"自信格"。柔者，阴也。天地神不动不克，如丁巳、辛巳、己巳自用巳三传巳申寅，丁丑、辛丑、己丑用丑三传丑戌未，丁未、辛未、己未用未三传未丑戌，此自信其己之柔进用于人，故名"自信"。凡事不能动身，家宅不宁之体也。

象曰："潜藏伏匿，身不自由。逃亡近觅，盗贼内搜。病人暗哑，行者淹留。检身谨恪，无不优悠。"如三刑全有气，主不获己协动事，四季全争讼及田土事。日用休囚神将凶，则主凶象。日用旺相神将吉，则有吉象也。

假如丁丑日未时未将占，伏吟无克，柔日用丑，为自信格。

凡伏吟用起，自刑之神传行杜塞，为杜传格。盖用日，则终投于辰；用辰，则终投日。次传复自刑，以冲为末传；次传非自刑，以刑为末传。如壬辰日三传亥辰戌，壬午日三传亥午子，乙亥日三传辰亥巳，乙酉日三传辰酉卯，皆初传用日自刑，中传杜塞而用辰。次传支又自刑，取冲为末也。丁卯、己卯、辛卯日卯子午皆柔日用辰，取卯支刑子为中传，子卯两刑不复再传，以子冲午为末传也。壬申日亥申寅、壬戌日亥戌未、壬子日亥子卯、壬寅日亥寅巳、乙丑日辰丑戌、乙未日辰未丑、乙巳日辰巳申、乙卯日辰卯子，皆用日自刑，中传支辰，以刑为末传也。丁酉、己酉酉未丑；辛酉酉戌未；丁亥、己亥亥未丑；辛亥亥戌未，皆用支辰自刑，中传用日，及日刑为末传也。盖用起辰午酉亥自刑，传刑杜塞，故名"杜传"。占事中止，改求则可成也。

<table>
<tr><td>

空亥
辰膳
辰白戌

膳　空
辰辰亥亥
辰辰亥壬

贵
巳午未申酉戌亥
辰午未
卯寅丑子空

</td><td>

象曰："居者将移，合者将离。道由中止，事宜改为。传阳人至，传阴未归。占人求物，不出庭除。"如将乘龙常贵人，身吉坐而获喜。见虎合二马，静中有动，人信到门；见勾陈沉屈不伸，动止稽留；见太阴，阴私难明。见天空；主虚诈；见六合孟神传阳，生男子。或子午全，则主道路及望信事；卯酉全，主门户事；四季全，主争讼田产事；四孟全，主不获已与人协动事。日用旺相有吉象。

假如壬辰日酉时酉将占，刚日用自刑中传支辰，又自刑取冲戌为末传，曰杜传格。

</td></tr>
</table>

订讹

伏吟：十二神各居本位，如子加子、丑加丑之类。有克以克者为用，中取初传所刑，末取中传所刑。盖俯伏本家，不能变动，只有呻吟愁叹而已，故名"伏吟"。

占主屈不得伸，静中思动。

自任者，伏吟课阳日无克，取干上神为用，中、末传取刑，盖天地鬼神不动不克，无所取择，自任其己之刚，进用于时，故名"自任"。

占主自强出头，而当闭塞。惟柔顺守静，吉而事成也。若任己过刚，必成愆咎。行人立至，然亦本家暂出之人，原非远也。失物逃亡，俱不远。胎孕哑聋，祸患流连。病主不语而呻吟，淹滞岁月，干谒不出。

此课如甲日春占、丙日夏占、庚日秋占、壬日冬占，三刑有气无克，传逢驿马，或不得已而动，亦动中有成也。

自信者，伏吟课阴日无克，取支上神为用，中、末传取刑，自信其在己之柔而自用，故名"自信"。

占主不能动身，乃家宅不宁之兆。

此课与自任课，占病、产、盗、逃俱同，讼狱俱主土田，关梁俱主杜塞。惟行人则自任立至，自信难期；出行则自任欲行中止，自信潜藏不出。若有丁马，俱可言动。

杜传者，伏吟课发用干自刑，则次传取支，发用支自刑，则次传取干。次传非自刑，末传仍取刑；次传复自刑，则末传取冲。盖传行杜塞，故名"杜传"。

占主事中止，改图则可成。

观月经

自任卦：刚日伏吟。名隔山照水。

天地伏吟卦，阴阳归本家。

十二神将各归本家，如子加子、丑加丑是也。

刚以日来用，刑处作中涯。

刚日取日为用，如甲用寅、丙戌用巳、庚日用申、壬日用亥为初传，刑处为中传也。

末在刑冲处，三传立爪牙。

中传刑处为末传，若遇自刑，更用冲处也。

居者将离析，逃亡路不遐。

刚日伏吟自任，主家中不宁，的有哭泣。定主分离之事。若占逃亡，不远也。

自信卦：

自信伏吟体，同前分两名。六辰柔日用，

柔日用辰为初传，巳、酉、丑、亥、卯、未是也。

刑处作中程。末在刑冲处，

以初传刑处为中传，中传刑处为末传。中传自刑以冲处为末传也。假令丑日丑为初传，丑刑戌为中传，戌刑未为末传。

三传为弟兄。忽然值恶将，破散别离情。

值恶将者主破散、哭泣、逃亡、离别之兆也。

刚日刑中正，柔日宅内惊。

刚日伏吟卦欲刑中正，柔日伏吟卦主家宅动摇不宁也。

心镜

任信伏吟神，行人立到门。失物家内盗，逃者隐乡邻。病合难言语，占胎聋哑人。访人藏不出，行者却回轮。

袖中金

伏吟支干各居其位，日辰只有两课，用刑以起传。刚日自任，柔日自信。占事静则宜，动则滞，藏匿不动之象。主事屈不得伸，静中鬼动，且藏伏而呻吟，岂能已哉！考用见日则舍阴，用辰则舍阳，故天地不备，阴阳独彰，实为不足之体。然有克无克、三刑自刑，至于六乙日财多害己，六癸日否极泰来，六甲丙庚有禄有马，六戊日有三奇，六壬日自刑，壬辰、壬午重犯，壬申日不为空亡，丁巳、辛日用支无德。阳日先刑后冲以见伏外，阴日刑害破冲以见伏内，皆是刑中有害，破中有合，凶中有吉，祸福倚伏，不可一概而推。更有助刑戕德、岁月日辰、冲破空亡，全在五行德马、天官神煞、刑冲破害，详之可也。

指要

自任自信，天地如一，隐伏未发之象。静则宜，动则滞。一云：主事藏匿不动，静中求劳，有屈不得伸之象。失物不远，访人不出，病主不言语而呻吟。《心镜》云"行人立至门"者，是本家暂出之人，非远行人至也。阳日尚可言立归，阴日则难期矣。盖所主皆迟也。

返吟课

凡课十二神各居冲位，取相克为用，曰"返吟课"。盖诸神返其位，坎离交易，震兑互换，日辰阴阳往来克贼，反复呻吟，故名"返吟"。凡占来者思去，离者思归，得失未可一定，惟有利复旧事。统震之体，重重震惊之课也。

```
    白寅
    螣申
    白寅

元      白
戌辰  申寅  庚
辰      戌

        空
亥戌  子丑  寅卯辰巳
酉申    午      贵
        未
```

象曰："高岸为谷，深谷为陵。得物乃失，败物反成。安营离散，出阵虚惊。得生于外，害人自承。"如巳亥巳返吟，多主改动、取索、财物、文章事。卯酉卯占家宅、门户、道路事，寅申寅占远行、移动、争讼事。遇凶神凶将，主损失，虽动无益，有重重惊恼。则应六五"往来厉亿"凶象。遇吉神将，主赴省求恩，转官之喜，则应初九"笑言哑哑"吉象也。

如庚戌日寅时申将占，十二神各居冲位，为返吟格。

```
    青亥
    螣未
    阴辰

阴      辛
丑未  戌辰
未丑  辰戌

        空
亥戌  子丑  寅卯辰巳
酉申    午      贵
        未
```

凡返吟课无相克，以支辰傍射敌上神为用，曰井栏格。盖返吟多相克，无克惟四日，己丑、丁丑、辛未、辛丑。然丑无克用巳上神亥，未日用亥上神巳，如傍井倚栏，斜冲射之，不易井外，故名"井栏射"。井栏无来去，必中投辰上神，而末投日上神为传，此其法也。占者无事依倚，一身两用之体也。

象曰："行人阻遏，盗贼相攻。内外多怪，上下不恭。傍求事就，直求道穷。三传救护，喜见青龙。"如神将凶，则有凶象，吉则有吉象。

假如正月辛丑日巳时亥将占，反吟无克，以丑支遥射巳上亥为用，曰井栏射格。

订讹

返吟：亦名无依。十二神互换其位，有克照常克贼比涉等项论。彼此相冲往来，咨嗟不宁，故名返吟。且十二神各易本位，无所凭藉依附，故名无依。

占主事带两途，远近系心，往返无常，欲动不动。祸自外来，事从下起，背逆分离，有疑莫决。安营离散，出阵败奔，来者思去，去者复来。得失未有一定，巢穴改官易位，亲情无始终，病亦两症相侵，行多反复，惟利复旧事。大都凡动无凭，但当久动思静而已。巳亥巳占改动、取索、财物、文字事；卯酉卯占家宅、门户、道路事；寅申寅占远行、移动、争讼事。神将凶，俱主凶，动有重重惊恼。

此课多主动，若去来空亡，又不以动论。

井栏射，亦名无亲。返吟课无克，以支辰斜射为用，中传取支，末传取干。盖无克者，惟丁未、己未、辛未、丁丑、己丑、辛丑六日。丑无克，以丑宫癸水遥射巳宫丙火；未无克，以未宫己土遥射亥宫壬水。故丑日以巳上亥神为用，未日以亥上巳神为用，如傍井倚栏，斜冲射之，不出井外，故名井栏射。全是冲开，涣散不属，故又名无亲。

占主内外多怪，上下暌隔，井上架木，易欹易斜，不能长久之象。动则宜，静则扰，事无凭依，一身两用，傍求易就，直道难容，凡事速成易破。

此课如遇吉神良将，凡事半遂，尤喜见青龙救护也。

返吟无依卦

己未连丁未，返吟是两般。

此二卦为无依也。假令亥将巳时占，丁未日一课丑丁，二课未丑，以未直中亥上见太乙为初传也。此二课犹属八专。阴日逆退，三辰为用，初传日上丑，辰上亦是丑作中、末传也。己未日同。

臣背明君意，子欺怨父心。无端须绝后，有罪自相擒。更若逢凶将，乖狡祸尤深。

此返吟二课，更逢凶将，故主灾祸也。

返吟

返吟居易位，坎户入离宫。返吟有不克，柔日以辰冲。

无克者，丁丑、辛丑、丁未、己未、辛未、己丑，以辰直冲为用也。

冲处初传发，临辰却作中。虽然看日上，所见乃为终。

假令正月将辛丑日巳时占，一课辰辛，二课戌辰，未丑、丑未俱不相克，用丑直冲巳上见登明，为初传也，以辰上见小吉为中传，日上见天罡为末传也。

此是课家法，学人莫乱攻。

看是辰冲，何神为用？辰中日末，是课法也。

凶卦盗贼起，

凶卦为伤，盗贼以应也。

去者路难通。父子不和睦，

主父子分离，有路难通，不和顺也。

亲情无始终。三传如有救，翻祸见青龙。

青龙是卦中喜神，重审卦注定主反祸为福者也。

心镜

无依是返吟，逃者远追寻。合者应分散，安巢别改林。守官须易位，结友也分襟。臣子俱怀怨，夫妻有外心。所为多重复，占病两般侵。

袖中金

返吟阴阳各异其位，刑冲破害，事带两端，天地乖隔，南北相违，暌而复合，反而复往。欲不动则扰乱。又云：无依是返吟，刑冲破害，事带两途，远近系心，更相仇怨，且反覆而呻吟，是无预夺而叹息也。暌而复合，反而更往，欲动不动，疑贰不决，事从外起，臣慢其君，子逆其父，夫妻离背，朋友失义，凡动无得，何以依恋？惟当久动思静。柔日非一事，须有两事，事成亦破。子午乘蛇，官病灾凶；卯酉乘合，人离财散；寅申乘龙，隔墙有祸。己亥辛日灭德；辰戌多凶，不论空亡；丑未不吉，惟癸日约期不爽。六阴日谓之井栏课。如井上架木易欹易斜，不能长久之象也。

指要

天地乖隔，南北相违之象。占事动则宜，静则扰，主两事。俱阴主滞，用旺相始宜，所主皆速。卯酉上发用，主门户动摇。若遇井栏射取传，占事难成易破，虽遇吉神，亦是半遂。一云：反覆不定，病主两症。

第三十九章　术数汇考三十九

《大六壬类集》九

三光课

　　凡课用神日辰旺相，吉神在中，为三光课。盖日为人旺相，不但诸鬼不能胜，而人口又能峥嵘，一也。辰为宅旺相，不但宅居广宽，而诸邪又不能入，二也。用神为日用动作旺相，不惟所干无阻，而又事得光耀，三也。此三处神更乘吉将，又光其身，又光其宅，又光其动作，三者皆有光华，故名"三光"。占者万事任其所为，皆无费力而成，且有吉利。统贲之体，乃光明通达之课也。

<table>
<tr><td>

六辰青午白申

　青六
　午辰
　午甲
　辰

空未申酉戌
未申酉亥子丑
午卯寅贵
巳辰

</td><td>

　　象曰："课入三光，万事吉昌。刑囚释放，疾病安康。市贾得利，谋干俱良。福佑自至，凶祸消亡。"如神将俱和合相生，日神用神旺相，主迁官进职之荣，终始获喜，必有庆贺，万事吉昌。纵年命凶杀，亦不为凶，则应贲六五"束帛戋戋，吝，终吉"象。若日辰居天乙后，中、末囚死，则应三光失明之象。前有功德虚喜，后复抑塞难通，当应贲六四欲与初九婚姤，乃为九三间隔，未获相贲之象也。

　　如甲日未时酉将春占，日辰旺相，用神旺相，上乘吉将，为三光课也。

</td></tr>
</table>

订讹

三光：日辰发用者，旺相乘吉将。日为人，辰为宅，用神为动作，三处旺相乘吉将，是三处皆有光辉，故名三光。

占主光辉通达，百事吉昌，皆无费力而成。官荣、病安、囚释、市贾得利。如神将俱和合相生，初、末逢吉将，居官迁职，始终庆吉，纵年命凶煞，亦不为凶。

此课主吉，然末传亦最要紧。若日辰居天乙后，并末囚死乘凶将，为三光失明之象。前有功德虚喜，后复抑塞难通。

观月经

用神如旺相，分配一光时。

如春木旺火相之类，用神得旺相者，为一光也。

吉将临其上，二光得礼仪。

如发用是吉将，即贵青常合等乘时旺相者，二光也。

日辰兼有炁，三光不改移。

如春甲乙、夏丙丁之类所值日时，当为三光也。

求事多来速，当官职不迟。

若无三刑六害，主喜事，求官必得。

末传无刑害，车马镇相随，三合与六合，逍遥自在期。

末传三合六合，主有喜事也。

忽然刑害破，凶将皆颦眉。

如三刑六害，或冲破兼凶将，主先祖有财，后来家道颦眉不足也。

心镜

用起日辰兼旺相，

传中复有吉神并。

三光并立无相克，

作事皆欢病回凶。

纵逢凶将无忧患，

囚系官灾事不停。

六月戊寅寅时课，

三传俱旺贵人荣。

袖中金

用神旺相，吉神临支干有气，末传又逢吉神吉将，或带合三光并照，福佑自至，灾祸自消，吉无不泰矣。若用神旺相，吉将亦临支干有气，末传却值凶将刑害交互者，则光而复翳，明而反暗，先祖有财，后来家道萧索。凡遇此者，名三光埋影，不可不审末传，勿一概言之。

贵丑白午勾 酉 戊　午　酉戌 午　寅　丑酉 腾子丑寅卯贵后 朱亥　　　　　阴 大戊　　　　辰元 勾酉申未午巳常 青空　　　　白	假令六月戊寅日午时寅将占。 此课虽是昂星虎视，却为三光。夏传得丑，又是贵人临上，戊课在巳，是日有气；寅支传午，又是辰有气也。

三阳课

凡课天乙顺行，日辰有气居前，旺相气发用，为三阳课。盖天乙贵人左行正理，阳气顺，一也。日辰前于天乙，阳气伸，二也。日辰旺相，阳气进，三也。此三者阳气开泰，万物光辉，更兼吉将，故名"三阳"。占者凡事吉庆，所求皆遂。统晋之体，乃龙剑呈祥之课也。

朱　寅
六　卯　勾　辰
　　朱　巳乙　青
卯　寅　午巳
寅　丑
空　　　酉戌亥子　贵
午　未　申　丑
巳辰卯　寅

象曰："课入三阳，官爵翱翔。讼狱得释，疾病无妨。财喜遂意，行人还乡。贼来不战，孕产贤郎。"如神将上下相生，营谋万事皆利。有官者职位高迁，病者死虽入棺当活，囚者刀虽临项无虞。纵逢刑害，喜事不迟，则应晋六五"往吉，无不利"之象。若天乙在辰戌，为贵人坐狱。狱阴地，用神为鬼贼克日，中、末无救神，则应三阳不泰，占事暗昧难就，未免先吉后否，则应晋九四"鼫鼠贞厉"之象也矣。

如乙丑日酉时戌将天乙、子临亥顺行，日辰在天乙前，寅为旺气加丑发用，为三阳课也。

订讹

三阳：天乙顺行，日辰居前，发用旺相。天乙左行，阳气顺，一也。日辰前于天乙，阳气伸，二也。用神旺相，阳气进，三也。三者阳气开泰，故名三阳。

占主吉庆，凡求皆遂。官擢、讼解、病愈、财获、行人来、贼退、孕产贵子，如神将吉，上下相生，定主官职高迁，纵逢刑害无妨。

此课主吉，然或天乙在辰戌，为贵人坐狱。狱阴也，岂阳乎？用神为鬼克日，中、末无救神，则为三阳不泰，占事暗昧难就，先吉后否。

附：课传中六阳俱备者，名"六阳课"，利公用，不利私谋。

观月经

一阳天乙顺，用旺二阳知。

好将临其上，三阳次第推。

病者应无死，死者再生之。

狱囚脱灾厄，临刑无罪危。

举事皆言吉，求财利必随，

纵逢刑与害，喜事不迟迟。

心镜

天乙顺行一阳言，

日辰有气复居前。

立用之神并旺相，

三阳吉庆保安然。

上下相生神将吉，

出行有利职高迁。

病解讼伸诸事吉，

纵逢刑害亦无愆。

袖中金

天乙顺治，龙合立于干前，末旺生初，正时生年。曰三阳者，天乙顺治，一也；用神旺相，二也；吉将发用，三也。凡占，百事大吉，为明为泰，为生为长，举事亨壮，病人复苏，囚者无罪也。

订讹

四顺，初神将凶，末神将吉，一也；初死囚，末旺相，二也；天乙顺行，三也；传出天乙前，四也。四者皆为顺利，故名四顺。

占主始虽阻滞，终获通泰。

三奇课

凡课得旬日之奇发用，或入传，为三奇课。如甲子、甲戌旬用丑，甲申、甲午旬用子，甲辰、甲寅旬用亥，此为旬三奇。甲日用午、丙奇辰、乙巳、丁卯、戊奇寅、己丑、庚未、辛申位、壬奇取酉、癸戌，云此为日奇。盖鸡鸣乎丑，日精已备；鹤夜半鸣，月精已备；斗转乾亥，星精已备。又丑为玉堂、子为明堂、亥为绛宫，此三者，日月星精为旬用之奇，故曰三奇。占者百祸消散，凡事吉利。统豫之体，乃上下悦怿之课也。

| 后 亥 贵子 螣丑

　　阴　　青
亥 戌　午 巳 乙
戌 酉　巳

　空　　未 申 酉戌亥子贵
午巳辰卯 　寅　 丑 | 象曰："万事和合，千殃解除。婚求淑女，孕育贵儿。士有奇遇，病获良医。纵乘恶将，凶去吉随。"如旬日奇并临吉课为上，有旬奇、无日奇亦可用。或逢亥子丑兼全，为三奇联珠，大吉。更遇天上三奇乙丙丁，或地下三奇甲戊庚入传，尤利。居官则因异政超擢，出军利用奇兵取胜，凡事逢凶化吉，则有豫六二"贞吉"之象。若有干奇无旬奇，神将凶，则应初六"鸣豫，凶"也。

如乙酉未时申将初传亥加戌旬奇发用，为主奇课。 |

订讹

三奇：旬奇发用，或人传是也。外又有联珠奇、遁奇、干奇。甲子、甲戌旬用丑，甲申、甲午旬用子，甲辰、甲寅旬用亥，此为旬三奇，盖丑为玉堂，鸡鸣于丑而日精备。子为明堂，鹤鸣于子而月精备。亥为绛宫，斗转于亥而星精备。日月星三者之精，为六旬之奇，故名三奇。若三传亥子丑为联珠三奇，或天上三奇乙丙丁，地下三奇甲戊庚，为遁奇。又甲日午、乙日巳、丙日辰、丁日卯、戊日寅、己日丑、庚日未、辛日申、壬日酉、癸日戌，此干奇也。旬奇、于奇并临为上，有旬奇、无干奇亦可。若止有干奇，不名三奇。

占主凡事逢凶化吉，不忌刑杀。士有奇遇，官以异政超擢，出军奇兵取胜。婚谐，孕生贵子，病讼解。

此课如奇作空亡，未免奇精有损，其福减半，先明后暗，吉凶皆无成。

观月经

甲子与甲戌，大吉两旬奇。

此二旬之中，大吉为三奇神发用，虽凶将，复得大吉，即在三传中亦吉不凶。

甲申与甲午，神后镇相随。

此二旬之中，见神后发用者，三奇卦也。

甲辰与甲寅，登明救疗师。

此二旬发用见登明，为三奇卦。病者速瘥，官事即解散也。

万事皆和合，千灾速解离。忽得亥子丑，连茹百祸移。上自元首卦，从此立根基。

亥将有九课，癸酉、乙酉、丙戌、丁酉、戊戌、己酉、庚戌、辛酉、壬戌九日，俱亥将戌时占，是亥子丑为三传也。以上九课连茹三传，名曰三奇卦。更乘旺相将神，即大吉也。亥将戌时甲子日占，三传辰巳午为三奇；乙丑日寅卯辰、丙寅日辰巳午、丁卯日辰巳午，俱比涉害。壬申日丑寅卯、甲戌日辰巳午、丁丑日申酉戌、戊寅日己卯日辰巳午、庚辰日午未申，神遥克日。辛巳日午未申，神遥克日。壬午日丑寅卯三位相连，顺三传为顺连茹。逆连茹是逆三传也，不克尽述。已上时前一课，名顺连茹，后课逆连茹，随神将旺相时类断之。前九课多吉，此三奇卦是课中救神，用此立为根基也。

心镜

三奇发用逐旬行，两处区分共一名。

卦名两般奇，亦有两般奇。

甲申甲午神后是，寅辰二旬在登明。子戌旬中加大吉，不忌杀之并与刑。

又云：甲日胜光乙在巳，

甲日午上起，甲午是三奇。乙日在巳，逆行至丑住。

支逆干顺己丑停。

到丑回向未上起庚为奇。

庚却顺流奇在未，

庚日在未，顺行癸日到戌。

癸尽天魁总有灵。占值两奇皆有庆，传内天喜更要精。

两奇得一即吉。

袖中金

三奇亥子丑分旬发用，课中各正体，不必拘奇也。子戌旬丑、申午旬子、辰寅旬亥，主灾散福临。

大抵三辰连茹，事欲行不行，欲止不止，节外生枝。顺则先进后退，吉而顺；逆则先退后进。凡占必见人情不和，兄弟、朋友失和气之象。死三奇卦后，有死奇卦甚明。

顺连茹三奇十二课

亥子丑，阳光在下，空怀宝以迷邦。子丑寅含春，和气积中勿炫玉而求售。丑寅卯将泰，有声名而未蒙实惠。寅卯辰正和，展经略而果沐恩光。卯辰巳离渐，利用宾于王家。辰巳午升阶，亲观光于上国。巳午未迎阳，名实相须。午未申丽明，威权独盛。未申酉回春，若五夜残灯。申酉戌流金，似霜桥走马。酉戌亥革故鼎新，小人退而君子进。戌亥子，隐明就暗，私事吉而公事凶。

逆连茹三奇十二课

亥戌酉回阴，必怀暗昧之私。戌酉申返驾，主行肃杀之道。酉申未出狱、出丑、离群，疏者亲而亲者疏。申未午凌阴，主行险侥幸，危者安而安者危。未午巳渐希，脱凡俗而入高明。午巳辰登庸，舍井蛙而旋堂月阙。巳辰卯正己，人物咸亨。辰卯寅返照，行藏攸利。卯寅丑联芳悔吝，须知否极泰来。寅丑子游魂乘凶，坐见事成立败。丑子亥人墓，有收藏之态，仕进无心。子亥戌，重阴安嘉遁之贞，宁甘没齿。

六仪课

凡课的句首之仪发用或入传，为六仪课。甲子旬用子、甲戌旬用戌、甲申旬用申、甲午旬用午、甲辰旬用辰、甲寅旬用寅，此为旬六仪。子午丑巳寅仪、辰卯卯巳丑辰仪、寅午未未申申仪，酉酉戌戌亥亥子神，此为支仪也。盖句首为六阳，支神星宫之长、直符之使，有礼仪之尊也，故名六仪课。占者凡事吉庆，家集千祥。统兑之体，乃喜气溢眉之课。

象曰："兆多喜庆，求旺相宜。罪逢赦宥，病遇良医。投书见喜，干贵逢时。杀神回避，喜转愁眉。"如魁罡加日辰、年命，遇六仪为用，变凶为吉。或旬日仪神俱在传，更乘天乙吉将，为富贵六仪。传并支干之用，主人宅皆吉。或乙丑、己巳日夜占，乙酉、己丑日昼占，皆句首作帘幕官，占科举必获高第。更得奇仪全会，万事动用，无阻有喜，纵并诸恶，不能为害。初终传神将吉，乃终始有庆，应兑初九"和兑吉"之象。如有支仪、无旬仪、神将凶，则应兑九五"有厉"凶象也。仪用克行年者，凶。

如丙辰日寅时未将寅为旬仪，又为支仪加酉一下贼克上，为六仪课。

订讹

六仪、旬仪、支仪发用，或人传是也。旬仪、支仪并临为上。有旬仪、无支仪亦可。若止有支仪，不名六仪。

占主凡事逢凶化吉，不忌刑杀，求望得，投书干贵宜，病遇良医，罪赦官擢。若旬首为用，更作今日贵人，为富贵六仪。作帘幕官，士人高第。若奇仪全，遇凡百吉不可言。

此课吉，惟仪克行年凶。

观月经

甲子神后是，旬中即用之。神仙致六仪，六甲本根基。

甲子旬中神后发用六仪卦。

甲戌旬中看，河魁改变时。

河魁本是凶神，甲戌旬中遇之发用，是六仪卦，主改祸为福，亦是喜神也。

甲申传送是，甲午胜光期。甲辰天罡怒，愁容作笑眉。

天罡本是凶神，主死亡。死奇卦中注定甲辰旬中。若天罡发用者，不得断为凶兆。终来欢喜，故曰愁容作笑眉。每遇争竞，亦先凶后吉也。

甲寅功曹动，万类得其仪。

甲寅旬中功曹发用，为六仪卦，其万类皆动。

六甲取首用，有罪计非危。家事皆如此，病者得天医。

六仪救之也。

求财倍获利，投书喜不迟。

见贵投书，亦喜诸事，皆吉庆之兆。

心镜

六仪一段居旬首，甲子旬中神后为。更复子当从午配，

又一段六仪。子日起午，丑日在巳，逆行至丑上得巳是也。

逆行相配逐辰移。驱来巳日终于丑，午还居未顺求之。

午日未，未日申，顺数行之。

用得此神名善卦，又须传末吉将临。

凡用神六仪，中传又乘吉将，乃始终有庆也。

袖中金

六甲旬首见于初传用之，又子日在午，丑日在巳逆行，午日在未顺行，俱为仪

神发用。末传得吉将，终始喜庆，大吉之卦也。

时泰课

凡课用起太岁、月建，乘青龙、六合，又带财德之神，为时泰课。盖太岁为天子，月建为诸侯，青龙为官长、尊贵、钱财、喜庆、吉神，六合为谋干利禄、婚姻合和吉利。四者为用，并入传，更为日辰财德吉神，如人时运通泰，故名"时泰"。占者万事亨利，统泰之体，乃天地和畅之课也。

青 子 阴 巳 六 戌 贵 六 子 未 卯 戌 戌 未 寅 戌 空 戌 子 丑 戌 亥 寅 卯 辰 戌 酉 申 未 午 巳 贵	象曰："课入时泰，皇恩欲拜。灾患潜消，谋为无碍。逃亡必归，盗贼自败。孕育贵儿，前程浩大。"如初传青龙末传六合，或初传六合末传青龙、但逢太岁月建月将并财德合吉神，则为福神相助，利见大人，朝天子、谒诸侯大贵人皆吉。仕宦则逢荣宠，诏命乔迁；常人则获财吉，大有嘉庆，当应泰六五"帝乙归妹，以祉元吉"之象也。 如子年戌月戌寅日戌时卯将子为太岁，又为日财德合加未为用，初传青龙、末传六合，为时泰课。

订讹

值逢太岁月建作日财德，太岁发用更佳。入传亦可。

订讹

天恩：干支得用乘贵人，兼青龙、天后入传，或在年命是也。干支属本季旺气，谓之得用。如春占值甲寅乙卯日之类，兼贵龙后凑合，是上天布降恩泽，故名天恩。

占主仕者膺朝廷恩典，常人获贵人恩惠，孕生贵子，病痊囚赦。

此课若传见空亡，又名天恩未定。事多虚喜，上人虽有意施惠，犹豫不决。

龙德课

凡太岁月将乘贵人发用，为龙德课。当时太岁，人君也，首出庶物而德被天下。月将，一月主宰之神，太阳也，悬象在空，而明照四方。天乙贵人，吉将之首也，降福致祥而消苦超贫。若太岁与月将并者，更乘今日之贵神作用神，如龙行雨泽，德及万物，故曰龙德课。占者主天子恩泽，福神相助。统萃之体，乃云龙际会之课也。

贵巳勾丑常酉 勾丑己　贵巳酉　常酉癸 己　　巳酉 勾丑子戌　六朱卯　腾辰巳午未　贵酉 青空　寅　　申　　阴 白　　常　元	象曰："君恩及下，万姓欢忻。罪囚出狱，财喜临身。利名易萃，争讼休陈。官爵超擢，利见大人。"如太岁乘贵人发用，传中见月将亦是。主仕宦者加官进爵，君臣际会，及恩诏宠泽之荣。若仕人干求禄位，则有天官赐福，见宰相及君子，所谋并吉，当获重重财喜，则应萃九四"大吉，无咎"之象。纵逢凶将，亦不为害。惟尊贵求卑下不吉，或带杀为日鬼，占讼则事干朝廷。则应萃初六"有孚不终，乃乱"象也。 如癸巳年七月癸酉日酉时巳将巳为太岁，又为月将，又为日贵加酉，上克下为用，龙德课也。

订讹同意

心镜

太岁今朝作贵人，立用须还月将神。龙德卦宜干禄位，恩赐真宫拜圣君。发用神是月将也。太岁乘天乙发用，传有吉将，官从诏命而出也。

袖中金

龙德天乙乘太岁发用，主朝廷恩命，仕宦升擢，利有攸往。

通神集

升迁美兆干禄位，指日衣冠拜紫宸。

官爵课

凡课得岁月年命驿马发用，又天魁太常入传，为官爵课。驿马者，三合头冲是也，为驿递之神、传命之使也。人命行年，太岁月建并用之马，华丽异常，又戌天魁为印绶，荣加官职爵禄，名曰"官爵"也。占事吉庆，仕宦升擢。统益之体，为鸿鹄冲霄之课也。

空巳 巳 腰 戌 常 卯 白 后 酉辰 巳子 子丁 辰 亥 贵 戌酉申未 丑寅卯辰 子午 巳空	象曰："官爵印绶，得之荣华。财名吉利，病讼堪嗟。访人不在，行者还家。孕生贵子，仕宦尤佳。"如四马带印绶，更遇德神天马青龙日辰二马，尤吉。日用旺相，主事速成。仕宦有迁官进爵之庆，常人有见贵财利之喜，士子何忧上选不通，则应益初九"利用为大作，元吉"之象。若驿被冲破，魁常值空亡，日用囚休，主事迟滞而返恓惶，则为官爵失印之课。主官遭黜罚，文书沉匿，谋为不成，变喜为忧。当应上九"立心勿恒，凶"之象也。 如未年二月丁亥日巳时戌将癸亥生命，行年在午上见亥，岁月日命俱马在巳发用，传遇魁常，为官爵课也。

订讹

官爵：或驿马发用，印绶入传；或印绶发用，驿马入传，都要临日辰年命为的。天魁，印也。太常，绶也。驿马，使命之神也。此拜除官爵之象，故名官爵。

占主无官得官，有官进爵。传中合神动，更主重迁。如寅为驿马发用，末传亥是也。驿马既动，行人至，贼来，求望遂，病必魂游千里，讼者遍于诸司，孕生贵子，访人不在。

此课若驿马逢冲破，官爵淹留；印绶遇空亡，官爵脱失。

观月经

驿马当头发，官爵卦中流。

驿马发动者，为官爵卦。若庶人的入官分，准此推之。

四路分明取，年月日时周。

记年驿马、月驿马、日驿马、时驿马俱全，为四路，分明取之。

三合头冲是，年月一般求。日时同年月，四孟上追游。

申子辰马居寅，亥卯未马居巳，巳酉丑马居亥，寅午戌马居申，发用准求年月日时，三合也。

发用君王诏，加官移好州。

若见驿马四路俱动者，主大僚得位，别加其官。百姓得此，主官中有喜事。

忽然驿马破，官职有淹留。

若申子辰日时功曹发用，是驿马动也。若课中见传送，是驿马破也，主帝王降罪之兆也。

末传合神动，重前喜不休。

如申子辰年月日时见功曹为驿马，不见传送，末传见登明，为驿马合神也。

袖中金

天魁乘太常人传，更值岁月日时四路驿马，主应举得中，仕宦升官，故曰"平地登霄"也。

心镜

印绶两般初用现，

天魁为印，太常为绶，此两般初用俱遇，是大吉之卦也。

四驿马以传内逢。

四驿马者，太岁、月建、日辰、行年。假如二月建卯，太乙是驿马；行年在

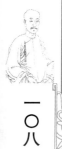

申，功曹是驿马。

值此就是名官爵，末吉何忧选不通。

更若末传德合吉神吉将助马，求官入选、迁改并通。

富贵课

凡课得天乙乘旺相气上下相生，更临日辰年命发用，为富贵课。盖天乙在紫微门外，近左枢，居太乙右，为十二神元首，主干贵、上官、田土等事。然贵人理事而且贵，占者家道荣昌，官职显耀。统大有之体，乃金玉满堂之课也。

贵
寅 六
亥 空
申

白
亥 寅 辰 未 辛
寅 巳 未

贵
年 寅 卯 辰 巳午未申 空
亥 丑 子 亥 命
贵
戌 酉

巳午未申 空

象曰："天降福德，万事新鲜。财喜双美，富贵两全。孕生贵子，婚配婵娟。狱讼得理，谋望胜前。"如戌加巳，则富贵权印之象，最吉。更逢太常为绶，逢驿马乘青龙，则主获财利珍宝，积代富贵，无官必遇上台委用，有财喜胜常，有官者决遇明君取擢，享福禄尤浓，则应大有上九"自天佑之，吉无不利"之象。若贵人临辰戌，为入狱，其势消灭，则又不美，当应九三"小人弗克，为害"之象也。

如二月辛巳日丑时戌将，寅命行年巳占，寅为天乙旺气临行年，日支巳相气，上下木火相生发用，为富贵课。

订讹

富贵：天乙发用，乘旺相临日辰，行年传终有气是也。又干支逢禄马亦是。天乙为十二神元首，专主财喜官爵等事，富而且贵，故名富贵。

占主家昌官显，富贵两全，孕生贵子，讼理谋遂。如传遇戌加巳，又富贵权印之象，更吉。若遇太常为绶，及驿马乘青龙，尤主积代富贵，无官者有官，有官者高官。

此课如贵人入狱，又名势消课。告贵不允，所占皆凶。乙辛辰戌日及辰戌年命之人，又不以坐狱论。又贵人坐狱为受贿，宜阴祭私祷。凡传见昼夜两贵，主告贵求事必干两处贵人成就；然或四课三传皆昼夜贵，为遍地贵人，乃贵多不贵，告贵反无依，在任多差使；或权摄不一，占讼主干多官，尤凶。日贵在夜，夜贵在日，为贵人蹉跌，告贵干事多不归一。然日贵在夜，开眼作暗；夜贵在日，自暗而明。日贵临夜贵，夜贵临日贵，官访官得见，下人谒官不见，以贵往见贵故也。贵在干前，事不宜迫；迫反为贵所怒。贵在干后宜催，不催事慢。两贵逢空，或事许后无成，或误报虚喜，换旬可成。两贵坐受克方，不可告贵用事。占讼，贵人怒。朱雀所乘神克贵；求文书，贵人忌惮，六丁日贵作日鬼临日，占官利；占病，神祇所害，临支家神致病，宜修设安慰宅神。墓鬼尤凶，贵作六害，占讼理直而遭曲断，此皆不论发用与否也。

观月经

富贵天乙卦，发用最为良。因此名富贵，家门日日昌。

凡天乙发用，富贵也。

四月申加卯，壬子入本乡。富贵兼权印，官私两用张。

假令四月壬子日申将卯时占，一课辰壬、二课酉辰、三课巳子、四课戌巳，三传巳戌卯，天乙在巳加子为用，此名富贵卦。又巳戌卯为铸印，公私皆喜，加官进财之象也。又为权印。

怀孕生贵子，生下置田庄。福禄从天降，万里有馨香。约信依时到，家业合宫商。

天乙发用顺行，言有印绶者言与贵人。有约信也。贵人乘巳发用，传中见戌加巳为权印，即加官进财、孕生贵子，合宫商之姓者，尤验。若为信，亦主依期而至。

心镜

天乙幸来乘旺相，临在行年与日辰。发用传中吉有气，即是从前富贵人。中遇凶神近业显，更喜青龙足宝珍。

末传吉将，求官必达之兆也。

袖中金

天乙发用乘旺相神，或临行年日辰，三传有气，是富贵卦。在朝有恩命，仕宦升擢，利有攸往。

轩盖课

凡课值胜光为用，遇太冲、神后，为轩盖课。神后，子也，为紫微、华盖。太冲，卯也，为天驷、天车。胜光，午也，为天马。此三神并遇，如乘驷马轩车，高张华盖，故名华盖。占者加官荣显，凡事吉庆。统升之体，乃士子发达之课也。

青午朱卯后子

	阴
常	
午	亥甲
酉	申亥
	子亥

寅丑子亥
贵

卯
辰 巳午未申
戌 酉

象曰："课遇高轩，车马皆全。朱轮稳上，诏用荣宣。求财大获，疾病难延。干贵欢会，行者必旋。"如胜光又作月内天马，太冲，又作月内天车，正七月内是也。然车马既动，出者必行，闻贼必来。余月轩盖又带三交出军，冲野决防战斗，论讼换司易衙，病者魂游千里。或年命有龙，出行大雨。车马作财，财自外来；更日用旺相，又为太岁、月将、德神上乘贵人，龙、常、后合吉将，当主出入见君拜官，驿马高车华盖，执节喜庆，宠禄十全之荣，官爵当践公卿之位。则应初六"允升大吉"之象。若三传带杀，乘蛇虎死气，克年命日辰，或空亡，或卯作丧车，则刑冲从凶而动，变轩盖为三交。身弱人衰，则为乘轩落马之象。主伤躬被脱，望事无成，则应上六"冥升，消不富"之象也。

如甲子日卯时子将，三传卯午子，为轩盖课。

订讹^{意同}

观月经

胜光本是马，太冲本是车。神后为华盖，三传有不虚。

假令正月己酉日寅时占，发用天马是午、胜光加酉、上克下、中传见太冲木，本为车也。

终末传神后，华盖下铺书。

大抵午卯子三传，便是甲子日首课也。癸酉、丙子、戊子、丁酉、庚子、己酉、壬子、辛酉，已上九日首一课，午卯子三传，反吟者有六日，丙子、壬子等，午卯子三传，是华盖卦也。

明君加宠禄，圣主赐天书。宫职自特别，皇宫亲不疏。从前圣天子，目下自相如。

相如，即有气度之官也。

袖中金

卯乘天马或龙常，为华盖轩车之象。占宜加官喜庆事，论见三交卦。

心镜

紫微华盖居神后，天驷房星是太冲。马既胜光正月骑，六阳行处顺同申，华盖乘轩又骑马，更得龙常禄位丰。

太冲卯，即天驷房星，又为轩车天马。正月午顺行六阳。华盖是紫微宫在神后上，凡得此入传，主恩诏加官。

铸印课

凡课得戌加巳中传，为铸印课。戌，天魁也，为印。巳，太乙也，为炉。盖戌中有辛金与巳中丙火作合，全凭火炼铸成贵器，为符印，故名铸印。占者符命入手，官增权柄，统鼎之体，乃炼药成丹之课也。

象曰："顽金铸篆，借火功全。官职高擢，诏命重宣。产孕大吉，干谒良缘。庶人不吉，疾病官愆。"戊己日，又为生日之印，更遇太常为绶，乃印绶双全。传见太冲为车轮，则铸印乘轩之象。占科举、求官爵见君王、进策上书，主官爵高迁，所求遂意，当获印信，喜庆恩命之荣。乘贵人龙、常、阴合吉将，日用旺相大利，则应鼎上九"玉铉，大吉"之象。若春夏巳午日时火旺，戌值空亡，月破日辰俱无气，则有破印损模之象。如遇神将凶，主先成后破，徒劳心力，事终不济，乃庶人占之，反主官灾刑害之事，则应九四"鼎折足，覆公餗，其形渥，凶"之象也。

如丙子日未时子将，巳加子用，传遇天魁，末乘太常，为铸印课。

（课盘）
空巳蛇　戌常　卯
　　　　　　　　　腾　戊丙
空戌　卯戌
己　巳子
　　　　　　　贵　　丑寅卯辰
戌酉申未　亥　子　巳
　　　　　午　空

订讹

铸印：三传巳戌卯。巳为炉，戌为印，卯为印模，戌中辛金逢巳中丙火作合，锻炼铸成符印，故名"铸印"。卯为车，又名"铸印乘轩"。

占主符命入手，科甲官爵俱高，干谒吉。如戊己又为生日之印，更遇太常为绶，乃印绶双全，定主转迁超擢。

此课多主事成迟晚，然惟利官，庶人不吉，更不利于病、讼、忧、产四事。又夏月巳午日时，或值蛇雀火太旺戌卯，或值空亡，则为破印损模，官必不迁；兼遇神将凶，主先成后破，徒劳心力。大都铸印乘轩须得驿马、太阳、六合，乃为真体；又有丙子日戌加干上得吉将，亦名铸印。春夏丙丁日火太过，不在此论。然须白虎、太阴、蛇雀、金、火之将入传，若金少火多，火少金多，为五行不备，必有所伤。或末传得天后、元武，更临水乡，与日相破，名曰铸印不成。来意主望官爵吉事欲成中阻耳。又铸印课乘日墓，主退失，或旧事再新。

观月经

河魁本是印，火到自然成。

三传见河魁加巳，名铸印卦。

丙子正月占，午时无改更。传中逢印绶，比是卦中情。

河魁到巳便是铸印，印绶之卦。丁卯、己卯、己巳、丙子、丁丑、癸未、丁亥、戊子、己丑、己未、乙未、己亥、庚子、丁未、壬子、丁巳，以上系巳戌卯三传也。

在职重逢职，居官更举荣。宣命看看到，天书驿马程。

将有使命加官进职，而必应者也。

庶人逢此卦，官事自然生。

庶人难消比印绶，故主官事也。

袖中金

戌加巳，传中见卯，盖戌为印、巳为炉、卯为轩车，三者为传，名"铸印乘轩"。得吉将，有职加官迁擢之象。庶人主官讼。

铸印，戌加巳丙，传有太冲，成为印、巳为炉冶、卯为轩车，主官禄迁擢之象。不见太阴、天马，即非真体，常人反生灾，且为事迟钝。夏三月丙丁日又乘蛇雀，名曰"铸印模损"，是火之太过，反为凶之兆。

凡课卯加庚或加辛为用，曰"斫轮课"。卯为车轮，庚辛为刀斧，木就金斫，故名斫轮。占者官禄位高迁，统颐之体，乃革故鼎新之课也。

斫轮课

象曰："木欲成器，须假金斫。孕病凶险，财喜欢跃。禄位加增，官职超擢。戌印常绶，遇之犹乐。"如太冲加庚为上、加辛次之，缘卯中有乙木与申中庚金作合，乃成贵器；更遇天乙、龙、常、阴、合吉将及驿马得合吉神入传，主官爵践公卿之位。或壬癸日见水神为舟楫，初末有马，引从为轩车，能任重致远，有除授官职之喜，则应颐上九"利涉大川"吉象。或木休囚，乘白虎为棺，椁值空亡为朽木难雕。春季甲乙日寅卯时为伤斧，秋季庚辛日申酉时为伤轮，返凶。或辛卯日干上卯为财就人象，宜急取之，缓则被卯木克其戌土，反有害也。

乙未日未加乙同，当颐初九"观我朵颐"之凶象。

如辛丑日辰时亥将，一下克上，卯加申为用，曰"斫轮课"。

元		
卯 勾	戌 后	巳
朱 申 丑	后 巳 辛	
卯 申	子 己	寅
		卯辰巳午贵
空 子亥戌酉	丑 未	申

订讹

斫轮：卯加庚辛申酉发用。卯为车轮，金为斧斤，木就金斫，故名"斫轮"。

占主禄位高迁，革故鼎新之象。更喜戌为印、太常为绶，入传卯加庚与申为上、辛酉次之，缘卯中乙木与申中庚金作合成器，或壬癸日见水神为舟楫，初末有马，引从为轩车，能任重致远，除官必矣。斫轮来意主谋望官事，先历艰难，后却有成。盖木畏金，故主艰难，然后成也。将得龙、常、阴、合，方成其体，求财大获。寅亦是木，如何不作斫轮？盖寅乃天梁，成器不须斫也。

此课多主事成迟晚。占孕与病讼，忌之。或木休囚，乘白虎为棺椁，值空亡为朽木难雕，须另改业。春季甲乙日寅卯时木太重，为伤斧；秋季庚辛日申酉时金太重，为伤轮，反凶；或辛卯日干上卯为财就人，宜速取之，缓则被木克其戌土，反有害也。与乙未日未加乙同。若传见本日墓神，名曰"旧轮再斫"。来意主退官失职、再谋复兴之意。大都斫轮课木日艰难、火日灾疾、金日获福、水日心不定，变易艰难中遂意，土日流转。

观月经

斫轮团圆象，本自太冲生。太冲原是木，车轮因甚成。

太冲为舟车之类。

成形须仗器，斤斧自然明。

庚申辛酉为斤斧，若申加太冲，是斫轮卦也。

申酉庚辛位，太冲上头行。破伤斤斧得，发用斫轮名。辛丑正月占，辰时无改更。太冲传送上，发用得其情。

如辛丑日卯申丑是。假令辛丑日亥将辰时占，太冲加申，金斫卯木，贼上发用，为斫轮卦。卯戌巳三传也，辛酉返吟一课，卯酉子是也。尉山人取法，末传取破。乙丑、癸酉、丁丑、癸未、己丑、癸巳、辛巳、癸丑、癸亥，以上九日第三课俱卯戌巳三传，丁卯、己卯、乙酉、辛卯、丁酉、癸卯、乙卯、己酉、辛酉，以上九日俱返吟卦，俱卯酉子三传，斫轮卦也。

求官必获禄，逢事得均平。立意先敲磕，后乃立身荣。

敲磕，即先雕琢而后成器也。

莫嫌职位小，官朝好弟兄。

官本朝，迁职亦先费力而后成也。庶人亦得官也，传得太阴龙合，尤妙。

袖中金

卯加申酉为用，名"斫轮卦"。庚申辛酉金俱为斧斤，若太冲加其上者是卯，为车轮；加申酉上，为斫削之象。若天将龙常阴合，方成其体，占人有除授营运之事。木日艰难、火日灾疾、金日成器、水日心不定，变易艰难中遂意、土日流传。若秋三月庚辛日得之将乘阴虎，名曰斫轮伤斧，其金太过也。凡卯木坐空，谓之朽木难雕，宜弃业别作生理营运。

引从课

凡课日辰干支前后上神发用为初、末传，曰"引从课"。如庚辰日干上丑昼贵人，初传寅加酉居日前，末传子加未居日后，日干得前引后从，为拱天干，又为拱贵，主官职升擢诸事，最吉。壬子日干上辰，初传巳，末传卯，为两贵引从，主上人提携，或众贵引荐成合事，大利。甲午日初传子居支前，末传戌居支后，前后遇引从，为拱地支，主迁修家宅，大利。丁酉日酉为夜贵加丁干，亥为昼贵加酉支，年命在申，为贵临支干拱年命，宜告贵用事，必得两贵成就。丁巳、己巳、癸亥日伏吟，为干支拱日禄，宜占食禄事。庚午、己酉日伏吟拱夜贵，甲子日伏吟拱昼贵，为干支拱贵，宜告贵处事。此贵人出行，前者引、后者从，故名引从。统涣之体，乃车马蜂拥之课也。

贵 巳 青 戌 阴 卯		
贵 后 戌 巳 酉 辰 己 子 壬		
空 戌 亥 子 丑 酉 午 寅 申 卯 未 辰 巳 贵		

象曰："拱夹支干，仕人佳兆。官职升迁，名利荣耀。孕生英儿，婚招金玉。出行取财，干贵欢笑。"如日辰上乘墓鬼遇引从，六处有冲克，凶散最吉。或干支并初、中及中、末拱地贵，告贵谋事，亦吉。则应涣六四"元吉"之象也。

假如壬子日巳时戌将，初传巳加子，末传卯加戌，拱定干神，为二贵引从天干格课。

订讹

引从：前引后从。或初、末传拱干，主得人提携成合事，大利；或两贵拱干，主官职升擢；或初末传拱支，或两贵拱支，主家宅吉庆；或贵临干支，拱年命，主得两贵成就；或干支拱日禄，宜占食禄事；或干支拱贵，宜占告贵事；又有干支并初、中，及中、末拱地贵，亦是。此皆前引后从，故名引从。

占主求官、求财、出行、婚孕，皆宜。

亨通课

凡课用神生日及三传递生日干，或干支俱互生旺，为亨通课。如丙申日三传申亥寅，初生中、中生末、末生日干也。癸丑日三传酉丑巳，末生中、中生初、初生日干也。为递生。主上人推荐，或官员请举及文状事，始终成就。辛卯日干上亥、支上辰，为互生；丙寅干上寅生丙、支上亥生寅，为俱生，主彼此和顺，两相有益，遇生气，两家合本求利。甲申日干上酉，乃支之旺神；支上卯，乃干之旺神，为互旺，主客两相投奔，互有兴旺。壬寅日干上子、支上卯，为俱旺，自在坐用，谋为省力，或事已失欲复旧，或本职迁转极妙，或坐待通太，无心中得人照扶兴发。此三传递生日辰生旺，主人亨利，时运开通，故名亨通。统渐之体，乃福禄来临之课也。

象曰："三传相生，干支有情。官逢荐擢，士获科名。婚姻合和，财利生成。经营诸事，贵人欢迎。"如三传递生俱要与日干有情，此则隔三隔四，有人于上位推荐；或末助初传生日，主傍人暗助吹嘘；或末助初传作日财，主暗地人以财相助；或支加干生日为自在格，主人来资助于我；或三传生日俱为大吉，当应渐六二"鸿渐于磐，饮食衎衎，吉"象。若递生直空亡，破刑克害，无甚解救，为凶，凡事亦难就；或初生中、中生末、末克日干，为恩多怨深，作事美中致怨；或干支俱旺，及旺禄临身，传财逢空，不可舍此别谋动作，倘有意外之图，远动谋为，则羊刃变为罗网缠身，反为灾祸。六处有冲，为破罗破网，无冲克为凶，当应渐九三"利御寇"之凶象也。

如丙戌日申时亥将，申加丙为用，初传申生中亥、亥生末传寅、寅生日干丙火，为亨通课。

	合			
	申	贵		
	亥	元		
	寅			
	阴	六		贵
辰	丑	申		亥
丑	亥	申		子
	戌	丙		丑
				寅
申	戌	酉		
未	卯	辰		
午				
巳空				

订讹

亨通：干支生旺。或初生中、中生末、末生干，及末生中、中生初、初生干，为递生格。或干上生干、支上生支，为俱生格。或干上生支、支上生干，为互生格。或干上乃干旺神、支上乃支旺神，为俱旺格。或干上乃支旺神、支上乃干旺神，为互旺格。此皆亨利通泰之象，故名亨通。

占主大吉，递生得人，重重举荐，始终成就。或末助初、传生日，主傍人暗助吹嘘；或末助初、传作日财，主暗地人财相助。俱生，人宅各安；互生，彼此相助和合；俱旺，谋用省力；互旺，彼此两相投奔，互有兴旺。

繁昌课

凡夫妻年立德方发用，为繁昌课。盖夫妻行年乘本命旺相气，又值干支德合，或年立时令旺相之乡，此阴阳俱胜，运气交接，夫妻合好，情欲必动，妊娠，繁华昌盛，故名"繁昌课"。占者人丁旺相，胎孕招贵。统咸之体，乃男女合感之课也。

象曰："阴阳和合，万物生成。命招贵孕，娠必男形。谋为大利，家道自兴。"如逢互克，分散零丁。夫命是水，行年甲寅上见子水，水木相生；妻命是金，行年己亥上见酉金，金水相宜。甲与己合、寅与亥合，各乘本命旺气，为德孕格。或发用此二命，主怀孕，年内必生贵子；或已有孕，妻年上酉法，主十一月乙日午时当产。甲己合，主生子。黄色，壮大端厚，好读书，得官也。当应咸"亨，利贞，娶女吉"象。产期法：取妻年位上神前三临官位为生月，冲位干为生日，乃分十干次第推，辰戌月用戌，丑未月用巳，后三绝位为生时。如妻行年上见申，主十月甲日巳时分产。余仿此。生子善恶情性，如夫妻行年丙辛作合，主生子黑色，肥满多力，凶恶为人，好武得官；丁壬主青色，目深秀，多道艺文学，得官；乙庚主白色，清俊，好音律，善兵法，得官；戊癸主赤色，上尖下大，爱畋游，善伎术，得官。行年值败绝刑害，为德孕不育。当应咸上六"咸其辅颊舌"之象。

如壬申日未时巳将，夫行年甲寅，妻行年己亥，上下相生作合，乘本命旺气，为繁昌课、德孕课。

后午 辰 六 寅

后 常
午 未 酉
辰 午 申 壬
午 酉

贵
巳 戌
卯 寅 丑 子 午 未 申 酉
夫 年 辰 亥
妻 年 空

观月经

夫妻行年上，德孕卦如何？夫年四十九，岁在甲寅落。妻年三十四，己亥五行科。

男行年一岁起丙寅，逆总顺零，四十九在甲寅；女行年一岁起壬申，顺总逆零，三十四在己亥也。

己得亥上甲，产子更无过。

甲与己合、寅与亥合。

此年的有子，依理定无差。此为怀孕卦，行年若调和。

男女行年若相调和也。

不论三传事，学人奈如何。他例还依此，欢唱是高歌。

心镜

德孕行年课十干，还如甲己类同攒。夫年立甲妻居己，孕即灵胎贵复安。乙将会庚丙辛合，

干合，即甲己之类。如夫年立庚、妻年立乙，皆主福德之孕也。

受气妻年上是端。午上有神须觅取，日月时皆递互看。

曾门

夫妻之年，甲己相合，更立德乡，子孙繁昌。

旺孕格

凡夫妻行年俱随旺相气三合位上，为"旺孕格"。盖三合异方，同类相望，又逢兴旺之时，当主胎孕，故名"旺孕格"。受孕法：如妻行年见己，主正月壬日申时受孕。其法取妻年上神后三位受气为孕月，冲位干为孕日，亦分十干次第。辰戌月用戊、丑未月用己，前三位临官为孕时。妻行年上见午，主二月癸日酉时当受孕。余仿此。

观月经

夫妻年命上，旺相两般推。妻金三十四，夫水三十七。女命亥上觅，夫年寅上推。七月未时占，妊孕无改移。从魁临在亥，金旺更无疑。

妻命是金，年上见酉，金旺也。七月金旺占。

神后立于寅，夫运五行知。

夫命是水，行年上见子，是水旺也。

二旺当怀孕，合卦宜所归。

夫妻行年俱旺，当怀孕生子也。

阴阳生是子，胎命合如斯。他年依此起，

其他夫妻行年亦依此起。

旺孕卦推移。不干三传事，此课少人知。

不与四课三传事同。

心镜

夫妻行年旺相神，异方三类合同群。

春占有孕在何处？妻午夫年立在寅。

如春占木旺火相，夫年三十七，行年在寅；妻年二十七，行年在午，故云夫妻行年旺相神。寅在东方，午在南方，寅午三合，故曰异方三合也。

受气于秋何以决？妻在子兮夫立申。

或秋占金旺、水相、申子，亦是三合也。

此类悉皆为合类，欲求他年在区分。

曾门

"年立旺相，子孙有象"，谓夫妇行年立旺相之乡，三五相望，同类异位，时立旺相气，其岁中必有受孕，生贵子也。

定章曰：夫妻之年同类异位者，寅午戌、亥卯未、巳酉丑、申子辰。如寅午戌俱火，相与同类。寅本东方，午本南方，戌本西方，此同类而各一方，为异方同类也。三辰相去五位，谓之三五相望，为合也。

如春占，夫年立午、妻年立寅，春木旺火相，是夫妻之年，俱立旺相之乡。受气岁中，必产贵子。如子临年当八月丁丑日卯时受孕，大吉。

如寅加年四月庚日亥时产。

法曰：取妻年上神后三位，为受孕之月；再后三三为受孕日时也；取妻年上神前三位为生月，再前三三是当产日时也。

荣华课

凡禄马贵人临干支年命，并旺相气发用入传，更乘吉将，为荣华课。如丙寅日干上申、支上巳，为干支禄马，申发用，中传贵人，主君子加官进禄，常人谋为财利，进身修宅俱吉。壬申日干上寅之类亦然。此禄马又遇贵人，主人荣达；又遇光华，故名荣华。统师之体，乃士众拥从之课也。

```
        空
        巳 六 寅 贵
           寅    亥
        空
           六 寅 丙
        寅 巳 亥 寅
        巳 申
              空
           年 寅 卯 巳午未申
           寅 丑 子 亥 贵
              命 辰 酉
                 戌
```

象曰："干支吉神，人宅俱利。经营俱亨，动止均美。孕育麟儿，婚成连理。用兵征讨，得地千里。"如癸丑日巳加癸，日贵为财；丙寅日申加丙，日马为财之类，大利求财。甲申日干上丑之类，为干支见昼夜贵人，主事得两贵，周全成合。乙酉日子加申之类，为昼贵坐夜贵；丁卯日夜酉加亥之类，为夜贵坐昼贵，宜告贵求事，必干两处贵人成就，惟占谒不见。缘贵往见贵，多不在宅，或官长访官，得见。

甲戊庚日干上丑例，为贵人临身，宜干贵成事。乙辛二日干见，贵人临身。辰戌上非坐狱，亦宜干谒；余日坐狱，为受贿，宜阴谋私祷。或一日全无逆贵，凡进取告贵，催督诸事，皆顺无阻，贵为月将尤美。当应师九二，承天宠吉象。如一日全无顺贵及贵人坐狱，告贵不允，宜退不宜进，进则返坐。甲子日昼贵丑坐酉、夜贵未坐卯，为贵人蹉跎，告贵干事多，不归一。丁酉日干上酉、支上亥、四课皆是昼夜贵人，为遍地贵人，乃贵多不贵，告贵无成，事反无依，在任多差使，或权摄不一，占讼尤凶。日贵在夜，开眼作暗；夜贵在日，自暗而明。贵在干前，事不宜迫，迫反为贵所怒；贵在日后，宜催不宜慢。丙丁日亥加未、酉加巳之例，两贵坐受克方，为尖担两头脱，不可告贵用事；或白虎乘丑临丑，占讼，贵人嗔怒，朱雀乘神克贵，求文书，贵人忌惮。此例不论在传与干支见也。丁丑日酉加未、亥加酉为例，两贵逢空，凡事许后，被人搀越；或人误报虚喜，喜反有所费事，换旬可成。六丁日亥加未例，贵作日鬼临干，占官利，占病神祇为害；临支家神，致病，宜修设安慰宅神则吉，墓鬼尤凶。贵作六害，占讼理直而作曲断，小就大，巧就拙，惟宜识时屑就不妨也。余皆不利。当应师六五"弟子舆，尸贞"凶之象也。

朱 巳 青 常 寅 亥 空 青 朱 戌 丑 寅 巳 庚 丑 辰 巳 青 寅 卯 辰 巳 午 未 申 空 丑 子 亥 戌 酉 贵 元	如丙申日卯时子将，干上寅为驿马，支上巳为日禄，初传巳为相气，加申为用，末传亥为贵人，寅命上亥为贵人，行年巳为禄上见寅为马，俱乘吉将，为荣华课。 此课如庚辰日亥加寅，寅命，占科举必高中，盖昼以夜贵，夜以昼贵，为帘幕官。寅命上见亥，为月将官贵；行年辰上见丑，为帘幕官。魁星并照，朱雀翱翔，乘巳临身故也。

第四十章　术数汇考四十

《大六壬类集》十

德庆课

　　凡课日辰干支德神，及天、月二德发用，并在年命乘吉将，为德庆课。德者，和气也，主福家吉神也。干德者，甲己德寅乙庚申，丙辛戊癸在巳，轮丁壬亥位取日德课，若逢之，万象新。支德者，子日起巳顺行十二辰。天德者，正丁二坤宫，三壬四辛同，五乾六甲上，七癸八艮逢，九丙十居乙，子巽丑庚中。月德者，正五九月丙，二六十月甲，三七十一壬，四八十二庚。二德扶持，众凶皆散。善莫大于德，故德有庆会；盖德能利物济人，掩凶作善，转祸为福，而有喜庆，故名德庆课。统需之体，乃君子欢会之课也。

<table>
<tr><td>阴
巳合戊常卯</td><td rowspan="2">象曰："德神在位，诸杀潜藏。囚禁的释，病危无妨。婚成佳配，孕产贤郎。"凡占谋望，事事吉昌。如德神为鬼，占功名利，病无妨，乘龙尤吉。或四煞辰戌丑未没四维乾坤艮巽，大吉，百事无碍；虽凶将无灾。当应需九五"贞吉"之象。若带杀乘虎，或德空，或神将外战，被刑克，不吉；或子日巳德归亥，乘元武夹克，为减德事参商；或乙日申德加酉为用，酉来克乙，申化鬼，乃君子为小人，四杀不没。应九三"致寇至"之凶象也。

　　如戊子日戊时卯将占，巳为德神，加子发用，为德庆课。</td></tr>
</table>

阴　　　六　　戊
戊巳　卯戊　空
巳子　子　丑寅卯辰
　　亥午
　　戊酉申未贵

订讹意同

合欢课

凡课日辰遇天干作合，及支三合、六合发用，并占人年命，俱乘吉将，为合欢课。天干合者，甲己为中正合、乙庚为仁义合、丙辛为威权合、丁壬为淫讹合、戊癸为无情合。六合者，子合丑实，丑合子空；亥合寅就、寅合亥破；戌合卯旧，卯合戌新；辰合酉合，酉合辰离；巳合申顺，申合巳逆；未合午晦，午合未虚。三合者，亥卯未繁冗驳杂，巳酉丑矫革离异，寅午戌党侣未正，申子辰流而不清、滞而不竭、宜动不宜静。凡日辰年命见合主和合，合则新，则人欢事成，故名合欢课。统井之体，乃婚姻团圆之课也。

象曰："乾坤匹配，奇偶交并。占孕迟生，行人荣省。名利乔迁，财喜欢称。婚姻天缘，万事佳庆。"如三合事关众，克应过月；六合阴阳配，夫妇和顺。或日辰阴阳年命六处，传逢吉将，四杀没，合多吉多，凡事成就顺利，往无不吉。从凶杀，亦主凶中和合，或合带刑害，有德在末有气，乃入凶遇吉，可以小用宛转。或二阴作合，求婚大吉，当应上六"井收勿幕，有孚元吉"之象。若占凶事，守旧愈迟疑，求文书干事，见合无气，终滞，似不决意，不若不见为妙。占病，凶将尤甚，传进病难退。占失脱，藏匿难获。或合带刑冲破害，合而藏祸，内吉外凶。合空事，费力难济，传退连茹，合带暗鬼，克日乘蛇虎雀有害，不可意外狂图及托人干事，当应九二"井谷射鲋"之凶象也。

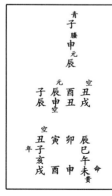

如戊申日子时申将，子与干上丑作六合，加辰发用，戊日天干上丑遁得癸作合，支辰与三传合作三合，亥命见未为贵人，行年在辰见子为青龙，日辰阴阳上下作三合，四杀没于四维，又乘吉将，为合欢课。

占主人情欢悦，相助成事，求名干贵皆宜，交易婚姻更吉。惟孕迟生，病迟愈，战讼俱和为贵。三合事关众，克应过月；六合夫妇和顺，婚姻尤妙。或六处逢吉将，四煞没，合多吉多，凡事成就；纵遇凶杀，亦主凶中和合，或合带刑害，有德在末有气，乃人凶遇吉，可以小用宛转，或二阴神作合，求婚独利。丙申日反吟，日辰阴阳上下神，作三六合。辛卯日卯加辛、壬寅日亥加寅，干支相会作六合。甲申日干上亥与甲合，支上巳与申合。丁丑、己丑日干上午，干支上下作六合。戊辰日干上丑、支上子，辛酉日干上午，干支上下交互，作三六合。或乙酉日三传申子辰水局生日，支上丑作六合，并三合为全吉，兼天将皆土为日财，利求财。丙申、丙辰、丙子三日传逢水局伤日，而干上丑能敌水，不为凶；或上下交互相合交关，求财大利；或相生宜合本营生，或交合有二三，则应交涉二三事；或传遇三合全，脱本不利，而生起干上财神；或生支上财，为取还魂债，利取财。

此课虽吉，若占病讼，忧疑难散；占失脱，藏匿难获；占文书，谋干必成。或合带刑冲破害，蜜里藏砒；合空事，竟难济；合带暗鬼克日，乘蛇虎雀有害，不可意外妄图及托人干事。

和美课

凡课干支遇三合、六合上下递互相合取，为和美课。如三传三合，干支上见六合，或生日作财，三六相呼，凡谋皆遂，全无障碍，中有人相助成合，行人喜忻而来，纵为鬼杀，事亦可成无阻。如乙酉丙申日伏吟类，日辰上下阴阳神作六合。辛卯日卯加辛、壬寅日亥加寅类，干支相会作六合。甲申日干上亥、支上巳，丁丑、己丑日干上午类俱合。戊辰日干上丑、支上子，辛酉日干上未、支上午类，干支上神作六合。乙丑日干上子、丙寅日干上亥类，干支上下作三六合。此人情合悦真美，故名和美课。占事主客怡顺皆成，统丰之体，神合道合之课也。

象曰："三合六合，上下欢悦。交易大通，财利不绝。婚吉事成，病危势拙。干贵相宜，战敌和决。"如合多吉多，事急成；合少吉少，事迟成。乙酉日三传申子辰水局生日，支上丑作六合，并三合为全吉，兼天将皆土，为日财，利求财而不利尊长及营生计，土将克生气故也。丙申、丙子、丙辰三日，传逢水局伤日，而干上丑能敌三六合，呼恶不成嗔，近谋有成，久则畏人拨置。或上下交互相合交关，求财大利；或相生，宜合本营生；或交合有二三，则应交涉二三事。或传遇三合全，脱本不利，而生起干上财神，为取还魂债；或生支上财神，为索还魂债，利取财。或家中取财还人，尤准。当应丰六五"来章，有庆誉吉"之象。如三六合占解释忧疑及问病凶事，上乘凶将为凶难散，逢冲可解。或合作六害及空亡，好里朦暗，主合谋事有变换。若传逢寅午戌，干支上见午为自刑、丑为六害、子为正冲，乃三合犯杀，为蜜中砒，主恩中有怨，事成有阻。或交合逢空，交时和美，后成画饼，交合盗气，彼此怀脱、交害主客，各有嫉妒。交刑主合至争竞，交冲主先合后难，交克主合而争讼、笑里藏刀。壬申日干上寅、支上亥，干支上神作六合，而地下壬申作害，为外好里牙槎，主外面合而内有暗谗之意。当应上六"丰其屋，三岁不觌，凶"之象也。

白戌后午合寅 合　　　阴 戌寅卯未壬 寅午未 贵 丑寅卯辰巳午未 子卯寅卯辰巳午未 空亥酉申 戌	如壬午日巳时丑将占，戌加寅为用，三传戌午寅干上未，与中传作六合，传逢三合，日辰上下作三合，日神旺气，传财得用，为合和美课也。

斩关课

凡卦魁罡加日辰发用，为斩关课。盖辰为天罡，戌为天魁，日辰人也，魁罡天关也。魁罡加日辰，犹人遇凶神，重土闭塞，若天关难度，欲通道路必须斩开关门，故名斩关。寅天梁卯天关以木克土，三天俱动，利于逃亡，可以出行。未玉女能护身，子华盖能掩形，太阴地户主潜藏，六合私门主阴匿，天乙神光能庇佑，青龙万里骥可致远。传遇此数神，占者利阴私，行藏隐避，永无触碍。统遁之体，乃豹隐南山课也。

象曰：关梁逾越，最利逃亡。捉贼难获，出行自强。病讼凶祸，厌祷吉祥。书符合药，方法最良。如官鬼作直符，罡塞鬼户寅也，魁度天门亥也，乘凶将为魁罡，作罗网，加四仲为天地关隔，主关梁闭塞，不利隐匿、病讼、出行等事。子天关卯天格事因天时所格，午地关酉地格事因地理所格，更详五行言之，三传内战内外不相见而格，中冲初末首尾不相见而格，刚日昂星、道路关梁而格，柔日昂星及伏吟潜伏、不欲见人而格，反吟不相照而格，又三交罗网从革，皆主阻格。当应初六"不利攸往"凶象。若传遇寅卯未子乘天乙、青龙、阴合吉将，及甲戊庚日丑贵登天门、辰罡塞鬼户、六神藏，四杀没，为四大吉时。六神藏者，腾蛇下临子名坠水，朱雀下临癸水名投河，勾陈临卯名入狱，天空临巽名被剥，白虎临午名烧身，元武临坤名折足。四杀没者，辰戌丑未墓杀，临乾坤艮巽，陷于四维，此时利出行、逃走、避罪、隐形、合药、书符、祈祷等事皆吉。则应遁九五"嘉遁贞吉"象也。

合	戌			
戌	后			
午	午			
寅	白			
	寅			
午戌	戌寅	戌甲		
	午戌	午戌		
		卯申	辰巳午未贵	
		寅酉		
空				
丑子亥戌				

如甲寅日亥时未将占，戌加寅为用，曰斩关课。

此课戌天魁为天关，加寅，寅为天梁，利出行。又夜贵神未登天门，腾、朱、勾、空、白、元六神俱藏，辰、戌、丑、未四杀没于四维，为四大吉时，万事俱顺利也。

订讹

占主利出行逃遁，贼难获，病讼凶，书符、合药、厌祷最宜。传遇寅卯未子乘天乙、青龙阴合，为天地独通时；又为天藏地盖时。盖寅、天梁，卯、天门，并魁罡为天关，以木克土，三天俱动，未玉女能护身，子华盖能掩形，天乙神光能佑庇，青龙万里骥可致远。太阴地户主潜藏，六合私门主隐匿，传遇数神，逃亡出行如有神助。若甲戊庚日丑贵登天门，辰罡塞鬼户，六神藏，四煞没，更吉。又传见申酉虎阴为斩关，得断，逃者永不获。更带血支血忌，羊刃、呻吟大煞，必伤人而走。大都此课最宜，更新，外出喜见丁马。若守旧家居，主阻塞，且有暗昧事应也。

此课虽宜出外，若魁罡作官鬼为直符，或作罗网乘凶将、及罡塞鬼户、魁度天门，皆谓之斩关逢吏。加四仲，为天地关隔，加子卯事因天时所格，加午酉事因地理所格，神将克战、内外不相见而格，中冲初末、首尾不相见而格，刚日昴星、道路关梁而格，柔日昴星及伏吟潜伏、不欲见人而格，返吟人心不相照而格，又三交罗网从革及不见申酉虎阴，皆名斩关不断。阻隔难行，逃者易获也。

观月经

魁罡日辰上，发用斩关风。

凡见辰戌加日辰发用者，为斩关卦。必有逃走之应也。

出行应吉利，居住暗相通。三传六合卦，太阴地户中。

传中六合，是天之私门。太阴是地户。

功曹与小吉，天梁玉女同。

传中有功曹，为天梁，小吉名玉女。佑逃走之利。

青龙万里翼，华盖紫微宫。避罪宜逃走，出入有始终。戊申正月占，酉时此卦攻。亡人华盖下，天降此利亨。

此乃天之所降亨通之途，逃人得远去，路无阻障也。

终向六合上，双门万里同。

终传天罡乘六合，是双门出入万里也。

若言不逃走，浊乱在家中。

若不逃走，主家破败，盗贼浊乱之事也。

袖中金

魁罡临日辰，传有虎阴申酉，为斩关得断。逃者永不获矣。更带血支血忌，羊刃吟呻三杀，必伤人而走。

通神录

天乙神光引路，六丁玉女来扶。青龙飞腾万里，天门地户俱到。占逃亡，是亡者之福佑矣。

心镜

日辰上见魁罡立，此卦名为是斩关。前一神光参玉女，天梁地户太阴间。更有青龙万里翼，紫微天人有防闲。逃人难捕隐逸去，长往嘉遁信不还。

曾门

日辰逾于魁罡，名曰斩关。或发用传及功曹为天梁，青龙为万里翼，小吉为玉女，神后为华盖，魁罡为天关，太阴为地户，六合能隐形。遇此数神，利于逃亡。

定章曰：若欲伏匿，昼夜必得其道。当趋前三六合，后二太阴，为天门、地户。逃亡当令六合临日、太阴临辰而出，为天门、地户，不可克逃人年上神。审以四五为太常、青龙、六合、太阴，青龙临日，太常亦可也。六合、太阴者，天道也。亡人乘之，乃万全。若有九天九地，必万里安，各有上下。

春寅为九天，胜光为九地。夏胜光为九天，子为九地。秋申为九天，胜光为九地。冬神后为九天，午为九地。必欲令六合、太阴治其上，下临地户。地户者，除、定、开、危之日也。如二月辰除、未定、戌危、丑开也。

又云：戊己之辰可逃亡，乘四天尤妙。再得天上三奇乙丙丁者，追之不得，视之者濛。孤虚法，如甲子旬，孤在戌亥、虚在辰巳。

又云：戊己之辰不可克今日之干。假令戊己之辰是巳、午，今日是庚、辛，乃为戊己之辰克今日之干也。四天不欲克害今日之辰，强行者，必受其殃。天门不可克逃人年上神，孤虚神不可克始逃之日。出天门者，六合也，必在禹步。禹步者，左足在前也。

照胆

除定开危卯未方，龙常阴合可逃藏。

闭口课

凡旬尾加旬首，或旬首乘元武，或旬首位上神乘元武发用者，为闭口课。如甲申日巳加申、丙辰日亥加寅之类，皆旬尾加旬首为用也。如丁酉日午加酉夜将之类，皆天盘旬首乘元武为用也。如甲子日辰加子昼夜，皆地盘旬首上神乘元武为用也。如六甲占盗贼责元武旬首为阳神，逆数四神六癸旬尾为阴神，不论发用，为闭口也。夫首尾相加，似物闭藏，环圆无端，不见其口，故名闭口。其旬首六仪神吉将凶，不能兴善，旬尾度四即武之终阴，不论首尾相加发用，自有旬首尾之意。占人求事，不语有无之态。统谦之体，上下朦胧课也。

象曰："禁口不语，事迹难明。寻人没影，失物潜形。告贵弗允，论讼不平。孕生哑子，占事终成。"如旬尾加首传逢六合，事成而凶难散，朱雀讼屈难伸，白虎不明遭罪。占病，痰气阻塞，喉肿口禁，失物人见不肯明言，凡事多有闭口之意。辛未日酉加寅日禄作闭口，又系无禄，病者必绝食而死。甲戌、甲辰日旬首作元武、旬尾作为终阴。甲子、甲申、甲午、甲寅四日非旬首作元武，俱以元武所居为阳，逆数度四为阴神，不论旬尾六癸神，亦为闭口也。甲辰日辰为旬首，乘元武为阳神加申，女走求男之下，去西南方捕之，可获。逆数四丑为阴神加巳，奴走从女之下，向东南捉之，可得。非六甲日元武阳神本位上所得为阴神。乙卯日或卯为元武阳神，临戌，女往西北方自追之。申为元武，阴神，加卯，捕逃奴并盗贼，正东方获之。三传相克带凶神，并勾陈克元武，追逃亡，武受克日时，决可获也，相生吉将则难获也。藏物阴神生处搜之：金神求水泽、水神隐林丘、木藏窑冶处、火藏泥窨投、土藏金石之下也。

如甲申日卯时子将占，巳为旬尾，加申用，为闭口课。

凡旬尾加干、旬首加支，为一旬周遍格。但日辰相离，三位有之，占事不脱，所谋皆就，试宜代笔，讼宜换司，交易去而再来。

惟不宜占解疑事及疾病难退也。

勾巳螣寅阴亥

勾　　　　阴
寅　申　亥
巳　亥　申

　　　　　　空
寅　巳　巳午未申
卯　辰
子　戌　酉
贵

如乙未日卯时寅将占，首尾加支干，为一旬周遍格。

阴神作元武课

戌午寅

戌甲
午戌
申子
卯申
寅酉
辰巳午未　元女走处
丑子亥戌　元阴贼与男走处

阳神作元武课

寅未子

酉乙
寅酉
申卯
亥午
丑寅卯辰　元女走处
子巳
戌酉申未　元阴贼与男走处

阴戌六卯空午

　　　　六
卯乙
寅卯
巳午　午
辰卯　未申酉戌
寅丑　亥
　　　子贵
巳午　巳
　　　子

订讹

闭口：或旬尾加旬首乘元武发用；或旬首在天盘乘元武发用；或旬首在地盘，其地盘上神乘元武发用，皆是也。又法不论发用，但看元武当旬首，逆推度四神，虽无首尾相加，自有首尾之意亦是。首尾相加，似物闭藏，环圆无端，不见其口，故名闭口。

占主闭密，机关莫测，事迹难明，寻人没影，失物人见不肯言。纵乘贵，告贵不允。孕生哑子，病痰气格塞暗哑。或噤口痢，或喉塞不食。讼屈不得伸，有冤莫诉。传逢六合，喜事成凶难散也。日禄作闭口，病更凶。若又值无禄课，必死。逆推度四神，专为逃与盗而设。六甲日旬首乘元武，是谓元武阳神，其加临位下，可以捕女。连根逆数四位，即旬尾，是谓元武阴神，其加临位下，可以捕男。如甲辰日，辰旬首则丑旬尾，辰乘元武临申，则寻女于西南申方。逆四度丑临巳，则寻男于东南巳方，是也。非六甲日不必度四，但看元武乘地盘为阳神，可以捕女。天盘为阴神，可以捕男。如乙卯日卯乘元武临戌，则寻女在西北戌方；寻男在正东卯方是也。三传相克带凶神，并勾陈克武，追逃亡，武受克日时，可获；相生带吉将，难获也。失物在阴神生处寻，如元武乘金，金生水，藏水中；乘水，水生木，藏林中；乘木，木生火，藏窑冶中；乘火，火生土，藏泥窖中；乘土，土生金，藏金石下也。

此课外有旬尾加干，旬首加支，或旬首加干，旬尾加支，名一旬周遍格。占忧喜事，各皆不脱，试宜代笔，讼宜换司，交易去而再来。六阴日发用元武，又名察奸课。

又有占寻人法，专看干德支刑所临之处，相克何如。德如甲己在寅、乙庚在申之类，刑如子卯相刑、及辰、午、酉、亥自刑之类。如甲戌日甲德在寅，戌刑在未，寅临未，君子隐西南；未临子，小人逃正北；而寅木克未土，是德克刑也，易获。如己巳日己德在寅，巳刑在申，寅临亥，君子隐西北；申临巳，小人逃东南；而申金克寅木，是刑克德也，难获。

观月经

凡言闭口卦，其理两般陈。六甲当旬上，须推度四辰。

六甲，即甲子等六日度四辰推之。

阳神作元武，阴逆四旬同。子为元武上，从魁作阴神。

逆四是终阴。阳神六甲旬首，阴神六甲旬终。子为元武，阴神在酉，是甲子旬终也。

假令河魁下，阴居小吉身。

戌上为元武，未上是阴神，甲戌旬终也。

忽然临传送，太乙为使臣。

申为元武，则巳上是阴神，甲申旬终也。

易位胜光上，太冲隐去人。

午为胜光，太冲是阴神，甲午旬终也。

天罡若作武，大吉是其宾。

功曹居贼下，登明无处伸。失男阴下去，

六甲日失男子，奔走阴神下去也。

元武女人奔。

如失了女子，元武位寻也。

贼在阴神下，搜寻此处陈。

假令甲子日亥将卯时占，来问女人事，其阳贵神自巳逆数至申，为元武，申为西南，其西南不见，寻阴神落处。申是元武，阴神落于子，子为正北。若捉盗贼，阴神之下正北，获也。此解乃尉山人书。

假令正月占，卯时甲子旬。元武天罡上，天罡下临申。女往西南去，

元武所立位下临申，去西南寻人也。

急走在北邻。

西南不得，申临子位，即于正北上寻之。

大吉东南去，阴位伏阳人。

甲子日元武在辰，大吉，为阴神丑临巳，是知东南上伏阳人也。

贼盗亦同此，两般一体陈。

若失盗贼，亦东南去。两般一解也。

不见六旬日，阴居下法真。

若是六旬首日元武居之，即在本位下。不在六旬日者，用下法推之也。

上法推阳首，此法相兼阴。

若非六甲日，元武在巳、酉、丑、亥、卯、未，是阴神之下，除六甲之外，皆用此法推之，故曰相兼阴也。

元武所乘者，为阳盗贼侵。阳之本位处，所见却为阴。

元武所乘之神，为阳神也，便是盗贼之处。其阴神本位上见者，为阴神也。看神阳与此方位相度处详之。

正月乙卯日，午时课六壬。卯为阳在戌，传送本位金。

其卯为元武，是阳神临戌，其本位卯上见申金也，

为阴神。言阳金克木，即易见也，比合难见也。

女往西北去，

西北是元武所临之下，戌地也。

男往正东寻。

元武所乘之神临戌地，亥将加午，其卯加戌，元武临之，女逃西北，从地盘之戌，阴求阳也。男逃正东，从天盘之卯，阳求阴也。此解乃尉山人书。

盗贼同阴作，

若失物，盗贼则在正东也。失牛，问大吉。失马，问胜光何方。鸡犬等项，各看所属而言之，乃阴神所临之下也。

此是一段陈，其贼擒不擒。三传不相克，吉将求难寻。凶将有相克，亡人贼自擒。

但凡元武阴神所临之下不见克者，看发用三传，若中二传逢吉将，三传上下相生，即亡不见也，贼盗难获也。故云：三传不相克，吉将求难寻。若元武所居之处三传相克，更逢凶将，即亡人易获也，贼盗自擒。故云：凶神有相克，亡人贼自擒

也。今日元武阴神申加卯，上克下，将勾陈凶将合主申时，败贼也。

欲知藏物处，阴神生处寻。

申为元武之阴神，属金，金生水，藏物当在水中也。

金来在水下，

金为武之阴，物在水之中也，谓金能生水也。

水生在高林。

水为元武阴神，物藏在林木之中也。

木神窑冶处，

木为元武阴神，物在火焚之地。

言火隐高岑。

谓火生土，物在高崖之处。

土言坑壑内，空墓窑藏深。

土为阴神，在壑穴之处也。

若论寻获日，元武怕日擒。此法随身宝，价直百锭金。

木为阴神，金日得之，木怕被金克也。

心镜

阳神作元武，度四是终阴。

阳神六甲旬首，阴神六甲旬终，功曹作元武，终阴是登明，故曰四是终阴。

此名闭口卦，逃者远追寻。亡人随元武，捉盗往终擒。

逃人在元武方捉，盗在阴神方捉。

顺行阳所起，

天乙顺治在元武阳神所居，为起。

婢走求阳处，奴逃责阴神。

婢走求阳元武，奴逃求阴元武。婢走就奴，故求阳；阳是婢藏之家也。

袖中金

旬尾加旬首为闭口，逆数四神责元武。凡占，多主闭密，不能测其机关。如占病，是哑，或中风不语，痰塞咽喉，或噤口痢，或咽喉肿疼，不能饮食、言语。占失脱，纵有见贼，亦不肯说。凡事闭口无语，又不相允有无之意。余占，更详天将言其事类，如其上乘贵人告贵，不允；上乘朱雀占讼，枉者不伸；上乘白虎使人不明，遭罪。

观月经

五阳德自处，

甲、丙、庚、壬、戊自居，曰德。

阴来合者论。

夫唱妇随之道。

乙日庚为德，丁开壬户门。己土居阳甲，辛金丙处云。癸德配在戊，

以上论德，取干合也。

刑来支上论。

刑论支也。

贤士去德下，奴婢走刑村。德若克其刑，逃亡路失魂。刑若克其德，逃亡有遁门。刑德不相克，闭口卦中寻。

如有逃去，先以德刑克上推之。如不相克者，闭口卦中寻之。

正月甲戌日，辰时发课占。贤士西南去，未地有灾烦。甲日德自处，贤士在西南。

寅临未也。

奴婢正北走，刑地蓦墙垣。

戌刑未、未临子，故奴婢走北去也。

此名德克刑，六月己巳日，卯时走失看，贤士西北去，亥地上绕栏。

巳德在甲，甲在寅，寅临亥也。

奴婢东南窜，巳上乱情欢。

巳刑申，申临巳也。

此谓刑克德，走人若见难。

申克寅，是刑克德也。

巳申寅举二，此卦不一般。

心镜

刑德追亡好恶分，德在日兮刑论辰。阴德在阳阳自处，乙德在庚访好人。辛居丙上丁壬位，癸向戊中求见真。寅午戌兮刑在火，申子辰兮在东邻。金刚刑西木归根，

巳酉丑刑在申酉戌也，亥卯未刑在亥子丑也。

贱者逃亡不妄陈。或有德刑同一位，良贱皆于彼隐身。德若克刑寻易见，刑之胜德捉无因。

袖中金

德者，干德也。阳德自处，阴德附阳。寅午戌刑在南方，申子辰刑在东方，亥卯未刑在北方，巳酉丑刑在西方，谓金刚火强，各刑其方也。水流趋东，木落归根，是君子责德，小人责刑，德胜刑吉，刑胜德凶。

游子课

凡课三传皆土，遇旬丁、天马为用，曰游子课。盖土者辰、戌、丑、未、季神归墓五行之时，主巡游考绩之期。旬丁者，每旬丁干所值之神，主摇动，事最速。天马者，正月起午顺行六阳位也，又为驿递之神，身势摇动，使人好游，故名游子。居者占之欲游，游者欲还家也。统观之体，乃云萍聚散课也。

青未朱戌后丑

勾　　　　青
亥申　　未乙
　　戌未
　　　　　　贵
　戌巳　亥子丑寅

申未午巳　酉戌　卯
空　　　　辰

象曰："丁马加季，奔走西东，出行吉利，坐守困穷。疾病难产，官讼多凶。天阴不雨，婚事胡从？"如传出阳神欲远行，初未、中戌之类；传入阴神欲私归，初戌、中未之类。或并斩关为绝迹，犹范蠡去越、张良归山，不欲露迹之态。与淫泆并，主私欲事，欲远行；与天寇并，主盗贼事，欲远匿；与行年并，身欲逃亡来问。与五墓四杀并，神将凶，主事迍遭，岁内官灾，行藏出入，恶祸相攻，破败在三年之内，当应观初六"童观"凶象。若遇三奇、六仪、神将吉，年命日辰六处有冲克救神，可解祸为吉，行人来，出者顺，事多遂意。当应观六四"观国之光"吉象也。

如三月将乙巳日午时，三传土遇丁马用，为游子课。

订讹

游子：三传皆土，又或见旬丁，或见二马。土为季神，有遍历巡游之象。旬丁、二马俱主摇动，使人好游，故曰游子。见天马，又名海角课。

占主利出行，不利守静，病凶、婚阻、逃难获、天阴不雨。或支二课加干二课为用，或传送白虎为用，主动更的。未戌丑为阴传阳，欲在家远出；丑戌未为阳传阴，欲在外思归。丑加辰为破游，戌加未为衰游，返吟四季为复游。传值墓神煞害，主冤家逼迫；传值合龙戏驿，主万里奋飞。斩关并为绝迹课，如范蠡、张良归山灭迹。淫泆并，因阴私欲逃；天寇并，因为盗欲逃；行年并主身欲逃，故来问；五墓四煞并，神将凶，主事迍遭破败。

此课动摇不定之象，大端凶。若值三奇、六仪、神将吉，六处冲克救神，可化凶为吉。主行人遂意也。

观月经

何类名游子，五坟稼穑同。三传皆四季，恶事亦相攻。

土为三传，名游子卦。主恶事起。

病者应难愈，逃走与西东。

主病疾连绵人离。

破财三年内，官灾在岁中。三传如有救，反祸却为通。

或传奇仪为救神，遇吉神亦救吉。

心镜

三传四季有六丁，不然天马又相并。占身欲出名游子，逃者天涯地角停。

三传四季，更有六丁、天马者，天涯地角卦也。

中见天魁为天马，末于大吉利斯成。若值墓神并杀害，恐有冤家来逼刑。

用神今日之墓与杀并者，即为五坟四杀卦也。

袖中金

三传俱季，名曰游子。若旬中六丁，与天马上卦者，主其人若不远行，必欲逃亡。占捕盗难获。

指窍

四季相传丑、辰、未、戌，春曰稼穑，而生长以时。夏曰游子，而漂流不定；秋曰地角，据一隅而亡天下；冬曰五墓，舍朝市而守丘虚。逆传四季丑、戌、未、辰，春占越库，散财不以其道；夏占传魁，委用不得其人；秋占杀墓，势将兴而将起；冬占伏阴，机渐收而渐藏。四季为稼穑，辰为五阳之促，戌为五阴之促。名为老阳、老阴，病者气短，占物价高，辰戌无贵人，见之者凶。辰罡戌魁，经魁经罡，压宅宅凶，压人人困。故曰："斗柄知时节，人间日腹新。"辰为更新，戌为故旧，舅伯之亲。占病，气满肠脾，小口灾，欲浮肿。以日鬼言之，四季为墓，占讼不动，独辰戌对冲，占事则紧。丑未贵常，本家占之者，主兄弟和气不足，田园改拓，亦是倚势作威之象。壬癸日皆主不好。癸未日得之，有救有财。辰戌白虎凶，重作元武，有凶徒之搅，壬癸日用之，尤凶。白虎主家有灵柩、孝服之事。乙日得之，不防。虎蛇主虚耗。

三交课

凡四仲日占，四仲加日辰，三传皆仲将，逢阴合为三交课。四仲者，子、午、卯、酉四败神也。四仲日占，遇四仲加支辰阴阳，为一交；仲神发用，传皆四仲，为二交；仲神乘太阴六合将，为三交。此三者相遇交加，故名三交。占者事体勾连。统姤之体，乃风云不测之课。

| 阴卯白午勾酉

午卯　卯亥子　申戌申

申未午巳
空　　酉戌辰　亥子丑寅贵卯 | 象曰："家隐奸私，或自逃匿。谋事不明，求财无益。讼犯刑名，兵逢战敌。更乘凶将，病患尤极。"如遇凶神，男犯重法，女犯通私。乘阴合，主门户不利，阴小隐匿。遇天空，主虚诈，元武遗失，螣蛇惊怪，朱雀口舌，勾陈战斗，白虎杀伤。或在六阳日为交罗，主阴私上门，带凶将恶杀，有杀伤之祸。在六阴日为交禄，主以禄求私，乘元武，为阴私失禄。当应姤九四"包无鱼，起凶"象。若年命有吉神将，日用旺相，传逢午卯子，正七月为高盖乘轩，大吉，不论三交。当应姤九五"含章，有陨自天"之吉象也。

如戊子日午时酉将卯加子为用，传逢卯午酉乘太阴，为三交课。 |

订讹

三交：四仲日时占为一交，课传皆仲为二交，将逢后雀阴合为三交。子午阴阳所起，卯酉日月所从，此四败神，天地门户。占之日时及课传并所乘将三处交加皆仲，故名三交。

占主事体交加连累，暗昧不明，进退两难，或家隐私人，或己身逃匿，谋事被人阻破，求望难，病讼凶。盖四仲纯全，无父子相扶，是谓四正四平，互刑互破，前无孟之可隐，后无季之可奔，如遇兵贼，纵欲逃避而不及矣。值凶将，男犯重法，女犯奸淫，乘阴合门户不利，阴小隐匿，空虚诈，武遗失，蛇火惊，雀口舌，勾战斗，虎杀伤、丧孝。六阳日为交罗，主阴私上门，带凶煞，有惨祸。六阴日为交禄，主以禄求私，乘元武，为阴私失禄。午加酉为死交，酉加午为破交，反吟为反目交，皆不能成合之象。

此课无阴合，则名三交不交。或年月日时皆仲，则名三交不解。过与不及二者，祸更甚于交也。若年命日用旺相，乘吉将，传得午卯子，又名轩盖，占官大贵。

	三交课	华盖，亦是四仲相加，但有吉神。 六月丁卯日午将卯时、天将日时皆仲。午加卯、酉加午、卯加子、子加酉，是四仲。 凡四仲相加，又遇雀后合阴，四仲相并，亦是三交。若遇螣蛇火灾、勾陈斗讼、元武盗贼、白虎损伤。

（三交课盘）

朱
酉后
子常
卯

酉　午丑戊
午　卯戌丁

　　朱　　贵
申未午巳　戌酉　亥子丑寅
　　辰卯　　后

观月经

四仲来加仲，发用阿谁？先其中若有克，三交得此篇。

即子、午、卯、酉，逆相加发用，有克，名曰"三交卦"也。子加卯、酉加子发用，元武、六合、天乙入传，主有奸淫之事；勾陈、白虎，主杀伤逃亡之事。

子、午、卯、酉，逆加，曰破加。凡事阻破。天后六合，主奸邪之事，而人破也。酉、加、午发用，为媒。

男子逆其罪，女子外勾连。

男子逆罪，而女子私通也。

占人当六月，丁卯卯时看。仲秋加仲夏，被克是因缘。

仲秋加仲夏，是酉加午也。

有救除华盖，非此罪迷天。

华盖午卯子为三传，传中见天马，奇仪入卦更吉。

心镜

昴星房宿加日辰，太阴六合又并臻。今日复当逢子午，三传四仲类相因。三交家隐奸私容，不是自逃将避逊。螣蛇防火勾陈斗，元武白虎因杀人。

袖中金

三传俱仲，名曰"三交"。凡四仲日，四仲相加入传发用为一交，得四仲正时为二交，上乘雀元阴合为三交。主隐匿不明，失节阻碍，凡事被人阻破。三交三传务要照上俱备，或三者不备，则名三交不交。或仲年月日时，则名三交不解，是皆过而不及焉。二者灾祸尤甚于交也。且四仲纯全，外无所奇，故无父子之相扶，是为四平四正，互刑互破，前不能进，后不能退，前无孟之可隐，后无季之可奔，交加其象，是欲逃匿而不及。主失节阻碍，谋事被人阻破。后合入传，主阴私不明，勾虎人传，主斗争、杀伤、丧孝之患。午加酉为死交，酉加午为破交，占事大概不能成合之象。返吟四仲为反目交，亦不吉也。凡三交见午卯子乘天马、龙常，即华盖乘轩，宜占官。若空亡，则为乘轩落马，躔日月宿，则为天地烦，宜详之。

指窍

四仲顺加子、午、卯、酉，春占关隔，若羝羊之触藩；夏占关阑，似游鱼之吞饵；秋占四平，日逢弦望晦朔，名曰三光不仁；冬占历阳，时遇日月辰戌，号曰四门皆闭。四仲逆传子、酉、午、卯，春占陷阱，如鸟投笼；夏占正烦，若牛受刃；秋曰失友，状若散离而复合；冬月出渐，名曰阴极而阳生。

三交有天马，为华盖乘轩、又为四正。有正禄，则为四正；无正禄，则为四散。三交，主三四人交往。天马为出行，四正得青龙、朱雀、吉神之类，主士人赴试得解沐浴。四散是五行无气，主妇人败血、小产；酉加午、午加卯之类。或占妇人病，若遇死气，如午加酉之类；大抵午酉为自刑、午为少阴、酉纯阴，纯阴为老阴也。酉为妻，乘生旺之气；酉为婢，为尼。并尼为妻，无生旺之气。酉加子，见元武乘生旺气，多婢生子。午酉为血疾，又为丑恶脓血，看今日鬼言之，带鬼多为疲恶丑恶也，见血气。青龙带禄马财喜，酉为酒，青龙为酒色故也。子午为道路神，子午日得之，定言道路之事。卯酉为分气则异，异则争；卯酉日得之，定言分争之事。卯为外门，春分之气在卯得之者，是春有发生之气。酉为内门，秋分之气在酉得之者，言杀气，秋有肃杀之气。生气吉，杀气凶。

曾门

三交之因，家匿罪人，谓从魁、太冲、六合、太阴并加日辰为用，曰三交。又四仲复加四仲三传俱得四仲，亦为三交也。

定章曰：太冲、从魁、六合、太阴皆为门户，蔽匿万物。谓太冲、从魁、太阴、六合并加日辰为用神者，为三交卦。以此占人家匿罪人。

如乙巳日酉加巳将得六合，亦曰"三交课"。

如丁酉，午加酉，上克下发用，传见太冲，终于神后，为三传四仲，亦匿罪人，门户出入，公私所由，太阴为私蔽，六合为私门，蔽匿罪人。卯酉之位日月所从出入；子午之位，阴阳所起。或明或暗，或公或私，三传四仲，出入微密，亦匿罪人。欲知何人，以终传决之。见白虎杀人，见元武盗贼，勾陈斗伤，朱雀讼事，天后淫泆，太阴奸私，准此。

观月经

日为尊者父，辰作少年儿。尊者来加子，少者反克之。因名为乱首。老者必低蕤。家内应无礼，官司岂有仪。先祖是外姓，上宗别人儿。

凡乱首课，皆主杂乱之姓，上祖必假名异姓。

纵必家和顺，官司亦被欺。

若上祖是如今之姓，老少和睦，亦遭官司。

心镜

日往加辰辰克日，发用当为乱首名。

日为尊、辰为卑，尊就卑，被卑克之，故曰乱首。

臣叛君兮子杀父，妻背夫兮弟克兄。奴婢不从主委任，将军出塞偾其兵。日为尊长辰卑小，犯上之时忌此刑。正月酉时庚午日，传送初传午克庚。略举一端君须识，他占仿此理分明。

主家乱，不利占上祖或别人之嗣。

乱首，日往加辰，受辰克；赘婿，辰来加日，被日克。乱首下欺上，赘婿上凌下。悖逆紊乱，绝上下之义，若更将得卯酉、神得后合，则主男女讹杂。更值魁罡、勾陈，以至有不可形容之事。

甲申、乙酉、丙子、丁亥、戊寅、己卯、庚午、辛巳不可尽述。上门乱首，辰来加日而克日，谓之上门乱首，大无礼也。戊寅、己卯之类。

订讹

乱首：干临支被克，为自取乱首。支临干克干，为上门乱首。更兼发用，尤的。干为尊上，如首；支为卑下，如足。卑下无礼作乱，故名乱首。上门乱首发用，又名反常课。

占主少害长、下犯上，家门背逆，不可举事。自取乱首，尊上自失礼，为支所犯，事体稍轻。上门乱首，尊不惹卑，卑下敢来犯上，事体重。自取乱首，事发于内而起于外，兵不利客亦不宜攻，惟可固守解围。上门乱首，事发于外而起于内，兵不利主，贼来格战，总主来人迟，营寨多有刑伤；若见卯酉后合，主男女讹杂，不分长幼。自取乱首，若四课俱下贼上，不免窝犯丑声，祸自内出。

此课或主祖宗别姓，如将得青龙来意，因幼小不知别籍异居之事，三传年命克制乱我之神，名曰患门有求。

附：干临支生支，曰"偃蹇"，泄耗甚也。受生曰俯就，先难后乐也。同类曰培本，比和相助也。

凌犯：干克支，下贼上为用；支克干，上克下为用。日克辰，乃上凌下，却得下贼上为用；辰克日，乃下犯上，却得上克下为用，互相凌犯，故名凌犯。

占主尊卑不分，君骄臣逆，或主篡弑事，初传官鬼，祸尤速。克下外事起，克上内事起。

赘婿课

凡课日干克辰，又自加临为用，曰赘婿课。盖干为夫，支为妻，干克者为妻财。干临支，以动就静，如男子婿赘妻家。支临干，以静就动，如妇人随男就嫁。此舍己从人，以身入赘，为赘婿。占者凡事不快，寓居于人，身不自由。统旅之体，乃为客求财之课。

象曰："屈意从人，事多牵制。胎孕迟延，行人淹滞。财名可成，病讼未济。兵利为客，先动胜计。"如日往加辰，干克支，以上取下，男就乎女，利尊长而不利卑幼，宜动而不宜静。用兵利为客，见阵利先动者胜也。若辰来加日、干克支，以小依大、女就于男，卑凌尊而尊长不容，用兵则客反为主，宜他来干我，而我能胜之。更遇天将、白虎主杀伤，勾陈主斗讼，朱雀口舌，螣蛇惊恐，或日用休囚，病人传染不离，则应九三"丧其童仆，贞厉"之象。遇天后主恩泽，天乙官长、六合阴私、太常酒食及日用旺相，凡事谋为可就，则应旅六二"得童仆贞"之象也。

如甲戌日卯时亥将用戌加甲，干克支，为赘婿课。	又如丙申日辰时丑将占，巳加申，干克支，亦为赘婿。

左：
六
戌白午后寅

后白白六
寅午午戌
午戌戌甲

贵阴元常白
丑寅卯辰巳午未空
子亥戌酉申青
腾朱六勾

右：
空
巳合寅
贵

空青六
寅亥寅丙
巳申巳

贵
寅丑子亥巳午未申
卯辰
戌酉
腾

订讹

赘婿：干临支、克支；支临干、被克，更兼发用，尤的。干为夫，支为妇，干临支，以动就静，如男子身赘妻家，俗所谓坐堂婿。支临干，以静就动，如妇人携男就嫁，俗所谓随娘儿。皆舍己从人，以身入赘，故名赘婿。

占主凡事不快，寄居身不自由，乃为客求财之课。屈意从人，事多牵制，孕迟病讼延，行人滞。干临支、克支，利尊不利卑，宜动不宜静，兵利客。支临干、被克，卑凌尊而尊上不容，兵亦利客。日用休囚，乘凶将，病人传染不脱；日用旺相，乘吉将，求望利名可就。将得六合，必主招婚婚姻事也。甲戌日戌临甲，有女子衣服事。甲辰日辰临甲，有斗讼事。乙未日未临乙，有酒食言语事。癸巳日巳临癸，有争衣服惊恐事。己亥日亥临己，有女子惊逃事。丁酉日酉临丁，有分离事。壬午日午临壬，有田宅相连事。戊子日子临戊，有女子疾病、就人财物事。丙申日申临丙，有言他人事。辛卯日卯临辛，有木器伤财事。

此课干临支、克支，惟乘囚死作合阴，名赘婿。若乘旺相，作勾虎，又名残下，甚不利卑小也。皆主仗他人势，事乃可成。支临干，看支上神，原受艰难，则为不得已而出，随他人受磨折。如支上原有存处，岂可轻易舍己从人。君子于此，审其可否，则免失身之咎。若支乘脱气，必无正屋可居，终非自立之象矣。二项若中、末见求神克日，或年命得神将吉，又名赘婿当权，可任意所为也。

附：支临干、生干，曰自在坐享也。受生日求受反竭我力也。同类曰壮基并力相济也。

观月经

欲知赘婿卦，将身就妻家。辰往临其日，被克妾称邪，支临干、被克是也。

上下相勾引，行年作爪牙。假令正月占，甲戌卯时加。辰来临日上，被克更无差。

假令甲戌日亥将卯时一课，戌甲，是戌临甲，被克发用，是辰临日也。乙丑日亥将寅时占，丑加乙，下贼上，亦是赘婿卦也。

此名赘婿卦，仔细自吁嗟。妇人将子嫁，次后没荣华。

此卦将嫁他人，为男或随母之子。

心镜

赘婿日干加克辰，辰来加日制其身。

今日干加克支辰，辰来加日上，被日干克。卑被尊制，尊被卑制，故不自由。

如男寄于妻家住，若女携男适就人。意欲所为全不肯，心怀不愿抑勒云。凶灾吉庆皆生内，故以天官决事因。

正月甲辰日酉时辰加甲是也。

袖中金

乱首、赘婿：日往加辰受辰克，为乱首。辰来加日被日克，为赘婿。上凌其下，紊乱；下欺其上，悖逆。

冲破课

凡课日辰之冲神加破为用，曰"冲破课"。冲者，动摇也。初虽有德，后必倾覆。如子冲午，主道路驰逐，男女争谋变动。卯酉相冲，主门户，或改移、或逃亡，失脱外人，淫乱奸私。寅申相冲，主人鬼相伤，夫妇异心。巳亥相冲，主事反覆无实，重求轻得。丑未相冲，兄弟兴衰相持，谋心不同，干事不遂。辰戌相冲，主仆离异，贵贱不明不义之争。破者，解散也，主事更改，多有中辍。若午破卯、酉破子，主门户破败，阴小有灾。辰破丑，主丘墓、寺观破损。戌破未，先破后刑。亥破寅、申破巳，先破后合，盖冲主反覆，破主倾坏，冲破凶为一类，故名冲破。统夬之体，乃雪上加霜之课。

象曰："人情反覆，门户不宁。婚姻不遂，胎孕难成。疾病凶散，财利事平。凡有谋望，成而复倾。"如用传与岁月日时冲破，亦是。或甲岁忌见申、子忌见午冲、酉破之类，日时支干，皆同此推。凡占凶事，遇白虎、蛇、雀、凶将及死神、丧车恶杀，宜冲，冲散则不成争。凶旺不宜冲，冲动则为凶也。类神岁月空亡，冲则暗动，日时次之。吉空宜冲，凶空不宜冲，冲则反实。破与冲同，宜散凶事，不宜吉事。乘破碎，又凶冲动，主人情不顺，于暗中出入难久。乘凶将，无救解，祸甚。当应夬上六"无号，终有凶"象。若内有德合，喜神、吉将，旺相有气，凡事艰难。当应央九五"中行无咎"之象。

如子年庚子日午加卯占，子日以午为冲，酉为破，午加卯为用；子岁子日，午为岁冲、日冲，酉为岁破、日破，卯为午破，又加刑发用，故曰为冲破之课也。

白　午　勾　酉　滕　子

　　白　　阴　　后　　朱
　　午　　卯　　寅　　亥
　　卯　　子　　亥　　庚
　　　　　　　　　　　亥

　　　　　　　戌　　亥
　　申　　酉　　子　　
　　未　　　　　丑　　腾
　　午　　　卯　　　贵
　　巳　　辰　　　　寅

订讹

冲破：干支冲神加破为用，或用神与岁月日时冲破，亦是。冲者，冲动意，亦反覆意。破者，解散意，亦破损意。如子年庚子日未时戌将三传午酉子，午为岁冲、日冲，酉为岁破、日破，冲又加卯破为用；又甲年忌见申冲亥破，冲破并而为课，故名冲破。

占主人情反覆，门户不宁，婚难遂，孕难成，病凶散，财平常，谋望成而复倾。子午冲，道路驰逐，男女争谋变动。卯酉冲，门户改移，或逃亡失脱，淫乱奸私。寅申冲，人鬼相伤，夫妇异心。巳亥冲，事反覆无实。丑未冲，兄弟兴衰相持，谋心不同，干事不遂。辰戌冲，奴仆离异，贵贱不明，不义之争。午卯破、子酉破，门户破败，阴小灾。辰丑破，坟墓、寺观破损。戌未破，先破后刑。亥寅破，申巳破，先破后合，冲主人情暗中不顺，出入难久。乘凶将无救，凶甚。破加破碎煞，尤凶。

此课旺不宜冲；衰墓宜冲；吉不宜冲，凶将宜冲；凶空不宜冲，吉空宜冲。类神空亡，岁月冲则暗动，日辰次之。破不宜望成事，宜散凶事。

淫泆课

凡课初传卯酉为用，将乘后合，为淫泆课。盖卯酉为阴私之门，后合乃淫欲之神，主淫奔泆欲，故名淫泆课。如用起六合、终于天后，为狡童格。主男诱乎女，有逃亡之事，如狡顽好色之童，不顾廉耻之风，故名狡童。凡系淫泆课，利私谋而不利公谋也。统既济之体，乃阴阳配合之课也。

合
卯白
亥后
未

　六　　贵
亥　卯　寅　午　辛
卯　未　午
　　　　寅　卯　申
丑子亥戌　辰巳午未　　贵
　空　　　　　　酉

象曰："男子就室，女妇有家。阴私莫禁，淫欲转加。嫁娶不吉，逃亡可嘉。捕捉难获，访人自差。"如与三交并，为浊滥淫泆，所私非一人一处而已；加天罗地网，甚凶。又主恶声，如子日丑为天罗、未为地网，并天烦，主男遭杀伤；并地烦，主女遭杀伤；并二烦九丑，男女皆遭杀伤。当应既济上六"濡其首，厉"之凶象。若后合临日辰、男女行年并者，占婚不用媒，先奸后娶；值空亡，为虚意也。神将吉，日用旺相，则应初九"濡尾无咎"之象。如辛未日申时辰将乘后合，卯加未用，为淫泆课。

后
子腾
寅合
辰

　　　　空
寅　子　酉　未　戌　后
寅　子　戌
　　　　戌　酉　申
未午巳辰　戌亥子丑　　贵
　空　　　卯　寅

凡淫泆课为用起天后神，终传六合神，为泆女格。如淫奔泆欲自嫁之女，故名曰泆女。主女随于男，有通私奔走之事也。

如戊戌日辰时午将子加戌为用，初传天后，末传六合，为泆女格。

订讹 意同

观月经

初传是卯酉，六合天后来。末传两相应，泆女闺门开。天后人六合，

初传天后，末传六合。

妇人暗使媒。背夫欲逃走，从此降成灾。六合人天后，此是狡童排。男诱他人妇，商量走去来。二神同二将，反复两徘徊。

二神，卯、酉也。二将，后、合也。见斯决然如此。其他卦虽有后合，不是。

尽意思量者，不觉笑颜开。

仔细思量，自然见也。

心镜

天后常为厌医神，须知六合是私门。

二将取名称泆女，夫妇俱怀淫奔心。

欲知男女为淫荡，更向传中把将论。

六合即知男诱妇，天后女携男子奔。

袖中金

天后厌翳六合私门。用起天后，终于六合，必有逃亡妇女，曰泆女。用起六合，终于天后，曰狡童。

曾门

天合为厌翳，六合是私门。谓用起天后，终于六合，名为泆女，家必有走妇。天后者，后宫妇女之位；六合者，为天地之私门，蔽翳万物，出入莫有禁止。女子游于私门，奔亡之象。

定章曰：天后，贵人后宫妻位。六合者，天之私门，蔽翳奸邪，出入无有制约，谓用起天后，终见六合，上下生合，乃为蔽翳；上下相克，乃为强逼。上克下曰强；下贼上曰逼。且人伦之礼，男子有室，女子有家，无相黩也。今女子游于私门，是不能禁制矣。以此占人，必主家中不正，及有逃亡也。上克下，过在男子；下贼上，过在女人。又云：用起天后，传见元武，主妇女逃亡；传入六合，为他人有逃妇也。何以知之？以主事将决之：白虎杀人，勾陈斗伤，元武逃亡，太阴阴谋罪人，太常衣服，天空欺诈他人，朱雀文书口舌，螣蛇惊恐忧疑。天乙天后贵人，以将决之，无有不验者也。

第四十一章　术数汇考四十一

《大六壬类集》十一

芜淫课

凡四课有克，缺一为不备，及日辰交互相克，为芜淫课。邵先生曰：课得不备，刚日从日上起第一课；柔日从辰上起第一课。凡见二阳一阴，为阴不备，如二男争一女。二阴一阳，为阳不备，若二女争一男。及日辰交互相克，各自相生是也。此夫妻皆有私通，两情相背，荒淫无度，故名芜淫。占者家门不正，事多淫乱。统小畜之体，乃琴瑟不调之课。

象曰："阴阳不备，交克最嫌。利名碌碌，狱病淹淹。阴微晴久，阳少雨添。行人未至，征战愁占。"如阳不备，用兵利为，主贼不来；阴不备，利为客，贼来不战，射物必缺。凡得三课为不备，又逢日辰交互相克，占事最凶。更乘凶将，尤甚，则应小畜九三"夫妻反目"凶象。或四课备神将吉，兼有救神，及课不备，无克不凶，事有迟延，夫妻拆散，终复团圆，则应小畜牵复吉之象。

如乙卯日午时未将，柔日从辰上起第一课。盖巳辰为辰之阴神，不复作日之阳神，此二阴一阳，不备，曰"芜淫课"。

勾辰　青巳　空午

　　勾　　空　　青
　　辰　　午　　巳乙
　　巳　　卯　　巳
　　辰　　　　　辰

午戌亥子　贵
巳申丑
辰未寅
卯　　　滕

又加乙亥日巳时子将，为阴不备课也。此二阳一阴。

如甲子日卯时亥将占，四课备，日辰交克，芜淫课。

盖甲日，夫也；子支，妻也。甲欲从子忧申克，子就甲时畏戌侵。然申子又自相生，乃妻与人有私。夫上神为用，课传逢三合，主有他意，或私异姓，内外相好，各相背也。

订讹

不备，四课缺一，止有三课。有克焰常，以克贼比涉等项论，但四课必须那动。刚日从日上起第一课，柔日从辰上起第一课，盖第一课为干阳，第二课为干阴，第三课为支阳，第四课为支阴。阴课缺一，为阴不周全；阳课缺一，为阳不周全。以四课之阴阳论，非以干支之阴阳论也。假如乙卯日午时未将，柔日从支上起第一课，辰卯巳辰巳乙午巳，盖四课先尽，先数两课，巳辰既作支之阴神，为第二课矣，岂可复作干之阳神为第三课乎？此二阴一阳为阳不备。又如乙亥日巳时子将，亦柔日从支上起第一课，午亥丑午亥乙午亥，午亥既作支之阳神，为第一课矣，岂可复作干之阴神为第四课乎？此二阳一阴为阴不备。故名不备。

占主不周全，物偏缺，病难愈，求望难成，行人未至。阳不备，兵讼利为主，贼不来；阴不备，兵讼利为客，贼必来，皆战不成。三传阳多，事起男；三传阴多，事因女。阳多晴久，阴多雨添。凡占，多以不周全意断。

观月经

四课如不备，其卦号芜淫。

此论日辰阴阳有不全，止三课备者，为芜淫卦也。

五月乙卯日，未将午时占。辰阳见天罡，

卯上见辰，为辰之阳神。

太乙作阴神。

太乙在辰上，为辰之阴神也。

日上无阳类，

缘乙课在辰，辰上太乙，却被辰之阴神占了。

二女兢男心。

本分皆有四课，二阳二阴。今止三课，太乙为日之阳神，却被辰之阴神占了，不可更作日阳。胜光为日之阴神，天罡为辰之阳神，是二阴一阳也，故曰"二女竞男心"。

假令乙亥日，子将巳时占。午为辰之阳，

一课亥乙、二课午亥、三课午亥、四课丑午。胜光为日之阴神，先被辰之阳神占了。

丑作午上兼。

大吉加午，为辰之神。

日阳还从亥，

乙课在辰，辰上见亥，为日之阳。

日阴无处添。

日之阴神被辰之阳神占了。

此名为不备，

四课止有三课，是二阳一阴之三课也。

双男竞妇兼。

二阳一阴之象，是二男争一女也。

主有奸淫事，逢时心意嫌。有救应无事，凶神刑狱淹。

三奇六仪，德神为救。

戊午龙宫课，两辰丁酉占。金鸡皆一例，丑未二辛添。

以上七日九课别责，是芜淫卦也。

心镜

阴阳不备是芜淫，夫妇奸邪有外心。二女争男阳不足，两男一女共耽淫。上之克下缘夫过，反此诚为妇不仁。阳为阴将阴处合，阴来阳处为刑临。若知其例看正月，甲子时加卯课寻。甲见天魁子传送，甲夫阳也子妻阴。甲将就子忧申克，子近甲时魁必侵。十干上神交互克，事乖夫妇失调琴。妻怀内喜私情有，申子相生水合金。

子上见申金，金水相生，又三合也。妻与西南有外情也。

解离卦

凡夫妻行年冲克，及上下神互相克贼，为解离格。如夫年立午上见寅，妻年立子上见申，乃子上申怕午克，午上寅怕申克，上下互相克贼，天地解离，各有异心，故名解离。占者非断弦之凶，必有反目之兆也。

如三月丁巳日未时酉将，夫年立寅，妻年立午，值三合，逢春旺相气，为旺孕格。又如夫年立午，上见寅；妻年立子，上见申，夫妻行年上下互相冲克，为解离格。

观月经

夫妻天匹配，有难解离频。年命交相克，

妻行年上神克夫，夫行年上神克妻，是交相克也。

始终亦同陈。妻年行至午，夫年立于寅。六月申时占，妻逢配夫嗔。夫年上逢子，妻运仰观辰。

夫运寅上见子，妻运午上见辰。

辰逢克子水，的有解离迍。夫年反有克，与此一般伸。

夫行年上神克妻，妻行年上神亦同也。

递相淫情起，暗地使媒人。

此不与四课三传之事同。若两家行年相克，夫有外妻、妻有外，夫心余仿此。

心镜

解离之卦看行年，先须察地后观天。夫妻始终互相克，二月寅时课请占。妻年立子夫年午，神后须知克胜光。

神后子是妻天上行年；胜光是夫天上行年。此解论天上行年另一说。

午上功曹子传送，

夫年午上见功曹，妻年子上见传送。

递相伤残更何安。子水本来先克午，子上申金怕胜光。午上功曹怕申克，此为始终互相残。金盆覆水皆斯类，玉轸音悲是断弦。解离夫妻行年上，神将相克互相残。

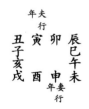

此课不干四课三传事，但夫妻行年相克者也。若无刑损，或夫有外妻、妻有外夫也。

毕法

辰申子	
申辰 辰子 戌午 午申 酉申未午女行 戊午 戊 亥 巳辰年男行 子丑寅卯	真解离卦者，谓干克支上神、支克干上神，或夫妇行年又值此者，尤的。此时占人，必占解离事。已后例内唯详空亡而言之，则小畜九三"舆说辐，夫妻反目，不能正室也"之凶象。 甲子日干上午，甲木克支上辰土、子水克干上午火。 男行年三十五在子，女行年三十一在寅。

甲午日干上酉、支上丑，甲戌日干上亥、支上未，甲辰日干上亥、辰上丑，乙亥日乙上午、亥上丑，戊辰、壬辰、辛丑、庚戌并干上子，丁卯日干上丑，乙酉日乙上寅，辛酉日辛上卯，癸卯、己卯日干上辰，丙午日干上申，辛巳日辛上申，丁亥日干上巳，乙巳日乙上酉，癸未日干上亥。

芜淫与解离之所以分者，芜淫乃干支上神互克下；解离乃干支互克上神，至于年命互克，则同取。

曾门

夫妻行年，在上相克，在下相贼。夫以阳年为始、阴年为终，妻以阴年为始、阳年为终；终始相生为和合，终始相克为俱解。是谓无阴，天地解离，各有他心。

定章曰：夫年立甲午、妻年立壬子；登明临午、上克下，太乙临子、下贼上。妻之阳年神后克午，此时天地解离，各有他心。所谓无阴者，无子孙也。天地解离者，言阳年为天上，阴年为地下。今登明加午，上克下；太乙临子，下贼上，故曰"在上相克，在下相贼"。夫以阳年为始者，言天上胜光也；妻以阴年为始者，言地盘神后也。以神后制天上胜光，为始相克夫。以阴年为终者，言地盘胜光也。妻以阳年为终者，言天上神后也。以神后制地盘胜光，为终相克也，故曰"俱解"。

始为上，终为下，上下相克为"刑伤"，上下相生为"和合"。

夫年 戌酉申 亥 子 丑寅卯辰 年后夫 午 巳 妻年后年妻	正月午时占，夫年立酉，妻年立亥。夫以阳年为始，天上从魁；妻以阴年为始者，年上神天罡也。从魁与天罡相生为始吉，夫以地盘年上神为终者，功曹也；妻以阳年为终者，天上登明也，寅与亥相生为终吉，主夫妻和合也。

心镜

居天寡宿地孤辰，发用须依六甲旬。欲识空亡何宿定，甲戌旬中用酉申。

甲戌旬中胃、昴、毕、觜、参为寡宿，居天上也；申酉为孤辰，在地下也。

占人孤独离桑梓，财物虚无伴不亲。官位遇之须改动，出行访谒无亲人。所问百事皆无实，卒遭官司不害身。

久病亦畏空亡。

袖中金

地盘空亡为孤辰，天盘空亡为寡宿。盖十干不到之地，五行脱空之乡，能减凶祸。主人孤独，离乡背井也。春巳午孤、子丑寡，夏申酉孤、卯辰寡，秋亥子孤、午未寡，冬寅卯孤、酉戌寡。此二卦各看发用，如春占巳午发用，即孤辰卦；子丑发用，即寡宿卦。余例仿此。

总属亲情离散之象。若有奇仪、三光等救神者，反吉。

订讹

孤寡：旬中孤寡有三：发用值旬空，阳空为孤，阴空为寡，一也。发用地盘空为孤，天盘空为寡，二也。发用空为孤，末传空为寡，三也。四时孤寡有二：如春以巳为孤、丑为寡等，一也。春又以生我之水绝神在巳为孤、我克之土墓神在辰为寡，二也。十干不到之地，五行藏脱之乡；前去后空，阴惆阳怅。所谓孤辰寡宿，故名"孤寡"。

占主孤独，离乡背井，官易位，财空手，婚断弦，孕虚有，出入防盗，日辰无气，最凶。孤辰，父母灾，亦主离宗弃祖；寡宿，妻子离，六亲叛。如旬孤寡，又并四时孤寡，为"空孤空寡"，更凶。凡值空亡，忧喜皆不成，托人多诈谋。望近事出旬可图，远事终难，时空事亦难成。或中传空，为"断桥折腰"，主事中止难就。或中、末俱空，为"移远就近"，动中不动，寻远人即在近也。初、中空，推末传。中、末空，取初传。以不空者，断吉凶。新病空病，久病空人。吉空反凶，凶空反吉。

此课大端不吉。或遇三奇、六仪为救神，及遇太岁月将月建为孤寡再醮，又今日所坐，位值孤寡为用，曰"孤寡得位"。如庚日用申是也。皆主反祸为福，事前破后成。日辰年命不论空。又有纯空反实，或遇岁月日时冲起，为逢冲暗动，祸福皆成。

观月经

元课孤辰卦，四时辰上推。

冬北亥子丑，寅卯的孤危。

南方巳午未，申酉是孤夷。

春三寅卯辰，孤在巳午题。

秋天申酉戌，亥子作孤推。

父子分离析，夫妻有生离。

忽然诸卦救，祸灭福相随。

前孤后是寡，骨肉纵睽违。

寡宿卦

前言说孤辰，此卦论寡宿。

仿象孤辰推，在后相驱逐。

冬月申酉戌，发用无骨肉。

夏天寅卯辰，亲情不和睦。

秋来午未占，春遇子丑宿。

吉凶与孤同，有救祸反福。

度厄课

凡四课内，三上克下，或三下贼上，为度厄课。盖上为尊，下为卑；三上克下，则长欺幼，势必遭厄，为"度厄"。三下贼上，则长不正，幼乃凌长，为"度厄"。占者家宅欠利，老幼见灾。统剥之体，乃六亲冰炭之课也。

象曰："事忧老幼，患病重来，家门不吉，骨肉尤乖。出军失利，行者多灾，类神旺相，祸去福来。"如发用阳神乘凶将，主伯叔尊长有灾。阴神，主姑姨幼小有灾。当应剥"不利攸往"之象。日用旺相乘吉将，主幼得长力，长得幼力，则应上九"君子得舆"之象。

如甲子日丑时申将占，三上俱克下，为幼度厄课。	又如壬申日子时未将占，三下俱贼上，为长度厄。
白 寅未 酉元辰 酉甲 寅 辰酉 未 子 未 寅 丑 卯辰巳午 申贵 寅 丑 申 子亥戌酉	元午未 丑白申 青朱元 戌卯午壬 贵卯申午 戌 寅 丑 卯辰巳午 寅 丑 申 未 子亥戌辰

订讹

度厄：三上克下，曰"幼度厄"；三下贼上，曰"长度厄"。三上克下，主卑小有厄难，故曰"幼度厄"。三下贼上，主尊上厄难，故名"长度厄"。

占主家门不吉，骨肉乖离。幼度厄，若子孙发用，凶神入墓，卑者更凶。长度厄，若父母发用，凶神入墓，尊者更凶。若仕者占，主事从邻邑发动，山雀合群，同气相亲之兆也。神将吉，因动成喜；神将凶，面合心离。或反有暗害。或与刑杀并及旺相气，凶易成。若与德合并，不能害也。

此二课同下二课，俱以比者为用，俱不吉。然有救。又不以凶断，如火克金，则水为救之类。

观月经

三上来临下，根源长幼推。

四课之中，三上克下是长幼卦也。

子孙先发用，小者必低蕤。

甲乙日用起，火神发动也。是子孙低蕤，不利之名也。

父母相临用，凶神人墓悲。

甲乙日水神发用，是父母应也。土神发用，是妻财。木神发用，是比和兄弟。

此看三传末，诸卦总如斯。

诸卦入生、入死、入墓，吉凶在重审卦注定也。

度厄卦

三下制其上，六亲竟不虞，事还同长幼，凶即暗嗟吁。

今日何神发用，亲情与长幼卦同也。

生气逢欢乐，休囚下泪珠，五行皆如此，消息要工夫。

三传入生则欢乐，入死墓为忧愁。凡五行，务要精熟，则灾福自然见也。

袖中金

三上克下为长幼，三下贼上为度厄。长幼不利于小，度厄不利于大。再详神将吉凶、有救无救，酌而用之。

无禄绝嗣课

凡课四上俱克下，为"无禄课"。盖日神阴阳俱相克，不得其所，不免投辰上，两课辰上阴阳又相克，则无所投之路。占者多主孤独。如四上俱克下，为无禄格。主庶人不禄，有官罚职，轻者罚俸，重则削职。盖以上制下，臣子受殃，屈者难伸，对敌利客，讼宜先起者胜。惟火多克金，有水可救，其课统否之体，乃上下僭乱之课也。

| 腾
酉常辰合亥

未子 子巳 酉寅 寅巳

子亥戌酉 丑申未 卯辰巳午 寅 | 象曰："上克无禄，下克绝嗣。君臣悖逆，父子分离。求谋不遂，动作多疑。三传有救，方免灾危。"如神将凶，则应六三包羞凶象。神将吉，有救神，则应上九，先否后喜之象也。

如三月己巳日寅时酉将占，四上俱克下，为无禄格。 |
| 白
午贵丑青申

午亥 戌辰 亥卯 卯庚

子亥戌酉 丑申未 卯辰巳午 寅 | 凡四下俱贼上，乃为绝嗣之格。乃主小人无礼暗算，横灾殃祸、病者死、逃者转匿、尊长见灾、战斗利主、讼宜后对、中年多子息、老后主孤独。

如正月庚辰日辰时亥将占，四下俱贼上，为绝嗣格。 |

订讹

绝嗣：四上克下。上不容下，而下难自存，故名"绝嗣"。

占主在上无礼，卑小不利，孕伤胎，病易死。占子病，必不起。奴婢逃，骨肉散。若旬空发用，来人必主独身而已。事起男子。兵讼先者胜。凡事动而必静。

无禄：四下贼上。以下犯上被上夺禄，故名"无禄"。

占主孤独，失业多刑伤，病必死。事起女人。兵讼后者胜。凡事静而必动。

此课神将凶，骨肉分离。若神将吉来意，主分财异居。

观月经

四课俱临下，男鳏女寡孤。三传如有救，子必胜于吾。

四课俱临下者，为无禄卦。如发用是水神，末传得金神为救；发用是金神，三传见土神为救。神吾者，父也。其五行并用此断之。假令己未日亥将辰时占四上克下，取比用酉为金神发用，中传辰土生金为父，末传亥水为子，即有救也。虽是无禄卦，不言绝也。

首尾俱相制，临年子失途，切须看用数，到老不如无。

临年老也首尾初末传，若今日发用，土其神子水终传复见土神，此首尾相制也。假令午将甲寅日未时占，神后临丑下克上为用，是首制也。终传河魁土是尾制也。其神子水欲前就功曹为子，又下被大吉怒之，后欲亲从魁为母，又被天魁戊土上降殃祸。此占人必灾也。

心镜

四课上神俱克下，法式严时不可论。

四上克下，即法令严加，有屈不得伸雪也。

臣子受殃从此起，无禄如何独处尊。占人孤老谁扶侍，空室穷人岂得存。官门竞讼必当罪，对者应知理不伸。

袖中金

无禄，四上克下；绝嗣，四下贼上。上下之分，贵于忠恕。四下贼上，是无其尊，为不忠矣。四上克下，是不容其下，为不恕矣。若得此体，则主奴婢散失，子孙他之，孤子空室，上不能保其禄位，下不能友其妻子，不友不亲、不弟不义之耻焉。又曰：无禄，主动而必静，室家孤独，病不久，退官事不妨囚者，脱逃者获。凡事宜先举者。绝嗣，主静而必动，小人犯上，无礼之兆，暗横灾殃，病者易死，逃者转匿。凡事宜后施者。

曾门

四上克下，名曰无禄。室空无人，老而孤独。臣子受殃，六亲死亡。当此之时，战斗客胜，利以先举。

定章曰：父以子为下，君以臣为下，夫以妇为下，兄以弟为下，四课皆上克下，是为孤独。法曰：君欲害臣，父欲杀子，兄欲损弟，夫欲伤妻，主欲害奴，是空室无人也。

绝嗣卦

四下贼其上，名为绝嗣。凶，中年多子息。

五旬为中年，始有子也。

暮岁灭先宗。

五十以后，主老无子。初传发用是木，末传有水，为子孙救之也。

如末传见金，克木，即主绝后也。

假令甲寅日亥将午时占，即四下贼上，取未上子水为比，用子为水神，末传见戌土，克之，又是孤辰无依也。

又甲寅日亥将子时占，三传子亥戌亦是绝嗣。

假令己未日亥将午时占，即四下贼上，三传巳戌卯，初巳火发用，与今日巳土比，合中传戌土为子孙，末传卯木为父母，不得言绝嗣。为有救也。

假令庚申日亥将辰时占，三传戌巳子，初传戌土，中传巳火为母，末传子水为子，即当头救神，不得言绝矣。

有救同前例。

亦用前例救之也。

无医断后宗。

医者，救也。无医者，绝后也。

专看发用类，年月日时逢。

此年月日时，元首卦内注定也。

心镜

四课下神俱贼上，绝嗣如何保二亲。妻背夫兮奴叛主，子弑父兮臣弑君。

孕长为男刑克子，定是失业孤恂人。事讼切忌于先起，却被番兮难诉陈。

袖中金

四上克下为无禄，四下贼上为绝嗣。上下之分，贵于忠恕。四下贼上为不忠，四上克下为不恕。

曾门

四下贼上，名曰"绝嗣"。亡其先人，后有孤子，战斗利主，必不利客。

定章曰：臣忠君子，孝亲为正。今皆下贼上，是为灭绝。法曰：臣害君、子弑父、妻害夫、奴反主、生男则伤父、生女则伤母。《经》曰：亡其先人是为孤子，此占利居家，不利为客访馆、训教子弟。

迍福课

凡八迍课，得五福为迍福课。如死气为用，旺气下胜。俯仰丘仇，带凶将刑害，传逢坟墓，下贼上，杀临日辰相克，为八迍格。用起初死终旺，子母相生，始凶终吉，年神制初，旺相临日辰，为五福格。此八凶者，为迍五吉者为福，故名

"迍福"。盖时令死气发用为一迍；下为旺气所胜为二迍；上见丘墓为三迍；下见仇克为四迍；乘凶将为五迍；带刑害子为坟墓，星主死亡为六迍；下贼上为七迍；凶神临日辰相克为八迍。若用起死气末传旺相为一福；子逢凶、母带德解救之为二福；始为凶将，终有吉神为三福；初传见鬼贼、年命克制为四福，日神吉临旺相为五福。占事先凶后吉，统屯之体，乃雷雨解灾之课也。

| 朱
未白子贵
巳

朱　元　空　螣
未　寅　亥　午癸
寅　酉　午

青　空　常
戌　子　丑寅卯辰　元
酉　亥　寅卯辰　后
勾六　午未　巳贵
　　朱　螣 | 象曰："八迍并用，忧患将至。得病倾危，遭官坐死。营干不成，动作被累。五福相逢，变忧为喜。"如课遇八迍，占者大凶。则应屯上六，泣血涟如之象。或八迍变五福，主事先忧后喜，始终成就。则应屯初九，居贞之象。

如癸酉日午时亥将春占，未上死气，下为寅木所胜。俯仰丘仇，乘朱雀凶将，末传相气贵人，为迍福课。 |

订讹

五福：初传囚气，末传旺相，一也；子逢凶，母带德解救之，二也；初传凶将，末传吉神，三也；初传鬼，年命上神克之，四也；德临日上，五也。此五者，转祸为福之象，故名"五福"。

占主一切吉。

迍福八，迍课又得五福。假如癸酉日，午时亥，将春占课得午癸、亥午、寅酉、未寅传得未子，巳将得雀虎贵用死一迍；未下寅，春木太胜二迍；木墓在未，仰见其丘土，畏木克，俯见其仇三迍；将雀四迍；雀与刑合五迍；子临未，下贼上，又乘虎六迍；子得虚宿，主坟墓哭泣七迍；干上蛇，支上武，俱凶将八迍。初未死、末巳相一福；末生初子投母二福；初雀末贵三福；巳受子克，得贵人救四福；癸德附戊、戊奇丙，午临日五福。迍中有福，故名迍福。

占主化凶为吉，先忧后喜。

订讹

八迍时令死气发用，一也；用被地盘旺气所胜，二也；俯仰见丘墓仇克，三也；乘凶将，四也；带刑，五也，下贼上，六也；见坟墓哭泣神，七也；凶神临日辰，八也。八者，濡滞忧患之象，故名"八迍"。

占主一切凶、病危遭官、坐死、谋无成。

小吉临寅，为用八迍。春土死用神，是死气一迍；未土临寅，寅旺木胜之二迍；木墓在未，仰见其丘，丘土畏木，俯见其仇三迍；朱雀为初传四迍；雀与刑并五迍；中传子，临未下贼上六迍；子为虚宿，与白虎同位七迍；午加癸，乘凶将腾蛇，又下贼八迍。

凡遇八迍，须得旺相、吉将相生为救。若其福力均，殃渐退，疾病瘥，官讼理得伸。

心镜

八迍五福详吉凶，以意推之无定神。欲别凶微吉有力，不然八五是常文。冲破休囚刑墓杀，恶将都看有几迍。旺相相生吉神救，又视福之多少均。福力均时殃渐退，病瘥官事理得伸。

侵害课

凡课日辰六害相加，并行年为用，为侵害课。六者，父母、兄弟、妻子六亲也。害者，损也。如子畏午冲，直上穿心；见未合冲，助仇而为害也。害则似水壅滞、血气未行、事多阻隔。然子未为势家害。子加未，举事无终始，及官非口舌；未加子，营谋阻塞有灾。丑午卯辰，为少凌长害。丑加午，官病忧惊、夫妻不合；午加丑，事不明不就；卯加辰、辰加卯，主事虚声，争财有阻。寅巳申亥，为竞强争进害。寅加巳，主出行改动，退利进阻；巳加寅，主事艰阻，口舌忧疑；申加亥，事先的，后疑阻，必无终始；亥加申，图谋未遂，事无终始。酉戌为鬼害。酉加戌，阴小，逃亡，病凶；戌加酉，时有阻，病凶事。此害神主侵损、相害，故曰

"侵害"。统损之体，乃防人暗算之象也。

<table>
<tr><td>

滕
子 常
未 六
寅

六 常 滕
寅 未 子
未 子 丙

滕
子 丑 卯
亥 寅 辰巳
贵 戌 申 午
　　酉　　未

</td><td>

象曰："六亲失靠，骨肉刑伤。财利潜害，疾病殴伤。求婚人破，出阵军殃。胎孕防堕，干谒不祥。"如六害神临日辰发用，又乘凶将恶杀。主侵害、凶祸，当应损九二"征凶"之象。若带合德善神吉将，课体虽阻而终成。当应损上九"利有攸往"之象也。

如丙子日申时卯将占，子日未害，并用子，为侵害课。

</td></tr>
</table>

订讹

侵害：干支害神，上下相加发用，临行年更的。子未为势家害，丑午与卯辰为少凌长害，寅巳与申亥为竞强争进害，酉戌为鬼，六处都能肆其侵损，故名"侵害"。

刑伤课

凡课中三刑发用并行年，为"刑伤课"。盖恶莫大于刑。刑主伤残，如寅巳申刑者，寅中有木火，巳中有土金，申中有金水，父子在位相伤，为无恩刑。寅刑巳，主举动险阻，官事灾害，彼刑我斗，前事生发。巳刑申，长幼不顺，先犯后成，彼刑我解，仇将恩报；申刑寅，人鬼残贼，男女相制，彼刑我动。丑戌未刑者，三宫皆土，兄弟以力相伤，为恃势刑；丑刑戌，主官鬼刑禁，尊贵、伤卑贱，有挠不明；戌刑未，少凌长，举事妻财凶；未刑丑，大小不和，或见丧服。子卯相刑者，水木母子，改节相伤，为无礼刑；子刑卯，主门户淫乱，死败，尊卑不睦；卯刑子，去明入暗，水路不通，子息不律。辰午酉亥自刑。寅申巳亥四冲，无亥；辰戌丑未四冲，无辰；子午卯酉四冲，无酉午；惟子卯互刑，是四位无所相刑，为自刑。主自逞高大，更改自害。受此四冲，缺一不全，欹而不正。三者各自相推，不齐着力，罚而相刑，刑必有伤，故名"刑伤"。若寻奴仆小人奔走去向，详支之刑神所临之方，追之必获。统讼之体，乃大小不和之课也。

腾午六辰青寅 元戌 申戌 子辰午庚 腾午未申酉 午巳 辰戌 空卯寅丑子 辰亥 巳戌 午未申酉贵	象曰："偏欹失位，家门不昌。胎孕欲堕，婚姻不良。征下顺利，斗上刑伤。谋为乖戾，凡事遭殃。"如刑神为用，或递互相加乘凶将临日辰，皆主伤残，人情不和。刑干男伤，人身不利；刑支女病，家宅不安。时刑干，忧，小口小人时下事不利。善刑恶，无忧；恶刑善，凶至。刑月建者，不可讼人；刑日神者，不可远行。干刑速，支刑迟。或上下相刑，遇日鬼，主公私之扰，尊长不分。凡事乖戾，谋干费力。忌小人见蛇；血支血忌，孕必堕胎，及血光灾。或辰自刑，又见辰乘凶将，主燥爆，挟刃自伤。或六处有神，作支之自刑；又作干鬼，结连三传，为鬼、为助刑。或伐德，甚凶。当讼上九"或锡鞶带三褫之"凶象。若遇德神、吉将，有气事、有阻，终遂象。 如庚午日寅时子将占，午为支，刑临日用，为刑伤课。

凡偷盗、男女奔走，止论刑德。盖尊贵以德，卑贱以刑，故为"刑德格"。刑者，寅午戌日刑在巳午未方、申子辰日刑在寅卯辰方、巳酉丑日刑在申酉戌方、亥卯未日刑在亥子丑方。德者，甲己德寅、乙庚德申、丙辛戊癸德巳、丁壬德亥，阳德自处，阴德从阳。占奴仆寻刑，德胜刑易获，刑胜德难见。德刑不相克，见闭口课中。推寻常人占，但取天盘上德、刑下所加之地，以别贵贱去向之方是也。

如庚子日戌时亥将占走奴仆，支刑在卯下加寅，主去东北方追之可获；应在刑受克。金德，木刑也。若占贵人、君子，日德在申下加未，主往西南寻之可见；应德受生日时到也。其二者，配为德刑格。

订讹同意

二烦课

凡四仲月将遇四正及四平日，占得日月宿，加四仲斗罡，系丑未，为二烦课。四仲者，子、午、卯、酉也。日宿者，太阳躔度宫神也。正月起亥，逆行十二辰。月宿者，太阴星躔度宫神也。正月初一起室、二奎、三胃、四毕、五参、六鬼、七张、八角、九氐、十尾、十一斗、十二虚，每月初一移一宿，逐日数二十八宿，遇奎、张、井、翼、氐、斗宿重算，留一数尽。月宿住处，为太阴所在宫神。更详《七政历》细度为准。斗罡者，辰也。四正者，朔、望、弦、晦也。初一为朔、初八为上弦，十五为望、二十三为下弦月、终为晦。四平者，即四仲也。子平卯、卯平午、午平酉、酉平子也。如日月经仲宿度数多而有稽留，及天罡凶神交系丑未，贵人不得理事，则三光不明。德气在内，刑气在外，此二者，天地相并，故名"二烦"。占者，家有灾祸。统明夷之体，乃荆棘满途之课也。

象曰："男遇天烦，命遭刑戮。女犯地烦，身受益毒。征战伤亡，疾病号哭。狱讼徒流，胎孕不育。"如将乘腾蛇，主忧恐；勾陈，主争斗；后合阴暗，白虎丧亡。此天地烦，并主男女俱有患。惟春夏可生，秋冬必死，当此之时，利居家，不利出行及干求事。凡百谋为造作，决招凶祸，则应明夷上六"后入于地，失则"凶象也。

如九月初三丙午日午时卯将占，寅命行年在午月将为日宿躔氐二度、月宿躔氐五度，太阳太阴俱值卯宫，加午，为仲辰，为斗罡。临未二并，为天地烦，曰"二烦课"也。

凡日宿临四仲，斗罡系丑未，为"天烦格"。主男子犯法。盖男禁天烦，无抵四正朔、望、弦、晦，如春夏，男行年并日宿临卯午，主犯县官，刑囚见血及徒配之患。秋冬临酉子，有犯刀兵、刑戮、污葬之灾也。

凡月宿临仲，斗罡系丑未，为"地烦格"。主女子受灾。盖女禁地烦，无冲四平子、午、卯、酉，如春夏，女行年并月宿临卯午，主产难、流血、斗讼之愆。秋冬临酉子，有刑丧、犯法，死亡之残殃也。

如三月十五己卯日子时酉将，男命行年在子日宿酉并临子，为加仲，罡下系未，为天烦格。又女命行年在午月宿卯并临午，为加仲，罡下系未，为地烦格也。

订讹

二烦：日宿临仲、斗，系丑未，曰天烦。月宿临仲、斗，系丑未，曰地烦。日月宿俱临仲、斗，系丑未，曰"天地二烦"。日宿者，太阳躔度也。正月起亥，逆行十二辰。月宿者，太阴躔度也。正月初一起室、二月初一起奎、三月胃、四月毕、五月参、六月鬼、七月张、八月角、九月氏、十月心、十一月斗、十二月虚，每一日行一宿，如遇奎、井、张、翼、氏、斗，皆重留一日，数至占日，即知月宿所在也。子午卯酉，为天地关格，四极之地，太阳太阴切忌临之。丑未，贵人之首也。斗罡凶神加临其上，使贵人不得理事。此门户闭塞，三光不明，德气在内，刑气在外，天翻地覆，莫大忧烦，故名"二烦"。

占主极凶，春夏尚可生，秋冬必死，百事祸散复至，殃及子孙。喜者反怒，解者更结，虽有吉神不救。日宿临卯午，为春夏天烦，男犯刑囚徒配；临酉子，为秋冬天烦，男犯刀刑，法死不葬；月宿临卯午，为春夏地烦，女产难、斗讼、血流；

临酉子，为秋冬地烦，女犯重法，为男所杀。男女行年并，尤的。月宿遇重留者，更凶。大抵弦、望、晦、朔四正日，男行年抵日宿，主被吏执；子、午、卯、酉四仲日，女行年抵月宿，主被盗贼。假如壬子日午将卯时，四课寅壬、巳寅、卯子、午卯，三传午酉子。若正月十四占得此课，则为地烦。盖正月初一起室，数至十四日为柳，柳乃午宫宿是也。若六月初二占得此课，为天地二烦，盖午为六月，月将临卯，此日宿临仲，又六月初一起鬼，初二柳，柳乃午宫宿此。又月宿临仲，故名二烦也。二课俱斗系丑。

此课四仲月日及四正日占之，更的。然日月宿不发用者，不真。

附：日月宿临仲、斗，不系丑未，又名杜传。传行杜塞也。

心镜

日月宿行为四仲，此卦名为天地烦。更被斗罡加丑未，复以兼称为杜传。男行抵日女抵月，举事灾殃为汝言。祸散更生欢复怒，仇人和了又成冤。弦望晦朔天烦合，男犯刑伤被吏缠。

弦、望、晦、朔，为四正日，男行年抵日者，主被吏执缠。

子、午、卯、酉地烦会，主女流血迭复遭。

春酉将八课

乙卯、丁卯、己卯、辛卯、癸卯、庚午、戊午、壬午。

并酉加午临仲发用，斗系丑未。

夏午将十二课

甲子、丙子、丁酉、己酉、庚子、壬子、癸酉、辛酉。

并午加酉临仲发用，斗系丑未。

秋卯将三课

戊子、辛酉、己酉。

并系卯加子发用，斗系丑未。

冬子将七课

丁卯、丁丑、丁酉、辛卯、丙午、己卯。

并系子加卯发用，斗系丑未。

二十八宿角、亢、氐、房之类，正月起室，已见于前。假令正月初一日起室，二日壁，三日四日俱奎，五日胃，六日昴，七日毕，八觜、九参，初十日十一日俱并，十二鬼，十三柳，十四星，十五张，加四仲发用者，是也。

起月宿法

正室二奎三在胃，四毕五参六鬼期，七张八角九月氐，十心一斗十二虚。

每日一宿，遇奎、张、井、翼、氐、斗，重留一日，遇本日星发用者，是地烦。地烦，又要斗系丑未，月宿加四仲发用是也。

月宿所属十二辰

辰角亢	卯氐房心	寅尾箕	丑斗牛	子女虚危	亥室壁
戌奎娄	酉胃昴毕	申觜参	未井鬼	午柳星张	巳翼轸

正月	十四	十五	十六	二月	十二	十三	十四	三月	初九	初十	十一
四月	初七	初八	初九	五月	初五	初六	初七	六月	初二	初三	初四
七月	初一	初二		八月	二十六	二十七	二十八	九月	二十五	二十六	二十七
十月	二十二	二十三	二十四	十一月	十九	二十二	十一	十二月	十五	十六	十七

丁丑昴星，丁亥、己卯、甲子、癸酉、丙子，昴星俯。己丑、丁酉、庚子、己酉、壬子、辛酉，并系午加酉为用，以上月内逢者是。

正月	初六	初七	初八	二月	初四	初五	初六	三月	初一	初二	初三
四月	初一			五月	二十九	三十		六月	二十六	二十七	二十八
七月	二十三	二十四	二十五	八月	十八	十九	二十	九月	二十六	二十七	二十八
十月	十四	十五	十六	十一月	十一	十二	十三	十二月	初八	初九	初十

乙卯、庚午、己卯、壬午、辛卯、癸卯、戊午、丁卯，并系酉加午为用，以上月内逢者是。

正月	三十			二月	二十八	二十九	三十	三月	二十六	二十七	二十八
四月	二十四	二十五	二十六	五月	十九	二十	二十一	六月	二十三	二十四	
七月	二十六	二十七	二十八	八月	十一	十二	十三	九月	初九	初十	
十月	初六	初七	初八	十一月	初三	初四	初五	十二月	初一	初二	

己卯、丁卯、丁丑、己丑、辛卯、丁酉、丙子，并系子加卯酉发用，如前月日内逢者是。

正月	二十二	三	四		二月	二十一	二	三		三月	十八	十九	二十	二十一
四月	十六	十七	十八		五月	十四	五	六	七	六月	十一	二	三	四
七月	初八	九	十	十一	八月	初三	四	五	六	九月	初一	二	三	四
十月	初一	三	十		十一月	二十七	二十八	二十九		十二月	二十四	五	六	七

戊子、己酉、辛酉、癸酉、乙酉、丁酉，并系卯加酉发用者，是。

子午卯酉四项，通计三十余课。值此月此日方是。假令正月二十二日己酉申时，月宿在卯，此日偶值己酉卯加子仲临仲发用，为地烦课也。

斗不系丑未者，名杜传课。四位俱闭，三光不明，德气在内，刑气在外，利于届家，不可远行。

假令戌将卯时，己卯日占，四月丙午日申将午时、六月癸酉日未将酉时，皆乃天烦杜传。

假令九月辰加酉初一日起氏，数十四日，乃月宿在戌庚戌日，戌加卯发用，是地烦杜传。

观月经

日宿加四仲，发用在其中。斗系丑兼未，天烦卦本宫。愆招男子罪，如何走西东，兵甲将诛戮，加刑忧命终。

地烦卦

月宿加四仲，地烦发用名。天罡临丑未，女子血光惊，产妇多忧惧，胎成子不成。传中有恶将，必定举哀声。

曾门

日宿临四仲，为天烦；月宿临四仲，为地烦。斗系丑未，为天地烦；不系丑未，则为杜传。当此之时，四位俱闭，三光不明，德气在内，刑气在外，利于居家，不宜远行。男子抵日，女子抵月。凡举百事喜者反怒，解者复结。殃及子孙，祸更复作。男禁天烦，无抵四正弦、望、晦、朔之日，以此举事，刑戮大惊；女禁地烦，无抵四平，子平卯、卯平午、午平酉、酉平子，以此举事，流血见腥。

定章曰：朔、望、弦、晦，日月加四仲占事，与九五同。以举百事，必被殃也。又曰：日宿加午卯，为春夏天烦，男子囚禁，流血见官。日宿加酉子，为秋冬天烦，男子兵戮，法死不葬。月宿加卯午，为春夏地烦，女子斗讼流血。月宿加酉子，为秋冬地烦，女子斗讼，为男子所杀。二烦之禁，不可不慎。以举百事，主死亡。如二月朔日辛卯时加卯，天魁临卯为用，将得勾陈，主斗讼刑伤；次传天后，事因妇女；终见天空，耗散破灭。此时日月宿在魁下临仲，为二烦。并斗不系丑未，为杜传。此时德气在内，刑气在外，以举百事，必因妇人，斗讼刑伤，耗散家业，或被刑戮，大惊，殃及子孙。三月午时斗系丑未，曰天烦。四月二十七日巳时，名地烦。

天祸课

凡四立日，占得今日干支临昨日干支，或昨日干支临今日干支，为天祸课。盖立春日木旺水绝，立夏日火旺木绝，立秋日金旺火绝，立冬日水旺金绝。一年之内，只此立春、立夏、立秋、立冬四立日前一日，为四绝。如四立日干支神加绝神干支，或绝神干支加四立干支神，此四时之气，德绝用刑。如天刑时灾，人受其祸，故名"天祸"。占者动有凶咎，不可妄为。统大过之体，乃嫩草遭霜之课也。

辰巳午 戊酉 酉申 辰卯 卯甲 午巳辰卯 申 未 酉戌亥子 寅 丑	象曰："以新易旧，天有灾祸。咎事莫为，身宜谨守。战斗流血，造死丧偶，出行死亡，干谒空走。"如四立金日前一日，是火神相加，又发用，占者主火眹，或雷震天灾。木日水动，主水灾，或盗贼淫乱。木主屋梁崩折。金主兵戈战斗。土主土瘟墙壁险陷，更乘白虎，主死丧，元武失脱，朱雀口舌，勾陈争斗，带恶杀，必有不意凶祸，不出时节九十日也。或四立日值朔望先一日，月穷，为四废，并此四绝之日上，望见月宿，其凶尤甚。当此之时，不可出行造作等事，犯者大凶。当应大过九三"栋挠"之象也。 如正月立春甲申日绝日癸未寅加癸，为天祸课。

订讹

天祸：亦名四穷天祸。凡四立日占得，今日干支临昨日干支，或昨日干支临今日干支。立春日木旺水绝，立夏日火旺木绝，立秋日金旺火绝，立冬日水旺金绝，四立前一日为四绝。如四立日干支加绝神干支，或绝神干支加四立日干支，此四时之气，德绝用刑，日上日下，皆不愿处。如天行时灾，人受其祸，故名"天祸"。绝神为四时穷日，故亦名四穷天祸。

占主动凶，不可妄为，出行死，干谒不见，造葬更忌。如绝神是火，主火灾，或雷霆变异。水主水灾，或盗贼淫乱。木主屋倾。金主兵战。土主土瘟，或官司牵累，应验不出节内九、十日也。或四立日值朔、望先一日，为月穷，又为四废，并此四绝之日上，望见月宿，凶尤甚。

观月经

四立干上神，分明末日临，此名天祸卦，乖角竟相侵。

立春前一日，名水绝。立夏前一日，名木绝。立秋前一日，名火绝。立冬前一日，名金绝。立春之日，是甲，甲前一日是癸；癸是水末日也。甲日占得甲上见丑，是末日临也。言癸课在丑也，立夏之日是庚，前一日是巳，巳是木之末日，其庚日占事，干上得小吉，是末日临也。言巳课在未也，如癸丑日立秋前一日是壬，壬是火绝之日，癸日占得丑上见亥，言壬课在亥也。立冬之日是丁，前一日是丙，丙为金绝之末日也，丁日占事，未上见太乙，是末日临也。以丙课在巳，此是四立干上神，分明末日临也。大抵天祸，四立日干见昨日天干上发用者，是也。

火动烧人死，

若庚辛之日，为四立日见末日临之，又发用若火神动者，主雷霆逆祸事、天降火烧人，或天中有咤异之事。如庚辛为末日，又火神动者，主此灾祸。

水临劫盗深。

若水动，有水灾、贼盗，亦是家中浊滥而生凶祸也。丙丁为末日，又得水神发用者，课主贼盗也。

木因梁屋事，

若木动，主屋塌梁坠，下札而致死亡之事。如戊己为末日，见水神，主此灾祸也。

土动为争论。

壬癸日立春得末发用，见土神者，主此灾祸也。

金则兵戈乱，闹处起哀声。

如金动，主兵戈刀死刃伤。甲乙日立春，立春时得末发用，是金神主此灾祸也。

四立之日，是课妙用，切须熟读记之。

心镜

四立日占为百事，切忌干临向绝辰。

立春、立夏、立秋、立冬四立前一日，为四绝；前日干临今日干是也。

遇此是名天祸卦，天咎之灾四五旬。

经云：祸不出一节，一节四十五日也。

今日立春当乙酉，昨暮穷冬是甲申。假令乙酉戌时课，乙将临甲害凌人。欲知祸患缘何起，以将推之决是因。白虎死亡元武贼，官事追朱斗勾陈，天空作事主欺诈，若依此法岂遭迍。

| 鬼 申 贵 |
| 财 戌 阴 |
| 父 子 常 |

| 丑 | 亥 | 申 | 午 |
| 亥 | 酉 | 午 | 乙 |

天祸：四立日日干临前一日日干上。天寇：分至日日支临前一日日支上。创始值于干绝，旺极值于支离。天祸主九十日，水绝水厄，火绝火灾，虎加病死，元加盗贼。天寇主四十五日，出行遭劫，造屋灾火，骨肉不相保，疫疠必相伤。遇之者，上天怒之咎也。

假令甲申旬乙酉日立春子将戌时。

天狱课

凡课囚死，墓神发用，斗系日本，为天狱卦。盖囚死者，时令囚死之气也。墓者，日库也。我克者，为死；克我者，为囚。夫死囚发用，主死丧囚禁之事。斗者，辰为罡也。日本者，日干长生位也。若日本强旺，生日有救；今日本又遭斗系，不能扶助。用神囚死，墓葬之气，如天降灾殃，致人罹狱难逃，故名"天狱"。占者，忧患相仍难解。统噬嗑之体，委靡不振之课也。

<table>
</table>

未 子 巳

	酉乙	丑寅卯辰
寅酉	寅酉	子巳
未寅	戌酉申未	亥午

象曰：“日用迍邅，刑狱之愆。犯法难解，染病未痊。出行凶也，谋事徒然。兵家大忌，出军不旋。”如用神囚死，俯仰丘仇，斗系日本。或乙日，辰加亥孟神，忧父母；加卯仲神，忧同类；加未季神，忧妻子。或带刑杀灾劫，为真天狱。虽有青龙，莫能救止。或为魄化，奇系日本，凶祸尤甚。当此之时，不可出行及造作百事，皆凶。则应噬嗑上九“何校灭耳，凶”象也。然辰为天牢，戌为地网，若罪囚入狱，喜见贵人临辰，戌有履狱录囚之义。更日辰行年得子孙生气，德合解神吉将，为狱清平，则危中有救，忧中有喜，官讼得理，贼围可解。当应九四“得金矢，利艰贞吉”之象也。

如乙酉日春占，未土死气发用，斗罡系亥，为天狱课。

订讹

天狱：发用死囚，斗系日本。日本者，干长生也。我克为死，克我为囚。死囚发用，已主死丧囚系，又是斗罡凶神，临日本之上，如天降灾致，人罹狱难脱，故名“天狱”。

占主犯法入狱，病多死；出行用兵，一切造作，凶。如用神囚死作日墓，俯仰丘仇者，更的。丘，乃三丘；天盘见之，曰仰见其丘。仇，乃克制；下受地盘克，曰俯见其仇也。斗加日本，带刑煞灾劫，为“真天狱”。乃致死之地，虽有青龙莫救，或魄化为用，斗系日本，谓之“绞斩卦”。祸尤惨。

此课甚凶。主家有人系狱，如将得贵、龙、常、后，又不带灾劫等，变凶为吉。来意主望天恩事，有贵临辰戌，未入狱者遇之，则贵人不得地，不能察讼，讼凶。若罪囚在狱，喜见贵人，有履狱录囚之义。更日辰年上得子孙，乘生气，德解吉将，为天狱清平，危中有救，讼伸围解。

观月经

欲知天狱卦，发用死囚神。斗系加日本，相临犯法人。传中灾劫杀，刑害转生嗔。正墓加同类，灾迷受祸迍。

日本者，亥为甲乙之本，寅为丙丁之本，申为戊己壬癸之本，巳为庚辛之本斗是天罡。若天罡加日本，又遇死囚神发用，三传逢劫杀、灾杀、刑害，更本命墓来临日，入狱刑诛，难有出期，或上祖曾遭诛戮者，应之。

心镜

占课用神当死囚，仰见其丘俯见仇。更值斗罡加日本，

今日长生处，是也。

四凶天狱是其由。正月乙酉午时课，小吉临寅故曰丘。

未土是木之墓。

春占土死未为墓，土畏于寅又是仇。

未土被寅木克，小吉与木为仇。

乙生于亥将为本，

乙木生于亥，亥是本父母。

斗系亥当父母忧。

斗柄指亥，故当父母之忧。

临仲己身兄弟患，

斗指仲，兄弟忧。

加季儿孙妻妾愁。

孟亥、仲卯、季未，亥卯未，是木之位也。

登明小吉例难得，如火如木忌逢秋。

秋木，死火囚也。

行人不可此时出，百事能知不免忧。

袖中金

寅 未 子 亥 午 寅 酉 乙 午 丑 酉 戌 亥 子 丑寅卯辰 酉 午 寅巳 申未	天狱用神死囚，仰见其丘，俯见其仇，斗罡加日本，出行百事不吉，欲知天狱卦。 假令七月乙丑日巳加子。 此课功曹加酉，下贼为用，功曹为时之死气。又天罡临亥，是斗系日本。小吉加寅，是正墓临同类，寅为劫杀未墓，又是日刑。占人，家凶祸终年者也。

第四十二章　术数汇考四十二

《大六壬类集》十二

天寇课

　　凡四离日，占得月宿加离辰，为天寇课。盖春分、秋分卯酉月中，阴阳均分而离；冬至、夏至子午月中，阴阳俱至而离。四时之中，惟此春分、秋分、冬至、夏至，四至前一日为四离。乃阴阳生杀，多主盗贼。月宿者，乃太阴躔度之辰，正月初一起室，逆行二十八宿，每日约行十三度，所到之宫，辰为月宿。阴精刑杀，主盗。加此四离之辰，明中为盗。如天降凶寇，殃及于人，故名"天寇"。占事破坏，多值乱离。统蹇之体，乃时势多艰之课也。

未 酉 亥 未　巳　卯癸 巳　卯　巳卯 未　申　戊亥子 午　酉　卯寅 巳辰　　丑	象曰："阴阳分离，气不得反。盗贼滋生，军兵惰懒，病者即亡，孕妇当产。出路死伤，婚姻拆散。"如月宿加离辰发用，祸事尤速。乘元武、勾陈，作游都、盗神，定主盗贼，来则必战。或乘虎作鬼劫，为真天寇，其凶尤甚。此时出行市买，主劫盗丧亡，百事不遂。则应蹇"险在前也""其道穷也"凶象。若占人年命见月宿加离辰，必己身欲为盗来问也。故月宿值太阳，日月并明，主盗贼败露，为败寇。当应蹇"见险能止大人济蹇"之吉象也。 　　如癸卯日春分离辰、壬寅月宿在辰加寅，为天寇课。 　　亦非发用。

订讹

天寇：分至日占得月宿临离辰。春分、秋分，阴阳均分；冬至、夏至，阴阳俱至。分至前一日为离，乃阴阳离拆，盗生盗杀之时。月宿详见二烦课中，即正月起室，二月起奎等是也。逢奎、井、张、翼、氐、斗，皆重留一日。数到四离日，若是月宿加之，当主寇盗。假如八月初五日丁酉秋分，辰将，酉时占事，初一角、初二亢、初三氐，氐该重留一日，初四仍在氐。初五房，房宿在卯，申为离辰而卯加之，是离辰上望见月也。月，乃金水之精，主刑杀。又乘四离盗气之辰，如天降凶寇，殃及于人，故名"天寇"。

占主凡事破坏，多值乱离，盗猖，兵败，病者死。孕妇即产是女而凶，出路死伤、婚拆散、营造见火灾、谋望不成，一动即有生分死别之象。虽有救神莫解，惟居家守静可也。月宿临离辰，不在课传，亦凶，发用更甚。乘元、勾作游都、盗神，盗必来，来必战。乘虎作鬼劫，为真天寇，凶尤甚。此时不可出行、市贾，主劫盗、丧亡，若占人年命见月宿加离辰，必己身欲为盗来问也。或月宿值太阳日月，并明主盗贼败露，为败寇。

观月经

分至四神上，蟾光月正临。

分至者，即春分、秋分、夏至、冬至四辰也。如二月初二日春分，是丁卯，先一日是丙寅。初五日卯时占，从奎数至昴，为初五酉是月宿用，戌将加卯时寅上得酉，是蟾光月正临也。凡此四日有之。

名为天寇卦，百祸俱来侵。

四课日辰上得月宿、太阴之星，举百事皆凶。

夫妻有离拆，君臣义不深。

主夫妻别离、君臣失义也。

传中虽有救，父子泪淋淋。

主离别、失财、破散，为四离课也。

假令寅日春分卯时占，寅上见离辰太阴，更得金神发用，即凶卦也。

假令午日夏至得巳为离辰，值月宿加午，更得水神发用者，以凶断之。

假令申日冬至将得未作太阴加申，更得火神发用，即凶也。其灾害，所主大概与天祸同。

心镜

阴阳生杀言分至，

阳至主生，阴至主杀。春分阳气，盗杀在卯，故榆荚落。夏至阴气，盗杀在午，故菁麦死。秋分阳气，旺杀在酉，故麦生。冬至阳气，初生杀在子，是根本，故兰菊生，萌芽动。此四者，名曰朝气。不得久立也。

前之一日是离神。假令春分今日卯，离神昨日乃居寅。占时月宿在寅上，

月宿，在二烦之卦注定。

详其多少悉殃人。月是积阴为杀气，离上逢之天祸迍。非是行人去遭劫，即是修营害其身。

要知心，月狐在卯、危月燕在子、张月鹿在午，毕月乌在酉。遇此，乃真月宿也。

天网课

凡课占时，与用神同克日，为天网课。盖时为目前，用为事始，时用既为日鬼，如人举目见天网，故名"天网"。占者，凡事不能踊跃登高至远。统蒙之体，乃罗网在头之课。

贵午合辰　腾寅

子寅　寅辰　午庚
卯寅丑子　辰巳亥　午未申酉戌

象曰："天网四张，万物尽伤。产孕损子，逃亡遭殃。战有埋伏，病入膏肓。先凶有救，后获吉祥。"如占时与用同克日干，为天网。又天网正月起亥，逆行四孟天刑煞，春酉、夏子、秋卯、冬午，又天网辰也，地网戌也，入传凶甚。主官灾，口舌难消，出军被围难出，则应六四"困蒙吝"之凶象。若末传及年命有救神克初传，为解网，反凶为吉。则应蒙九二"子克家"吉象也。

如庚辰日午时辰将午加庚用时，俱克日，为天网课。

酉辰亥

午亥　亥辰　酉甲
子亥戌酉　丑寅申　卯辰巳午未

凡日辰前一位为之天网，杀对冲为之地网。杀并日辰命年发用者为之罗网格。若遇丁马主官灾厄难，更以神将言其吉凶，再论末传年命有救神克初传，吉。

如甲寅日辰将酉，时、用、酉俱克日，并日前冲位，为罗网格。

订讹

天网：时与用神俱克日。时为目前，用为事始。二处既皆日鬼，则至近之处先有所阻，如人举目见天有网，故名"天网"。

占主动见阻滞，不能踊跃登高而致远也。孕损子，战有埋伏，病在膏肓。金鬼主斗讼、疾病，水鬼忧女子病或讼，木鬼斗讼、钱财、毁伤，火鬼主火灾、惊恐、经官、对吏，土鬼争讼田地、坟墓事。传遇三煞，定主官灾，又遇灾劫，谓之人网。旺相克囚死，谓之"天网四张，万物尽伤"。与天网正月起亥，逆行四孟天刑，并春酉、夏子、秋卯、冬午，或天罗辰也，地网戌也，入传，凶甚。主官灾口舌难消，行军被围难出。若与天狱死奇并，必死。

此课凡占，凶。惟利田猎、行刑、追逃、捕盗，或日与中、末及年命有子孙及冲破克鬼者，为解网，反凶为吉。

观月经

时用俱克日，百祸竟相逢。事多争斗竞，人伤祸必从。传中灾劫杀，犯法的难容。颠狂偏僻病，免得法场凶。

假令六月乙酉日酉时次客占，月将用大吉加酉一课申乙，二课子申，三课丑酉，四课己丑，传送为用申，乃六月劫杀带灾杀，亦相气发用。传送克乙干酉，是死囚气。十一月将申入墓，因斗而亡；虽有青龙入墓难救。是大凶。

心镜

用起并时同克深，天网四张被灾临。

经云：天网四张，万物被伤。

庚辛占值日中课，火作初用火克金。

用神得火，与时同克日。

甲乙申时得传送，他皆仿此例须寻。问其忧事缘何发，消息天官解客心。

天网发用，与正时同克日。天网四张，万物尽伤。动作过度，以遇天蚌。若更三杀入传，定主官灾，虽有解神吉将，亦不能免其咎。惟畋猎、追亡、捕盗利耳。

天罗地网卦

日前一辰天罗真，对冲名为地网神。发用行年支干上，官灾病厄是其迍。朱雀火殃白虎病，螣蛇忧梦怪惊人。

订讹

罗网：日前一位为天罗，罗之对冲为地网。又日前一位为天网，辰前一位为地网。前位神覆盖遮隔，不得出头，故名"罗网"。

占主身宅，俱不便利；病危官灾，谋为多拙，遇丁马更凶。

此课得年命冲破罗网之神，为有救。

魄化课

凡白虎带死神、死气，临日辰行年发用，为魄化课。盖虎乃凶将，乘旺相气受制，不能为害。若遇死神、死气及时囚死之神，则为饿虎，定是伤人。如魄神受惊，化而飞散，故名"魄化"。死神正月起巳，死气正月起午，俱顺行十二辰，其神乘虎克日，占忌己身之灾，克辰门户之灾。统蛊之体，乃阴害相连之课。

白戌 酉申 申酉 申酉 酉戌 白戌壬 辰卯寅丑 贵巳 午子 未申酉戌白 巳 午 亥 子	象曰："人身丧魄，忧患相仍。病多丧死，讼有忧惊。产孕伤子，征战损兵。谋而招祸，切莫远行。"如日墓乘虎，或魁罡作日墓，带死囚神发用，为虎衔尸，极凶。或在年命又为日鬼，乃自己丧魄，动则自寻死也。或日墓虎鬼临干，主身受殃，且凶速速。且墓虎临支克支，宅有伏尸作怪，或有形响虎。在阳忧男，在阴忧女。上克下，及日外丧；下克上，与辰内丧。或人年在魁、罡、蛇、虎之下，无冲克救解，决有身主死亡之殃。当应蛊虫在器六四"往见吝"之凶象。若虎临鬼门，虎阴神制虎，日辰年命处有冲克，及吉神救解，为魄化魂归，先忧后喜，则应上九"高尚其事"之吉象也。 如壬戌日戌加壬为用，虎乘死神迫日年，为魄化卦。

订讹

魄化：白虎乘死神、死炁，及囚死临日辰行年发用，又曰"墓乘"。虎作鬼加日，亦是。死神正月起巳，死炁正月起午，俱顺行十二辰。虎乃凶神，乘旺相，自贪其旺，或受克制，皆难为害。若遇死神、死炁，及时令囚死，则为饿虎，定是伤人。如魄神受惊消散，故名"魄化"。

占主凶病者，死。无病，亦有病讼忧惊。孕伤子，战损兵，谋为招祸，远行更忌。如日墓作鬼乘虎，或作魁、罡带囚死发用，为虎衔尸，更凶。若在年命上，主自寻死。并金神三杀，血支血忌，主刀下身亡。或木神天河地井相迫，必是自欲投水溺死，或为悬索勾绞，主自缢死。大抵虎克干防身，克支防宅，上克下外丧，下克上内丧。若在阳忧男，在阴忧女。如二月甲戌日课得戌甲午、戌午、戌寅午，三传戌午寅将，得虎乘天上死神，迫日辰，必有死丧事。午为阳，忧男子。下克上，内丧。又如六月壬戌日课得戌壬酉、戌酉、戌申酉，三传戌酉申将，得虎乘地下死神，迫日辰，必有死丧事。戌为阳，忧男子。上克下，外丧。

此课十分凶。若贵临鬼门，日辰年命得吉神，虎被冲克，为魄化魂归，先忧后喜。

观月经

白虎乘死神，死气临日辰。行年主有灾，殃病者不苏。死因为白虎，来临日用由。

魄化魂消散，死亡病者愁。行年同位上，患者命难留。细意看年用，凶神祸病尤。

	鬼	戌	白
	鬼	未	阴
	鬼	辰	蛇

亥　寅　未　戌
寅　巳　戌　癸

六　朱　蛇　贵
寅　卯　辰　巳　午　未　申
丑　子　亥　戌　酉
勾　青　空　白　常　元　后　阴

假令正月癸巳日寅时占，戌加癸为发用，上克下，白虎乘死气来克癸水三传，又见天罗日之正墓也，将是螣蛇，此卦有死亡之事。若人行年至丑，必凶。依元首卦推之，万无一失。

白虎西方本是金，性专刑杀忌加临。若遇死神相会合，日辰年上见灾侵。遇此即名魄化卦，假若无病也昏沉。二月寅时甲戌日，胜光为虎是其阴。

甲上天魁、戌上胜光，是甲之阴神。

死神正巳二居午，

死神正月在巳，顺行十二。

止怕相兼作害深。

虎为死神，兼之相逼也。

六月未时壬戌日，天魁乘虎又加壬。六月死神来至戌，下逼行年依此行。贼上为内下克外，阳为男子女为阴。行年若遇魁罡立，身须逢害必加迍。

用在阳忧男，在阴忧女。上克下为外丧，下贼上为内丧。行年在魁罡月下，自丧身躯也。

订讹

丧魄：正月未、二月辰、三月丑、四月戌，周而复始，加人行年或日辰发用，四土凶神能丧人魄，故名"丧魄"。

占主病将死，壮健亦衰。

飞魂卦

游魂来加年日上，用起兼之恶将并。但是飞魂魂不定，行逢鬼魅祟神惊，若问杀居何所在？顺行正月起登明。

袖中金

飞魂丧魄，魂属阳，魄属阴，二者聚散去来之神。若于日辰行年上见者，壅滞魂魄之往来。若更值天乙逆行，白虎人传三传，隔角不见生气，健者忧衰病者忧死。

订讹

飞魂：正月起亥，顺行十二宫，加人行年或日辰发用。令人魂有飞扬千里之象，故名"飞魂"。

占主夜多凶梦，鬼祟相侵，恍惚不宁。

三阴课

　　凡天乙逆行，日辰在后，用其囚死，将乘元虎，时克行年，为三阴卦。盖贵人逆治，日辰在后，阴气不顺，一也；用神囚死，动作无光，阴气不振，二也；将乘元虎，时克行年，阴气不利，三也。此三者，暗昧幽晦，故名"三阴课"。占者凡事不通，多有晦滞。统中孚之体，乃群阴党恶之课。

　　象曰："动作困苦，百事沉沦。见官屈伏，占病多迍。仕忧禄位，男忌婚姻。求财破散，孕主女娠。"如日辰三传始终，囚死带墓，时克行年，最凶。主公私事，皆不成。或丧魂游魂，五鬼伏殃，诸煞并临，其祸尤甚。丧魂杀正月起未，逆行四季；游魂杀正月起亥，顺行十二辰；天鬼伏殃杀正月起酉，逆行四仲。其杀并临日辰年命，占病必死，行兵多败。谋为及占家宅，主家破人离，百事凶殃。宜禳之。则应中孚六三"得敌，或鼓或罢，或泣"或歌之凶象。六处有救解神，末传旺相，则应九二"鸣鹤在阴，其子和之"之象也。

白 戌 未 辰 白 戌 未 癸 未 戌 未 丑 戌 命 辰 卯 贵 寅 丑 巳午未申 丑 卯 酉 子 戌 白 亥 年	如正月癸丑日卯时子将占，人申命行年在丑，天乙乘巳加申，逆理天乙，日辰在天乙后，戌为死，乘白虎凶将，加癸为用，卯时属木，克人年丑土，为三阴课。

订讹

　　三阴：贵人逆治，日辰在后，一也；发用传终，各带囚死，二也；将乘元虎，时克行年，三也。三者俱主暗昧，无光幽阴之象。故名"三阴"。

　　占主暗滞沉沦，见官屈，伏病，多迍，名位失，财破，婚无就，孕生女。如日辰发用，带墓鬼克行年，最凶，公私事皆不成。或丧魂、游魂、天鬼诸煞，占病必死。

此课主凶。然六处有救解，末传旺相反之。

附：课传中六阴俱备者，名"六阴课"。利私谋，不利公干，昼传夜迷甚。

心镜

天乙逆行为不顺，元白二神居日前。用中囚死复相克，时贼行年凶有残。

三阴任汝能行履，卦主精神入墓间。百事总乖家业散，纵使登科位不迁。

日辰见元武、白虎，为一阴；日辰在天乙后，为二阴；用神囚死，为三阴。

袖中金

天乙逆治，元白立于前，大旺克初日辰，囚死正时克行年，名曰"三阴"。为悔、为否、为杀、为消，凡事屯蒙，健人失志，喜事反凶。

订讹

四逆：用吉终凶，一也；用旺终衰，二也；天乙逆行，三也；传入天乙后，四也。四者皆属拂逆，故名"四逆"。

占主事体隔绝，有头无尾，志意不遂，妻奴不顺。

龙战课

凡卯酉日占卯酉为用，人年立卯酉，为龙战课。盖卯月阳气南出，万物生；阴气北入，榆荚落。酉月阳气北入，万物凋；阴气南出，麻麦生。此阴阳出入之位，刑德聚会之门，时气分离，不可复合。如卯日占课遇卯为用，人年复立卯上；酉日占事，逢酉发用，人年并立酉上。此阴气主刑杀，阳气主德生，其体如龙，一生一杀，相战于门，故名"龙战"。主占事疑惑，反复不定。统离之体，乃门户不宁之课也。

常卯朱 酉　常 卯	象曰："合者将离，居者将徙。欲行莫行，欲止莫止。出路迍 邅，求婚莫娶。胎孕不安，财物弗聚。"如三传入三交课，主贼来 必战。游神春丑、夏子、秋亥、冬戌相加，主行人必来，求财不 得，占病反复，占官改动。或夫妻年立其上，主室家离散。兄弟 年立其上，主争财异居。将得天后事起，妇女乘蛇、虎、元，尤 如惊恐，事宜决断，进退不能，南北俱凶。纵有吉神将，不免其 咎。当应离九三"大耋之嗟"凶象也。
常朱勾阴 卯酉未丑丁 酉卯丑 阴寅卯辰巳 亥戌酉申 子丑未午 年	如丁卯日辰时戌将占，卯加酉发用，人年立卯地，为龙战课。

订讹

龙战：卯酉日占卯酉上神发用，行年卯酉更的。卯月阳气南出，万物生；阴气北入，榆荚落。酉月阳气北入，万物凋；阴气南出，麻麦生。此阴阳出入，刑德聚会，其体如龙，一生一杀，相战于门，故名"龙战"。

占主疑惑反覆，门户不宁，出忌南行，入忌北行。合者将离，居者将徙，欲行莫行，欲止难止，婚阻孕不安，财不聚。如传入三交，贼来必战游神，并行人来，病反覆，官改动。或夫妻年立其上，主室家离散。兄弟年立其上，主争财异居。将得天后事起，妇人乘蛇、虎、元，犹加惊恐。

观月经

日辰是卯酉，所临作用神，名为龙战卦，进退事逡巡。

凡卯酉日占事行年在卯酉上，又遇卯酉入传，卯酉上发用者，是龙战卦。其余日卯酉上发用者，亦是龙战卦也。

父子难同室，夫妻亦不亲。

若是仲日神位发用在卯酉上，主分离之事也。

分财争内外，论盗在比邻。立秋乙卯日，辰时发用神，天罡临卯上，发用正含嗔。

假令乙卯日巳将辰时占，一课己乙、二课午巳、三课辰卯、四课巳辰，取辰加卯、下贼上发用，是天罡在卯也。

人年立卯酉，正是涉迷津。

人行年本命立卯，得此卦。其人应涉迷津也。

心镜

龙战元黄二八门，春生秋杀决于分。

二月建卯，春分生万物；八月建酉，秋分杀万物。卯是日出月入之门，酉是日入月出之门，但遇卯酉日占事用起其上，或人行年本命立卯酉者，则用此卦也。

燕至燕归离会兆，雷发雷收见潜因。

二月元鸟至以象会、八月元鸟归以象离。二月雷乃发声龙见德、八月雷始收声龙潜形。应离会之象。

如今卯酉日占事，行年用起立斯辰。

卯酉日占，或行年本命在卯酉上，或用神在卯酉上，是龙战卦也。

刑德两途俱合此，

二月春分生万物，主德；复有杀气盗刑，而榆英落。八月秋分杀万物，主刑；复有德气盗施，而蒜麦生。故曰：刑德两途俱合此也。

出南入北忌遭迍。行人进退心疑贰，兄弟乖张妻不亲。

袖中金

勾辰 青巳 空午
巳辰 午卯 巳乙
空午巳辰卯六
青勾
白未 常申 元酉 戌亥子贵
寅丑蛇 朱 阴后

卯酉日占事卯酉上发用，名曰"龙战卦"。卯酉天之私门，生杀有限，分社有期。雷动龙奔，示其有战，主人心疑惑，进寸退尺，动有乖离之象。

假令立秋乙卯日巳将辰时占，天罡加卯发用，凶。若行年又在卯酉者，尤凶。

曾门

二八门上，一为发用，欲行难行，欲止难止。人年立之，或分或异，刑德集聚，俱合于门。天地解离，不可复合。

定章曰：二月建卯，出万物之门；八月建酉，纳万物之门。日出卯、月生酉，此皆日月所游、万物所从，故曰：卯酉之辰，为二八之门。用起立此占人，欲行不得行、欲止不得止，以象刑德俱合于门。生者东南，入者西北。人年立卯，卯日占事，用起卯上，或人年立卯，以酉日占事，用起酉上。以此占人，动摇不安，夫妻年在上，室家分绝；兄弟年立之，争财异居。以应刑不应德，合者将离，居者将徙也。

丁卯日戌加卯用年在卯上，曰二门。是欲行难行，欲止难止。主室家分离，兄弟异居也。

死奇课

凡斗罡系日辰，阴阳发用，为死奇课。斗罡者，辰也。盖天罡为死奇，凶恶、厌翳之神，死囚带杀，所在者殃。如罡加四课之神，主死亡奇怪之事，故名"死奇"。月为刑奇，主刑杀，占者咸凶，故主疾病忧患。日奇为福德，主奸盗并息，反凶为吉。统未济之体，忧中望喜之课也。

	象曰："辰为天罡，刑狱之曜。疾病死期，征战凶兆。论讼被囚，干贵失靠。婚嫁出行，祸患自招。"如带日鬼、日墓，灾劫恶煞，相并克贼，及乘白虎，为必死之兆。大凶。更临岁月之上，为三死课。祸尤凶。《经》曰："三者尽伤，岁必受殃。"此天罡临日旬内忧，临辰月内忧，临岁岁内忧，孟忧二亲，仲忧己身，季忧妻奴，当应未济初六"濡其尾吝"之凶象也。若旺相德合相生，遇吉将，或六处有冲克救神及日奇，反吉。辰为月将尤美，为死奇回光，除祸为福。则应六五"有孚"吉象也。如甲子日丑时巳将占，辰为天罡，加子为用，死奇课。
元辰 青 申 滕 子	
申 辰 戌 午 甲 辰 子 午	
酉 申 戌 子 亥 丑 寅 卯 未 午 巳 辰	

订讹

死奇：天罡发用，月行度到角、亢之分，或月宿临太岁日辰，皆是。天上日、月、星三奇，天罡星宿为死奇；月宿为刑奇；日宿为德奇。盖白昼万物光辉，夜则鬼神不潜，奸盗为害。所以日主德、月主刑、星主死也。日宿即月将是也。月宿乃月躔度天罡，太阴同见，六处有月将照之，谓"死奇回光"。只有太阴刑奇单见，亦主病患。而又天罡、恶神并且无月将救援，定主死亡奇祸，故名"死奇"。

观月经

式加死奇卦，天罡日月论。

死亡推斗下，忧患月中陈。

日至能除祸，诸家卦备均。

所生为父母，同类兄弟亲。

墓处论妻妾，三奇推苦辛。

斗临遭死损，月至忧患频。

日到灾殃散，思量卦有神。

如甲乙亥为生，寅卯为类，未为墓是妾。如丙丁寅为生，巳午为类，戌为墓。戊己巳午为生，四季为类，辰为墓。庚辛日巳为生，申酉为类，丑为墓。壬癸日申为生，亥子为类，辰为墓。

心镜

天上三奇日月星，日为福德月为刑。

三奇皆灵奇也。日为福德者，日出则奸盗止，鬼神潜、恶兽伏、病者愈，故为福也。月为刑者，月夜曜也；则奸盗不止、鬼神不潜、恶兽不伏，病则剧，故主刑也。

星是死奇为北斗，更互加之各有灵。

星是死奇，为北斗星也。星斗之光，不及日月之曜，处暗之中奸盗不止也。

加孟所生忧父母，临仲为身及弟兄。季上见之妻与子，看其臧否与谁并。

假令今日丙丁斗加寅为孟，所忧父母；临午为仲，所忧己身及兄弟；临戌是季，为妻子奴婢。寅是火生，午是火旺，戌是火墓，他例此。看何奇加何位，即可知之。

日主旬中辰月里，

奇加日吉，凶在旬内；奇加辰吉，凶在月内；遇奇，则吉凶有应。

岁上一年之内程。

奇在太岁，吉凶在一年之内应也。

星月独临当死患，

星奇主死，月奇主患。

其中日照免危倾。

星月之奇，虽主凶恶，若日辰太岁上或有日奇，则星月不能为灾殃也；盖日出则星月没故也。日奇者，月将也；是太阳，故曰"日宿"。月奇者，月宿也；是太阴，是二十八宿值日发用也。亦如二烦卦论也。

曾门

三光媞媞，更立三奇。斗为死亡，月为忧患。日为福德，孟为二亲。仲为己身，季为妻子奴婢。谓斗系之忧死亡，月照之忧疾病，日加之有喜庆。日太阳也。日加年，虽见斗、月，即免凶忧。日为旬期、辰为月期、岁为年期，三者不伤，岁中无殃；三者尽伤，岁中受殃。谓斗系今日日辰及岁辰也。

定章曰：日月星，谓之三光。悬象著明，为媞。若今日日月及斗并见，应天三奇，斗为凶神也。所系者死，月为刑气也；所临者忧，日为福德也，则能救之；所生为孟，所旺为仲，所死为季。

如甲乙日亥为所生，卯为所旺，未为所死。斗月临孟忧二亲，斗月临仲忧己身兄弟，斗月临季忧妻子奴婢。

订讹

死绝：日之死乡，又加死地之绝乡发用，如甲日午加亥发用是也。甲木死在午，午火绝在亥，故名"死绝"。

占主纪纲紊乱。壮者病，病者死，百事衰微凶败。

灾厄课

凡丧车、游魂、伏殃、病符、丧吊、丘墓、岁虎，发用者，为灾厄课也。盖丧车，一名"丧魂"，正月起未，逆行四季，为恶鬼临门，主病疾忧死、妇人产厄、非病有危。游魂，正月起亥，顺行十二辰，为鬼祟妖怪不祥，主精神惊恐、病患凶灾。伏殃者，正月起酉，逆行四仲，为"天鬼煞"，主殃祸所侵、伏兵杀伤。病符，旧太岁临支，克支，主合家病患，并天鬼时疫，并白虎死丧，甚凶；或临干支旺相，带日财贵人，即宜成合残年旧事。丧吊，岁前二辰为丧门，岁后二辰为吊客，若全加支干，或年命发用，主身披孝服；或并死气绝神，白虎临身，吊客入宅，主自身死亡，致宅人挂孝。白虎岁后四神，并旬虎临日辰，最为凶。并鬼病不可疗五墓者，金丑、木未、火戌、水土辰，主死丧病凶。三丘库墓冲位，并虎、雀丧门，有葬埋事；临丑有墓田事。或丘墓入传，季神逢丁神将，凶。主恶祸、官病、凶灾，最速。此凶杀、灾殃、危厄，故名"灾厄"。统归妹之体，乃鬼祟作孽之课。

象曰："家门厄会，妖孽为害。疾病死亡，财喜破坏。婚孕多凶，征战大败。行人不归，访人不在。"绝神如申子辰用巳类，取水绝在巳也。亦为墓门，为女灾，为劫煞，主孕凶，宜了绝旧事。血支，每月闭也。血忌，正丑、二未、三寅、四申，对位顺数。忌针刺并天空、沐浴为产。血支血忌，为破胎神，临产宜见胎神，绝前一位。羊刃，禄前一位，主兵刀血光，或值日用囚死凶将，并诸丧车恶杀，大凶。或青龙作日鬼，为幸中不幸，则应归妹"征凶，无攸利"之象。若病符女灾，虎墓囚死，日辰年命有冲克，及天地医救解，凶散为吉，病可疗。或白虎作长生，为不幸中之幸，则应初九"跛能履征吉"之象也。

如亥年正月将乙亥日卯时占未，为丧车。春占，死气，加亥乘虎。亥年未，为岁虎，曰"灾厄课"。

白					
未合卯后亥					
		子乙			
	未亥	申子	卯酉		
卯未		寅	卯申		
	丑子亥戌	辰巳午未白	酉		

殃咎课

　　凡三传递克、日神将克战，或干支乘墓，为"殃咎课"。如己巳日三传巳申寅，初传克中、中克末传、末克日干。如丙子日三传子未寅，末传克中传、中传克初传、初克日干，为递克，主他人欺凌，互相克害。为官宜自简束，防人论劾；常人有凶横之祸，或被邻人雷状攻讼。凡将克神，为外战，祸患易解；神克将，为内战，祸患难解。初遭夹克，凡占夹同类，身不自由，己受人驱策。夹财，财不由己费用，惟夹克鬼，反吉。将逢内战，主谋事将成，被人搅扰。天后内战为用，妻不和，或多病，余详天将言之。壬申日亥加辰，申加丑，为干支坐墓，乃心肯意肯，人宅甘受晦祸。丙寅日干上戌、支上未，为干支乘墓，主人宅皆不亨利。此例非殃祸，必过失之咎，故名"殃咎"。统解之体，内外凌辱之课。

<table>
<tr><td rowspan="6">腾未空子后巳

未寅
戌酉申未</td><td>卯辛
申卯
寅酉</td></tr>
<tr><td></td></tr>
<tr><td>丑寅卯辰
子
亥
午
巳</td></tr>
</table>

　　象曰："五行克贼，征战凶祸。疾病增危，论讼反坐。官遭弹劾，人罹罪过。营干不成，出行不乐。"如三传递克，日干为凶，如末助初传克日，主他人教唆贼害。如三传下贼上，及日辰内战，主家法不正，致争窝犯，丑声出外，病讼极危。惟占官自慎，从微至著，迤逦转迁则吉，舍此皆凶。如墓神覆日，为天罗自裹，主命运衰弱，做事昏迷，常被人挪揄、亏算，宜醮谢本命星位免殃。如干支逢墓，两空亡可解。如三传众鬼虽彰，有制无畏。或春占，木旺克土，鬼自贪荣盛，无意兴灾；至夏秋，其祸仍发，如传财太旺，财反倾危；或冬占，水旺克火长上，主灾，但财自贪生旺，身弱难受；至身旺财衰之时，或可取。余仿此。

　　如辛酉日三传未子巳，初传末递克日干，为"殃咎课"。

订讹

　　殃咎：递克夹克、内战外战、乘墓坐墓，皆是。递克者，初克中、中克末、末克干，又末克中、中克初、初克干是也。夹克者，用神下既坐克上，又受将克，如午加亥将乘元武是也。外战者，三传皆将克神；内战者，三传皆神克将。乘墓者，干上、支上各乘墓神，如丙寅日丙上戌、寅上未是也。坐墓者，干下、支下各临墓神，如丙寅日巳加戌、寅加未是也。此等皆殃祸灾咎之兆，故名"殃咎"。

占主病讼危，营干、出行俱阻。末助初克日，主他人教唆贼害、官防论劾，常人有横祸，或被邻人连名攻诉。如三传下贼上，及日辰内战，主家法不正、丑声出外，惟占官细微谨慎，迤转迁则吉耳。夹克，如夹同类，身不自由，受人驱策。夹财，财不由己费用。惟夹鬼反吉。乘墓，主人宅各欠亨通；坐墓，主人宅自招晦祸。

伏殃卦

天鬼临从四仲神，建寅居酉逆相寻。行年日上来相用，殃伏兵伤乱杀人。

心镜

伏殃，即天鬼也。正酉、二午、三卯、四子，周而复始。如行年日辰发用，主殃伏兵伤。

订讹

伏殃：天鬼临日辰发用，或临年命发用。天鬼者，正酉、二午、三卯、四子，周而复始，发用伏藏、灾祸，故名"伏殃"。

占主伏兵杀伤，或全家病，惟宜禳祷以除之。

九丑课

凡戊子、戊午、壬子、壬午、乙卯、乙酉、己卯、己酉、辛卯、辛酉十日，为九丑日。如四仲时占，丑临日，加四仲上发用，为九丑课。盖子、午、卯、酉，为阴阳易绝之神，有生杀之道。乙、戊、己、辛、壬，乃刑杀不正之位，三光不照。此五干四支，合而为九。丑乃岁终，物必纽结，丑恶同时，故名"九丑"。占事多凶。统小过之体，乃上下迍邅之课也。

白丑元亥后 酉 亥　丑　子　寅 丑　卯　寅　乙 卯　辰　巳　午未申 寅　　　戌　酉 丑　　　亥 子	象曰："刚日男凶，柔日女祸。重阳害父，重阴害母。婚姻有灾，造葬无补。诸事谋为，徒劳辛苦。"如刚日日辰在天乙前，为重阳，害父。柔日日辰在天乙后，为重阴，害母。上乘白虎，决主死亡。当此之时，不可举兵、远行、移徙、嫁娶、造葬、求谋万事。灾祸不出三年三月。更与大时正月起卯，逆行四仲，小时月建是也。二杀相并，祸不出月。或神将吉有解，或神将凶，再与大小时杀并，一切事皆不就，且多殃咎。则应小过上六"灾眚"之凶象也。 如二月将乙卯日子时占，丑临支时，加仲，又加卯上发用，为九丑课。

订讹

九丑：戊子、戊午、壬子、壬午、乙卯、己卯、辛卯、乙酉、己酉、辛酉此十日占，丑临四仲发用是也。不发用而临支上者，亦是。四仲时占，更的。子为冬至，以阳易阴；午为夏至，以阴易阳；卯为春分，阳盛阴绝；酉为秋分，阴盛阳绝，此阴阳易绝之辰，有生杀之道焉。乙者，雷始震之日。戊己，北辰下降之日。辛者，万物断绝之日。壬者，三光不照之日。丑者，岁功既毕，诸神奏事，会集明堂，以考善恶。乙、戊、己、辛、壬五干，合子、午、卯、酉四支，为九。此等日遇丑，临仲，乃凶祸不美之兆，故名"九丑"。

占主大祸，臣叛子逆，奴欺妻背。不可举兵、嫁娶、移徙、起土、出行、埋葬。吉将祸浅，凶将祸深，祸不出三月三年。若与大小时并，不出月内。

观月经

阳日男凶，阴日女凶。重阳害父，重阴害母。日辰若与白虎并，主有死亡之事。

四辰连五日，九丑主恶声。

四辰子、午、卯、酉。五日乙、戊、己、辛、壬，配子、午、卯、酉是也。

大吉将加仲，天灾莫举兵。远行人必死，嫁娶犯哀声。修造妨家主，迁移人口惊。殡埋妨长幼，买卖不能成。大小两时并，

大时者，正卯，二子，逆行四仲也。小时者，月建也。

凶神在四平。三年与三月，不出大凶生。

四平者，子平卯、卯平午、午平酉、酉平子，皆顺行此课。但看占日合此，便是也。

心镜

乙戊己辛壬五日，四仲相并九丑凶。大吉临其支干上，值此凶灾将及人。大小二时并相际，刚日男凶柔女迍。重阳害父重阴母，

刚日日在天乙前，为重阳害父。柔日日辰天乙后，为重阴害母。

测祸天官决事因。

大吉与朱雀并，主官讼口舌。与元武并，主失物或奸淫。与勾陈并，斗讼。白虎并，疾病。死亡，乃是天官决事因也。

不但纳妻并嫁女，最忌游行及出军。

鬼墓课

凡日辰墓神及日鬼发用，为鬼墓课。盖鬼者，贼也。阳见阳，阴见阴，为鬼。如甲日用申，乙日用酉，丙日用子，丁日用亥，戊日用寅，己日用卯，庚日用午，辛日用巳，壬日用辰、戌，癸日用丑、未，为鬼也。鬼多主事不美，谋望不成，且灾凶及己身。阴鬼星宿神祇，阳鬼公讼是非。墓者，蒙昧也。如甲乙寅卯见未，丙丁巳午见戌，戊己辰戌丑未壬癸亥子见辰，庚辛申酉见丑。若用起丑加申、辰加亥、未加寅、戌加巳，为用起四墓格，或甲日未加寅，为墓神覆日，主人口灾晦。或丁卯日戌加卯，为干墓临支，主宅舍衰废，为关神尤甚。关神，春丑、夏辰、秋未、冬戌也。或壬寅，干上辰、支上未，为干支乘墓，人如在云雾中行也。家宅凋弊，凡占皆不亨快。如申加丑、亥加辰、寅加未、巳加戌，为自坐四墓格，乃人自

招其祸，身心甘受昏迷，家宅愿假与人作践兑赁，终不能出脱。占病颠狂，行人失路。或甲申日寅加丑、申加未，为干支互换坐墓，乃彼此各招晦滞，不宜两相投奔。盖鬼主伤残，墓主闭塞不通，暗昧不振。凡事逢墓则止，此五行受鬼克贼，又加四墓，故名鬼墓。凡人占鬼入传及传墓，不吉。非官讼，必疾病。辰未为日墓，暗中有明，及夜墓坐日，亦吉。丑戌为夜墓，昏昧自甚，日墓坐夜亦然。辰戌墓主，刚猛急速。丑未墓主，事迟延柔缓。统困之体，乃守己待时课也。

象曰："五行克贼，死墓之乡。人丁多耗，家宅不昌。行人可至，病者如狂。谋为迟滞，捕盗深藏。"如鬼在日上发用，常人占事，多凶。或内有德神旺气，求官大利。或辰、戌、丑、未作日鬼，为魁罡，占科举必高中。余占，用神克日，吉凶相半，事多反覆而后成。鬼带恶杀，多主怪祸，举动不利。若寅加酉、巳加子、申加卯、亥加午为用，乃传墓入墓，自明投暗，如人下井，一脚深于一脚；健人必病，病人必死。或未加亥、戌加寅、丑加巳、辰加申，用墓加长生，旧事再发，讼断了又论，病痊了又作，事许了又悔，人喜了又怒，仇和了又怨。或生旺入墓，事成终止；墓入生旺，事废又兴。中传见墓，主进退求财，无百事不称意，合则晦甚。日鬼墓神俱发用，无气占病，大忌，乘虎必死。或财神、禄神、官星、长生中、末见墓，仕人不利。当应六三"困于石"之凶象。若日鬼盗气中、末逢墓，常人为喜。或鬼墓临日作生气，或自墓传生，或鬼墓有克制冲破，变凶为吉。病者生，囚者释。凡事先忧而后喜也。当应困"亨贞大人吉"之象也。

后辰空酉 螣寅	如壬申日丑时午将，壬日属水，以辰为墓，又为日鬼，加日发用，为鬼墓。 凡日辰墓神乘蛇虎，加卯酉，并人行年，为墓门开格。如日墓加卯为外丧，支墓加卯为内丧。出外宜迁葬，以禳之日墓加酉为内丧。支墓加酉为外丧。入内，宜合寿木以禳之，惟不可纳人此水火。木日辰有之，外有丁癸卯酉四日墓临卯酉，真墓门开格。或见丧吊、死神、死气，尤的。更发用囚死克贼，归墓何类神，以定何人丧也。
申 丑 酉 辰 丑 申 辰 壬	
戌 亥 子 丑寅卯辰 酉 申 未 午巳	

后午勾丑元申

青贵　　勾后
子巳　　丑午
巳戌　　午壬

青　勾　朱　腾贵
子　丑　卯辰巳午　后
空亥　　寅　　阴
白戌　　丑
常酉　申元　未阴

如壬戌日巳时丑月子将，命在戊子七月二十六日卯时生行年未交，生在酉上见辰墓将乘螣蛇，为墓门开格。

此课得一下贼上，为"重审课"，主女人祸从内起。三传递生，为"亨通课"，主举荐。初传午加壬，下克上；将逢天后，上克下，为财受夹克格，主财不由己费用。盖日为我子命，水旺冬令喜，戌支冲辰凶散，交生前四月内。生疗服药，危自可救。壬日以午为妻，乘时死气，火以戌为墓，加卯将乘白虎；妻辛卯六月命交生后行年，并临卯，正墓门开格，故因时患饮水不药身亡。予初以课传夹克妻财，财生官，官生印，印转生身，只谓破财加纳，岂果妻病，不服调理而死，财仍浪费，何其验效如是之神哉！录此以为记云。

订讹

鬼墓：干支上神发用，或作干鬼干墓，或作支鬼支墓。假如壬日辰加亥发用，既作日鬼，又作日墓，故名"鬼墓"。

占主一切凶。盖鬼者，贼也，主伤残。墓者，昧也，主暗塞。都不利谋望，家不昌，病凶财耗，盗难获。阳鬼公讼是非，阴鬼神祇星宿。墓有五格，日上得日墓，为墓神覆日，主人昏晦，乃命运衰弱，天罗自裹，宜醮禳之。辰上得日墓为干墓临支，主宅倾颓。或日上得日墓，辰上又得辰墓，为干支乘墓，人宅俱不利。或日下临日墓，辰下又临辰墓，为干支坐墓，乃自招祸身，心甘受昏迷，家宅愿顾与人作践，占病颠狂，行人失路，或日上得辰墓，辰上得日墓，为干支互换坐墓，彼此各招晦滞，不宜两相投奔。辰未为日墓，暗中有明。夜墓坐日，亦吉。丑戌为夜墓，昏昧自甚。日墓坐夜，亦然。辰戌墓主事刚速，丑未墓主事柔缓。墓临长生，旧事再发，讼断又起，病痊又作，事许又悔，仇解又生。生旺入墓，事成中止；墓入生旺，事废复兴。凡日辰墓乘蛇虎，加卯酉与行年并，为墓门开。如日墓加卯为外丧，辰墓加卯为内丧，出外宜迁葬以禳之。日墓加酉为内丧，辰墓加酉为外丧，入内宜合寿木以禳之。卯酉日墓临卯酉，为真墓门开。见丧吊死神死气尤的。更看发用、囚死、克贼、归墓是何类神，以定何人丧也。大都鬼墓发用无气，病最忌，乘虎必死。或财神、禄神、官星、长生在中，未见墓，仕人不利。

此课，常人更忌见鬼，鬼带恶杀更凶。惟内有德神、旺气，求官大利。或魁罡及丑未作日鬼，占科名高中。若日鬼发用，中、末逢墓，常人为喜。或鬼墓临日辰作生炁，或自墓传生，或鬼墓有克制冲破，或墓逢空，变凶为吉，病者生，囚者散，凡事先忧后喜也。

订讹

鬼呼：天盘作鬼，加地盘墓神是也。行年神将凶，更的。鬼临墓，则鬼为得地，引类呼朋，故名"鬼呼"。

占主壮者亦病。病必有祟事，多暗害，或连累入狱。

五坟四煞：五墓为坟，四神为煞，故名"五坟四煞。"

占主不可独行远出，出逢凶祸，或讼病相缠。

丧门卦　心镜

丧门正月未为之。四季流行逆数推。用在行年支干上，病人忧死健人衰。白虎若临转凶恶。所主之事，必无疑。

励德课

凡天乙立卯酉，为励德课。盖卯酉为阴阳交易之位，贵人由之而迁易。如日辰阴神在天乙前，贵人不得引从，则退阴主小吏退剥，盖小人恃势，不知谨身修德，则凶。若日辰阳神在天乙后，贵人前引而从则进阳，主君子进用，盖君子知机而能行仁布德，则吉。此天道福善祸淫，奖励有德。占利君子，不利小人。统随之体，乃反覆不定之课也。

丑　亥　酉

申戌　戌丑　卯戌
　　　子　卯
卯寅丑　辰巳　午未申
贵　子　亥戌　酉

象曰："阳神前引，阴神后随。君子则吉，小人则危。阴神前立，阳神后居。小人得意，君子失机。"前既曰"阳后得贵人接引利君子"，此又曰"阳神后居君子失机"，何也？前乃止于阳后，今乃阴前阳后俱全，故云"君子失机"也。如阳前，则贵人得其接引。阴前，则贵人受其羁绊。阴在贵人前，讼则卑遭责；阳在贵后，灾则修德自愈。若贵立卯酉，阳前阴后，当应随六三"系丈夫失小子"之象。阴前阳后，当应随六二"系小子失丈夫"之象也。如戊子日申时午将占昼，丑加卯，为励德也。

子　亥　戌

亥子　申酉　酉辛
　　　子丑　申
辰卯寅丑　巳午　未申酉戌
贵　子　亥

夫天乙为门内君子，处事之所，小吏犯罪而到，如日辰阴阳俱在天乙后，为微服格。主君子迁官，小人退职，事体稍迟，大干则可，小处则不可也。如辛丑日寅时丑将。

如日辰阴阳俱在天乙前，为蹉跎格。主小人进职、君子退位，事体稍迟，处小则可，大干不可。如庚申日课。

午　辰　寅

辰午　壬申　辰午　午庚
卯辰　巳　午未申
寅丑子　亥戌　酉　贵

订讹

励德：贵人临卯酉，卯酉为阴阳交易之位、贵人临之门户，摇动进退分焉。如干支阴神属卑，乃妄立贵人前，是小人恃势不谨，定当黜下，主小吏退剥。干支阳神属尊，乃退处贵人后，是君子谦冲循省，定当进用，主大吏升迁。此天道福善祸淫，奖励有德，故名励德。

占主反覆不定，理宜迁动官位。君子迁、小吏黜，庶人身宅不安，宜谢土神。

此课外有干支阴阳，俱在贵人后，为微服。君子升迁，小吏黜，事体稍迟，大干则可，小处不可也。有干支阴阳俱在贵人前，为蹉跎格。主小吏迁、君子黜，事体亦稍迟，小处则可，大干不可也。

观月经

天乙立二八，卯酉日月门。贵神当其上，励德卦基根。

日出卯为二门，入酉为八门，天乙立其上更详。日之阴阳二神、辰之阴阳二神，居前后者是也。

六月甲子日，寅时得此门。

天乙立酉是八门也。

辰午阳在后，

辰是辰之阳神，午是日之阳神，俱在天乙之后也。

申戌阴前存。

申是辰之阴神，戌是日之阴神，俱在天乙之前，正是天乙励德之卦也。

小吏犯剥退，官人转更尊。

居官贪禄，小吏剥退也。

忽然申时算，微服别一般。阴阳俱在后，君子赐朱栏。

假令六月甲子日申时一课子甲、二课戌子、三课戌子、四课申戌，天乙立二门卯上，子为日之阳神，戌为日之阴神，戌又为辰之阳神，申为辰之阴神，俱在天乙之后也。主君子得之加官进禄。

小人逢此卦，四大不能安。

天乙立二八阴阳在后，名凶卦，小人退职之象。

要知蹉跎体，阴阳翻在前。

天乙立二八之门，其日辰阴阳居天乙之前者，名蹉跎卦也。

君子灾迍闷，小人喜牵连。

蹉跎卦，小人喜君子忧也。

心镜

励德阴阳何以分，卯酉将为日月门。天乙此时居位上，

天乙立卯酉之上。

贵贱尊卑位各陈。

尊卑以陈贵贱位，失则尊卑之分紊矣。

阴妄立前阳处后，

阴者，乃日辰之阴。第二课、四课属卑，不合妄居贵人之前，必主黜退。阳者，乃日辰之阳。第一课、三课属尊，不合居于贵人之后，必迁进也。

大吏升迁小吏迍。庶人身宅忧移动，魂梦不安谢土神。

二八之月，是祭祀社稷之月，故曰土神。

此课，《通龟》与《订讹》皆说不明，止曰"日辰阴神在天乙前"，而不说出阳神在何处。如俱在前，为蹉跎；如在后，为君子失机。止曰"日辰阳神在天乙后"，而不说出阴神在何处。如俱在后，为微服；如在前，亦为君子失机矣。此课止宜以四段定之：一曰，日辰阴阳俱在天乙前，为"蹉跎格"。主小人进职、君子退位。二曰俱在后，为"微服格"。主君子迁官、小人退职。三曰阳前阴后，君子则吉，小人则危。虽曰小人危，乃得阴阳之定位，小人如守分循理，亦获吉象。四曰阴前阳后，小人得意，君子失机。虽曰小人得意，盖阴在天乙前，贵人不得引从，则必退抑。其阴又小人恃势，不知谨身修德，必至于凶。虽曰君子失机，然阳乃贵人同类，贵人前引，则必进扶。其阳又君子知机，而能行仁布德，终当获吉。盖"小人得意、君子失机"者，其象也。其吉凶自取者，在人也。此理须明。

定章曰：天乙立卯酉之上，为二八门刑德之会，摇动不安，所居法有转移。阳立于阴者，在天乙之后也；阴立于阳者，在天乙之前也。

<table>
</table>

```
巳
寅
亥
        巳申
    申亥辰未  辛
    巳亥辰未
  勾  六  朱  蛇
  寅  卯  巳  辰  天乙
  青  丑      午  后  日
  空  子      未      元  阴
     亥  戌  酉  申
     白  常
```

　　假令七月辛亥日巳将申时小吉，加辛天罡为阴神传送，加亥阴得太乙。胜光为天乙立酉，逆行小吉传送，为日辰之阳神，居天乙之后；天罡太乙为日辰之阴，反居天乙之前，故曰"阴立天乙前，阳立天乙后"。阴阳错乱，居非其居，故曰"不安"。阳在阴位，今当进上；阴在阳位，今当黜下。以此占人，贵者将迁，下吏罢退，庶人居宅不安。

　　励德言前后者，指天将而言，非论日辰午以未为前，巳为后也。赋曰"天乙居中，后六前五"是也。

第四十三章 术数汇考四十三

《大六壬类集》十三

盘珠课

凡太岁、月建及日、时并三传，皆在四课之中，曰"盘珠课"也。如甲子年七月乙巳日酉时，巳将占岁、月、日、时，皆在四课之上，为"天心格"，主事远大非常，及干朝廷，可以成就。如辛亥日占三传，戌、酉、申皆在四课之上，为"回还格"，主谋为得遂，吉凶之事皆成。此二格合一，如盘中走珠不出于外，故名"盘珠"。统大壮之体，乃凤翔丹山之课也。

			丑甲
子		戌	子丑
亥	亥		巳午 未申 酉戌
戌	子		子
	辰卯寅丑	巳	

象曰："三传四课，偶合异常。吉则成福，凶则成殃。贼不出境，行人还乡。阴私解释，事反不良。"如日用旺相神将吉大利，或四课不备，守旧动作亦吉。课体吉，诸事利，则应大壮"九二，贞吉"之象。外如反吟课，为远初传，太岁中末月日为移远就近，缓事为速也。或斩关课，日辰乘龙合及占时为用，中末传空，乃动中不动，寻远就近，惟柔日昂星伏匿不动耳。又如太岁加河魁，魁加岁，为重阴忧女。月建加天罡，罡加月，为重阳忧男。戌与岁加月，为阴覆阳，事在内；月与辰加岁，为阳覆阴，事在外。此时传及年命，虽吉亦凶。若盘珠课占病讼、生产、忧疑、解释，事反凶。日用囚死神将凶。凡事成祸，忧疑、难解，灾甚，则应大壮九二"小人用壮，贞厉，羝羊触藩，羸其角"之象也。

如庚戌年十二五月甲子日丑时，子将占，子加丑为用，年、月、日、时，三传皆在四课之上，曰"盘珠课"。

如戊子日子时，未将占，三传俱在四课之上，为"回还格"。

订讹

天心：岁、月、日、时，俱在四课之上，或俱在三传之中，皆是也。传止有三，而四建偶或同宫，故有岁、月、日、时，俱在三传之中者。四建偶尔同聚，遭遇异常，若天作其合，有心成就者，然故名"天心"。

占主事远大非常，及干朝廷可立就。如三传年、月、日、时顺去，为移远就近，缓事速也。日用旺相神将吉，诸事利，贼不出境，行人回。若天空朱雀临太岁，主朝信即动尤的。

此课吉事成福，若占病讼、阴私、生产、忧疑、解释，事反凶。日用囚死神将凶，祸更难解。

全局课

凡课得三合俱在，传者为全局课。如三传申、子、辰，水局，名"润下格"，主沟渠、鱼网等事，占天阴雨；寅、午、戌，火局，名"炎上格"，主炉冶、文书等事，占天晴旱。春夏火旺相水囚死，秋冬水旺相火囚死。值旺相老凶少吉，囚死者，少凶老吉。用有气，孕生男。亥、卯、未，木局，"曲直格"，主般车，种植，利修造。巳、酉、丑，金局，名"从革格"，主兵戈金铁，利更改。春冬木旺相，金囚死；季秋金旺相，木囚死。值旺相经求利，值囚死坐守利。用无气，孕生女。辰、戌、丑，未名稼穑。季夏旺相，动作遂意；秋冬衰败，田墓有忧。此三方神全人传，同类一局，故名全局统大畜之体，乃同类欢会之课也。象曰："三方会合，得成秀气。吉事必成，凶事难弃。尊长恩荣，常人财喜。利合婚姻，谋为大利。"如求财，传有财，财易得；有官，官易就。日用旺气相生，神将吉，大利，则应大畜"上九，何天之衢，亨"象。若日用衰水倒，主事迟逆。火并火鬼，主火灾。金并血支忌，忌行兵。木并木怪，土木压。戊己日用丑未，田宅事。丑戌未乘虎，病死、讼狱，则应"九二，舆说辐"象也。

观月经

三传俱是水，润下水因由。

申、子、辰三合，水生旺死也。申生水，子旺水，辰中死水。十杂之类，三者为传，润下卦也。

后合奸情起，元武盗贼愁。天后并六合，奸情必有忧。忽然盗贼起，元武倍添愁。万般皆有忌，壬水任追游。纵有阴私事，救神立便休。

课中奇仪等神为救，主吉，占雨宜用此课也。

心镜

立用传中申子辰，卦名润下水之因。占者必缘沟渎意，不然舟楫网鱼新。占胎定知是女子，疾病为殃谢水神。

袖中金

申子辰水局，主淹留屈伏，然终不能静也。主丛杂。凡三合若支子见，一神与六合，凡占必遂，全无阻滞。

邵公云

三传俱合课，若干支见，一神与中，一字作六合，凡谋必遂，全无阻滞。亦有人于中相助成合，俱求解事，则不能散。若见天将，六合亦妙。或一传与支干上，神作刑冲破害者，名"三合犯杀"。合如不合人情，美中有恶，俗谓"笑中藏刀"者也。

大抵五行正气，入于杂糅之体，三合是异方。三合生旺墓之神事，主丛杂不一，主关众谋。不然三处干事，委曲托人，与人相合之类。

订讹

润下：三传申子辰。水生申旺子墓辰，水性润泽就下，故名"润下"。

占主悠悠长久，事不急迫。亦主迟留屈伏，然终不能静也。木日生气，金日盗气，事多系舟楫沟渠网罟鱼鳖等。性就下，吉凶多下贱人当之，占讼亦牵连下人。占天雨，孕生女，病凶，以天罡作墓故也。宜祷水神。占宅虽不凶，亦不振。占文书不利，为克雀也。寻常水将水神多者，亦欠吉。三传喜顺，倒非水性，主事逆迟。大都润下，主事浮游不安。后合并定，主淫；元武并定，主盗。惟智者乐水，兼有润泽之象，宜施惠于人也。

观月经

三传皆是火，炎上热冲天。利为窑冶事，文明炉火燃。五姓看宅上，切怕见行年。若到火炎上，火起主烧田。

此主文书相害，以炉冶火烛争讼宅神者，即宫、商、角、徵、羽五姓之宅也。宫辰、商酉、鱼卯、羽子卦得炎上，若行年见宅，辰者必有大火起，是也。不但本家宅羽姓，行年自有火起也。

心镜

寅午戌为炎上卦，三传皆是火之名。日上象人为性急，釜鸣炉冶卜天晴。占人欲行忧口舌，妇人怀孕是男婴。

袖中金

寅、午、戌，火局，主多虚少实，所占明事反为暗昧。炉冶事来寻，大忌。戌加寅，是墓临生也，谓火以明为主，虚则生明，实则生暗，是失其体也，所占事明者反为暗昧。壬日常用为财，其实为鬼，谓火生土，土能克水，名"子母鬼"。占事主破骨肉，解破其事。又云"炎上"，主所图不遂。

订讹

炎上：三传，寅、午、戌。火生寅旺午墓戌，火性炎蒸上行，故名"炎上"。

占主文书，金并主炉冶事。土日生气，木日盗气，火为日象，君宜奏对，得驿马贞位，为天子持权，仕人差遣快心；驿马贞位者，以罡加日建，视马上所得神为贞神，年命遇更吉。常人占，主口舌及宅不安。火鬼并火灾，朱雀并官讼，天空并屋坏，病者多热。或在于心见后，合妇人血病。占天大晴，占人性急文明，行人来，火性动也。失物藏窑炉处，事主急，枉图不遂，虚多实少，或朋党疏狂，鼓扇而成，先喜后嗔，先合后散，盖火焰焰不久成灰矣。忌戌加寅，为墓临生，盖火以虚而明实则暗，占事明反为暗。午加戌，主失马入墓故也。戌为狱神传墓，有讼狱事。壬癸日为财，其实是鬼，盖火生土，土能克水，名"子母鬼"。凡占主破骨肉，解破其事，大都炎上，利于见官，雪明皂白。秋夏占，为恃势，谋事成。庚辛日名带杀来意，主占病讼。如年命更乘火神，病死讼凶。辛酉日寅加辛为用，主因财成怨也。

观月经

三传皆是木，其位名曲直。利为船车事，修造觅材植。震动虽然有，求财无壅塞。百事愁皆通，春占必好极。

春木旺，故好极也。

心镜

曲直东方是木形，三传亥卯未相并。占人桴枻栽培木，病者因风致有紫。

亥、卯、未三传俱全，主风事也。

袖中金

亥卯未木局，木以水为根，占人主先屈后伸，亦有伐断及木植之事。秋冬气收敛，则曲直外伐而内实；春夏气发散，则曲直内伐而外柔。壬癸乙，准此。己日根固，丁日枝枯，辛日当做成器用，事主先曲后直。

甲、戊、丙、庚，四日无曲直。

订讹

曲直：三传亥卯未。木生亥旺卯墓未，木性曲折又直，遂故名"曲直"。

占主进退未决，动则如意，不动不宁，盖木为震，主动也。火日生气，水日盗气，利用作舟车修营栽植。木以水为根，秋冬气敛，外伐内实；春夏气敷，外刚内柔。壬、癸、乙日，准此。己日根固，丁日枝枯，辛则成器论矣。春占最宜，自下传上则直，未加亥是也；自上传下则曲，亥加未是也。卯加亥先曲后直，卯加未先直后曲。先曲后直者始难终易，先直后曲者有始无终。木主风，风传事多不实。病因风，肝症宜托人求贵暗祷。凡亥加卯，作雀，望信未来雀内战也。亥加未，作蛇，内战主失财，未主桑绢之属。卯加未，作虎，身灾克命，尤应。未加卯，作后，阴人灾病，有离哭之兆。失物藏茂林，木器中曲直，作鬼讼主枷杻。

己日根固者，木得土为根也。丁日枝枯者，火脱木也。此以成局论也，若以日干论，则干己为官鬼，干丁为父母矣。大约君子吉，小人凶；润下，君子凶，小人吉。

观月经

主头绪多端，先阻后当成。占宅，主更改阴人离。占讼，互换官吏，事求阴人。

三传皆是金，从革卦生心。兵家为大忌，恐见血光临。求财获珍宝，远行利相寻。求财反复旺，百祸亦难侵。

心镜

巳酉丑为从革卦，兵革相持位属金。改故入新多别业，病伤筋骨肺痨侵。

主阴人离别，占官主革故鼎新。

袖中金

巳、酉、丑，金局，主先从后革，占人将有兵革金铁之事，不可以更改。以上曲直、炎上、润下从革，日推磨者无休歇之事，一事去又一事来，往来不歇，必得吉。将用事，须得人引进方可。凡三合与连茹又四仲，须带众用十回五度，乃可曲直。先曲后直，从革；先从后革，炎上；有影无形，润下。往而不返，稼穑艰难，做事无头。

指要

《经》曰："论从革一卦。"若旺相气与吉神并者，主有革变，为富贵之福。若与岁

月相冲，与蛇虎并者，主死丧、兵革之凶。若日干囚死，有西行之兆，吉利。进从革者，酉、丑、巳。故有气则革而增进，无气则革而退失。主干事有萌而欲就，必主阻隔革变而不顺。

订讹

从革：三传，巳、酉、丑。金生巳、旺酉、墓丑，既锻炼相从，又故旧可革，故名"从革"。

占主变动，革故鼎新，水日生气，土日盗气，丙丁日虽为财，若丑发用将见贵，常勾乃为降气却主父母灾，被恃势力之人，强抑而不得伸也。事先阻后就，若遇旺相气吉将并，主革变富贵；遇岁月破及蛇虎，主死丧、兵革。日干囚死有西行之兆。巳、酉、丑为顺，有气则革而进，无气则革而退。酉、巳、丑主萌芽欲就而又被隔，巳、丑、酉变而不顺又主革。酉加巳，为愁课，盖酉为秋，今肃杀万物愁苦。巳加酉，仕人差遣，改易常人，道路门户，改革不宁。或有阴人离别之象，占婚，大忌，仍以衰旺神将言之，大都从革，与金鬼并。遇秋作游，都定主金革，血光逃亡。遇从革藏山石道途之处，病在肺，在筋骨。讼有罪，三传见劫杀故也。求财获珍宝，远行隐避最宜。

此课虽宜改动更新，然值酉加巳、巳加酉，方孚改革之应。若火多金少，火旺金囚，或将得武后盗金气，即名从革，不革来意，主事欲动未能。如六癸日巳加癸酉发用，亦难以改动言也。将得六合，亦主欲动不动。凡巳加癸，止有勾空无

六合。

稼穡卦　心镜

戊己日占用土神，

戊己日，占大吉、小吉，发用是也。

三传四季合斯文。

此名"稼穡"，缘从土，筑室开田墓宅因。

袖中金

戊己日用四季为传，土气重，主艰难之象。如壬癸日当为脱难煞，为物极则变，变则通也。久厄者，反有解散之意。无事常占，则名"鲸鲵归润"。凡事逼迫，不由己出，若遇雷神，方能变化。雷神者，太冲六合是也。六癸日伏吟同。

指要

游子稼穡亦名"五坟卦"不宜占病。已上三交元胎，游子、稼穡，三体并由孟、仲、季之命名也。盖孟为隐伏，仲为进退，季为游动，皆属刑冲破害。况孟有孤神，仲有败煞，季有华盖，不可谓面前常见之体而忽之者也。

指窍

若顺三合，理势自然，申、子、辰为浊下，以和顺为义；寅、午、戌为炎上，以发达为名。亥、卯、未为曲直，当举直错诸枉，巳、酉、丑为从革，宜革故鼎新。三传稼穡田土稽停，若逆三合，事主乖违。子、申、辰为循顺贵无躐等，戌、午、寅为就燥，行合中庸。未、卯、亥为正阳，发生之意。巳、丑、酉为发罡，肃杀之危。四土迎财，尚宜守旧。

订讹

稼穡：三传，辰、戌、丑、未，无丁马是也。土主稼穡事，故名"稼穡"。

占主沉滞，戊己日更属艰难，惟壬癸日为脱难杀，谓物极则变，变则通危，反解散。常人占则名"鲸鲵归润"。凡事逼迫，不由自己，遇雷神方能变化，雷神者，太冲六合也。凡占多系耕农、土工、筑室、田宅事，若日辰年命乘死气为坟墓事，乘煞，坟墓不安。巳午加日辰，年命则理窑灶事，寅卯加为耕农，申酉加为修城筑室，亥子加为治沟河，六合青龙，为田宅交易，大凡为事迟钝，病者在脾。

此课如占田土发用，辰将得空贵勾常，主因田土争斗带众。盖天罡为部领之神勾陈，又住戊辰土，定主带众。如将不遇此，主两人争竞田土，甲乙日主争钱物，大都土气重带煞，冲破者，托人费力，谋事反覆。

此上五课，总名"三合"，又名"全局"，皆主事丛杂不一，伙众共谋，不然两三处托人干事，或一传与干支上，神作六合，及见天将六合者，凡谋必遂，名利皆宜，主人相助成合也。大都三合是无休歇之象，一事去又一事来，必得吉。将用事，须人引进，方可，但不利解散事。

五课外有寅、卯、辰亦作曲直，巳、午、未亦作炎上，申、酉、戌亦作从革，亥、子、丑亦作润下。

元胎课

凡孟神发用，传皆四孟为元胎课。盖四孟者，寅、申、巳、亥四生之局，又为五行受气之位，如木生于亥，火子受气，水生于申，木之受气之类。此元中有胎，故名"元胎"。占者事皆新意，统家人之体，开花结子之课。

象曰："三传长生，胎孕成形。官加恩爵，婚获娉婷。病讼淹滞，财利叠兴。行人敌贼，恋生不行。"恋生者如寅加巳，巳加申，申加亥，亥加寅，为进步长生，主事迟。如用值天后财爻，主妻必怀胎外，有妻财值生气胎神发用，主妻有孕，如正月戊己日用子，四月庚辛日用卯，七月壬癸日用午，占妻怀孕无疑。或年命见之，遇元胎尤的。或元胎带喜神吉将吉利远行，又经求名利百事皆吉，当应家人之四"富家，大吉"之象。若老少占病，为后世投胎之兆，最凶。或常占，遇三刑及凶神恶将，必有忧疑惊恐。父母用事，家中尊长见灾。或日用休囚天后落空，为元胎不育，家招干儿义女接续，当应九三"妇子嘻嘻，终吝"之象。

	申亥寅	
申巳	巳甲申巳寅	巳甲亥子丑寅
申未午巳	戊卯酉辰	戊卯

如甲寅日寅时，巳将占，三传申、亥、寅，孟神为元胎课。

订讹

元胎：四孟神作三传，三传长生，为五行母气，此元中有胎，故名"元胎"。

占主事皆新意，有婴儿隐伏之象。最宜于产求官、求财、求婚，皆以长生，大利。病讼淹滞，行人不来，捕贼不获，恋生故也。若老幼占病，为后世投胎之兆，凶。寅加巳，巳加申，申加亥，亥加寅，为进步长生，主事速，又名病胎，盖上生下，为五行，病处，怀胎有忧。寅加亥，亥加申，申加巳，巳加寅，为退步长生，主事迟，又名生胎，盖下生上，乃身临长生之乡，怀胎大吉。发用财爻，得天后值生气胎神定，主妻有孕。如正月戊己日用子，四月庚辛日用卯，七月壬癸日用午，占妻怀孕无疑。年命见之，尤的。常占，遇三刑及凶将，必有忧疑惊恐，父母发用，尊长见灾，子孙空亡，为元胎不育。凡占无成更艰，子息天后空亡，因孕伤母。

此课虽系新鲜喜庆之兆，然多身喜心忧，盖为腹中有孕，心自悬悬也。事主远而多伏暗昧不通，触则成祸，若反吟课为绝胎。

观月经

五行受气处，四孟是怀胎。

三传见寅、申、巳、亥者，为元胎卦也。

寅中金受气，火生从此来。

寅中金绝，名曰"受气"，火生于寅。

木从申上起，水产五行推。

木受气于申，水生于申也。

金逢己上生，水土却栽培。

水土己上受气，金生于己也。

登明上生木火，因此路开。

火受气在亥，木生于亥也。

欲知怀胎妇，因此卦中推。要知此端的，女人必有灾。

主妇人先有患，后有怀胎之事也。

或然无产妇，来占为求财。正月丙申日，申时卦作陪。孟秋申发用，寅亥俱一垓。

孟秋即申为初传，亥为中传，寅为末传。

学人依此语，求发不迟回。

三传俱孟，依此为元胎卦也。

指窍

巳、申、亥、寅：春，元胎者，生意已萌于中。夏，励阳者，机关略见于外。秋者，四牡驱驰不息。冬者，全福行止亨通。若逆相加，势情为悖。三传亥、申、巳、寅，六合亦名六害。春元毓有，始勤终怠之形；夏秉弘钧，中正权衡之象；秋含义而无中生有；冬传庆而暗事将明。

心镜

三传俱孟是元胎，五行生处主婴孩。所占百事皆新意，或卜怀娠结偶来。

三传俱孟，是五行生处。应此卦，主怀胎及结偶之事。

袖中金

三传俱孟，名曰"元胎"。其像婴儿隐伏之状，利上不利下，事主远而多伏暗昧不通，触则成祸。申加己名，生胎为忧课，女人怀孕必的，安得不忧？己加申为病胎，又名"怕课"，又名"四病课"，胎孕有病，安得不怕？生胎主事生新，病胎主疾病见虎，人传为验，然皆身喜心忧，事主四人共谋，终见灾异。又在临时消详，反吟四孟，为绝元胎也。

元胎有四，驿马龙雀，贵人大利。举人占试四孟是五行初气，事多迟缓，四马四禄俱吉。官员占差除是学馆有旺气，若辰、戌、丑、未，是亲民守土之位，无土是学馆。此四位用处不同，不可一例而推，谓有刑合冲破害克，如丙日亥申用，有克害必有害事。更见元雀勾定，有五件事。又寅日见巳申用，虽合于内，有冲有刑。盖申破巳，巳刑申也。占主刑中之合薄有所就，欲出行则可。大抵四孟须看人情状，如农樵小人，岂有学馆？如勾朱白必有讼事相交。或有病人也，如见日长生处用，主妇人胎产，更行年见龙，必生男子。见后元是女。螣惊虎，伤阴难产。勾有厄。惟朱空近产，只如寻常。巳作天后，亦主怀胎。巳是螣蛇本宫太常，占病，主血疾。若巳作太阴，定伤血。如占妇人，多因产卧得之。若丈夫占病得此，是伤气。若见阴常，须有脓血。见青龙病，不吉。占官事见常阴白，皆有官厄。

连珠课

凡用神传，在一方相连作中末，为连珠课，如三传寅、卯、辰之类。盖中末传孟、仲、季神相连，若贯珠，故名"连茹"。茹，菜也。盖拔茅连茹，言其相牵引也。吉事占之，若连珠可爱，凶似连茹可恶。统复之体，乃山外青山之课也。

退连茹又名"失友格"，主事欲行不行，人情欠美。

象曰："阴阳拱夹，奇偶有主。凶则重重，吉当累累。孕必连胎，事获交夆。时旱多晴，天阴久雨。"若传进宜进，贵顺事顺速成。值空亡则宜退，可以全身远害。传退宜退，贵逆迟阻。遇空亡则宜进，可以消灾避祸。或三传亥、子、丑，日、月、星奇全者，为三奇联珠，主万事合和。乘吉将尤吉，当应复六五"敦复，无悔"之象也。

如乙丑日酉时戌将占三传寅、卯、辰，为连珠课。

凡日辰前后夹定，三传在内，为夹定三传格。凡事进退，皆不由人，以其夹定故也。占病讼解除事，不利。问财喜并成合事，可为美也。如癸酉日亥加戌，庚子日戌加亥，甲午日辰加卯之类是也。凡日辰前后夹定，少一位为夹定。虚一格，凡事有小节不完，其势稍缓，或前虚一，主初时有阻，或后虚一，主将成小阻。如虚一位，是日财主财上不足，父母则长上不足。丁卯日干上申，三传辰、巳、午欠一未字，是子孙乘朱雀，主卑幼文字口舌不足。年命填实，不在此限。此三传被干支夹定，不能进退，毕竟吉凶，皆不散也。凡三传透出日干之外，为夹不住格。经云：夹住不住，留中有去。若进透出者，因进之太过，退透出者，因退之不及，如甲子日三传子、亥、戌是也。若干透出支，不利外动，事有回还；支透出干，不利于内，惟宜外动。或透鬼鬼在外有凶，透财财在外有破耗，余仿此。凡三传有支上发传朝日格，神吉传吉，主成合事，不求自至，无心中得。或神凶传凶，主祸来不测。及占病生产事忌，如丙寅日，干上午，三传辰巳午；戊寅日，干上午，三传辰巳午；壬寅日，干上戌，三传子、亥、戌之类是也。

凡三传有干上发传及他处发传，归支上。有支上自发用，相连作三传者，三传朝支格。如臣使君，子使父，不免俯就于人，被人抑勒不自由。旺相尤可，死囚更凶，利卑不利尊，利静不利动也。

如甲午日三传辰、巳、午，末传引入死地，缘何会好，占病必死，行人未来，以上图例仿此前。

订讹

连珠：或三传孟、仲、季相连。或三传岁、月、日相连。连如贯珠，故名"连珠"。

占主吉凶，各重叠不已。进连珠事顺，退连珠事逆。

间传课

凡课间位作三传，为间传课。此顺间传十二格，逆间传十二格，其义各有所主，详具于后。盖间一位递作三传，故名"间传"。占者，顺主事顺，逆主事逆，统巽之体，乃阴阳升降之课也。

《象》曰："间位相传，事多间阻。顺有登天，向阳出户。逆有回阳，励明顾祖。占者逢之，皆为吉课。"

如日用旺相神将吉，凡事吉利，则应巽"小亨。利有攸往。利见大人"之象。若日用休囚神将凶，则应上九"丧其资斧，贞凶"之象也。

如甲子日辰加甲，三传间位而行，为间传课，辰、午、申，亦名"登三天"之格也。

顺十二格

凡巳、午、未、申，四位皆为天，如间传，遇辰、午、申，为"登三天格"。盖龙登天则行雨，官登天位主迁转，惟忌空脱争讼，事情转大，占病症候弥深，贼来行人至，久旱则雨也。午、申、戌为"出三天格"，盖亢龙有悔，事情远大，出行失约，病讼皆凶也。盖戌为天头，有超三天之象矣。申、戌、子为"涉三渊格"，盖龙涉三渊不雨，贼涉三渊不来，病讼危险，目前阻隔。占官不吉，谋望不成也。戌、子、寅为"人三渊格"，盖亥、子、丑、寅属地，故有人三渊之象。凡举皆凶，如履春冰，蹈虎尾，其祸在前。或末传乘蛇虎，为鬼煞，病必死，祸尤凶也。子、寅、辰为"向阳格"，盖子属北方幽暗之乡，寅、辰乃日出之方，故有向三阳之象。凡举皆自暗入明，初凶后吉，病愈讼解，人情皆美也。寅、辰、午为"出阳格"，盖午后阴生，自寅传午，有出三阳之象。凡占灾咎相仍病讼，皆凶也。

丑、卯、巳为"出户格"，盖卯为门户，巳为地户，自丑传巳有人出户之象。凡占访人不在，行人出，利干望，君子升扬，小人狐疑而不吉也。卯、巳、未为

"盈阳格"，盖卯巳为二阳，未乃阴之始。自卯传巳未，日中将反，阳已至盈，物极必反故也。凡事当急就之则吉，迟干则为凶也。巳、未、酉为"变盈格"，盖阳至午而盈，未为一阴，酉为二阴。自巳传酉，物满必缺，势过人衰故耳。凡占皆凶，占官被黜，占物非当时用者，占新病死、久病愈也，未、酉、亥为"入冥格"，盖酉亥日冥之时，有明消暗长之象。凡占事体速干，则可，缓则不及。时病讼凶，官不利，吉渐消而凶渐长也。酉、亥、丑为"凝阴格"，盖亥丑属北，冬令阴气凝结，有严霜冰坚之象。凡占有淫欲奸盗之事，多主幽暗及事之不明也。亥、丑、卯为"溟濛格"，盖亥丑阴极，卯为一阳，始生二阴之下，有明在溟濛时之象也。凡占事体不真，忧惧不宁，进退未决也。

逆十二格

寅、子、戌为"冥阴格"，盖寅为日出晓方，子、戌阴气盛旺。自寅传戌，有阳退入阴之象。凡占事自明入暗，凶。暗在前，犹防暗损，占官最为凶也。子、戌、申为"偃蹇格"，盖申亦阴方。自子传申，以阴入阴，历涉艰难，有重遭荆棘之象。凡举迷暗不明，行军被围，出入作为，亦不吉。戌、申、午为"悖戾格"，盖午为阴气，始生申、戌，乃阴之盛旺。自深退浅，逃祸不能，有勉强后退之象。占行人未至，占贼不来，做事成祸。申、午、辰为"凝阳格"，盖辰为一阳，申、午皆阴。自申传辰，阳凝在阴，有灾尚萦系之象。占事前者未了，行人来迟，占讼留连谋迟。午、辰、寅为"顾祖格"，盖午为寅之子孙，寅乃午之长生之地。自午传寅，子回顾母，有复旧庐之象。凡求财谋望，皆吉。占贼去行人来，惟庚日占病，凶。占官，大吉也。辰、寅、子为"涉疑格"，盖阳主进，寅、子不进而反退。又自明退入暗处，有涉历疑难，莫知深浅之象。占事进退不决，行人未来，欲出不出，关渡防人贼埋伏，安营不吉。不可举兵用事，官病皆凶也。

丑、亥、酉为"极阴格"，盖阴主退。自丑传酉而终于极，有阴人阴之象。凡占有淫泆、酒色、奸乱等事病，主死讼，至省部，或淫乱而生疾也。亥主淫乱，酉主酒色耳。亥、酉、未为"时遁格"，盖酉为太阴，未中丁，为玉女，利隐遁潜形。自亥传未，如人入幽暗求隐，有遁身之象。占行人不来，出行不行，捕盗不获，贼去不来，君子吉而小人凶也。酉、未、巳为"励明格"，盖巳为阳明之地。自酉传巳，从暗入明，有历阴暗而后得明之象。凡举皆由勉强而后去，君子利取禄位，小人宜早营运也。未、巳、卯为"回明格"，盖未为一阴，己卯二阳。自未传卯，由阴至阳，有缺月渐回之象。凡事不可骤举，只宜迟进。久雨则晴，吉事渐成、凶事渐消也。巳、卯、丑为"转悖格"，盖巳、卯二阳，丑乃纯阴。巳入丑避明向暗，以巧就拙，弃正归邪，事转悖戾之象，主家零，身怯怪梦。做事似邪魔，随事好出头，不知省检守分以安命也。卯、丑、亥为"断涧格"，盖卯为一阳，丑、亥二阴。自卯传亥，一阳深入二阴，阳明断送，渐入深涧水底，有暗长明消之象。凡占君子退职，小人遇凶事者也。

以上阴阳各有三说，或以昼为阳，夜为阴，或以子、丑、寅、卯、辰、巳为阳，午、未、申、酉、戌、亥为阴，或以子、寅、辰、午、申、戌为阳，丑、卯、巳、未、酉、亥、为阴。

撞干格　撞支格

凡日干支有期限，又为关隔，如三传通连日干，为"撞干格"。或初、末传撞日之关，主事急及我，若向前有为也。当三传自干支内发用，传出日辰之外，事虽急而终闲慢；或自干支外发用，传入干支之内，事先缓而后急也。辛巳日丑加卯，三传丑、亥、酉本是退间传，凡事偓蹇阻滞，缘被末传撞辛之关，所以先缓而后急也，吉凶如此。如三传通连日之支辰，为"撞支格"，盖初、末传撞支之隔，主事宜急候，彼动而我应之也。或传带日贵日财为用，末传墓绝，大不利，贵人交易，因财而有所屈也。

六纯课

凡四课三传俱阳；如三传俱阴，为六纯课。如四课属阳，中一课发用，并中、末皆阳，为六阳课，宜尊贵。占天庭高尊事。初、中空君子畏之减力，常人赖之省力，末事得理。若四课阴，中一课发用，并中、末俱阴，为六阴格，宜卑下。占阴谋奸私事病者，死。此六者，阴阳皆纯，故名"六纯"。占孕阳男阴女，统革之体，乃天渊悬隔之象也。

《象》曰："六阳动达，如登三天。私凶公吉，官遇升迁。六阴朦昧，似涉重渊。公凶私利，病患缠延。"如甲午日干上子，六阳遇退间传为倒拔蛇，名"悖戾"。及兼初传戌财引入中、末鬼乡，凡事艰辛，不免功劳。或夜传昼事有明白，或遇五阳，以人年命定之，或六阴遇丑、卯、巳为出户，卯、巳、未为盈阳，酉、未、巳为励明，未、巳、卯为回明。未可以昏迷断之，凶中有吉，则应革九五"大人虎变"之象。如己卯日酉加未，六阴遇昼，将入夜，昏迷尤甚。将乘后合元，支干遇盗气，弹射发用，坐空费力，不可言问，病必死。求望虚耗，或遇五阴，以人年命定之。夫五阴相续，盗气迤逦，脱去为源，消根断本，命缘不摄而死。凡占皆脱耗，则应革上六"小人革面征凶"之象也。

十杂卦

十杂看发用，本姓真不真？

辨人家，有两姓同居也。

寅中有生火，水土墓于辰。辰中有死水，生死有原因。

水土墓于辰，故辰中有杂水土也。

巳上有生金，土乃寄于申。

金长生在巳，水土生于申也。

未中有死木，

木墓在未，故有杂木也。

水乃便生申。

申中有杂水。

戌中有死火，

戌为火墓，故有杂火也。

木生亥上亲。

亥中有杂木。

金在丑中墓，

有杂金也。

十干辨假真。生杂本祖宗，死杂两姓人。

发用得本长生者，上祖是本姓也。如甲乙日用亥、戌、巳，壬癸日用申、庚、辛，用巳、丙、丁，用寅生杂卦也，故曰：生杂本祖宗。如甲乙日用未，丙丁日用戌，戊己、壬癸日用辰，庚辛日用丑，为死杂卦。家中有两姓人同居，故曰：死杂两姓人也。

心镜

甲与己合

戊己宫中忌木克，己来嫁甲合亲情。六月己回归军戊，瓜果虽熟色带青。

六月木死土旺，己却归戊，故怀木胎。瓜果虽熟，尚带青色，为怀木胎也。

乙与庚合

甲乙东方木畏金，甲将乙妹去合庚。春时木旺乙归本，所以园木开琼花。

东方木畏，西方金克，甲兄乙妹，将乙配与庚合，至春木旺。金囚乙却还东方：木色青，金色白，乙怀庚胎归还，所以春开白花，是乙中有金。

丙辛合

庚辛性怯南方火，便以妹辛丙合同。秋间火死辛归去，枣赤霜刑叶落红。

丙火死，辛归庚，刑杀万物，叶落枣亦成赤色带红，为辛临丙色，有火气也。

丁壬合

南方火畏北方水，故将丁妹配属壬，夏旺丁来归应丙，桑椹熟时带紫深。

夏火旺，水囚丁，怀水胎归丙。水黑火赤，相杂成紫，为丁中有水气也。

戊癸合

北方水惧中央土，戊癸成亲燕新妆。立冬水旺癸还舍，土孕严凝杀草黄。

立冬水旺，土囚癸，怀土胎而归，故杀百草。而有黄色，为癸中有土气也。

杂状课

凡课俱取初传动爻，以别五行纯杂、数目、物色为用，曰：杂状课。纯者，子、午、卯、酉四仲为纯。寅中有生火，一杂。辰中有水土墓，二、三杂。巳中有生金，四杂。申中有生土，五杂。未中有木墓，六杂。又申中有生水，七杂。戌中有火墓，八杂。亥中有生木，九杂。丑中有金墓，十杂。如寅卯为木春，寅怀火杂木，故卯为纯木也。季火金水皆然。惟土守中宫，分旺四季，每季前各旺十八日，总七十二日合而成岁，故辰中有余木，未有余火，戌中有余金，丑中有余水，各十二日。然四孟月怀胎，仲月娠，壮季月死墓葬，为五行十杂，纷纭众事，其应不同。

《象》曰："五行阴阳，万物纯杂。凶视救神，吉防害鬼。数目日期，颜色物类。觅物寻人，克应可取。"如甲乙初用亥例，为生杂家是上祖本姓人居住，庚辛日用丑例，是死杂家有两姓同居也，如戌为五数加未八数，吉凶应在五八四十日，或四个月也。旺相倍数，休囚减之，如正月将甲子日寅时占物色，午加酉为用，主上赤下白色也。

物类课

凡课俱取初传动爻，以别五行六亲，物类亲疏，旺相休囚为用，曰："物类课"。如甲乙日日干及寅卯发用，为己身同类，占寅为兄，卯为弟。寅中甲为姐，辰中乙为妹。亥中甲为伯之兄弟，未中乙为叔之兄弟。子为父，亥为母，亥中壬为伯，丑中癸为叔。申中壬为长姑，辰中癸为小姑。申为祖父，酉为祖母。巳中庚金为伯祖，戌中辛金为叔祖。丑中辛金为祖姑，未墓为妻，辰为继妻，丑为妾，戌为婢妻，土生庚申，金为媒人。午为男，巳为女，寅中火为兄之男女，未中火为弟之男女，戌中火为姐妹之男女。生祖者为曾祖，生曾祖者为高祖。男生者为孙，孙生者为元孙。丙丁日火，戊己日土，庚辛日金，壬癸日水，六亲之类各仿此。推惟妻妾，则阳为妻，阴为妾也。若占父母，要父母出现，占子孙，要子孙出现。或父母兴旺则克子孙，兄弟兴旺必克妻。财旺相，相生吉，休囚刑克，凶。阳神下临阳宫，有德合为亲，入阴宫为疏；阴神下临阴宫，有德合为亲，入阳宫为疏。更以神将吉凶参详，则富贵贫贱，存亡应验，了然可见，此六亲吉凶之族类也。如刚日用起阳神，旺相有气，加日上是新物；用起阴神，休囚无气，加日上是旧物。或甲日日辰见亥，乃木生，为生事，将来新物，应在父母；见卯，乃木旺，为目下事，主不新不旧之物，忧在同类，己身朋友；见未，乃木死处，为死事，主已过旧事及旧物，忧在妻奴下人。又刚日用神，在干前为未来，干后为过去，柔日用在干前为过去，干后为未来。或乙日属阴，妇德从夫，日上见辰为阳，是生新物；见未为阴，亦是新物。乃阴德在阳乙，庚化金辰巳金生处，未亦金冠带之位也。丑加日上为死故物，金死墓于丑也，此阴阳盛衰、生死新旧之物类也。如初传旺相神将吉，末传囚死神将凶，为始吉终凶事，先成后败。若初传休囚，神将凶带刑害，末传旺相神将吉，见合德救制，为始凶终吉。事先难后遂，此始终吉凶之物类也。统节之体，乃蜃气楼台之课也。

子亥戌	象曰："物以声应，方以类萃。六亲俱现，以用为主。旺相吉言，休囚凶语。始终吉凶，神将分取。"如甲乙推六亲见亥、卯，为今日族类也。或用起水神无气，乘凶将占者，当忧父母长上。及文书见，木神，忧己身兄弟；及同类争财事见土，为妻奴；及婚姻财产事推类神，见亥为猪，卯兔，未羊，及酒食之类，六畜有刑无气，主残伤；有气无刑，即生育。更神将凶吉旺相，相生休囚，逐类推之。
子丑 子丑 丑 丑寅 丑 甲 卯辰 巳 午 寅丑 未申 子 亥 戌 酉	

如丙午日三月，占三传寅、午、戌，火局，与日辰同类为生物。占事必干新象，火有气谋为成就而速，秋冬火囚死事，稍缓成就，艰难中得。如乙日阴德从庚化金，金虽以土生，然死墓于丑，故辰临乙为新，丑临乙为故，盖丑中之土恶见乙中之木也，乙中之木恶见丑中之金也。如初传凶克，末传吉神，为始克终，所事困穷。或末传吉克，初传凶神，为终来克始，万事皆美。或将乘六合旺相，私事私心，囚死暗昧不明；腾蛇旺相，惊恐稍散，囚死倍起忧惶。凶将囚休，凶事至甚；

吉将旺相，吉事永久。凶将乘旺相气不为凶，吉将乘凶休气不为吉。初传言事之始，末传决事之终。初末神将凶始终皆凶，则应节九二"不出门庭，凶"象；初末神将吉始终皆吉，则应九五"甘节，吉"之象也。

如甲寅日冬，占子水母旺气用为新气，曰："物类课"也。

观月经

木火土金水，物类认疏亲。甲乙东方木，亥为父母身。

生我为父母，我生为子孙。克我为官鬼，我克为妻财。同类为兄弟姊妹，惟墓为妾也。

太冲与功曹，甲乙合三春。甲木为兄弟，姊妹乙为真。小吉为妻妇，己午作子孙。甲来欲求己，庚便作媒人。外孙是丁火，与木为子孙。

甲以己为妻，己土生庚，金为媒人也。

其日是丙丁，父母配寅中。己午为身类，丁火姊妹宫。丙火兄弟是，河魁次妻同。辰与丑未土，子孙有始终。辛来欲嫁丙，壬水作媒人。寻思己中土，外孙此处穷。

阳为子，阴为孙也。

假令戊己日，传送父母期。未土丑同类，兄弟戊中推。己土为姊妹，申酉子孙宜。外孙辛上推，天罡小妻室。癸水欲妻戊，甲媒送信知。

若遇庚辛日，太乙父母师。申酉为同类，庚金兄弟知。辛来作姊妹，亥子子孙期。癸日为外孙，丑墓小妻儿。乙来欲嫁庚，丙火作月冰。

乙木生丙火，火作媒，惟求阳干通信也。

其日是壬癸，传送父母居。辰墓为妻妾，亥子身类推。壬水为兄弟，姊妹癸相知。寅卯子孙类，外孙乙不虚。丁来欲壬位，戊己土送书。媒者正妻子，取其正丈夫。细心分配定，墓上小妻居。

正妻者，甲乙见土，丙丁见金，戊己见火，庚辛见木是也。墓为小妻，木墓未，火墓戌，金墓丑，水土墓辰，六亲依此卦推之。

心镜

用神与日类须详，物气分明辨否臧。

立用之神与日有族类。

甲乙初传水为气，

甲乙木得水神为有气也。

占者当有父母匡。

若见木神为兄弟，同类之称是可量。如逢小吉为妻类，

甲乙木见亥、卯、未，皆今日之族类墓，为妾也。

鹰雁妻奴及酒羊。亥猪卯兔甲乙类，旺相尤生墓己伤。

旺生物　墓死物

甲乙
子　癸水　母
丑　辛金　祖姑　癸水　叔
寅　甲辛金　祖　癸水　叔
卯　乙木　弟
辰　癸水　小姑　乙木　妹
巳　庚金　伯祖　乙木　妹　丙火　女
午　丁火　男
未　乙木　兄叔之弟　丁火　男弟女　巳土　妻
申　庚金　祖　壬水　伯　甲木　兄伯之弟　丁火　男弟女　巳土　妻继
酉　辛金　祖母　壬水　伯　甲木　兄伯之弟　丙火　女　戊土　妻
戌　辛金　叔祖　壬水　父　甲木　兄伯之弟　丁火　姊妹之　戊土　妾婢
亥　壬水　父

丙丁

子　癸水　祖母

丑　癸水　祖姑

寅　甲木　父　　丙火　伯之　　己土　男女　　辛金　婢

卯　乙木　母　　丙火　兄弟　　己土　男之　　辛金　婢

辰　癸水　叔祖　乙木　叔　　丙火　兄弟　　戊土　男　　辛金　妾

巳　　　　　　　乙木　　　　丁火　弟　　己土　女　　庚金　

午　　　　　　　　　　　　丁火　兄姐　戊土　男

未　　　　　　　乙木　小姑　丁火　妹　　己土　女　　庚金　继

申　壬水　伯祖

酉

戌

亥　壬水　祖　　甲木　伯　　丁火　兄弟叔之　戊土　兄之男女　辛金　妾

戊己

子

丑　　　　　　　　　　　　己土　叔之　辛金　姊妹之　癸水　妻

寅　甲木　祖　　丙火　伯　　己土　兄弟之　辛金　姊妹之　癸水　婢

卯　乙木　祖母　丙火　父　　戊土　兄伯之　庚金　兄之男女　癸水　婢

辰　乙木　祖叔　丁火　母　　戊土　兄弟　庚金　兄　　癸水　妾

巳　　　　　　　　　　　丙火　　　戊土　　　庚金　男女　癸水　妾

午　　　　　　　丁火　　　己土　弟　　庚金　子　　壬水　妾

未　乙木　祖姑　丁火　叔　己土　弟　　辛金　女　　壬水　妾

申　　　　　　　　　　　　　　　　　辛金　弟之男女　壬水　继

酉

戌　　　　　　　丁火　姑　戊土　兄　辛金

亥　甲木　伯祖　　　　　　　　　　辛金　弟之男女　壬水　继

人类神の図（人类神 関係図）

【上図】庚辛

亥	戌	酉	申	未	午	巳	辰	卯	寅	丑	子
	丁火			丁火 祖姑	丁火 祖母	丙火 祖			丙火 伯祖		
	戊土 伯	己土 母	戊土 父								己土 叔
辛金 兄叔弟之	辛金 兄弟	庚金 兄姐	庚金 兄伯弟之								辛金 妹
壬水 男		壬水 男之女	癸水 男弟之			癸水 姐男女之						癸水 女
甲木 妻		乙木 妻婶	乙木 妻婶			乙木 妻婶	乙木 妻继	甲木 妻			

【下図】壬癸

亥	戌	酉	申	未	午	巳	辰	卯	寅	丑	子
	戊土			己土 祖母		戊土 伯祖			己土 伯祖		
		辛金 叔	辛金 父		庚金 伯				辛金 姑		
		壬水 兄姐	壬水 兄伯弟之		癸水 叔男女之				癸水 弟		癸水 弟
		甲木 男兄女之	乙木 姊妹		乙木 男女				乙木 女		乙木 妹
		丁火 妻婶	丁火 妻婶		丙火 妻妾雄				甲木 子		甲木 妻
									丙火 妻		丙火

人类神

父母生气与日本，父兼德神母天后。

妻责天后并财爻，神后之神亦为取。

兄弟姊妹责太阴，及兼兄弟之爻神。

子孙六合子孙爻，太冲登明亦可寻。

奴责河魁及天空，婢责从魁太阴中。

朋友单来责六合，以上人之类神从。

事类神

求官龙常及官星，求名文书朱雀中。

干贵贵人婚天后，求财青龙财爻通。

衣服酒食责太常，雨责青龙晴天空。

田土勾陈路白虎，以上事之类神名。

人事类神兼二三，以入传课为取用。

若是皆入皆不入，不用兼神责将神。

如妻止去责天后，财爻神后不须论。

不在课传为局外，所临地位看原因。

有气亦远无气难，旺相德合终可亲。

人身类神

甲胆乙肝丙小肠，丁心戊胃己脾乡。

庚是大肠辛主肺，壬癸膀胱癸肾藏。

子肾膀胱耳腰液，丑脾腹兮与两足。

寅胆风门筋脉发，卯肝血筋手背目。

辰皮肤肩暨背项，巳焦小肠面齿股。

午心目神气与舌，未胃腹口唇齿户。

申为大肠筋骨间，酉肺口鼻声血路。

戌乃命门膝胁胸，亥膀头髓二便呼。

农桑类神

木主谷示及瓜果，当于寅卯位中寻。

火主黍稷与红豆，巳午之位乃为亲。

午神又为蚕之命，螣蛇蚕象妙有因。

土主麻与大黄豆，辰戌丑未为其根。

金主二麦八月时，申当别论酉为真。

水主黑豆与稻菜，亥子之位所必云。

旺相德合为收成，死囚克墓是所嗔。

日辰农人辰禾类，生合吉将喜忻忻。

日克支上农事荒，支克日上禾必损。

太岁上神生何类，即主何类收十分。

太常小吉为棉花，又在五行之外存。

十杂

子有癸水	丑有己土　有余癸水　有死辛金	寅有甲木　有生丙火
卯有乙木	辰有戊土　有余乙木　有死癸水	巳有丙火　有生庚金
午有丁火	未有己土　有余丁火　有死乙木	申有庚金　有生壬水　有生土
酉有辛金	戌有戊土　有余辛金　有死丁火	亥有壬水　有生甲木

《经》云：阴阳五行，中有十杂，其类异方，万物存焉。或得凶。或得吉，或得短，或得长，纷纷众事，其应不同，各怀其子，以救其穷，故曰：忧与不忧，传自相求。

颜色

甲青乙碧，盖青者东方正色，象木叶也。甲木畏金，以乙妹嫁庚金为妻，甲往召乙，乙怀金气以应甲，故有间色碧也。

丙赤丁紫，盖赤者南方正色，象火炎也。丙火畏水，以丁妹嫁壬水为妻，丙往召丁，丁怀水气以应丙，故有间色紫也。

庚白辛栗，盖白者西方正色，象霜露也。庚金畏火，以辛妹嫁丙火为妻，庚往召辛，辛怀火气以应庚，故有间色栗也。

壬黑癸绿，盖黑者北方正色，象水中泥淖色也。壬水畏土，以癸妹嫁戊土为妻，壬往召癸，癸怀土气以应壬，故有间色绿也。

戊黄己绛，盖黄者中央正色，象黄中通理也。戊土畏木，以己妹嫁甲木为妻，戊往召己，己怀木气以应甲，故有间色绛也。

子黑午赤，卯青酉白，寅碧申黑白；巳斑点，亥淡青，辰、戌、丑、未纯黄。寅卯为木，春旺时寅怀火，故卯为纯木，寅为杂木。巳午为火，夏旺时巳怀金，故午为纯火，巳为杂火。申酉为金，秋旺时申怀水，故酉为纯金，申为杂金。亥子为水，冬旺时亥怀木，故子为纯水，亥为杂水。土居中央，分旺四季，故春、夏、秋、冬，辰、戌、丑、未月；各寄旺十八日，四季共七十二日。五行之旺，各为三百六十日，以为一岁功成。故辰中有余木，未中有余火，戌中有余金，丑中有余水也。各十二日，木死于未，火死于戌，金死于丑，水死于辰，故四孟之月，为怀生气之所由也。四仲之月为正位，盛旺之所立也。四季之月，为死气葬送之所由也。是五行十杂，其应不同，阴阳五行，万物所存，吉凶之应，各以其类。或吉中有凶，或凶中有吉，征吉而有大凶，或征凶而有大吉。凶则视其所救，吉则视其所害。凶则有救不致于祸，吉而有害不及于庆。纯凶则祸成，纯吉则福生。言举百事，姓音不同，一云五情不同。时日神将上下不和，四时旺相，新故差别，和同则吉，乖异则凶，凶则有短，吉则有长。纷纷众事，其应不同者，言五行各有所利，各有所伤，故曰不同。各怀其子以救其穷者，土中有金，金中有水，水中有木，木中有火，火中有土，此怀子救母之谓也。万类消息，尽在其中，不可不明。

乙中金刑，己中之木，己中木刑，癸中之土，癸中土刑，丁中之水，丁中水刑，辛中之火，辛中火刑，乙中之金，是谓五刑也。

乙中之金，从魁传送是也。于物为斧斤，于人为下贱。土匠人形为头、口、咽喉、缺齿，于色为白，于怪为釜鸣。己中之木，功曹太冲是也。于物为船车树木，于人形有奇骨耸起，若病为臃肿，于色为青，于怪为音声，于畜为野兽驴兔。

癸中之土，辰、戌、丑、未是也。于物为砖瓦泥土类，于人形为大头，腹肿黄，四肢臃肿，于色为黄，于怪为风尘，垣壁崩颓，孔穴土聚，于畜为子母牛羊狐犬类。

丁中之水，登明神后是也。于人形为肾，于色为黑，于怪为井沸，于畜为鼠猪。

辛中之火，太乙胜光是也。于物为文书、皮毛、文章、炉冶、血光、飞鸟，于人形为髭发赤目，有苍缺损，股肿有疾，于色为赤，于怪为光明，于畜为马蛇，言十二辰以观亲疏也。

亲疏

日与辰，三六合者为亲，不合者为疏。

生日干者父母，如甲乙日以子为父，亥为母，壬癸为外翁姑，午为子，巳为女，丙火为外孙，寅为伯为兄，卯为叔为弟，甲为姊，乙为妹，辰、戌、丑、未为妻妾。

日干所克为正妻，如甲乙见土，丙丁见金，戊己见水，庚辛见木，壬癸见火是也。以干之墓神为妾，如甲乙见未，丙丁见戌，庚辛见丑，戊己，壬癸日见辰是也。

妻前一位为媒人，己为甲妻，则己前庚与申为媒；乙为庚妻，则乙前丙与巳为媒；辛为丙妻，则辛前壬与亥为媒；丁为壬妻，则丁前庚与申为媒；癸为戊妻，则癸前甲与寅为媒也。

日干所克干神为奴婢，如甲乙日，戊己丙丁日，庚辛之类。总之干属外，支属内，外翁姑、外甥、奴婢，皆以干言。

媒辰所合为亲家，如申为媒，则卯为亲家，乙庚合也；

己为媒，则戌为亲家，丙辛合也；亥为媒，则未为亲家，丁壬合也；

寅为媒，则未为亲家，甲己合也。

子日见亥，寅日见卯，日辰同气，为本家人。子见丑，丑见寅，为邻人。

十二支类神，不就日干而言者。

子为子息渔屠儿	丑为贤者又僧尼	寅婿道士更胥吏	卯术沙门长子宜
辰为魁卒凶顽恶	巳朋长女为窑皂	妇人宫女蚕姑午	姑姨舅妹小吉时
申猎医巫银铁匠	少女婢妇姐从魁	卒奴吏官仆凶戌	幼子寇盗亥宫推

凡占动众，三合为兄弟朋友之众，同类为眷属之众，戌为部领之众，反吟连茹牵连之众。

亥中木为功曹太冲之父母，甲中木为兄姊，辰中木为弟妹，未中木为外孙。

寅中火为太乙胜光之父母，丙中火为兄姊，未中火为弟妹，戌中火为外孙。

申中水为登明神后之父母，壬中水为兄姊，丑中水为弟妹，辰中水为外孙。

巳中金为传送从魁之父母，戊中土为兄姊，丑中土为弟妹，辰未中土为外孙。

故曰：万物比类，以观亲疏也。

假令正月甲子日辰时，上是功曹临未为发用，上克下与日比，将得天后，传见从魁，将得勾陈，终于天罡，将得元武。以此占人法忧外孙事，因妇女斗讼相伤，终至亡遗偷盗，他仿此。

甲乙日日干及寅卯发用，为己身同类，占寅为兄，卯为弟，寅中甲为姐，辰中乙为妹。亥中申为伯之兄弟，未中乙为叔之兄弟。子为父，亥为母，亥中壬为伯，丑中癸为叔。申中壬为长姑，辰中癸为小姑。申为祖父，酉为祖母。巳中庚金为伯祖，戌中辛金为叔祖，丑中辛金为祖姑。未墓为妻，辰为继妻，丑为妾，戌为婢妾。土生庚申，金为媒人。午为男，巳为女，寅中火为兄之男女，未中火为弟之男女，戌中火为姐妹之男女。生祖者为曾祖，生曾祖者为之高祖。男生者为孙，孙生者为元孙。

凡十二支中亲属，论者不一，姑两存之。如甲乙日有取子阳水为父，亥阴水为母者，有取子中癸水为母，亥中壬水为父者，余说类此。

观月经

凡事知新故，得之变生死。

五阳德自处。

甲、丙、戊、庚、壬各以本干为德，故曰："五阳德自处"也。

五阴德改移。

夫自处德，妇从夫德，以阳为正。

甲为己德合，庚与乙为德。丙与辛为宜，丁德配在壬。癸德配在戊，生死后篇推。甲生原在亥，未是死根基。丙生寅上是，死戌是分离。壬戊生传送，天罡见死悲。庚来生太乙，大吉死无疑。生加日辰上，凡事焕为新。死加日辰上，凡事更无新。

假令甲乙日登明，加甲上为新，故曰："焕为新"。如今日甲乙小吉，加甲为故，刚日以本干之生为新，死加日辰为故，故曰："更无新"。

前篇论生死，后法五行中。新来推旺相，

凡事旺相，加日，是新事也。

休囚死后终。

凡休囚死，加日辰，是旧事也。

其气两相见，新故一半通。

或曰：日上旺相气，辰上休囚死气，其物新故相半，故名"新故一半通"也。

传中先见者，此法续无穷。

凡四课三传，先见者知新故，便以日辰推之，故曰"传中见事续无穷"。

心镜

新故阴阳不易分，刚柔异类辨斯文。刚日用阳及有气，是物装成不染尘。

刚日用起阳神及有气神，加日上，并主生气，曰物乃是新物；柔日用起阴及无气神，加日上，并主死气，物是旧物。

柔须求德看临日，乙德居庚土是因。大吉临干为死旧，天罡加日是生新。

假令乙日是柔，即乙德在庚生于土。天罡加日上，即生新物，大吉，临干上是死，旧物也。

袖中金

刚日用起阳，及有气神加。日并主发物，类柔日用起。阴及无气神，加日并主死。物及为旧物，旺相加日辰。为生新囚死，加日辰为旧。

拘钤卦

十杂拘钤，支干配合，色数以四时休旺断之。数目颜色言倍者，加一倍也。言进者，一十进一百也。

蛇 午 勾 卯 白 子 午　　申　　亥 酉　　子　　甲 青 勾　六 朱 寅 辰　巳 午 丑　　未 申 子 卯　蛇 贵 空 白 常 元 阴 后	甲子日亥将寅时占。 此午克酉为用，午是九数，酉是六数，色从赤白，春月火相，数宜加倍。甲己子午九，乙庚丑未八，丙辛寅申七，丁壬卯酉六，戊癸辰戌五，巳亥无干四。此一节论走失远近，物类多少，依此推之，甲己半青黄，乙庚碧绿竹，丙辛带赤白，丁壬暗惨黑，戊癸灰黄样，大干十敝居。

午 卯 子 午　　申　　亥 酉　　子　　甲 午 酉 寅 辰 巳 丑　　未 子 卯 申 亥 戌 酉	酉白子纯黑，卯青午赤逐。辰戌丑未黄，寅来绯碧服。申主白黑色，巳上斑点绿。亥来淡淡青，发用为骨肉。先乃穷颜色，次神言数目。正月甲子日，寅时来买卜。胜光加酉支，上下相驱逐。下神本白色，上神赤不黑。上神其数九，下神本管六。六九五十四，地理宜数足。旺相倍加进，囚死退数目。休者五十里，囚死者二十四里之半也，旺相五百四十里。 不离反与覆。贼盗依数推，万数悉皆卜。六十四时卦中，从头尽检束。圣人言会者，神仙见骨肉。

观月经

诸卦推始终，此卦最为良。初传为始位，末传是终乡。始吉兼终吉，万事达无妨。

初凶末有吉，从空喜并强。

初传囚死刑害，天空、朱雀是。初传凶，末传见吉，将三合六合，青龙主喜事从空而来也。

始吉终不善，先喜后乖张。

初传见吉将良神，末传见三刑六害凶神者，主先吉后凶也。

始吉终见破。遇克却馨香。消息皆如此，论情道理长。

克永破也。

心镜

始终之卦再临时，神将相传为正义。始吉终凶终不善，先凶后吉庆相随。善恶等分无咎举，首末俱吉福大奇。中末克初无不利，始往克末忧害身。三传相生万事成，若或相克为鬼贼。

用神生旺吉凶为方，来囚死为已往。

袖中金

论三传，初、中、末，即事有创始，有成终，方为始终有全。凡初传凶，终末吉能解之。三传凶，行年吉能解之。三传行年尽凶，则凶不可解也。

曾门

始之与终，传自相穷。进退轻重，何喜何怒。始吉终吉，自穷于吉；始凶终凶，自穷于凶。始吉终凶，先吉后凶；始凶终吉，先凶后吉。神将俱和，是为大吉。相克不和，名曰大凶。

定章曰：终始即初终二传，以观吉凶。神将俱和，如子归母，为吉。神将不和，即仇怨，为凶也。

第四十四章　术数汇考四十四

《大六壬类集》十四

天文

凡占晴雨，坎为水，而壬、癸、亥、子、后、元，皆坎类也。离为晴，而丙、丁、巳、午、蛇、雀，皆离类也。坎临日辰及发用，主雨，离即主晴。巽为风，而辰、巳、勾、蛇，皆巽类也。震为雷，而甲、乙、龙、合，皆震类也。巽临日辰及发用，主风，震主雷。凡占雨，要亥子二神及青龙在课，传刑克日，或日上神者有雨，不然无雨。如丁卯日子加丁，申加卯，申子加水，来克丁火，即日雨。月建生扶亥子及龙，雨大；月建克制亥子及龙，雨小。亥子龙落休囚，则阴而无雨。亥子加于巳、午、未、申，巳午加于亥、子、丑、寅，是水升火降，主累日雨临，土受制无雨。居北方为退，居江湖无雨。青龙临，申酉主雨不以克制论。盖申为水母，酉为兑泽，若金旺与更大青龙所乘神，克日有雨。如壬辰日见土，龙是青龙，生旺升天，大雨。乘亥、子、丑、寅无雨，盖寅为入庙，亥、子、丑为游乐江湖，不能变化，并人墓无雨。凡占雨虽专看青龙，若虎临亥子，亦有大风雨。大抵龙虎须以投神合看，虎投甲、乙，先风后雨；龙投庚、辛、戊、己，先雨后风。子、卯相加，亦有雨。子为云，卯为雷也。后元合而入传，主雨。欲知雨期，以所用神加下辰为应期，如龙乘子加申，便以申为期。又如亥子加午，即以午为期。又专以青龙位下决之，临己巳日雨也。又以龙所乘神决之，乘神克日即雨。如壬癸日龙乘土是未，为风伯。凡占晴看巳午二神、蛇雀二将，在课传刑克日，或日上神者晴。土临日辰上，无克制，主晴。三传皆土，主晴。蛇雀加巳午上晴，天空加日辰上晴。凡久雨占晴，看巳午、蛇雀所临之地为晴期。

地理

日为生人，辰为亡人。辰阴神，第四课，为坟陵亡人，庇荫子孙。以干支上神将论，穴中有无水蚁？吉凶如何？以辰阴上神将论，葬后子孙吉凶。以发用神将论，地势形局。以三传神将论，地势形局。柱山作穴，兼作元武。寅为左龙。申为右虎，亥冲巳为案山。朱雀各以四位上神将详之。未葬之坟，贵生旺；已葬之坟，忧动摇。时日月旺，月德天德临支，此上吉地，可葬。若已葬地，辰之阴阳，俱欲静而不动，欲安，不欲刑害。三六合，上下比和，大吉。若逢占时与亡命之驿马，主迁移不定。已葬未葬之坟，俱喜阳而忌阴。课传六阳神多，吉；六阴多，不吉。辰上之阴阳神旺相与辰相生合者，吉；休囚与辰相刑克者，凶。辰生日并辰上神生日者，吉；日生辰与日上神生辰者，凶。辰上卯与辰自相生不来，生日墓，虽不荫人，亦不生灾。大抵逢吉神将则吉，凶神煞即凶。吉神者，贵龙、常、阴、朱及传送、功曹、生气、天喜是也；凶神者，魁、罡、蛇、虎、勾、元、后、飞廉、破碎、天空、死神、死气、羊刃是也。辰之阴阳神，若得凶气煞，又刑冲破害者，凶。

选举

太岁干为考官，岁支为场屋，日干为举子，日支为题目，文字为榜案，四处有吉神带旺相即吉。进学进乡，以月建为主司会试，以岁破为主司殿试，以太岁为主司主司。带龙朱生日辰年命不空者，俱中兆也。小试以三传，分县、府、道；大试以三传，为三场考官。虽有分属，然俱看幕贵为主。如幕贵乘旺相生日辰年命，必中。旬首作幕贵，中高。如乙己日子申作幕贵是也。朱雀乘神作幕贵，文不中主司之意。选举全看幕贵，后以朱雀为类神，虽不入传，亦须寻讨。朱雀临午，名真朱雀。乘旺相入课，传无刑克，而生合日辰年命者，文章显名。又喜临东南方。若临亥子为投江，临西方为克战，主文字不畅。三传日生，中进。连茹俱生日者，中。

天驿二马，天魁太常，为印绶。四位临日辰年命全备者，必中。日德加亥发用，为人天门，必中。丑中有斗，未中有鬼，斗鬼合为魁，丑未相加，在年命日干者，中。酉戌临年命日干相生者，中。甲戌甲辰旬内，得辰戌加日干年命相生，必中元。若殿试于甲辰旬内，占辰作太岁生干，状元无疑矣。六马并在六处者，中。然学试、省试重马不重禄，会、殿试重禄不重马。学试、省试专重文书，不重官鬼，以其克我也。会、殿试即拜官期也，当兼重矣。小试如进学及考科举，只干上三传旺相生合，朱雀俱有力。若乡、会试事大，必须元首、时泰、龙德、三光、三阳、三奇、六仪、铸印、乘轩、斫轮、富贵、官爵之课，方可断中。元台得吉将，中。

占官爵

以日为人，辰为官职，岁为朝廷，月为部。文看青龙，武太常。寅天吏，申天城，河魁为印，太常为绶。凡占官，视太岁、月建、龙常、城吏、印绶、贵人、朱雀、日禄、天马，七。驿马入传，临日辰年命旺相生合者，主得官升迁。若有刑冲破害，墓绝空亡，皆不遂。最要官鬼透露，与其日辰旺，不如官鬼旺也。若官被子克，印被才克，皆不宜也。官要与禄兼看，日禄命禄临正时上，并吉神，主升迁。天驿二马与禄并亦主迁。元、后、蛇相值，主休官。日辰刑克又兼元、虎，主上官嗔怒。传顺得太岁发用，迁速。传送若乘马带丁，迁不如意。天空亦占官所忌，若己上迁疏者得天空发用，三传相生旺相，旦夕可得朝命。凡文以青龙为主象，立于旺地为吉，无气地为凶。临日辰年命为显，不临为晦也。与日辰相生长久，相克内外战不利。日生青龙主象，主外除，青龙生日主内补，又以主象落处为食禄地，又以禄临处为食禄地。日去主象为岁期，辰去主象为月期，主象生处为日期，克主象为时期。如甲子日青龙乘申立辰，从寅至辰为三年，从子至辰五位为五月，申所生为壬癸，亥子日，克申之时为丙丁巳午时。

谒见

以日为我辰为人。若是贵人，即看天乙加临兼辰上并彼所居方神；若平人，即专看辰上并方神，天罡亦宜兼看。谒贵，视天乙无论入传，但所乘神生合日干并年命，主喜。见必会刑冲克，即不然贵临辰戌，主怒。若生，亦喜。若干才，初传便见才及青龙入传。干文字，要朱雀。酒食，要小吉。衣服，要太常。类神得地，即见。文官，青龙。武，太常。文人，朱雀。夫人，天后。妇人，神后。僧，传送。道，功曹。须干上与类神生合比和，为吉。日上克辰，他不出见我；辰上克日，日上生辰，见之无益。如甲戌日未加申，卯加戌，戌既刑未卯，为日刃。刑而且刃，见必怒。日上见空亡、天空、元武，我自不去；若辰上见之，彼不着意，即许亦虚。访人在否？用神与所往方神，合即在，不合不在。如用寅往戌亥午方，以午戌与寅为三合，亥为六合也。方上神见子午在家等见，申酉在路，行未在家，饮酒。罡加孟，人在家；罡加仲，在家等；罡加季，人在外不得见。

家宅

干为人，支为宅，宅上神并三传，来生旺德，主大吉。若克害休囚，不可居，日上神亦要看，若生合乘旺即人安，相克刑害，不安。再以干上支上并看，生比合吉。若刑冲破害墓绝克战，凶；人宅利阳不利阴，阳旺阴衰，吉。课得阳备阴不备，人旺，宅不全。阴伤阳不伤，宅安。反此，否。干支上将，吉即安，凶即不凶。天乙是贵人之宅，龙合阴常富贵宅，蛇虎勾元，亡凶之宅，天空是奴婢畜产虚耗之宅。白虎乘发用旺相来生，日辰大发横财，但不久生气一退即败。凡买宅，看课传中龙合贵人与家长年命，相生吉，相克凶。人宅生旺有气，吉。否，凶。

婚姻

以干为夫，支为妇，各乘旺生合吉。次看男女本命行年相生合，而用传类神俱吉，即全吉矣。若干支先已刑冲破害，即不必问命年矣。干上神克支上神，女家不肯；支上神克干上神，男家不肯。青龙属婿，天后属妇，六合媒人，三神俱宜出现，详其衰旺发用，亦属媒人。若值吉将并六合媒人得力，生干为男，生支为女。干长生为翁姑，支长生为岳父母。看其休旺，可知盛衰，用传生日，赔送丰厚；日克用传，即否。占女容貌性情，天后乘旺相，日辰上下相生，必貌美而温柔，反此，否。若太阴乘卯酉发用，或临支上，主淫佚。或六合、元武、天马、丁神发用，或临支上，主淫奔。日上神克日害夫，辰中有气助之，即夫不利；辰上神克辰害妇，日中有气助之，即女不利。如甲戌申加甲为贼，戌中有辛金助之，夫不利贼，辰反此。若天后上下神生日辰与日辰上神者，主孝顺；克，主忤逆。日辰上相生合，即夫妇和睦。害支生干，妇道无亏；害干生支，不吉。若占子息，如夫在午，妻年在寅，春占木旺火相，年中必有子。以女年上神孕产之期，见某月将即某月。

胎产

未孕之先，要台神出现兼生气，方许有孕。既有孕，要台神旺相，方保不损。临产，又要台神空脱冲破，方可定期。以干为子，支为母。干受克，伤子；支受克，伤母。支生干，顺，易产。干生支，为逆，难生。三传生干吉，干生三传不利。喜台神作日才，又为月内生气，主妻有孕，如七月甲午旬、壬寅日，干上午发用，壬台在午，午为壬妻，七月生气在午也。丑为母腹，若临台神，即台在腹中之象，主孕。若丑值空，即复空，占孕必损，占产必生支。台神临支上，主孕。如寅台在酉，酉加寅是也。日台神临支，支台神临日，亦主孕。台神临妻，年命更的。元台主孕，却分三等，如寅加亥为长生，最吉。如巳为病，主孕，时有病或生子多病。加申为衰，生子衰弱。台神临长生，主孕，临产反主迟难，六合子类神也。临月受克，子凶，天后女类神也。临月死气受克，母凶。如死气三月申，四月酉，六合属木，加之即受克也。占产迟速，不要见三六合日时，主迟；要见空亡脱气并传退即易生。若进茹元台，子恋母腹，主迟难。台神临日或临日干，当日即生。台神值空受克，亦生。养神临占月克台神，主速。干加支是子母相恋，产迟。惟支加干，速。支为母俯首，以见其子也。五行逢绝处为绝台，主速，如巳亥寅申相加是也。欲定产期，专贵台神，刑破台神之日生，月内生气之日生，子爻长生日生。又以用神三合定其月，用刑冲定其日。天乙顺日生，逆夜生，胜光者，产神也。所临之下为产日期。辨男女，刚日干上得阳神，为比，生男。不比，生女。柔日干上得阴神，为比生女，不比生男。次看母行年，日上年上俱阳，即男。俱阴，即女。阴阳相参，又择有气决之。日上两课发用，为阳。上克下，主男。支上两课发用，为阴。而下克上，主女。如三传俱阴，又临阴地，阳极生男。

出行

以干为行人，要旺相吉将生合、二马加临，即吉。辰为道路，生日生年命，吉。反此，凶。日上神生合，用神，行速。若日辰生合行必缓，未行以辰为家，相恋故也。日辰上下相克，行；日干空亡，不行；日辰在天乙，前行；在后不行。三传逆谓之回马不去，或空亡亦不行。日干传支不行，以支主静也。自生传墓速，自墓传生缓。墓神关神临日不行。若三传年命上神破墓关即行，不然待破冲月日可行也。若申酉卯加日辰年命定行，加白虎亦行。时空不行，时加日即行。伏吟不行，反吟已行。复还马在用传，行速三六合，主迟。出行要与日上相宜，方若克日，凶。日干见金，西行，吉。见木，宜东。以日为陆辰为水，看其上神将生合吉凶，刑冲生合年命，决之投宿。日为行客，辰为旅店，彼此生合即吉。失伴，胜光在天乙前，其人在前；在后，人即在后。

行人

以日为行人，辰为家宅，日辰上神彼此生合，即来；刑克破害，必不来。日加辰上，辰加日上，乃为日辰相见，行人必至。若日辰相加同会末传，即日至，如戊申日申加戊末传，又申即刻会合，又癸巳日巳加癸末传，又巳主不至，何也？戊申相生而相会，癸巳相克故也。日干在东南西临，即归；在西北卯临，即归。盖东南是昼遇，西即暮，暮即有归意；西北是夜遇，卯即晓，晓即登程矣。又日在东南，传归东南，即来；日在西北，传归西北，迟来。东南明，西北暗也。辰上两课发用，来速。日上两课发用，来迟。发用见支，来速。见干，来迟。用加在支，当日可到。又用在支前，即来。以用临处为来期。若在支后，行人未动；又用在日前，为向日将至。在日后，为背日，不至。用见正时，与时归。日辰上，俱速归。三传与日辰相克害者，不来。初传空，其人在彼处，欲来不来。中空，若有马至，中途有阻。末传空，为行人足空，主来。更得末传上克下，旺相有气，谓之足动，行人至。行人本命行年加宅，为本命入宅，即归。年命若克支干，不归。年命入辰上二课发用，即来。人日上两课发用，来迟。年命发传或末传，即归日近，归期亦近。又专以类神占。人传课生合旺相，必至，以所临地盘为至期。如贵人视天乙父母，太常兄弟，太阴子孙，六合朋友，夫婿青龙，妇人天后，奴婢天空，贼奸元武，丧枢白虎，官吏天罡，斗卒勾陈，文书朱雀，舟车太冲。凡天官入庙，在日辰间发用，主在他乡住定，未归。天乙加卯酉或临日辰，或日辰发用天乙前，皆至。白虎为道路神，太岁为家宅神，虎旺临行年乘太岁，或与日辰合，或在初传，皆主速至。勾陈在日辰行年发用，皆不动。天罡乘马，虽不入课传，当日至。并马尤的传送发用，或加日辰，皆即至。又以卯酉二门为度限，子午二至为来期，如行人在寅、卯、辰、巳、午、未六方，以酉为限，子上神为至期。至在申、酉、戌、亥、子、丑六方，以卯为限，午上神至期。如占东方寅地，人仍在旧处未动，加南为巳发，加西为度限，而子上见何神，即为至期也。未度限，不可便决至期也。又卯酉二门上神，不宜与行年相克。天乙逆行，以天上行年逆还地下行年；天乙顺行，以天上行年顺还地下行年，是谓还家年。或过门、不过门。最怕门上神相克，主不归。又怕本宫上神克之，亦不归。如寅为行年加未，贵人逆治，随贵人逆入门，卯门上见戌，戌中有辛金克之，不来。若贵人顺治，即顺行人门，酉门上见辰，不克，即来也。卯酉发用，行人已动，三合，日至。又专看二马，马加卯酉生日辰，速至。加日辰上，亦至，或信。二马并道路神，即至。二马遇三合日，即至。又云：墓绝日至。但马入厩，厩即午也，主不至。驿马上克下，起身在途；下克上，束装要行。游戏二神加四仲、四季，速至；加四孟，不至。人课传并二马及生日辰，俱至；墓加支入人传，即至；若自墓传旺生旺，不至；传墓入墓，至。占来期，三千里外将军下。如亥子丑年在酉临子，即子是至期。千里外看岁支下，五百里月建下，百里日干下，五十里时下，必度卯酉之限者，方用。行人在外，不知下落者，以行年所加之处旺相，与方神相生比和，见吉神即吉，反此即凶。占信息，以日干为占者用神，为行人，要日干与用神相合比和，有信；反此，无。又朱雀与信神在课传者，有信，若乘二马有速信。欲知信期，以朱雀信神所临之辰为期也。以初传为去时伴，末传为归时伴。以先天数加减论之，一、六水，二、七火。

求财

财爻青龙俱要入传，或临日辰，若不出现犯空即不能获也。二神亦要旺相，即财丰。休囚少逢比劫，即亦少矣。若发用是支之财，方为真财。如戊寅日辰发用，为支财求得辰上神及财神生日，无刑冲克害，可得，反此，不得。凡财宜旺相，与日辰年命相生，即易得。若土才临在申酉，鬼取，反为灾。如初传财中末生助，或中传财初末生助，俱吉。若纯财太旺，恐化为鬼矣。若初财中末或墓，主财十倍，若财墓又防空破，主在库中有失。如财墓加干得三传，年命有破墓之神，可空手求财矣。日命禄上课传更妙，所谓一禄胜十财也。日辰年命上见暗财吉，如甲遁得巳是也。土日得金局，金多生水亦是。又以财位数至青龙临处位为几分，以休旺加减。又生气青龙即加倍算，死气休囚即减半。所往方是午上得寅，行年寅上得戌，寅克戌，是方克年也，不利。若行年子上见申，是年克方也，大利。大端财爻青龙所落之方，往必有得。占买卖要类神入传，买者要相生比合，则易得；卖要相冲克，则易脱。占借索只以日辰生克论，亦要财神旺相，若无气，是彼人无刑克，彼人怒。占借物当以类神代财，凡博戏之财，一人占得吉将胜，二人占看行年，行年同，看方位。

商贾

以干为人支为物，要类神出现，与日干相生克。相生买易得，相克卖易售。若无其类，不能成。类神有气生旺，其物必贵，休囚必贱。辰生日，日克辰，有利；日生辰，无利；辰克日，折本，刑害尤甚；日辰俱吉，有利，反即否。正时亦不宜伤，伤即不吉。以日为买主，辰为卖主，日克辰买得，值日上神生辰上神买得，亦贵。辰上生日上肯，刑克不肯，日上刑克辰上，我不买。卖物以日为卖主，辰为买主，贵贱同前断，但物类买即要生我，卖即欲克我。课传上见空脱刑克墓绝，其物可卖，生旺反迟。凡人与我合作生意合本，视传课阴阳中，取六合与我相生比和旺相，吉；相克，财落空，凶。若在路卜吉凶，亦看六合有气，不落空亡，吉。再论贼盗，又以元武空亡劫杀等论。

讼狱

以官鬼为听断之司，勾陈为切紧类神，以其判断之衡也。始人词，视朱雀，词已成，专责勾陈生克，以言胜负。日为词主，辰为对应。日克辰，我胜；辰克日，彼胜。日辰俱刑伤，两损。若日辰同位，以日上辰为我，建干为彼。若又同，即以建干为我，时干为彼。若又同，即以时干为我，将为彼。日生辰我求彼，辰生日彼求我。日得贵官助我，辰得贵官助彼。日克朱勾，我胜；辰克朱勾彼胜。朱勾克者，公吏屈折我。日上见鬼我受责，辰反此。日上见官，官只问我。日上见兄弟，我有强证，辰反是。并见者，牵连人。日上见子孙，我吉。若子孙生辰，他吉。辰上子生日，我吉。日辰见父，二家俱有文卷照证。日上见财我使钱。日辰俱财，俱有人情。日上空我，不欲词两空，即有解散。日辰上相生三人合比和必和。日上墓我事不明，或入禁，辰反是。用传生日，不论曲直事体，皆轻，克日带凶，将凶。三传有空亡讼解，初、中空解前不解后，末空则解。勾陈为主怕作鬼，克日克行年发用，带凶杀尤甚。然勾陈要看阴神，阴神化凶化吉。阴神得白虎，与勾陈俱有气，克干凶极。若勾凶而勾阴，得天乙吉神将生合日干者，可救。期候初传与日旺官旺，即决。问何日决绝？四课三传，刑战未已，未可言绝，必末传克用克鬼，必决。以日墓绝之下为绝期。凡天乙乘岁君、月建，不论入传，俱有恩赦。在二八门，亦赦。青龙天后生日有赦。龙后并太岁亦然。加日辰门户立到。凡天乙太岁并皇书天喜等用传，天月德加日辰上下，皆有赦。占狱出门关神天牢天空人用传，或加日辰年命俱主入禁，见钥放勾陈发用，克日辰者禁，勾与日同主久禁，自生传墓者禁，自墓传生冲破墓日放辰戌加日主动，未入者禁。禁者，得放伏吟，不出反吟，斩关得出，占关即以日为我，辰为干事之人。日辰相生可谐，相克，否。占捕人，日克辰，勾陈克辰，追得出，反克，追不出。朱勾生辰，捕人受嘱；日上见朱勾乘空亡，捕人不力；辰上见空墓，寻不获。

疾病

凡占病吉凶，虽不离干支三传，而年命虎鬼，最为紧要。犹重在年上，行年有气，虽病重不死。故虎与鬼墓，专于年命二处推究，若鬼乘白虎克日年命者，极凶。干为人，支为病。如支为鬼来加干，是病克人，凶，人克病，吉。干上神最要紧，取其克虎克鬼，吉。又怕支来窃我之气，如甲午日得火局之类。日干与本命相克，凶。如亥命午日，亥加丙上，凶。日本长生，日宜受克，日干上不宜见马。谓之游魂，凶。三传自旺方传，入休囚死墓者，凶，反此，吉。自墓传生，虽干墓亦无妨。鬼若临旺，他自贪生下来，吉。我若休囚死绝，方是真鬼。鬼坐墓，极凶，如暗地陷阱，难以回避。若临克地，受制落空亡，不为凶。三传纯才生鬼，大凶。子为克鬼之神，多又泄气，年命日辰乘德克虎，须吉，亦分真假。如甲申日寅为德，缘道庚，此德反为鬼也。甲子日申为鬼矣，遁壬生干不为鬼矣。墓畏夹合，如干上墓加入庙，天将夹墓，凶。如辰是墓见酉合，凶喜冲破，即吉。如丙丁日十上戌传，遇辰冲之吉，忌辰空无力。若年命上再有辰冲，凶即解矣。墓旺亦不为凶。如春占辰，为旺一专责白虎，不论。入传，若虎阴生，虎，大凶，此克日年命者论。若阴与虎相克，主不死，虎与日年比者，病难愈，发用克虎即愈。虎加午为烧身，加申酉为自伏，不为灾。虎加岁，一年内在月，月内凶，岁前一位来年凶。魁罡作鬼乘凶煞临日辰年命，最凶。天德、月德、月合、天乙、月将俱为救神，不如生气更吉。干支年命落空亡，少壮新病愈，老弱久病凶。凡占不宜三合，病不得解。死气、死神、病符、死符，皆以鬼墓为主，详其生克、旺相休囚、刑空破害，以分吉凶。然课吉终吉，不可专泥神煞也。得病根由，以支为主，先看干来生支，如甲午日寅加午，乃禀受不实干加支被克。如甲申日寅加申，乃劳费力得之。又以干上决之，干上见天乙，病起忧劳辛之事。又有壬癸日，占白虎乘丁未断其往，妻家得病，盖以丁为妻，而未又克壬癸为鬼，故病。又曰：受虎克神为病因，如木虎病在脾。占寻医，视天地医所临之方请之。男女以魁罡加行年，于功曹传送下请医。如男子三十一岁，行年在申，以罡加申，则功曹在午，宜南方请医。如女三十一岁，行年在寅，以魁加寅，则传送在子，宜北请医。病期视日辰所喜，得某用神相扶，为愈期。所忌并相克，为凶期。总是课传之中日辰年命，得力救神临处，制鬼虎旺衰之日为准。占六亲，以干为尊支为卑，尊占卑要支神旺相也。

贼盗

日干为失，主元武为盗，元阴为盗神。以元武乘神，定盗之男女老少。元阴所乘，定盗之犯否生死。即盗之所在，天地盘相加，定其远近。盗神所生之方，为藏物之处。勾陈为捕获盗日期，皆以克武克鬼之时决之。太岁加元，贼走入京，月建加元，走入府州市井。元顺去远，元逆近潜伏。元武与阴神相克，有人出首。盗神与雀、勾、蛇、虎并，自败。与太阴六合并，有藏匿之处，难获。日辰三传，年命上有克盗盗神者，易获。元坐辰戌必败，若与相生捕卖放。元武带死气亦败，元武乘月将名露形须生亦败。大抵元武坐日方即易获，夜即难获。勾陈克盗神，易捉；反是，则拒捕矣。勾生盗神，捕人纵贼；盗神生勾，捕人受贿。初传为贼，中为赃，末捕人。初克末难捉，末克初易捉。加元武立戌，即西北方阴神，乃迁移藏匿之处。三传有一传不克，即是盗止处。一传生之亦然。视盗神所在，得神后在北方水泽之处，大吉。在北城池、雨坛、龙王庙等处，功曹。在东方林木堤岸之所，太冲。东方竹木家或竹木匠。盗神上乘贵人旺相相生，在贵宦人家不可得获。若乘蛇生旺在富豪之家，虽多惊恐而不可得。若休囚在凶恶之家，相克即获。元武所乘阳神为男人，阴神为女人，有气为少壮，无气为老弱。乘寅为公吏，卯为经纪，辰戌为军人，巳为手艺，午为炉冶。贼数目与岁月并者多人，又云贼去本家知伴数，谓元武与阴神相去也。如武乘戌加申，戌上见子相去五位，是五人也。旺即加之，如戌子加倍，如木为贼，非三即八之数。远近以盗神上下相乘论之，如子午九之说，以休旺辨远近。盗神是水，水生木旺相，其物必藏树林中，休囚即在草柴中。元武乘土，即甲乙日获之岁上神制元武，岁中得；月建上神制元武，即月中得。欲知物处，以元生处视之。如元是水，旺相，物在林中。东方休囚草柴中，死在柜中。余火为元，旺相，物在土中。

逃亡

逃亡，以日为人，辰为避所。日辰上神将，吉；生合比和去，大吉。日上旺相，吉；空亡见鬼贼，凶。传进宜前去，传退宜后逃。前神将吉宜前行。前见鬼莫进，后见鬼勿退。传生旺宜远遁，休囚宜近。日干生旺之方安居无咎，鬼方宜避。如甲乙日畏申酉，宜往，亥子方泄申酉之气或往，巳午方克申酉之鬼，是天上戊己之下，可以避难。如甲子旬辰巳为戊己，若六辛下被捉，辰戌发用，宜速行。丑未发用，宜伏藏勿动。斩关游子，宜逃。伏吟要日干所喜之天将入庙，吉。如申日龙庙于寅，阴庙于酉，宜避酉向寅。遇天关难脱，辰加子为天关，加午为地关，加卯为天格，加酉为地格。捉逃人，以干为己身，支与元武为逃者，看元武与用传年命，生克乘旺并吉凶神煞及其方向期候，照前捕盗占法。元武为逃人，元武所临为逃地，勾陈为捕者。元武加空亡，死。绝魁罡等煞，在外，病死难获。元武落父母方，其人必投亲戚；落鬼方在仕宦军伍家。元武入课传，出现主近，不出现主远。传进即去，传退即回。三传无捉获之神，难寻。中末传加支，自回武生日当日回。又看类神，如父母、兄弟、子孙、妻财爻是也。又尊者看太常，父看日之德，母天后，夫青龙，妻神后，兄弟子孙看六合。孙登明子妹太阴，以此为亲。朋友看六合，佣人朱雀，奴河魁，婢从魁，再察逃人年命所向，神将比和，在外安住？克害刑冲，奔走不安。

奴婢

干为主，支为仆，天上戌为奴，酉为婢。所临地盘为奴婢。支生干比合，无刑冲破害类神旺相之方，不致休囚空墓，即吉。支与类加干克干为犯，主地生我得力，我生地难制。支上为奴婢本家，恶见刑害。贵人刑害被主凌辱；天后刑害，主母凌辱；太阴刑害，同类相妒。奴婢不宜见丁，飞廉月厌，天驿二马，定主逃亡。

农桑

日为田主，为农人，为耕耘；支为田亩，为苗种类神。日上神旺相，吉，即农夫吉，否则迟滞不利；辰上神旺相，田苗茂盛，否，即欠丰日。辰上神比和生合则收。日克支上神，耕不如法；支上神克日，田禾虽盛，终致耗散。五谷类神，金主二麦，水主稻与黑豆，木主粱、谷、瓜、果，火主黍、赤豆、枣、栗，土主二麻。人课传临旺相，地主收。若不出现，或刑克空亡，不收。日生三传，耗费无成，三传生日，大利。五谷视太岁为丰歉。岁上之神宜与类神和合，刑克者，不收。岁上见魁罡，田不熟。次看天乙所乘神合其类者，主收。类神乘太冲从魁神后，大收，见亥半收。太乙苗而不实，丑未有蝗虫。五行不宜偏胜，金胜主蟊贼，木胜主稀疏，水胜主腐烂，火胜主枯槁，土胜不收。占岁中宜何种，以月将加立春之时，视太岁上见何类神，详三传生克，以定所收多寡。

禽兽

日为人支，为物支，吉则物吉，看类神天盘临生旺，或本日长生之方带吉将，即物俱吉。或临死绝囚墓受克之方则物凶，凶将亦然。天地盘宜兼看，盖地盘乃物所属本命也。物类所临之神生干比和，则生长有利，克干则否。干克物，物即难长进。干生物，偿物债，无利益。类神所临刀砧，与血支血忌月厌死神死气，白虎主疾病死亡，带元武被盗类，入三传为吉。如牛羊犬属土，怕寅虎加临，类神寅猫、卯驴骡、辰鱼、午马、未羊、亥猪。凡买六畜，视类神本位有旺相气临之，可买。凡畜走失，以类神所临之方为方向，离辰远即路远。天乙顺行，责螣蛇逆行，责元武三传，有鬼蛇，武是人盗去，无即为走失。视日辰上神能制蛇元日鬼则获，反此不获也。辰生日自回，类神入日辰自回。反吟去远，伏吟未去。

蚕桑

以午为蚕，寅为茧，卯为丝，申为绵，辰为箔，巳为筐，未为桑，各要旺相见吉将者，吉。若见酉、戌、亥、子、丑，蚕皆不利。又以蚕姑行年上神与蚕命上神生比，吉；刑克，凶。若蚕房以蚕姑行年加太岁，看寅、卯、午、未、申下其房，吉。

怪异

神后为贪狼，专主怪事。神后加子即鼠怪，加丑鬼神怪，因类推之。

占人家有酒否

从魁为酒，日辰三传，有酉相生合无刑克，为有酒，若无酉，或酉落空亡，临天空元武，刑害克战，为无酒。旺多休少，未为酒缸。酉克日，主醉。生日半酣，辰为客，反此。

闻事

以辰上神克日上神为实，反此为虚。若初末见空亡及魁罡、太阴、空蛇临日辰上，皆虚。凶事视白虎，吉事视青龙，与今日比合即实，不比合即虚。

占扣门何人

日上见罡为凶徒戌卒，亥为征人，酉为女子，未为乞食，巳为乞儿，午请宴，卯人来佣力，寅吏，丑贵相召，申行客僧道，或以辰上神决之。

补占武举

以巳为弓申为箭，申加午必中红心。凡加四仲为中垛，加四孟中角，加四季为脱垛。若日之墓神临辰，主开弓，数箭必中。

六壬论行年

行年上神将旺相，吉将为吉，日克年神凶，年克日上神亦凶。落空不利，旺相吉，休囚凶。初传与年相生吉，带吉神与日克不利，带凶神与日生亦吉。见死神克日立死，见六害防阴谋囚气主囚系，见勾陈旺相相刑，主官事。遇寅卯白虎发用，乘金遥克日，主病凶。

论命

命克日，凡事不顺，相生即吉。见朱雀有音信，见白虎互克，主灾。二马临，宜出行，吉。勾陈主迟滞，五墓有灾。腾蛇主惊忧。太岁作贵人，不必入传，皆为有救，惟不救病，月将救病。入传为鬼，更凶。岁与相生德合，吉。相刑克害，一年灾。发用立见。王侯临支，家长不安。月建遇后，主怀六甲。岁破月破在日辰，主破失脱。岁用主一年，月发用主一月。正时与凶并，凡事不利落。本日空亡，主侵欺诡诈，为日马摇动迁移，冲日冲辰，不遑宁处，同日同辰，主迟滞。生日得他人惠乘贵，贵人接引，朱雀文书，六合婚姻，白虎远乡，图运天空，不实。又正时为先举，门日为外事，门辰为内事。门时与日合为外合，日害为外忧，与日同主外事迟滞。祸从外来。与干同主外和合事，辰即反之。为内时，为日空。凡事不成官司不害，为日劫主急速或为盗事，为日鬼主贼官事，为日墓主田土之事，日破主破财。三传论初为发端，假如正月占事，用起丑即为过去之事，用起寅即为目下之事，用起卯即为未来之事。中传为移易之门，如初凶中吉，移易其凶化而为吉。末为归计之门，如四月内占初中申酉，末传见午必至。五月事方结绝，以人命为变体门，命上所见其神将吉凶以变断。凡太岁、月建加在空亡上，亦不作空断。用在日上二课发动为外事，主远去；辰上二课发用为内事，在目前。发用在第一第二，天乙顺行，吉凶俱速。用在三、四，贵逆。用在贵后，即迟。用在四名，蓦越事出陡然。凡占事以十日论之，初应一二三，中应四五六，末应七八九，余年月仿此。凡三传一阳二阴即阳，主事；二阳一阴即阴，主事。三传俱阳，即日上主事；俱阴，即辰上主事，皆详神将吉凶休旺。

婚姻占

婚姻之求也，必先于男。故择妇之占，犹当详之。青龙男也，夫也；天后女也，妻也；日阳男也，支阴女也。如青龙旺，则男为佳婿；天后旺，则女为佳妇。青龙之阳神上乘天乙则男为贵客，天后之阴神上乘太常，则女为贵妇。青龙所乘之神生后，或与后比和，则男益乎女；天后所乘之神生龙，或与龙比和，则女助乎男。此以龙、后而占男女之何如者也。日上神旺相，则男吉；辰上神旺相，则女吉。日上神乘天乙，则男贵；辰上神乘太常，则女贵。日上神生辰上神或比和，则男与女相得；辰上神生日上神或比和，则女与男相得。日之阳神旺相，则男家富；

辰之阴神旺相，则女家富。此以日辰而上男女也。若夫龙、后所乘之神，刑冲破害而不相合，或落空亡而带孤寡，日辰上之神，刑冲破害而不相合，或落空亡而乘恶神。兼之。龙所乘神克后，与日上神克辰者，则为妒妇之男；后所乘神克龙，与辰上神克日者，则为损夫之妇，皆所当不议者也。何为成否之占？日上辰上神比和而三传，三六德合。如甲德在寅发用，是亥之类，暗合，寅中甲与己合。己日寅发用之类，与龙后所乘之神兼。日上辰上之神而无刑冲破害者，男家占则重辰上，女家占则重干上。六合所乘之神比和而无刑冲破害者，发用，龙合乘卯寅者发用，子加丑乘太常者，六合媒人也。三传比和相生，乘吉将而无空亡刑害者，三传成神、喜神并见，又乘龙合常后者，课传俱吉。而男女行年上神比和三六合者，课传俱吉。而斗罡加仲加季者，天后神后与今日干支三六合者，或日克合辰克合者，皆婚姻成就之占也。至成就之期远者，则以龙后之阴神为成年。近者，则定其月；又近者，则定其日也。出嫁之日则大吉，所临之辰是期也。三传初男、末女、中媒，欲其比和相生也。又日克合男家紧，辰克合女家紧。日上辰上神刑冲破害而不相合，龙后六合所乘之神，与日辰刑冲破害者，干支上下之神相克，干支上神互克。三传相刑而白虎发用者，天空空亡发用者，日干克天后，天后克日干者。日生三传后合不见者，男女行年上神刑害相克者，课传不吉而斗罡加孟者，男占而日财空亡，女占而日官空亡者，皆婚姻不成之占也。以天后所乘之神论，日克后则女不肯。后克日则男不允。

第一占女之邪正。如四课全备，辰上神旺相，三传吉神将者，正。四课阴不备，传见元合乘亥卯未酉，与天罡乘太阴者，邪。女命上神为日官乘贵常日德支德者，正。女命上神为神后乘元阴桃花煞者，邪。

第二占女人之情。女子命上神属水则智慧，若乘恶神或下克，则谲诈，轻淫；属火则亢直，若乘恶神或下克则执拗散乱；属金则断制，若乘恶神或下克则好杀，贪欲；属土则持重，若乘恶神或下克则愚顽自用；属木则秀拔，若乘恶神或下克则倔犟，难制。故凡不知女子年命者，则以天后所临地盘之神，照此例定之。

第三占女子之妍媸。支上神乘贵则贵重美好，乘蛇面多红色有病，乘雀有目疾。如在巳午，反好。在亥子，面麻。在寅、卯、申，发少。在四季，则雀子斑。

乘六合姣好，乘勾粗短，乘龙美而清瘦，乘空肥丑，乘白虎恶而丑，乘太常美而好酒，乘元黑而逸，乘阴后俱好。支上神为支，六害有残疾。面目四肢，以类神决之，如亥为首，戌为足之类。大概知其妍者，天后、神后，入课而旺相也。知其丑者，发用子加巳或加四季，与女子命上神见魁罡也。干长生为公姑，支长生岳父母。

第四占女之有子。以太乙加女之本命而生月上神，为阳，主有子；生月下神，为阴，主无子。六合与命相生者，有子相克者，无子三传为日之伤食者，有子为日之父母者，无子子临命上，则先女而后男。午临命上，则先男而后女。

第五占当女入门之时。以月将加之，视天后所乘之神，伤日之本，则公姑病；伤青龙所乘，则夫婿残；伤六合，则男女少；伤六畜之本，命，则六畜灾；伤财，则财退。反此而相生，则随其类而得助矣。如日上乘天后，支上乘六合，是未取而先通也。课传循环三合六合，是因亲而致亲也。日临辰上男就女家也，辰临日上女就男家也。子加申酉加寅，则男有二妇；申加子寅加戌，则女有二夫。巳亥相加发用，主两心不定，六合乘神克后，主强横夺妻。所喜者，三光，三阳，六仪，元胎，连茹，高盖。所忌者，狡童佚女，芜淫八专，孤寡绝嗣。更有三四女子之当求，而未必何女为胜，则月将加时而据女子所居之地，天后所乘之神视之，如女居西北方，属水，天后乘申则宜矣，否则不宜。更有闻媒之议合，而未必其言之虚实，则月将加时而据六合所临之神，以孟、仲、季视之。合临孟，实；临仲，半虚实；临季，虚。成神正月巳顺四孟。喜神甲己日东北方，乙庚西北，丙辛西南，丁壬正南，戊癸东南。桃花煞甲子辰酉，寅午戌卯，巳酉丑午，亥卯未子。干长生为公姑，支长生岳父母。看其休旺，可知盛衰。

胎产占

占其孕之有无，日辰上神相合，三传旺相而发用为今日之子息者，虎后合人传而加干支者，发用辰魁乘元后与血忌乘六合，或蛇乘生气发用，子加丑乘白虎者，夫妇行年上神，为三六合德合生气者，或乘今日子息，无空亡六害者，太乙乘合临妇人行年者，孕主有。日辰上神刑冲三传，休囚空亡，而子息不见者，课名四绝，无禄绝嗣。而三传丑亥酉者，为传归西北极阴卦，夫妇行年上神刑害乘恶煞，而子息不见者，则孕主无。发用寅未相加，蛇虎作鬼，天鬼临支克日者，孕虽有而为鬼也。天后乘罡加日辰，与子息乘空武？或三传克日，传见天日煞者，子息乘死神死气空亡，与元胎乘蛇元虎者，孕必死。已亥日返吟，子息乘蛇勾作空亡六害者，孕必动。何以占其孕之男女，卑法甚多，悉皆虚谬，惟以孕妇行年上神决之，斯为的确。年上神是阳，则孕男；年上神是阴，则孕女。如视课传，只有二说：四上克下者为男，即范蠡所报者；四下克上者女。课传六阴者男，六阳者女，贵合龙常课传并见者，三传生日者，日辰上下相生旺相，又得吉神吉将太岁与日辰入传相生者，龙加正时发用者，则男女肾良；空勾元虎课传并见者，日辰上下刑冲破害者，又得恶将凶神太岁与日辰不入传，或入传而相刑，白虎加正时而发用者，则男女不肖。日上神吉，则男必佳；辰上神吉，则女必正。何以占其孕生期之吉凶？如干上神脱支上神，或三传脱支者，三传逢大煞空亡传退者，发用子加戌，又作血支血忌者，传内白虎乘子戌爻者，日辰人传而辰脱日干者，如丁酉日伏吟酉未丑之类，此传脱日也。天空乘日日生三传者，青龙乘酉为产门而逢冲动者。如卯酉相冲酉酉相刑之类，则生期速而易。干上神合支上神，或三传合支者，三传逢三六合及传送者，如亥子丑之类，发用血支血忌，冲动浴盆煞而无水者，勾武乘子爻者，日辰人传而辰合日者，课传循环而不见刑冲空脱者，则生期迟而难。其月期则以发用之三食定，如用神是亥，则卯未是所生之月。日期则以发用之刑冲定。如用神子，则刑卯冲午，主卯午日生。时期则以用后一辰定。如用子，则亥时是也。若天空、白虎乘日干之脱神发用，与今辰脱日干作大煞一无合者，则主当日生。其生日时则以今日之长生定。如甲日，则亥时生也。至于用胜光天罡之法，执一求之，鲜不误矣。日辰上神各旺相相生，乘吉神者，日辰上神不相克害者，三传龙合辰生日辰生三传者，或三传递生而不乘恶神者，妇人年上神旺相，乘吉神而干上吉，则以吉断也。或干上神克支上神，或六合克后神者，或墓神覆支不见刑冲者，或三传克支，蛇虎人传而支乘死气者，则损母。或支上神克干上神，或天后乘神克合神者，或墓神覆日而不见刑冲者，或三传克日，蛇虎入传而日乘死气者，则损子。或干支互克后合相刑而日辰上下四课三传并无一吉者，则母子俱伤。更有三传俱旺，末乘天后与课不备而日脱辰者，月不足而生也。发用空亡，传归实地，与阴日昴星伏吟无丁马，必过月而生也。贵神乘子、午、卯、酉加寅、申、巳、亥与壬戌日。伏吟乘天空者，双生也。传顺贵顺，或戌加亥者，顺生也；传逆贵逆，或亥加戌者，逆生也；辰戌乘蛇虎作月厌为用者，怪生也。伏吟不动，干支刑克，神将俱凶者，产不生也。伏吟、元武加日辰者，生而残疾也。庚辛日神后乘白虎与卯加辰作天空者，生而缺唇也。天鬼正月酉，逆行四仲。天目春辰，夏未，秋戌，冬丑。月厌正月戌，逆行十二支。血忌丑、未、寅、申、卯、酉、辰、戌、巳、亥、午、子。血支正月丑，顺行十二支。浴盆春巳，夏寅，秋申，冬亥。占产宜见水，占病不宜见水，春辰、未、戌、丑。大煞戌、子、午、未、寅、卯、辰、亥、子、丑、申、酉。死神正月巳，顺行十二支。死气正月午，顺行十二支。产门，青龙乘酉。月厌正月戌，逆行十二辰。天狗同。申加巳、亥、辰、戌为用，名天盘地结，主凶。

第四十五章 术数汇考四十五

《大六壬类集》十五

选举占

日上神主文也，日应试人也，辰上神场屋也，题目也。以三传言，初传初场，亦为应试人，中传二场也，亦为文章，末传三场也，亦曰主文。以十二辰言，子易申诗，亥书，卯《春秋》，巳《礼记》，午文酉武。廷试主文，太岁也；会试主文，月将也。乡试，岁破也。督学府县主文，月建也。天乙、青龙、六合、螣蛇、朱雀、太常，所喜也；勾陈、白虎、元武、太阴、天后，所忌也。天喜皇恩，五马印绶，所喜也；死气、病符、月厌，所忌也。三奇六仪，龙德富贵，所喜也；日墓空亡，休囚刑害，所忌也。日辰上下相生，乘吉神者，三传递生与生日者，三传克日而天官生日者，龙雀乘日上神发用作日德禄官而不陷空亡者，日上神作奇仪发用螣蛇末见青龙者，年命上神乘天喜而帝幕贵神见课传者，随所试而主文生日，或乘吉神在年命日上与发用者，皆可以占其名之有也。如日辰上下相克乘凶神，三传刑害无气乘凶神者，三传递克而克日者，勾、元、阴乘日神发用作日墓刑害者，墓神覆日辰传墓日者，空亡加日上与传用者，死气、病符、月厌见三传而无吉神者，雀落空亡，龙扫墓地，天空发用者，元神克日上神与白虎伤日者，年命上凶神恶将而课传俱空陷者，随所试而主文空亡，或克日乘凶将居年命上者，可以占其名之无也。

占中高下

廷试，太岁乘吉神生日，或作贵临干，发用五马交驰，印绶德禄皇恩并见，六阳足者，状元也；太岁乘吉神生日，或作贵临干，见中传三四马交驰，印绶德禄天喜并见，六阳钟一者，榜眼也；太岁乘吉神生日干作贵临干，见传末三四马交驰，印绶德禄天喜并见，六阳缺二者，探花也。日辰课传俱吉，而吉神并于初传者，一甲也；月辰课传俱吉，而吉神并于中传者，二甲也；日辰课传俱吉，而吉神并于末传者，三甲也。会试，月将乘吉神生日干，或作日贵临干，发用传见德禄、马、天喜者，元魁也，吉同上。而月将见于中传者，中于后也，末传者，又后也。乡试岁破乘吉神生日干，或作日贵临干，发用传见德、马、天喜者，亦元魁也，吉同上。而岁破见于中、末传者，中在后也。小试，月建乘吉神生日干，或作日贵临干，发用传见德禄、马者，批首也。龙朱旺相，月建乘吉作贵，见于中、末传者，一二等也。若禄神旺相，入课传则补廪，龙朱休囚，月建乘吉作贵，不入传者，三等也。如元胎、吉将、六合加子、未、辰卯，冒籍得也。天后、太阴乘日贵生日，阴私得也。朱雀乘神克主文，主文怒也。朱雀乘日无气，文字败也。朱雀乘亥子内战，防点污也。元武发用，防涂抹也。三传空亡，卷疏失也。

　　武举之法，日上发用与年命上遇大煞月煞，乘天空、白虎，太岁入传者，利。巳为弓，申为箭，午为马，三者并见。又乘吉神不犯空亡者，利。三传克日，羊刃、禄马并见者，利。其余则照此例观之可也。午为红心。

　　童生进学，要学堂申亥、乙午、丙寅、丁酉、戊寅、己酉、庚巳、辛子、壬申、癸卯。乘雀尤的。

行人占

　　如出门虽久而地近，则以月将加时，视天罡下之神，是孟未发是仲，半路；是季，则至。若天罡乘马，其至尤速。如远行人出久，则视四课内墓覆干支，二马乘支，是为入宅。类神乘支，支上见天罡，或行人本命临初传。初传是日之绝神，或初传是干，末传是支，或末传归干支上，末传是日墓，或乘二马，或末传戌加卯酉，或三传内见类神、游神临墓绝，或类神发用，类神乘干支之墓，或虎乘二马，皆主归。归期，则以游神下决之。如游神是子，子下寅，寅日至。行人久出，杳无音信。则视行人之行年，与今日之日干，要天盘日归地盘日，其归之顺逆准干贵神。贵神顺则自亥而子，贵神逆则自子而亥。若归从门上过，门上之神不克日，不克行年，及地盘干上之神不克干，不克行年，则其人必归。三千里外视将军煞下之神，如巳午未煞在卯，卯是子，则子月归也。千里外视岁支下神，五百里视月建下神，百里外视日干下神。必应行人出久，不知去向，视其行年之下神，则知从何方去。视行年之上神，则知从何处来。行年立处，下克上日，干落空亡墓绝者，死也。如行年卯去加午，则知从南方去；子来加卯。则知从北方来也。归而病者，则末传是墓而虎乘之也。归而无财者。则年命上与三传俱无财，或见财而落空，乘武归而不如意者，年命上乘败神也。如申命命上神是午之例，或贵喜二神见而空陷他，如课传内，日克初传，初传为日墓者，初传空亡，类神空亡，二马空亡者，马临长生者，马被合者，与夫天盘日要归地盘上日，而卯酉门上之神克日，与行年及地盘日上之神克日，与行年者，则以不归断。若为人稽留而不得归者，则视类神上所乘之神，断其何人所留。如类神是戌戌上加本日贵人，贵人所留也；戌上加酉，又乘太阴天后。是为妇女所留也。若以所至之方为乐地而不归者，则类神临长生旺乡，与驿马临长生也。若中道而止不能归者，刚日遇昴星发用戌加亥发用与发用关隔，或犯天车煞之类也。若病而不归者，行年值病符乘凶将马，临空亡之类也。若死而不归者，则本命值墓神乘凶将马，临绝空之类也。至于人未归而信先至，则信发用也。信未至而望信之期，则视信神、丁神而决也。如信神是酉加子，则子月日信至。行人虽寄信，信不至家，则信神见而空也。或闻口信之传，则视其不犯谩语煞，日上神不伤支上神，而后可为吉凶之实信也。若阴、虎、空、蛇四将乘辰戌加日上者，其信不实。

请人不知来否，以月将加时，天罡加于日上者，必至。罡加日前亦至，罡加日后不至。其人远，则如占行人之例，而视类神要天上类神转至地盘类神，如门上神及地盘类神上之神不克类神者，至克类神必不至。其来临，则以类神下决之。如类神是巳，巳加子，子日至。

唤下人不知来否，以月将加今日之辰上，视正时上所得之神决之。正时上见辰、戌、子、午即来，见寅、申、丑、未少顷，见卯、酉在道，而转见巳、亥，必不来。

与人期会不知遇否，以月将加时，天罡加今日支，必遇。加干前为已去，加干后为未来。贵人视天乙，官吏视寅，青龙朋友青龙卒吏勾陈医巫视申，僧、术士视卯，妇女视天后，仆兵视天空，婢视酉，太阴、媒妁视六合，小儿视卯，兄弟视太乙，姊妹视太阴生。今日干者，为父；生支为母。日干生者，阳男阴女。正财妻，偏财妾。

求财占

求财何以占也，占其求之有无，得之难易，数之多少。与夫财为何人所与，财为何物也。占其求之有无，取日干所克者为财，而课传俱有，财见。如甲乙日以戊己为财，而课传有辰、戌、丑、未是也。或日上神支上神命上神俱以下克上，而为日辰命之财。如日是寅上神是丑，支是子上神是巳，本命是酉上神是寅，所谓求财紧切，视三财者是也。或发用是暗财，而贵神作青龙。如酉以寅为财，而初传是亥寅木生于亥。又如酉以寅为财，初传是未而寅木库于未，皆所谓暗财也。而贵神又作青龙，或课传无一财而三传，为伤食。如丁日以金为财，而课传无申、酉三传是戌、丑、未而土能生金，财亦自出矣。或日财现于青龙之阴，或旺财临于行年之上，如行年是酉，春占上神，得寅卯是也，或日克初传，而三传递克，则占求财者，可必其有。若占求财而必其无者，虽有前项之吉神、吉将而落空亡也。如甲子旬中空戌亥戌亥之神将，虽吉亦主无财。若戌亥年月不作空论，或三传俱是财，而财多化鬼，或发用是日财而作天空，或课传俱无财而青龙入庙，入墓。如丙日占课传俱无金，青龙在寅伏不动。或在未入墓，或青龙乘空亡而日辰比肩劫财，凡此皆无也。占其得之难易，取支来生干则易，支来克干则难，财临卯酉则易，财临关隔则难。财为发用则易，干临财则难。德禄发用则易，伏吟返吟则难。支传干则易，干传支则难。干上支上和吉则易，干上支上背驰则难。其先难后易者，初来克干，而中末被干克也，求之宜缓；其先易后难者，初为干克，而中末来克干也，取之宜速。占其财之多寡，视财逢旺相则多财，遇休囚则寡。发用为财则多，中末为财则寡。类神现则多，类神反伏则寡。如求金银则宜酉见，求衣服则宜未见。太岁作财神而乘青龙则多，时日作财神而乘别将则寡。定以先天之数，如子午则二九十八、九九八十一，加以倍减之法。如子在冬则倍，在夏则减，而多寡明矣。占财为何人所与，视类神。如财乘贵神则贵人尊长之，财乘龙主富客之，财乘六合主牙僧之，财乘太阴主老妇或婢之，财乘元武主盗贼或牙人之，财引而伸之可也。占财为何等之物，亦视类神。财乘天后是水，利酒醋之，财乘天乙是田宅牛畜或桥梁之物，乘龙是公中书籍柴薪钱帛之物，乘六合是船车竹木之。财乘勾是田土之，财乘腾蛇是炉灶弓弩之，财乘朱雀是文字书籍之，财乘太常是衣服段匹定婚饮食之，财乘白铜铁刀剑丧具之，财乘太阴金银钱玉首饰钗镜之，财乘天空坟宅之，财乘元武鳞介畜类之，财亦有空手求之者，则财逢旺相适值旬空是也。亦有无心而获者，则太阴乘神作日财是也。至于求财之方，则视青龙所临之地，如青龙居午宜往南方。以求财之时日论，则视财爻所临之神，如财临太岁之上，则以年计，临月将、月建之上，则以月计，临日则本日，临时则本时。其以索债求财者，则详日辰时而推之。日为财，辰为债主，时为欠债人。如时上神生日，日上神生辰，或俱比和吉将，或辰上神克时上神，类神发用，索之必得，反此者无。其以博戏求者，则视支干。支为主，干为客，主克客，利；客克主，损。财皆视上神，若夫日上财为外财，辰上财为内财。财临伏吟则近，财乘二马则远，视何者之财为旺相，以求之亦可得也。

疾病占

一曰占其死生，二曰占其病症，三曰占其医药，四曰占其鬼祟。何以知其死生也？日为人，辰为病，日上神克辰上神，吉；辰上神克日上神，凶。如四课日辰俱墓，三传发用复墓而无刑冲者，白虎乘死神、死气克日而无救解者，白虎临日克日或辰作白虎克日者，年命俱墓复乘死气者，月厌、大煞、飞魂、丧车、哭神同死神、死气，填满课传内有克日者，青龙乘日马与元武乘浴盆煞加命上者，德禄发用加年命俱空亡者，辰上空为病空反愈，魁罡加日龙合阴入传者，为人占病而类神空亡者，皆为死之占也。其死之期，则以日干之绝神定。如甲乙日木绝，在申看申临何，长临岁不出一岁，临月不出一月，临日不出本日。一法男用功曹，女用传送，加行年上以魁罡下辰为死期。年命入墓而四课中有生气，三传俱绝而年命有气者，课传俱凶而类神在生旺之乡者，课传填恶煞而不来伤日干者，白虎乘神克日干而干上神反克虎者，白虎乘神克日支与支上神者，白虎乘神生日或日生白虎乘神与白虎作今日德神者，白虎虽入墓而加午上者，如甲日未为墓虎乘未，本凶。加于午上，则为烧身无畏。白虎克日而虎之阴神能制虎者，德禄发用不空亡者，皆为生之占也。其病之愈期，则以日之子孙定。如甲日占病，丙丁日愈。何以占其病症？日为人，辰为病，辰上神为受病之症，故当视辰上之神也。神后伤风肾竭，如天后乘之则男子精竭而女子血绝。亥，颠邪头风，元武乘之则目流泪。戌，腹痛脾泄，乘空则行步艰难。酉，喘咳劳伤，乘阳则发肺伤脾。申，男唇破，女孕危，乘虎则疮肿骨痛。未，伤食翻胃吐逆。乘常则气噎劳嗽。午，心痛目昏，乘雀则伤风下痢。巳，齿痛吐血，乘蛇则头面疮肿。辰，遗漏风瘫，乘勾则咽喉肿塞。卯，胸胁多风，乘合则骨内痛。寅，目疼，青龙乘之则肺胆胃疾。丑，气促伤残，乘贵则腰腿痿痹。更验十二辰所属，亥子水属肾，巳午火属心，寅卯木肝胆，申酉金肺。四土脾胃变通，则子膀胱也，巳亥头面也，寅申手足也，辰戌顶门也，丑未肩背耳也，卯大小肠，午营卫，酉肺肝胆也。何以占其医药？男以天罡加行年上功曹下是医神，寅下是子，则医在正北方。女以天罡加行年上传送下是医，医神能克支制虎则善矣。何以占其鬼祟也？课传无鬼则无矣，有鬼以所乘天官占之。乘贵，则岳祠土地。乘蛇，淫祠，真武在东南方。乘雀，灶君火神。乘合，家先祠神。乘勾，道路孤魂，先分男女，次列八方。乘青，香火口愿。乘空，古庙神祠。乘虎横死，凶在申酉尤的，或系狱神。乘太常，新化先灵。乘元武，斗圣不安。乘阴，女姑阴降。乘后，水亡老妇旺相，则观音愿。白虎，乘卯，坊隅禁忌也。虎合乘四土，则丧家煞神也。螣蛇乘寅卯，自缢伤亡也。勾陈四土，土神作殃也。死气亦可参看，死气乘合家有枢也。余可例推，此鬼祟之占也。日干正时入墓主死，日干死绝亦然。

赌博占

发用从支即主胜，若干上弱再遁来合支，则客兵必降，赌同。占贼来否，看贼将马元武。

摇会占

要元武临财，三六合罡，埋本日之鬼，为罡塞鬼户。

渡江过水占

渡江最怕支神伤，支水干陆两评详。岁乘神后遭沉溺，干支临卯车橹伤。日遇罡冲风逆浪，支乘伤克恶泥殃。

渡江怕支上乘神克支，或支克支上神，主沉。子加太岁、太乙亦同。卯太常，主船车。若乘破岁入子宫，主沉没，被干支克伤亦同。

天河地井行船恶，土煞水龙过渡愁。支吉干伤舟可渡，洿池罡指不须忧。

壬、癸、子为三河，卯、酉、辰为三井。有一河加井则不可渡。如亥加酉为河覆井，亥即壬也。丙子、癸丑、癸未为触水龙日，不可渡江。戊寅、己卯亦同。过污泥只向天罡下去，自得干路。天罡加孟，船头有补；加仲，中有补；加季，稍有补。

堪舆占地

龙下为主穴下宾，停匀生旺祖照均。

正时之下地盘为照山，对宫之下地盘为祖山，二者俱要停匀，不可偏胜。须从生克，以断其衰旺。

高下五行随数断，两山顾照穴情亲。

祖山、照山之尖平，方员、长短、厚薄，俱随五行断。其彼此照顾联络穴情，俱以理气衰旺断之。

一十二局为精义，两盘互察须详细。

看数不知看地盘者，如盲子测日也。合天地盘各十二局，为二十四气。故《雨血鬼哭赋》曰："上下支兮合造化，二十四气分玲珑。"语妙！

拱禄拱富出公侯，拱贵拱文三台至。

拱禄局者，以正时为主。日干之禄与本命禄，在其左右也。拱富局者，正时为主。天盘左有青龙，右有白虎是也。拱贵局者，天盘左有贵人地盘，右有贵人是也。拱文局者，天盘左有紫微，地盘右有文昌是也。紫微子年在未，丑年在申，顺行禄前三位是文昌，惟有辛年在戌乡。

专禄朝天富贵隆，龙楼凤阁公卿第。

专禄朝天局者，正时得本年太岁并得日干之禄是也。龙楼局者，正时天盘左有青龙、贵人，地盘右有青龙是也。风阁局者，正时天盘左有朱雀，地盘右有六合是也。三传惟中传为穴，若数局带正时，更临中传者，必主富贵之莹地也。

若临仓廪富非常，局到魁罡万事昌。

仓廪局者，正时天盘左有太常，地盘右有六合是也。魁罡局者，正时属巳加地盘酉，辰在天盘之左，戌在地盘之右，为魁罡局是也。

龙吟虎啸拖青紫，二水中分辞藻良。

龙吟、虎啸局者，正时天盘左寅带青龙，地盘辰带白虎是也。二水中分局者，正时值天空天盘左有青龙，右有白虎，地盘左有元武，中存太阴，右有天后是也。龙、虎在天盘合局，元武、天后在地盘合局，不得以元武、天后言水太过，而疑其地有水不可用也。

挂印将军成武库，仔细参之诚不误。

挂印将军局者，正时天盘白虎披戊己，地盘朱雀披丙丁。戊己土能生金，丙丁火又助朱雀，得此局者，知其必出武贵人也。

库乘青六并贵勾，一二三四定房数。

壬占阴宅，惟蛇、虎、天空、元武四者入传作贫贱看，若贵人、勾陈、六合、青龙更临墓库地者，当以富贵断房数，分孟、仲、季看。

但入库者便为良，乙青断贵勾六富。

断贵者，贵人、青龙。龙亦显贵之象。断富以勾陈为主，勾陈为土库，亦主富。六合为财，六合入库，亦以富断。

天后元武水法看，壬癸二神一并参。

元、后二煞，水象也。本支乘此二神，若加披千壬癸，或地盘更披壬癸，其穴中之水太甚。二者不必相兼，但以入传为论。

左近即为左倒左，右近须知右法传。

穴左遇之即为左近穴。右遇之即为右。近。倒左倒右，看其生克制化有益无益，不徒以水法详明为喜也。

本干要生地要制，一生一制方云是。

本宫要神生煞，煞生神。地盘要有制，方有用。又要看四时旺相若遇休囚，无制略好，遇旺相无制，便无用也。

纯生一派看汪洋，多制无情不如式。

水法天盘遇元武地盘，又遇天后披干，又值庚辛，此水必属一派汪洋。若盘中元、后休囚，或披干，或地盘又有戊己制之，必水，主无情也。

一湾辛水向东流，武曲之形在左收。

天后、元武临申酉，或披壬癸，在辰巳乃辛水向东流也。水法如斯，为左倒左，此大贵之局也。

水法如斯真足羡，位当一品拜公侯。

左武右文，水法倒左，当有武贵人之应。

半亩丰润抱唐蝉，文曲灵源获泰安。

天后、元武水，披壬癸干临于戌亥，此为水法倒右，坎地，主出文贵人，以为文曲灵源也。

左向右流归火库，富拟陶朱后裔繁。

戌为火库，左绕向右流，归于火库，则财必积聚。得此占者，其家必大富，渐至，不独出文曲贵人也。后人繁衍，又何疑焉。

乘舟占

青龙发用逢元武，四课披干带火燃。

凡占舟船以青龙、六合为主，兼看正时以水为用神，土为元神。水宜见而不宜多，披煞无水，舟即不行，而木无所养。水多带旺，则水泛滥而木漂流矣。是传中不可无土也，故以土为元神。如青龙发用此船也，地盘又值元武，此船遇水也，初传支却是辰、戌、丑、未披干。又是丙丁，此水木火土均匀，可称全吉，反是，或逢冲害克破行舟，即不利矣。

乘舟遇此为大吉，若逢壬癸不为全。

前此全吉之象，元武又旺，设若日干又遇壬癸，则不得为全吉，何也？传中原不可无壬癸，但水少土多，方为十全。又加本日干亦是壬癸，则水太旺，青龙必主泛流矣。故凡占行舟，其五行最要平和，元武、壬癸虽不遇冬旺，若乘凶太多亦为可虑。

六合青龙乘克害，篷桅篙桨未全完。

传中有青龙、六合，或逢本宫干支与地盘神煞克害，主篷桅篙桨等件不得完全。盖青龙、六合，亦篷桅篙桨船器之象也。

腾蛇若遇刑冲地，长江风浪必掀天。

若发用带腾蛇，遇刑冲渡江湖，必然风波掀天，随看本命之衰旺，以决其吉凶。

更值命中临死绝，波心难得保安然。

腾蛇入传遇日干克害，其支又为本命死绝之地，或支属本命却为日干之死绝，必主波心丧，亡无疑。

太常若到贵人地，神祇保护自然安。

发用若遇天盘太常，地盘贵人，或天盘遇腾蛇日干又复克害，而地盘却是贵人，或是太常，虽为危险中主有救也。

课内若逢龙会煞，劝君切勿上舟船。

龙会煞者，青龙临戌，白虎临辰是也。遇此煞临于发用者，切忌登舟，不利。冒昧者，必主身亡。

六合青龙逢退气，更临刑害不须言。

若六合、青龙二煞临于退气之支，如春月值金水，秋冬值火土之类，更逢刑害者，舟行决然不利也。

众鬼入传兼见戌，或临白虎阴乘元。

传中鬼旺，又临戌带白虎，或太阴地盘更遇元阴，上此船必遭盗贼，不可不慎。戌又名河魁，为破败盗贼之神。

此数须知为不吉，出行遇盗费周旋。

戌为河魁，鬼旺临之，又带白虎血神伏于其下，又有元武金水相助，主盗贼有害也。

发用巳申逢日马，风帆大利去如烟。

惟发用或巳或申或巳临申，俱乘日马者，主风帆大利获安也。盖巳为巽风，申为水母，风水相遭，彼此顺利。何快如之！

六青申酉临阴虎，官衙封锁不能前。

青龙、六合舟船之象，若此煞发用临申酉而干支又带鬼，其地盘又是太阴，舟船出外必被封拿。

子乘龙合临生旺，避金见水遇长年。

占船全要子孙旺，旺则生财。若带六合、青龙不见金而见水，则有用。盖有金则克木而船不完固。不见水则木无所养，而船亦无用。若见元武而木支被克，又为本日之死绝者，必主覆舟无疑矣。更详本命衰旺生死而言之。

四库若来与日合，舟行迟滞枉徒然。

支遇辰、戌、丑、未，又与日干作合者，船有迟滞停泊之患，须以冲库日为行动之期，然而终多迟滞。

文旺兄多为停泊，财临马旺利名牵。

文书太旺，兄弟太多，则有议论牵连阻滞，惟财旺临马，子孙带财则行动，主有利息。

青龙临库不为吉，惟宜生合忌刑冲。

青龙遇水旺不可无土，若传中无水，重见辰、戌、丑、未兼披亦属土，此船为不行。宜生合者，遇凶课生合日干本命也。忌刑冲者，凶课相冲克也。

太岁入传为大吉，日干本命要安全。

诸占忌太岁，惟舟行喜太岁，生合日干本命入传者佳，而日干本命尤宜安详。

传中进气行为速，如逢退气阻不前。

进气者，进连茹也；退气者，退连茹也。或未生至初亦为进气，初脱至末亦为退气。传中若遇此二项，分别言其迟速可也。

式中最忌逢支戌，披干带木却无嫌。

河魁戌为破败之神，占舟船最忌青龙、六合临戌，占船恐有破损，若披木干克制，即属无妨。

盐务占

盐务文书即为引票，类神生合文书者，货物出脱甚迟；类神冲克文书者，货物出脱自速。自初传生至末传者名脱气，有财之衰旺，财若旺更带青龙者，脱货最利，财不旺而带螣蛇者，脱之亦利，但不大耳。自末传生至初传者稍迟，然亦看财之衰旺，以决其脱之宜与不宜。天空为鱼盐之神，若临河魁者，主破败。若财传遇之，定主折本。天空临火土，干支带朱雀，更逢天喜福德驿马者，有利可寻。天空临水土，干支兼带螣蛇者，虽得利，亦主耗费无定。天空合财临驿马带青龙，支属亥子，干披壬癸，更遇风煞者，式中又无土制水又乘旺，必主长江风浪掀天，有覆舟之患。青龙为风帆，六合为船，若临巳加申者，巳为巽风，申为水母，风水相遭，如不逢截江煞，必主风水顺利，财物安稳。若带此煞，则舟有停滞之患，石矶之伤，更带螣蛇兼逢本命羊刃劫煞带财入传，又遇日干死绝戌带白虎、太阴加官鬼，披血刃双日者，必遭贼之杀戮式中元武、天空临亥子，遁得壬癸干，其支上下皆空，或遇旬空，此名沉海底，大不祥也。若本命有气，或可独保性命，余一无存也。十二煞中，贵人、太常、勾陈、天空为主盐之神，财临贵人、太常发用，虽休囚后必有利。勾陈得价最迟，却吉祥安稳。天空不临破碎及河魁破败凶神者，亦有利可觅。螣蛇为卑贱之职，发用如临类神者，到底不吉，虽主贱买，亦主贱卖，不得利，且为游走之象。若临天罡化财加风煞破碎煞者，江行必险。六合、青龙固属船与篷樯，然亦是财神，若临旺相财，支与日干生合者，利主加倍。白虎、太阴凶宿也，何以言之？白虎主江上诸风，又为血神，太阴为血刃，又为妇女暗昧事，若二者带凶神加临衰弱之日干者，必有奇祸。惟日辰旺相，财星人传，并遇火制，则白龙、太阴反属血财秘笈，曰山君被克死为白锰、青蚨，此之谓也。太常遇吉则吉，遇凶则凶。若太常不逢生旺兼带华盖煞者，必主凶丧孝服。如遇火土生之，则为米谷，可以盐易之。又日常宿逢生，乃是稻、粱、黍、稷，亦此之谓也。元武、天后盐之本色也。若盐出所到江遇元武者不忌，切忌回载，遇元武临诸凶煞者，非遇水灾，即患盗贼，尤看衰旺以决其微甚。从来书中论元武以登明属元武本家，神后属天后本家，积疑千百年而松源道人正之，以子为元武本家，亥为天后本家。余尝怪之，松源正以秘本真说，余始释然。孟子午为相对之支，则朱雀元武应亦相对之煞。元武临子正对朱雀之午，不易之论也。亦如寅申相对，寅属青龙，白虎属申，其位亦相对。知此则凡以亥属元武本家者，皆传写书籍之误耳。不遇至人，真伪何以别哉？故真本有曰：误加天乙乱神祇。亦此之谓也。十二神中，惟朱雀为财神，为南方丙丁之宿，吉凶亦无大过。式中遇此，或为上司文书，或为本地方官告示，虽带凶神，不过申其禁令，久则淡然也。

游都鲁都

游都鲁都法最元，穿地寻尸见九泉。

鲁都临处逢白虎，戊己原加辰戌间。

常将月将地分数，两位相逢远近看。

此是先贤真妙诀，千金莫与世人传。

金凤战干

占贼之法妙难穷，起成课法自通灵。

要知贼寇藏人马，游都鲁都两干称。

方为贼居将为寇，贵人为我主人兵。

于是我军为里数，更知贼数百和零。

又言我财为我利，干若受克财须倾。

四课之中神克将，不须努力用心勤。

若还行兵谋计策，寇兵一扫化为尘。

课爻神将来克贵，我当谨备莫攻征。

方来克贵主细作，必有奸谋诱我军。

贵神不克地方位，将军攻战莫消停。

将若刑方贼移动，晚间逃走似飞云。

方若克将贼守寨，故然不动亦难通。

干克将兮兴人马，依行兵士将贼攻。

神将刑干贼须胜，我当堤备不宜兵。

方来克干贼坚固，干若刑方我得赢。

神若克干军宜使，干反克贵军不听。

贵神为将干为使，将位二方是贼兵。

我克他时为战斗，他来克我不须攻。

地方名为游都将，对冲鲁都贼游兵。

有人学精游都法，不须专念六韬文。

千卷万书惟此验，只此一卷应如神。

一脉流传元妙诀，常将贼寇掌中擒。

论盗方路

甲寅乙卯丙巳空，丁午戊辰己戌中。

庚申辛酉壬亥上，癸子十干定吉凶。

天地相合为去路，暗藏人马捉贼兵。

若人会得鲁都法，捉将如同在掌中。

寻贼消息

丑未贼名大小分，传闻两耳实非轻。若人探觅寻卯酉，消息从来特此真。

此论月将加时，专看天盘上丑、未、卯、酉四字。凡六法以丑为小贼，未为大贼，丑为地耳，未为天干。如差人探密事，看天盘卯酉方出，可得消息。假令庚辰日巳将未时，丑在卯地，主小贼在东方；未在酉地，主大贼在西方。卯在巳地，酉在亥地，南东西北二处，可差人探事，余仿此。

来使虚实

敌使欲分真与伪，支干先克细详推。天空朱雀为奸诈，辰酉逢时主蔽亏。

此论月将加时，专看日上神与支上神相生为实信。若支干相克，主来使虚言。又看日干上或支辰上有朱雀、天空二将临之，主变诈不信。假令庚辰日巳将午时，庚课在申，申上见未土旺，辰上见卯木，乃木克土，主来使虚言不可信。又况天将、朱雀临辰，天空，临午，尤不可信也。若未在申上，午在辰上，寅在子上，为相生，其言可信，余仿此。

来人善恶

遥望人来未测详，神后加临孟是良。仲是商人季奸恶，欲逃正位去天罡。

《经》曰：月将加时，神后落处断之，寅、申、巳、亥良人，子、午、卯、酉商客，辰、戌、丑、未奸恶细作之人。

兵将多少

国家兵数预先知，旺相相生更有余。休百囚死十自散，先知一局候兵机。

我比为旺我生相，我生自休君莫乱。克我为囚我克死，可载千军无更变。

甲、己子午九，乙庚丑未八，丙辛寅申七，丁壬卯酉六，戊癸辰戌五，巳亥无干四。

方性强弱

发用何神方性知，假如子动北方知。性情定是多奸诈，急早堤防用力宜。

此论专看发用之神，若是亥子水神，主北方之兵，巳午主南方之兵。若论其性，见申子为之奸邪，见亥卯为之阴贼，见寅午为之猛勇，见丑未为之公正，见辰戌为之奸诈。

大将居方

大将居方取亥宜，左为卯将右酉随。胜光前处为前将，神后临方是后推。

春寅、夏巳、秋申、冬亥，六壬谓动于九天之上。如亥方不便位，即将春以寅为雄背之吉，夏以巳为雄，秋以申为雄，冬以亥为雄。如四位不便，再以年支天盘上背之吉。此大将居之。如神将又甲日用兵先举，红丙丁，黄色不须论。此论专看大将下营所居，方分以月将加时，看天盘上亥字落在何方，如在酉上，正西安营，大吉。如亥在卯上，正东安营，大吉。如亥在午上，正南安营，大吉。假令辛巳日巳将卯时，亥在酉上，为中军大将，正西安营吉。午为前将在辰地，卯为左将在丑地，酉为右将在未地，子为后将在戌地。如有警，大将居亥，左右前后将分兵击之，全胜，余仿此。

方分岁占

岁占方分莫狂嗟，阴岁须将小吉加。阳岁却从丑未并，传中机泄思神夸。

如甲寅子上加青龙，卯酉寅上加青龙，辰戌丑上加青龙，己亥午上加青龙。凡遇甲、戊、庚三日，就将贵神放在丑上，丑放在亥上，看月德临何地支，即知此时煞没。又看月将临何支，如在申对宫是寅，申寅二时吉，余仿此。

迷路寻出

山野林中忽觉迷，便将月将正时推。天罡百步还投未，投未前行道路知。

此论月将加正时，专看天盘上辰未二字决之。假令乙丑日前将酉时，迷路。此月将加时，辰加巳为东南，方就往。东南上，逢百步为止。此时辰在巽，未在坤，又从东南转向西南，往三百步，乃见天盘上未字加在申上，再逢八十步，方有路也。

渡河涉水

天河覆井渡河惊，水用寻罡水道通。支伤水涌前难渡，支吉不逢龙日亨。

其法月将加时，专看天盘辰、未、卯、子四字为天河。若天盘四字加临地盘，子、卯、辰、未，名曰"天河覆井"。此时渡河，主沉溺。又法：水在周围，看天罡加处为水道，如罡加孟勿前行，加仲勿中行，加季勿后行。又法：六壬以日干为陆路，日支为水路。若支不受克宜水路行。又看丙子、癸丑、癸未三日为水，尤日不可行船渡河。假令丁亥日巳将寅时，天盘未字为天河临地盘辰上，名天河覆井，不宜出兵渡河，余仿此。

觅水求粮

丑为粮草未为泉，卯未之间水道间。饥渴有时难共饮，将军且算莫愁颜。

此论月将加时，专看天盘上未、卯、酉三字为水泉。以丑为粮草，以卯为水道。若天盘丑字落处，就从起算往丑处进三百步，即见粮草。假令甲子日戌将卯时，未加子上，在北行三百步，有井泉。卯上加申，西南三百步，有水道。丑加午上，正南三百步，有粮草。

藏形遁迹

紫房华盖可藏兵，卯木从魁莫自惊。月将加时投此处，自然遁迹却成功。

此论月将加时，专看天盘上子、丑、卯、酉四处，如有事或藏兵于山林沟壑，自然掩袭，必得全胜。假令丙寅日午将辰时，子加戌宜西北藏百人，加丑东北藏千人，酉加未西南藏万人。此法不拘多少，可隐藏也。

水战

水战全凭风便方，日干未巳正堪详。白虎风神逢劫煞，飞廉大煞亦风乡。旺相乘煞风速起，休囚无煞息风狂。

巳为风门，未为风伯，白虎风神。若旺相逢劫煞、飞廉大煞，主大风暴起；休囚不乘煞主无风。大煞正月午逆行四仲。飞廉正月戌、巳、午、未、申、酉、辰、亥、子、丑、寅、卯。

虎神东传啸摧山，小吉相逢风迅迁。二神忽尔潜空宿，上克下兮风息焉。

虎乘寅为入林啸风，未为风伯乘虎，主大风。下克上，大风；上克下，虽有风亦小。

巳午雀居曲直课，煞推月日用辰干。更兼寅未相逢过，飔狂须索煞时间。

雀乘巳午为入巢，巢居主风，又热极生风也。寅为箕宿，好风。雀乘寅未，亦主大风月。风伯正月申，风煞正月寅，俱逆行十二支。

第四十六章　术数汇考四十六

《大六壬类集》十六

心机独悟

天文

　　先占不测之风云，泄尽元机之秘；复推晨夕之祸福，旁通玉简之元。课逢不备，以阴阳而分晴雨；卦遇局成，凭水火以定风云。金为水母多阴，曲直则风行四表；土为火子多晴，润下则雨沛诸乡。更详传墓传生，且看为仇为喜。

　　阴不备晴，阳不备雨。自生传墓晴，自墓传生雨。相生为喜，金雨，水雨，木火局，则晴；相克为仇，金水反晴，木火反雨。六阴极反晴，六阳极反雨。

　　风雷煞动，定拔木而摧山；云雨神临，必盈科而溢泽。丁神猛恶可怪，飞符迅速堪惊。马乘云雾化龙驹，霖霆漂泊；阳逢耳目并蛇雀，星月交辉。遇生则行，遇墓则止。

　　凡丁神发用，见金水则雨恶，见木则风恶，见雷煞则雷恶。飞符正月申顺行至丑，七月未逆行至寅。天马若与亥子元后并名化龙驹，主骤雨。天目春辰、夏未、秋戌、冬丑。若阳神并耳目发用，主晴。雷煞正月逆亥四孟。雷公寅逆四孟。凡金水遇长生则雨行，遇墓绝则雨止，以上言煞也。

　　亥子水润于天固雨，空土愁逢。巳午火离于地固晴，冲膁怕际。金神遭克雨无多，水神乘旺晴不久。

凡亥、子加临巳、午、未、申之上，则晴不久也。申、酉二金神有气则雨，无气则阴。寅、卯二木神有气则炎旱，无气则风。四土不雨，水神虽雨象不可。见土相克空亡相加，则反不雨矣。火神虽晴象，加丁神天、马相并，见蛇雀、太冲则雷电交作。有水神者雨，无水神者雷电而晴，以上言支辰也。

先看青龙为雨主，入江入庙非宜。次推白虎作风神，至野至山可畏。蛇入水化蛟龙，贵居云为神圣。蛇雀乘丁加卯，雷电霹雳飞腾。课传俱土逢阳，日月星辰照列。天罡阳晴阴雨，月建刚旱柔雷。阳将火神多亢旱，阴将水神必凝阴。要察刑冲，须明衰旺。

占雨以青龙为主，若在巳、午、未、申、酉之上，则龙飞天必雨矣，若在亥子江湖之内，则无雨。白虎若在寅、卯、辰、巳，则为跨山出林而风恶矣，在午、未、申、酉、丑、戌小风而已。蛇入亥子，则有化龙之象，主雨。贵人在亥子，则为行雨之神也。天罡加阳，主晴。又法：以月建加正时，如课传中火将阳神多则旱，水将阴神多则雨。见刑冲主动，水神冲神则雨动，火神冲则旱动，木刑冲则风动，土刑冲则霾动，金神冲则阴云动。衰则阴沉不久，旺则久，以上言天官也。

地理

辰阴乃山主，看坐向相生相合。

第四课坟茔也，上下相合是吉，地相刑克凶。日干主人之象，相生合，尤吉。

冲位为对案，察加临相克相生。

如第四课下一字是子，乃壬山午即对案，为丙向之类，亦须有气吉，无气凶。

坤庚辛乾	歌曰：壬在子兮癸在丑，艮寅甲卯乙居壬。
丁　　　壬	巽巳丙午丁纳未，坤申庚酉不须论。
丙　　　癸	辛戌乾亥皆如法，天地移来一掌心。
巽乙甲艮	

上下皆合，定风完而气足。干支全损，必水涣而砂分。

干支神六合，地盘亦合，互生合，大吉。刑害者凶，亦主水走砂飞之象。

青龙左喜，不当落在空亡。白虎右忻，岂可临于刑害？

青龙不宜空亡，空亡则左畔之峰凹缺，招风矣。白虎若见刑害，则右边之峰不完。凡第四课加天空、贵人逆行，则左青右白，风水全吉矣。

土神旺来龙不错，螣蛇落点穴无差。

土神四季墓神，如春辰春未之类，但临处为来龙之吉，螣蛇所在为穴。

水有之元之水，亥子壬癸遇元武。

水有之字元字之形，风水中最喜，若课见亥子或旬中之壬癸，见元武、天后以应之。

山逢合抱之山，未戌丑辰及土宿。

山有合抱之形为上吉，若土爻加第四课，再土宿，贵人、太常、天空、勾陈，即应此形矣。

家宅

凡看三传，察其益人益宅。更参诸格，究其伤日伤辰。所益不当年去克，有伤岂可命来生？

若三传生支克干，宜早卖宅。若生干克支，必无所居之宅。若传财生起干支之鬼者，主疾病破家，宜年命上乘神制之吉，支上乘脱气煞及被克者，或支临上受克者，皆无正屋可居。

禄马在干支，必人荣而家富；罗网裹身宅，定家破而人伤。

罗网不吉，若吉将生干支年命不过缠绵，不以凶断，干乘驿马，支乘禄神，主人宅荣华。若支乘马，必主动修迁也。乘罗网遇年命上冲，为有救。

干支乘鬼，物我遭伤。逢日刑而，尤畏三四遇官。病讼交至，见岁破以偏嫌。

干乘支鬼，支乘干鬼，或岁破作鬼克支，主一年不利，月破一月不利，空亡稍轻。

脱则赚诈盗贼，生则进益亨通。死则衰羸，墓则混沌。

干支各乘或互乘死神者，不可动用。

乘墓则身居云雾宅生尘，坐墓则宅假人残身招侮。

乘墓即干支乘墓互墓也，坐墓干坐支墓支坐干墓也。若此者，将宅借人任作践。

逢血厌而凶多，遇丧吊而吉少。

血支，正月起丑，顺行十二。血忌，正月丑，二月未，顺对冲是也。月厌，正从戌逆流。此三煞并临支上，名血厌入宅，更克支墓支，大凶，有堕胎血光之应。丧吊全逢，必有孝服。太岁前二位丧门，后二位吊客。

三交匿埋名之客，九丑妨元首之翁。

三传四仲，名三交，主隐匿逃亡。若乙、戊、己、辛、壬日逢四仲，丑加仲名九丑，主家长丧亡，远三年，近三月。

财忧父母，若化鬼而无妨。生愁子息，如变比而不忌。

三传俱财忧父母，见官鬼爻于干支年命上者，化吉。

支两傍为左右之邻，辰正射为对门之舍。

一是阳神，看家翁之否泰。二为阴将，验奴仆之慵勤。

求财

传财明休旺，喜生将而忌生官。

凡传财太旺，求之不得。若传见财，天将生助之，则大利也。传全财，生起日干之鬼，则因财致祸矣。

彼我看干支，宜遇合而恶遇害。

干己支彼，宜乘合、互合、上下合，则主客相投。若合中犯煞，又乘六害者，不可求也。

末助初传人暗助，支传干上利求谋。

凡末助初财者，有人暗助也。初传是支发用，末传归于干上，乃彼求我也，利求谋。

艰难避难，细详坐末之神。渡户渡门，宜验发端之将。

三传初、中空亡，末传为财者，艰难后得。三传官鬼脱气而干坐财爻之上，乃避难求财也。艰难之财在末传，避难之财在身下，故曰：详坐末之神也。

险鬼乘财财出险，最喜寻人。

三传全鬼，则无劫夺之患。若见一财，则变为真财矣。宜急取，稍迟，恐鬼伤人。财就干上，曰"财就人"。

绝神是利利宜绝，不当乘墓。

财临绝地，宜结绝财事。财若乘墓作墓，亦宜亟取。

闭口昴星皆少力，罗网无信总成空。

旬尾加旬首曰"闭口"。伏吟见丁马，为"无信"。

奇仪周遍，枯木逢春。

三奇：子戌午，申午子，辰寅两甲，奇是亥。六仪，旬首发用也。三传不离四课，曰"周遍"。

欲问成期，末传合位。

以财之合日，可得。末传合位上乘何神，亦同。末传寅，寅与亥合，亥上见申，便当申日到手。财末合上，神方到手。

行人

年命入宅，魂已归家。干克临支，身离彼土。

行人年命加支上，指日回也。干加支克支，行人来。

断桥则中途被阻，循环则不久归家。

中传空有阻。

支传干上干乘墓，生气青龙喜叠来。

支传干来，干传支不来。干乘干支之墓神者，行人来。青龙作生气，生神加干来，必有喜。

我求彼事彼逢关，死囚白虎凶骈集。

干伤支不至，四季关神发用，阻滞不至。关神乃春丑、夏辰、秋未、冬戌。白虎乘死囚气发用，名魂化，行人凶而不来。

天罗自裹，淹留而坐卧非宁。三六相呼，眷恋而资囊盈溢。

墓神与命相并临于干上，名"天罗自裹"。干墓作支华盖为用者，行人不回，在彼俱不如意。

退传则归，进茹则滞。

龙战则进退狐疑，反吟则去来不定。

卯酉日值卯酉发用，名龙战卦，行人不归遂意。

反吟主去来不一，归迟。

东走南行酉为速，西将北转卯非迟。

日在东南，看酉。酉如日暮，行人当至暮而归矣。

一说东南行人，看东南方起身，西方中途北方子，为冬至，行人当至也。日在西北，看卯，卯如日出。行人当离矣。又自西北起身，东方中途南方午，为夏至，行人当至矣。

近出看罡临而分前后，远行详魁值以别壅通。

天罡加在日辰前，远近将来赴会筵，天罡加在日辰后，纵然隔壁也无缘。戌为河魁，加亥有阻。

词讼

详干支以分彼此，凭官鬼以见输赢。

干乘鬼我伤，支乘鬼彼伤。传鬼太旺亦不克我，至休囚之时，方畏之也。若鬼爻上受天将克，下受地盘克，亦不为凶，坐落亦同。鬼坐绝地，宜结绝凶事。若绝鬼坐生地，词讼仍起。官鬼作岁破神，主大讼也。

子孙克鬼临日辰，而患门有救。

子孙加干支，有人解救，加年命，自己解释。白乘太乙，逢赦宥。

父母化鬼见传命，而祸地无伤。

此引鬼为生也。初官鬼，末父母是也。有三传官化为干支父母者。

害合析分解结，

干支乘合互合，主有讲解；乘害互害，暗相谋害。

旺败辨别浮沉。

乘旺并罗网，只宜静守，干支乘败气，彼此各有不法，同败露也。

空亡喜惧，墓库忻憎。

虎、勾、蛇、雀、元、羊刃、罗网，则喜空亡。龙、常、贵、六、德禄、财爻，则忌空亡。支墓临而本命并之，曰"天罗自裹"，事出白。致传墓入墓，干支乘墓互墓，主入狱之象。初传长生，末传墓神，自生传墓，有始无终。初墓末生，先迷后醒也。

贵罡杜鬼，如加年命以消殃。

地盘寅为鬼户，或贵人临地盘寅贵塞鬼户，虽众鬼上传亦不畏也。若加年命，有贵人解救。

虎鬼乘骐，若值日辰而祸炽。

骐者，驿马也。虎鬼乘驿马临日干年命，大凶甚速。若坐长生空墓，虎阴制虎，上下夹克，不然则祸在外方，凶无敌矣。

不凶而虎头蛇尾，非吉而雀入勾乡。

凡午加辰发用，为雀入勾乡，主非细之讼也。

赤鸟犯岁君，腾蛇夹丘墓。

朱雀乘神克太岁，主得死罪达于朝廷。两蛇夹干墓，大凶，惟年命有神冲之可救。

丁动逢刃，而缧绁不免。龙阳生日，而刑辟蠲除。

凡金日逢丁神乘勾陈入传，在日干年命者，主官司。近唤羊刃乘神伤日干，罪必打死。凡月将临日干年命，解救得理，青龙乘生气亦同前。

二赦解凶殃分，地支各有属省。

干支三传，年命见之，有解救。皇恩，正月起顺行六阴。天赦，春戊寅、夏甲午、秋戊申、冬甲子。

五刑决罪庆辨，天将信无更疑。

五刑伤日有三等，一字刑乃干支。自刑，辰、午、酉、亥是也。子、卯相刑起二家，非理也。丑、戌、未乃恃势而致也，寅、巳、申、亥乃无恩而致也。讼见之，必受责木笞伽火杖血土徙。禁金针刃水流罚，更详天将金木水火土，刃笞流杖徙。

兔犬相加防吊拷，鸡蛇发用恐流离。

卯手戌足，手在上则拶指夹棍之刑，若足在上则逆为吊拷之刑也。酉巳相加为发用者，合成配字，主流于远方。

循环周遍，逐日缠绵。根断源消，其年破败。

三传不离四课，曰"循环"；干支乘旬首旬尾，曰"周遍"，占讼必无了期也。四课俱下生上，曰"根断源消"，虚耗无已，至破败贫穷。

格凶亦凶，课吉必吉。

年、月、日、时俱在四课，名"天心格"，主闻朝廷。三光三阳，逢凶化吉。

鬼绝处便见结绝，末散时定然解散。

如金爻是鬼当绝在寅，寅上得何神，是结绝之日也。末传对冲之神上乘何神，乃解散之日也。如末传是卯，对冲是酉，酉上得何神，则是解散之日也。

婚姻

凡占婚姻，先观彼此男干女支，孰相克而孰欲背阴阳年命，孰相加而孰欲成。

干加支男求女，支加干女求男。女命占得干加辰，男命占得支加干，来意占婚极验。女年在干，男年在支，乃先奸后娶。女年在男命，男年在女命，亦然。若见后合者，亦然。

递生干爻，当面有多人推荐。末助初爻，暗里有佳客扶持。

末传生初为日之财者，占婚尤的。

中间实者利媒妁，末传合处是成期。

初末空亡诸占无首尾，惟大利媒保，免不得两边脱漏以成也。一切喜庆之事，以末传合日为期。

三六合为百年之鱼水，干支刃为一世之薰莸。

财临旬后凤孤飞，鬼坐天中鸾独立。

财空妻不就，鬼空夫不就，才鬼若空亦不成。

传财生鬼，贪淫欲而致夫君于泉下。传财克生，恃凶狠而逆父母于庭中。

凡财局生起干上之鬼者，防克夫。全财克干支上，父母爻逆公姑，若无父母不论。

魁度门而风波起，丁乘马而喜庆生。

戌加亥，阻隔不成。壬癸日有丁神临干支年命者，即有娶妻之喜。

牛女乘常，利谐秦晋。财常加日，宜向冠裳。

丑中有牛宿，子中有女宿。凡丑子相加乘常，婚姻大利；凡财爻乘常，临干支者，来意必占婚。

干支逢后合，定先通而后娶。生气会青龙，定有吉而无凶。

主利夫。

后克干而夫早丧，龙克支而妻早亡。印绶为公姑之位，安可伤乎？盗气乃子息之宫，不当刑也。

天后乘神克父爻，主妨公姑。刑子爻，妨子息。

女貌妍媸，察后阴而立见。男材修短，评龙阴而即知。

天后之阴神以定女貌，性如金义，木仁，水智，火礼，土信，金清，木瘦，水肥，火尖，土浊之类，详天将吉凶、衰旺言之。查龙之阴神，同此。

四课无遥，婚不成而暧昧。九丑有克，事难就而惊忧。

无克无遥乃昴星也，不成；九丑有悲泣之声也，亦难成。

芜淫不顺而萧墙祸起，解离非利而心腹患生。

干上神克支，支上神克干，为芜淫卦，不利。干支上将互克，为解离卦，亦不利。

阳不足则二女争夫，阴不足则两男竞女。

如支有二课，干只一课，为阳不备也，二女争夫之象，二占俱不可用。

孤辰寡宿多妨害，狡童佚女主奸淫。

孤辰者，春巳、夏申、秋亥、冬寅为发用也。寡宿者，春丑、夏辰、秋未、冬戌亦不利。三传得卯、酉与后、合并之。又后、合占婚，先通后娶。

内战凶深难解结，外战祸浅易禁当。

地盘克用神，用神克天将，曰：内战。天将克用神，用神克地盘，曰：外战。俱不利占婚。

生产

干支相加，看生迟而生速。日辰相克，审伤母以伤儿。

干为子，支为母，如干加支上，乃子恋母腹，占胎稳，问产迟。支加干上，占胎即堕，占产即速也。若干支乘鬼，或互乘鬼，乃母子俱伤也。

二曜夹三传而气闭，旬尾加旬首而音难。

干支夹定三传，初、末再见六合，乃气闭于中，子母不保。如母年命透出于支三传外者，可保无虞。旬尾加旬首发用，名闭口卦，必生哑儿。

内战外战分轻分重，进间退间详喜详忧。

进三间吉，退三间凶。

自裹天罗为可畏，如逢地网更堪惊。

干支乘前一位为天罗，干墓支墓临干上，产母年命又与干并，得此者难望生活。惟冲破空亡，乃可救也。

年命冲伤而怀孕者愁见，长生坐立而临产者忧逢。

母年命克胎神者，必小产。胎坐长生占孕吉，占产迟而且凶。

胎神临日，当日添丁。死气加年，其年损母。

胎神临于日干之上者，当日生子。产母年命见月内死气、死神、月厌者，主堕胎，母亦不吉。若生气作月厌，则速。

丑腹空而诞速，魁渡门而产迟。

丑为腹，丑加日立胎神上者，来意占孕极验，占产立生。魁渡难产，年命冲之，反速。

卯手戌足，喜指天而忌指地。后母合儿，当乘生而莫乘死。

卯加戌发用，占产顺。若戌加卯，则生理逆矣。盖足向上而顺，向下则逆也。后、合乘生气吉，死气凶，临克地亦然。

三等元胎详损益，两个无遥见男女。

天开子，地辟丑，人生寅，所以四孟为元胎也。寅加亥为生元胎，取长生也，生子兴旺。寅加巳为病元胎，生子衰弱。寅加申为绝元胎，生子不肖。刚日昴星，以从魁仰取为用，生女。柔日俯取为用，生男。

地烦休遇，天德宜逢。

天德春午、夏辰、秋子、冬寅，马、龙、鼠、虎四时推。凡太阴、月宿加四仲上为发用，天罡加丑未者，名地烦，主妊娠，血光之灾。天德加凶神上，主化难而成恩。

受孕之期，年神之本辨阴阳；分娩之辰，月令之喜安方位。

以妻行年上神长生神为受胎之月，月之长生为受胎之日，日之长生为受胎之时。四季中之，喜神所在之日，为生子之期。

破刑胎位及生神，五行养处及子本。纳音破胎地，也是喜之程。

以胎神刑冲破之日生月内，生气之日本日养神，俱不及冲破。是又以母命纳音之胎神冲破之日推生期，极准。螣蛇、白虎若重逢，更带子孙两子生。

仕宦

六阳数足，功名显达果何如？二贵引从，卿相提携真罕绝。传神互克，须防台谏封章。课逢递生，定见公卿褒誉。退间则拔蛇于窟，进引则飞龙在天。

三传退间望功名，如拔蛇之难。进三间，进连茹，大吉。

将逢内战，官居名位胜龚黄。德入天门，莅任庭除过王谢

地盘克用，用克天将，曰"将逢内战"，诸占皆忌，惟占功名为上达之象。三传全见下克上者，尤为进转迅速之象。"德入天门"，前程远大。

一详鬼曜，如逢白虎号催官。二察禄神，若值临支当替役。

白虎名催官符，喜财生助，忌坐墓乡，虎之阴神忌克白虎乘神。有干支夹禄者，二贵夹禄者，初、末夹禄者，最忌空绝。禄临支主权摄不正，受制于人，或替职役于人。

魁度天门龙化蛇，贵临鬼户蟮成龙。

朱雀文章，若值退爻防黜落。

应试凶。朱雀临支加日干年命上，奏章防责黜，临午为真。朱雀加巳午未上，名翱翔上章，大吉。

天官举主，如临私户号蹉跎。

贵立卯酉为励德卦，日在贵后为微服，日在贵前为蹉跎，主淹留。若生日干之神者，亦名恩举主。

六处喜生旺，诸占忌墓绝。

诸家皆用父爻，贵人长生并为恩举主，忌传墓绝空亡，喜相生旺相。干支乘墓、互墓有冲即吉，惟库务不作墓论也。干支乘绝、互绝，俱不久之兆，若交代替职役，却喜见也。

看操觚染翰之文，龙宜有气。察执锐披坚之士，常要无空。

文看青龙武看太常，若临巳戌为捧印，大吉。二神要旺相，若休囚墓绝，死气受克皆不吉。

诸侯看月将，军功视刑煞。功曹刀笔吏，印绶补身流。

侯伯看月建，军功查支前之刑，吏看功曹补身，替职役并袭爵看长生神，旺相死绝，如龙常例。

欲问迁期，各从其类。去干年而支月，所生日以克时。

如文看青龙，去日干几辰是几年迁，去支前几辰是几月迁。又以青龙所受生处是日，所受克处是时也。如戊子日卯时，占午为青龙，戊课在巳，去干一位是一年，支至午七位是七个月。午火生在寅，寅上见亥，亥中有壬，当在壬寅日。水克火所，当在亥子时也。

日与用神，生分内外。

龙、常生日克，龙、常克日干，在内任。龙、常克日，日干克生，龙、常在外任。

选举

帘幕贵逢，可望高登黄甲；魁罡将遇，必然稳步青云。

天罡首领之神，天魁文明之宿。有前后引从，二贵夹拱，必中魁也。若遇空，则无益。

牛羊鬼斗临干，敢轶郊祁；朱雀文章克岁，谩夸班马。

丑中斗宿，木中鬼宿，丑未相加，临日干年命，必中魁也。忌空。朱雀，文章之主也，太岁至贵之位也。相生，则中。相克，不称上意。

从魁端似亚元，辰未合为解首。

辰中有角宿，未中有羊宿辰。未相加临日干年命者，中解元。

万里风云生足下，兆化飞龙；数年泉石隐形踪，退潜魆蛰。

初蛇末龙，乃变化飞腾也。初龙末蛇，不吉。

六阳数足，相逢月将更光辉；两贵提携，若值末初犹称遂。

逢月将光辉，阴私不利。引比肩脱气，不可同看。

昏晦墓神覆日，奔波罗网缠身。

若是太阴，不以墓论。

喜德临乾，宜魁渡亥。

为德临干也。魁度亥，诸事不利，惟利科场。

旬首冠群英，须分五甲。

旬首加日干年命，必首荐也。如甲戌旬中戌即一等子，二寅，三辰，四午，五甲，申即空亡也，六等无疑。

真朱超品汇，当审三凶。

岁君幕贵乘丁驿伤时，主考变更难。真朱雀极美矣。一凶者克岁君，二凶者克幕贵，三凶者乘丁神驿马也，主更变不一。

格见天心，又掀天而揭地；局称消断，定垂首以丧神。

年、月、日、时俱在课传者，名天心格，贵显非常。如四课俱是下神生上神，如木断其根，水消其源，无本之象不能中也。或四课全见上生下者，名雨露润泽，必中无疑。

武事

张逍遥以武事，初入亦如文。入进身入仕，然后分文武。蛇蚓其形象，弓不当劣矣。觜参其属为，矢诚宜壮哉！

以巳为弓，申为矢，二神俱要旺相，空绝不利。

仲为中朵，孟号角花，午上红心可展。穿杨之技，季中白地，难施射虎之材。

申巳加四仲，箭中红心，加四孟即中角花，加四土不能中矣。

以四课之发传，为三四之箭数。

第一课发用一箭，第四课发用四箭，旺相加倍，休囚本数。

买卖

交车十等，须逢生合为宜。

十等者，克害刑冲与空墓脱气，原来总不如三交，必有二三事才合方才最可宜。

凡交车合财，宜以财交涉，最利。若交车三交，则因交涉而有二三事。交车脱气，并克害刑冲空墓，则不吉。

末助三般，若遇递生尤利。

末助初传作父财，若作官鬼便不谐。

互相生旺愁罗网，

干支互生，宜合本生意。干支乘旺则，守之为宜。所忌者，逢干支罗网。

如逢死墓怕关妻。

干支乘死气，互乘死气，不可谋生意。墓神在传中，传墓入墓，在干支上为乘墓，在干支下为坐墓，必昏晦折本，干墓并关神，主废弛。支墓作日财主折本。

旧事更新，病符并生加两曜。动中求静，禄神乘旺覆干支。

病符，旧太岁也，临干生干，临支生支，或为财爻，或为贵人，宜成合旧事也。乘月内生气更妙。

进步甚艰难，初中不利。生涯深遂意，昼夜相随。

初中空亡，末传为生为财者，于艰难中两进步，定有结果。二贵引从，三传引从，主有人提拔也。

登门渡门，内战外战。

生气会青龙，重重喜至；印财带常宿，屡屡兴隆；独足卦青龙，背上兴家；九丑课白虎，头前觅利。

乙戌己辛壬日逢四仲，丑又加仲，名九丑独足。诸事不利，惟利商贩行舟，九丑则折本矣。

闭口源消岂可用，天心周遍莫猜疑。传前当行，退间须止，妨生意只为多财，损资本盖因劫众。

三传皆兄弟则不利，纯财固可求，生意不久也。

归结合神成事业，财爻空绝损精神。

疾病

测病症受感之源，先详虎鬼。起沉疴临危之际，次看生龙。

白虎临干支三传年命者，视白虎不见白虎，官鬼爻同金为虎鬼，则病在肝，可治肺而不可治肝，余仿此。虎鬼空亡，不治自愈。龙乘生气生干，至危复生。

虎鬼驾马为可畏，如逢死墓病丧倾。

死墓加病丧上也，虎鬼乘驿克干，大凶。虎乘绝为丧门，乘死气并丧车。虎乘、墓乘、病符作干支墓者，必死。

子孙加临名有救，若值贵医年命愈。

贵医加年命也，子为杀鬼之神，主有良医解救。若坐空墓，亦不能也。子爻属水，宜汤药。木散药，金宜针火灸，土丸药。

丧弔哭送姻亲俎，常加而分内分外。

干支乘丧弔全者，主孝服临年命尤的。干鬼乘太常逢月内死气加干，主外孝；加支，主内服。支鬼加太常死气亦同。白虎、死气、羊刃、空亡入宅，亦内外孝至，虎阴制虎者无妨。

病符临传眷属亡，鬼动而详死详生。

病符克宅全家患，白虎死气尤凶。乘天鬼作日鬼，主瘟。

引鬼为生，切忌收魂神至。

三传皆鬼而干上为父爻者，有三传皆鬼而天将为父母爻者，俱名引鬼。为生病虽昏沉而不死，鬼受夹克亦不死，收魂神者，乃干墓乘元武是也。

因妻致疾，还防冢墓门开。

三传俱财，生起日干之鬼者，必因妻财致疾。

脱败见面虚赢，

干支乘脱气互脱气，主上吐下泻。四课俱上神生下神者，名根断源消，主痨瘵疾。干支乘败互败，主因酒色以致虚弱。

鬼死逢而危笃。

官鬼全见干支互乘死气，主日渐危弱矣。

鬼户宜关人，若入而不利。天门怕渡贵，如登而反忻。

年命加寅乃人，入鬼户大凶。日干加上，亦凶。

一尸入棺愁易毙，两蛇夹墓病难除。

凡六合加申乘卯，又逢死气，名死尸入棺，占病必死。若无六合而乘生气，主病在床。六合，如六片棺板之象也。

忌支病血，妇人逢崩漏伤胎；常后因婚，男子遇筵席损胃。

年命日干上乘血支血忌二神，主生血病。常、后临支克干，病因餍酒食而起。

丁详金水，空验新陈。

金日逢丁多不救，水日逢丁，病因妻财而致。久病逢空亡必死，新病者生。

闭口绝食，忌末初之合；盖头孝帛，防年命之乘。

旬尾加旬首，名"闭口卦"，逢财禄神，主绝食而死。初传作六合，气塞于中，咽喉闭隔而死。妻占夫病，忌年命上乘太常华盖，日鬼死气吊客相并，为孝帛盖头必死。

蒿矢不可见金，浴盆岂宜有水。

蒿矢本力微，虽鬼贼而不凶。若申、酉太阴、白虎旬遁，庚辛为发用则凶。浴盆有水则可淹人，凡浴盆煞乘后、元加亥子俱是也。

自墓传生迷亦醒，虎头蛇尾病还轻。

初为干墓，末为干之长生，曰自墓传生。若自生传墓则凶，初传白虎，末传腾蛇，凶而不死也。

卢扁亦会杀人，医神乘乎天鬼；汤药不能愈疾，药物异于子孙。

太医乘虎鬼，主庸医害事。天医所生为愈期，金鬼忌针，木鬼忌散，水鬼忌汤，火鬼忌灸，土鬼忌丸。

恶德丧禄绝，喜贵福集身。

德禄忌坐空墓绝空亡，贵德临身，能消万祸。

生气死神，各有吉凶。循环周遍，不作祯祥。

生气克死气吉，反此凶。死气空吉，生气空凶。年命克死气吉，若克生气凶。
二气不克愈缓，循环周遍，绵绵不休。

卯戌逆而风搐，子巳会而死亡。

卯为手，戌为足，戌加卯足在上，手在下，主癫痫风症也。

盗贼

占盗行藏须用鬼，元神生克以详因。卜赃得失但凭财，福德旺休而考证。

官鬼为贼神，元武为贼人。财为赃有子孙生助，财终不失。财若无气，必失。

来方看所立，去处详支临。

元立处为贼来之方，其方之支加临之处，为贼去之方。如元武乘寅加亥，则从
西北方也。其亥临申，向西南去也。

逾垣屋者，因乘天马。穿窗牖者，由遇悬绳。

元武并天马由屋上而下也，元武与长绳元索煞并者，必由窗牖中入也。

居夜而越渡关梁，在昼而形影显露。

元武临酉、戌、亥、子、丑之位为夜方，主难获。临昼方，定有人见形迹而易
获也。

丁马交加防远遁，太阳照耀便擒回。

凡丁乘元武，来意必占贼也，得此贼必远遁。

旬首获易，河魁捕难。

如旬首乘元退后四辰之方，捉贼即得。甲子旬乘元武退四位酉上也，河魁渡
亥，难获。

都将见贼，人鬼克元神公胜盗；家宅逢盗，脱官乘生气去还来。

凡游都所在之下访盗即获，若官鬼克元武乘神，利捕捉，即获也。凡支上见脱

气乘元武者，是家人盗窃也。若鬼乘月内生气在干支三传者，贼必再来。

子孙赶贼鬼相冲，而自败自擒。

凡六处得子孙爻为赶贼之神，易获。传中有官鬼相冲者，主贼自擒贼。

发用为偷，中末传而为赃为吏。

初空贼不可得，中空赃物不在，末空吏不用心。

一数至阴知数目，五行生处物伏藏。

元武立处顺数至阴神之位，得几辰即知几贼，以元武之阴神上所得之支辰为方向及相生之理言之，如元武立亥本是申，申上得巳，则东南方可寻物相生，则火生土物在高阜处得也。若元武空亡，主自失脱，非盗偷也。

岁月克他而弥年弥月，日时伤彼而期日期时。

年、月、日、时何字克得元武？即以此字决之。如年应在一年，月应在一月也，日、时仿此。

闭口不可以问人，空亡何劳于寻物。

旬尾加旬首，问人不开口，财爻落空，不必寻也。

若夫六处元武不克日，诸神顺布，日辰俱合，为自失，非人偷。

干支三传年命上无元武，或有元武不克日者，日辰上下相生，天乙顺布，主自失落，非人偷也。

卜乡邑斩关之寇，课见螣蛇；占家堂心腹之人，年乘元武。

欲知郡中有盗否，课传见元武、螣蛇则有盗，无此二神，即无盗。如家中有数十人同居，一人失物，则以众人年命凭之，乘元则偷。

阳为男，而阴则红颜女子。旺者少，而休为白发衰翁。

元武乘阳是男贼，乘阴必女人也。乘旺相少年休。囚气年老。孟老，仲中，季少。

追洁身之达士，详日德之加临。捕背主之逃奴，看支刑之落处。德克刑而易获，刑克德必难寻。

刑克德，贤愚俱不能见；德克刑，贤愚皆可见也。

子弟位属六亲，

父母即用父爻，夫吊鬼爻，妻用财爻，又用各人本命落处言之。

婢仆爻见异姓。

婢以太阴从魁，仆以天空河魁，仍用其本命落处，详言更验。仆类天空与戌同，婢看酉与太阴逢。更详本命归何向，远近方知的确踪。

若犯奸淫盗窃，当观天目贼神。

若犯奸盗而逃，又不用天空河魁矣。盗财当以盗贼法占之，若别故而逃，当以天目所在之下寻之可得。

自信则近，无依则遥。

自信以伏吟不动之象，返吟纯冲则远矣。伏吟刚日，自任阴日，自信无丁马、天马，逃去不远。

欲识里数之远近，当测河魁之方位。

以天魁离日前几辰，便是几数。旺相则以千百言之，体囚则以十零言之。

更详诸格之忻嗔，莫执一偏之识见。

若循环格，则去而复来。

自逃

裹天罗遭地网，将欲何之？

干乘墓命又乘墓，名曰"天罗自裹"。干支乘前一位同空冲，可逃。

塞鬼户登天门，庶可逃也。

登天门，劳于王事者不能逃。

传凶干吉，号曰"避难逃生"。干子传鬼，名为"患门有救"。

干乘吉神不能得，传中之用，未免避之而自逃矣。或上乘既凶不可守，三传又凶不可趋，而日干坐合德禄旺气之方，可言避难逃生也。如三传皆鬼干乘子孙，为有救。

丁神马曜，最宜年命之宫。白虎宫爻，切忌日干之上。

金日逢丁凶祸动，乘元武因盗贼牵连而走见蛇、雀，因血灾文书而走见勾陈，因词讼而走驿马，宜生旺可逃。年命乘丁长生，可避也。虎鬼临干，凶甚，不可逃。若再三传逢空，坐生，坐墓，坐克，递阴制之，可逃。

有墓昏迷，尤忌两蛇来夹；无遥混沌，须防众虎纵横。

干支乘墓、互墓，自招昏晦，无所逃避。若年命冲之，可去。太阴不作墓论，昴星乃虎视卦，再逢白虎，有力难施。

喜生神月德之方，忌天目直符之位。

天目乃四相墓神也。如春戌、夏丑、秋辰、冬未长生，天德、月德、三神，若在何方，趋其处而避之可也。

直符甲日巳逆至戊日丑止，己日午顺至癸日戌止，此二神方宜避之。

六辛克日殃非细，一犬当门村自深。

辛金乃白虎之象，如丙丁日忌六癸阴遁之鬼煞重，当以类推之，以上俱不能逃也。一犬当门，乃戌加亥也，主关隔不通。

斩关游子，海角天涯。内战天心，穷途路窄。

斩关魁罡龙合干支上，游子四土三传。丁马随魁罡乘六合加干支为用，乃真斩关四土，为三传见丁马，名游子，俱利逃亡。

远近但凭休与旺，屯凶盖畏墓兼空。

发用之神生旺宜远去，休囚宜近。传墓入墓，皆凶空亡。如陷阱一般进，茹空亡不宜逃退；茹空亡宜远去。

迁移

临身之禄不空，坐守而百福滋。至加人之网不破，动用而众祸集身。

禄神临干宜守旧，若空亡不必守矣，如三传初中传空亡，末有吉将，不得不进一步也。若禄乘元白亦不必守，干支各乘前一位为罗网，三传年命有冲为救，不宜动用。

前空后盗若果何如，静旺动罗忧非浅也。

三传空进不能矣，欲退而干坐鬼爻只得守拙，而已干支旺互旺，宜守旧，妄动则变为罗网。

出墓则离寇仇而归慈母，入墓则去衽席而就砧锋。

自墓传生，犹出狱也，利舍旧图新；自生传墓，犹入狱也，宜守旧。

天门杜鬼当已矣，鬼户门阑任所之。

天门杜绝，从旧居而谋事日拙矣，此亦可旁通于他事。

贵立乾宫神藏煞没，若临艮位鬼伏妖潜。

贵人坐亥为入天门，坐寅为塞鬼户。

二格不堪离旧屋，两争岂可就新庭。

二格者，周遍循环也，两争者，内战外战也，俱不可迁移。三传不离四课，有破碎墓冲蛇之神，有救。

再审出入之方，更察迁移之日。

趋谒

欲知谒贵之占，当验神将之吉。罗网须破，六阳公用自和谐。死墓当冲，六暗私谋应遂意。彼我之求，传支传干而可见。

初传发自干上，末传归于地支，以尊求卑，以我求彼也。若初传自支发用，末传归于干上，乃彼求我也。凡干加支，访人必见，若支上乘神生起干上之鬼者，反招大凶，不宜求谒。

干求之利，合三合六以推之。

三六合主神合道和。若上神三六合，地盘干支作六害者，名外好里差，不利，犯煞亦然。

前后逼迫，如逢禄旺，守为宜。

前后逼迫，曰"周遍"；干支加旬首尾，曰"循环"。

伏乘丁马，是主动而非主静。反见天中，当见安而不见危。

伏吟本净，如丁驿、天马在传，宜迁。反吟主动摇，若传空不宜迁矣。

九丑披星带月，斩关袖手盘膝。

九五主摇动不迁，即伤人口。天罡乘龙合加日，乃斩关也。若占时为发用，主动中不动，名"移远就近格"。将缓为速，若中末空亡亦然。又初见太岁，末见日月者，同。

蛇掩目而何之，墓笼身而安逞。

昂星乃伏匿课不利动，若干支乘墓、互墓皆凶，不宜动。

众鬼入传殃必笃，两蛇夹墓祸尤深。

柔日昂星名"虎视"，传见白虎，如二鬼并行，动守俱凶。如日之墓神上见，昼夜二蛇入者，同上断，两勾夹墓亦同。惟干支年命、三传空亡，不可进矣，退而逢脱气官鬼不能退矣。岂如守我之寂寥乎？若干乘旺禄，宜守动则失。

递互生扶，若值循环求必遂。

三传递生日干，循环周遍，末助初传生干，主干谒遂意，大利。

初空末吉辛苦，何禁？尾上首加，艰难可畏。

初、空、末吉，必涉艰难而后遂。三传全空，并退间无用。旬首上乘，旬尾为用，为闭口卦，决不与语也。

天门忌阻，鬼户宜关。

河魁渡亥凡事有阻。贵人、天罡坐寅，趋谒遂意。

引从告谒偏谐，任信寻求乖戾。

凡二贵三传，引从天干夹拱年命者，有贵人扶持也。若伏吟课阳日自任，可托于他人；阴日自信，可取必于自己，乃静象也。若丁驿入传，则无信。或允于先，亦失于后。

田禾

欲识农家事业，先观发用三传。金为面麦之神，种他谷则有虫蚀之患；水本稻粱之宿，植别苗则生腐烂之虞。

申、酉宜种麦，亥、子宜种稻。

木纵稀疏，嘉禾自茂。火防亢旱，黍豆偏宜。

寅卯木宜种禾谷，盖木能生五谷也。巳午火宜种赤豆、黍子。种别谷则伤旱也。

土乃生物之原，植麻最为有益。若论迟早之田，还究末初之吉。

辰、戌、丑、未宜种麻，若种他谷亦收，土为万物母也。初传早田，中传中田，末传晚田，忌空亡。

出行

先看丁神驿马，惟金愁火反殃深。

六处乘丁则动，惟庚辛日逢之则凶。见驿马尤速，丁较驿马更速。

次察天秤河魁，有合逢龙皆吉盛。

魁罡乘龙合在干支发用，名斩关卦，利远行。

中末逢空，发用占时宜远就。

若占时发用，中、末传空，名移远就近，动中不动。

艰难进步，头面逼迫去还来。

初、中空末作财爻，方可进取。若末凶则进何益？而干后脱空官鬼，亦不可进，守为吉也。

旺禄出门，翻撞罗网之内；墓空登路，径投云雾之中。动而有悔，日干所落不逢生；移本无心，年命到家遭会合。

日干加临之下，即所生之处也。若空墓刑克，俱忌本命临支，乃命恋宅，自己无欲动之心也。

羁绊孤程财墓鬼，丧亡道路死绝胎。

支墓神作干之财者，入传发用，主商贩折本，进退两难也。干支乘墓绝、互绝乘死，不利。支墓作干财商贩哭将来，干加死绝胎商贩扛回来。

香火

天乙乘鬼，断以神祇。天空作官，评为佛位。绘画诸真，莫非元武临课上；塑成众像，无非土宿入传中。

元武乃画像也。土宿、土将宜供塑像及土地神。

木将见金雕刻就，金神遇火炼熔成。巳午火神，朱书篆符。

以上看支为宅上乘何字，以断其供用神也。

宜生我扶我，时时冥府降祯祥。忌刑予害予，岁岁天曹降祸乱。

支上乘神生干合干，大吉。若刑克，即凶矣。

六畜

戌犬寅猫，见生旺自然生旺。酉鸡午马，逢衰羸定是衰羸。

犬戌，若戌加子，则走北方也。酉乃鸡鹅鸭之类。

丑未牛羊须逢龙位，猪驴亥卯怕见虎刑。

卯驴骡也，十二天将惟看青龙，见走失是也。猪驴忌见白虎。

养兔养雁，秦宋二宫逢暗曜；饲鱼饲鹿，楚周二位看伏星。

卯宋未秦，兔看卯，雁看未。

猎捕狼熊还寻鲁卫，攻捉狐雉再察西东。

狼看戌，熊看亥，卯正东卯中有心狐，酉中有土雉，落何方，于其处捕捉。

占命

大要以月将加正时，以人生日干支定其四课三传，以所乘之神定其吉凶。流年则以岁支合其月将，流月则以月合加月将。初传为初限，中传为中限，末传为末限。流年一传管四月，流月一传管十日。若将神课传上下相生，彼此相生，则为福；反此，则为祸。祸福之应，则以神将之所符者言之。

大命攸关于一日，终身所履尽三传。禄马并骤，荣显壮岁声名；罗网交加，偃塞少年事业。遭逢顺逆，相生福祉悠远；遇合往来，互克灾咎牵长。朱螣飞曜，应知动则招愆；龙合加临，自是往无弗利。中末逢空，勤劳无咎；初中落陷，辛苦有归。

身以日为主，最宜生旺，切忌死囚干乘支马，支乘干禄，名曰"真富贵格"干支乘罗网，亦有自立之分，不能进谋之象。十二天将临干克干，各以类言，若三传全空，而干上逢旺禄，只宜坐守，动则有灾。

德禄入天门，皇家梁栋。勾陈居帝位，阃外干城。潜龙衔驾，科甲英名。天马腾空，江湖道术。四进三空，徒觅封侯之志。马亡禄绝，空怀绣虎之才。孤寡则夫妻有刑，战斗则行止不一。奇神是展经纶，更详诸卦之吉；引从堪舒志气，还审众格之宜。

德禄入亥为用，名入天门。勾陈、太常乘太阴加干又入传者，主威武大显。青龙加巳、午、未、申，为飞天，作官星临干入传又顺生者，科名无疑。日马空亡，为马亡禄加绝空为禄绝，多主不寿。天上空亡并四时寡宿为用，名寡女，主妨夫。地下空亡并四时孤辰为用，名孤男，主妨妻，妻亦主早年不利。卯日用卯，年命入卯为龙战，酉日用酉，年命入酉为虎斗，主一身行事无定。三奇六仪，主科名大显。初、末三传为引从，主有人扶持引援。

九丑僧道，无依独足。姻亲寡赖，递互逢生。肥马轻裘历顺境，三六相合内外欣。庆遇良期，刑冲克害。弱草逢霜，绝败死囚。枯木望雨，墓库昏迷。颠倒逼迫，困苦流离。

凡乙卯、乙酉、戊子、戊午、己卯、己酉、辛卯、辛酉、壬子、壬午为九丑，日占得大吉，加干为九丑课不利百事，娶妻淫乱，妨害父母。凡发用下克上者，日干又下克者，名"逼迫煞"，主身不由己，受人驱驰。其余皆以三传上下相推。

印绶乘旺，祖父豪华过伦。盗气逢生，子孙贤淑拔类。妻带咸池，不闲礼义之守。子乘劫煞，多肆悖逆之行。父子刑害发用，非损克必至相夷；财官相合入传，非姻亲定由指腹。

生我者为父母，我生者为子孙。旺相刑破以天将决之，如贵人、龙、常生旺，即以贵断。我克者，为妻为财。正则为妻，偏则为妾。又以天后为妻，太阴为妾。咸池即桃花煞也，主内乱。财官在传相生合者，主亲上加亲，否则指腹为亲矣。

子乘白虎多刑克，父落空亡是死离。财逢夹克，难偕白发之缘。官遇长生，必显青云之器。无禄定防夭折之患，绝嗣恐成继续之忧。六亲长短，按生旺而即见。五伦贵贱，观神将而即知。

凡白虎为凶神，子孙、父母、妻财乘之，皆主有损早子。又加死绝上，必主绝嗣。空亡为陷没之神，父母落空亡，非早丧，必主远离，六亲亦然。无禄更乘凶将绝嗣，再得凶神，必主夭折绝嗣。六亲若乘吉将旺相定贤而且贵，死囚更带凶恶贱而愚。各详类言之。

占八字贵贱

男始以天罡，次以功曹，末以大吉加本命，视生月上神三复断之，俱不吉者，必微贱。若前吉后凶，中吉前后凶，皆为鄙人否泰之象。女人先以从魁，中以传送，末以小吉加本命，视生月上见功曹吉，见酉必兵死，各以天将言之。

占岁中吉凶

以太岁加本命、功曹、传送临行年者，主增官禄，广获财利。见天罡必有官灾疾病。又云：阳命以大吉，阴命以小吉。加干本命或功曹、太冲、胜光、天乙临行年者，其岁有庆贺事，若德神见者，所求遂心。又云：男以功曹，女以传送加本命者，看行年上有太岁与德支并者，益福添财。又以法加生月，看行年上罡魁，其年死丧官灾。经云：常以太岁加干支，魁罡加人年亦同。常以功曹加月建，著年、月、日、时大小三煞，加人年命者为凶死之兆。

百章歌

岁临本命事堪详，辰逢家长不安康。

常人官府事乖张，君子天廷有吉祥。

岁破便为破碎神，天空元武莫相并。

遗亡走失怪事频，干上逢来尤的真。

岁前五位岁宅君，后五须知岁墓神。

蛇虎祸来有灾屯，门户阴小不安宁。

岁命相合岁里欢，三刑克害主凶残。

月边见福月内安，日上逢吉日下看。

月破人情主不和，失财疾病扰求多。

凡事不成争奈何？唯占释散可消磨。

月将独为福德神，能除灾祸祸难侵。

忧事不成喜事成，本命逢米尤的真。

月将前克或后克，二位占来作此时。

或进或退事何疑，退保无灾进吉期。

　　四句就占时说，假如亥为月将，则戌为前，子为后。若报此二时，占者进退俱吉，余可类推。

占财紧切视三财，日辰命上细推排。

三传旺相克上来，定知凡事有和谐。

占财更喜视青龙，用起或来加命宫。

如逢旺相相生处，须知财利喜重重。

　　青龙克日主破财，或因交财得祸作。白虎阴神克日，占病必死，空亡有救。

贵人用起卜时逢，干贵图求百事通。

常人官事见重重，惟有功名喜气崇。

　　贵人不宜与日刑克，如遇刑克不可以官论。

时逢朱雀象文书，或求信息或问途。

丙丁巳午又同居，秘密流传法不虚。

占时时里有灾祥，诸煞天官亦共详。

克日为凶祸必伤，日财吉将定然昌。

日辰上见墓神加，病者无痊事可嗟。

行人失约路途赊，若当时日便归家。

　　朱雀乘火、土、木神，为同类一气，更带太岁、贵人生日，主有印信之权。又云：朱雀为音信之神，为飞腾之象。如居末传，而六处更得天驿驿马，主有远行，或有远信。若在初传克日，急起口舌，倘作太岁，凶。

壬癸占来元武初，失脱遗亡事不虚。

天后阴神看何如，水日须详水将居。

庚辛白虎作初传，便言占者病连绵。

大阴女子缘成事，金将庚辛取类传。

三传克日是为亲，卯酉上临看何神。

螣蛇朱雀应六丁，后户前门怪事频。

腾蛇与日相生亦吉，惟忌克日初传见怪梦，末传见主火烛。经云：初传怪梦心无定，末传火烛卦中推是也。

　　　　　　日上神与命上神，相生相合喜相亲。

　　　　　　六害相逢事不成，三刑相克亦为屯。

　　　　　　日命相克分祸样，日来克命喜相当。

　　　　　　命还克日见灾殃，反覆推求理最长。

　　　　　　三传俱克日之财，得此须知长上灾。

　　　　　　金日曲直必见乖，木来克土不和谐。

举一以例其余，所谓现卦防其克也。此不过因上日来克命，而类及之耳。

　　　　　　用起遥来克日干，救神制鬼却为欢。

　　　　　　用子克丁为相残。丁上神逢辰又安。

下两句申说上两句。

　　　　　　胜光克日作腾蛇，阴人离散事堪嗟。

　　　　　　若不休妻或淫邪，不然孕妇在其家。

　　　　　　乙庚用起见天罡，象主争夺须预防。

　　　　　　更乘元虎定不良，或于失脱有灾殃。

乙庚日适到辰上，有庚金。又乙寄在辰，辰中乙木与庚相克，故主乖张。

　　　　　　空亡克日事多端，走失人物有欺瞒。

　　　　　　安闲守分免凶残，干事求财难又难。

《毕法注》：凡鬼空亦当有以制之，不然，虽无大凶，未免虚耗百出，即此谓也。

　　　　　　支中三合为亲眷，子日申辰即是亲。

　　　　　　支神三合发用来，受克加刑骨肉灾。

　　　　　　天后阴小事萦怀，定知年内必见乖。

三传与支作三合局为亲属，主进人口之象。惟从革不同，反主阴人离别。

　　　　　　支破临支支上初，后阴妻妾不安居。

　　　　　　空亡见退事不无，腾蛇失脱事同居。

朱雀临神克日支，定知宅上火殃随。

不然门户讼官非，此法幽微奇又奇。

胜光为贵加支神，宅中发愿赛神明。

辛日临亥最为亲，圣法流传事又真。

三传俱合是加临，支上皆同上下寻。

成合喜事或婚姻，最是相宜望信音。

如巳加子，戌加卯，卯加申，上下俱合。

行人未至看三传，三传若顺未归还。

刚日伏吟会时间，三传退逆见团圆。

五行遥合或德乡，贵人用处两相当。

癸日弹射太乙方，望动须知有吉祥。

三传亥卯未相当，曲直为名春旺方。

托人干贵见亲知，私祷暗求并吉祥。

百事皆详克应时，五行墓绝切须知。

假令从魁为发用，便于丑寅为定期。

子并四季虎来临，小口频频灾祸生。

岁为四季来加子，年中卑小命遭屯。

子来加巳为极阳，戊癸为合吉则昌。

若逢蛇虎无福祥，合成不遂事乖张。

子一阳生，巳六阳绝。巳中有戊，子中有癸。乘吉则吉，乘凶则凶。

子丑相加事必成，更逢吉将转欢欣。

旺相加临神合神，进取婚姻二事成。

庚辛并酉寅若临，寅辰甲日病相侵。

卯加三位木就金，利遂名成两称情。

即斫轮数中之说，所主不同。

巳亥歉然不用疑，求谋轻得告君知。

巳为双女亥双鱼，用起须知两事俱。

或望或动或音书，他人吉处别相扶。

已亥为用，一止得两，纵，吉不能全。

寅卯辰上如见魁，戌加三位酒食推。

旧事其中新事悲，虎临奴仆足病灾。

戌临寅、卯、辰三位乘吉将，主酒食。如乘白虎，若非足病，定主奴逃。戌为足，亦为奴也。

寅加酉上为初用，中末如同子未居。

行人远至及音书，传墓为来有以夫。

寅、未、子三传占信必来，寅为文书，又自生传墓也。

胜光临亥德合乡，婚姻有象不相当。

用立四绝病人亡，结绝旧事可商量。

午加亥上酉加寅，子临巳位卯临申。

诸经名此为四绝，吉将相逢有信音。

午壬丁亥是德合，故主婚姻有象。因亥极阴无阳，火临亥绝，故主不成，惟宜结绝旧事。占病死下数句，俱蒙此类及。

申加巳上六合神，元胎生处用为真。

六合内战子灾屯，不然媒妁拟婚姻。

年命上逢传送临，传送临时灾祸侵。

更加白虎转昏沉，庚辛白虎位属金。

求贵先须看命乘，贵上神详命上神。

合德相生便可亲，三刑克害事难成。

六合为和合之神，凡事主和合，占婚姻则为媒妁，惟不宜克战。如克日主合中有损，凡事俱不离此意。一说克禄主官事，若见财，主合中破财。

贵人冲处是天空，常人虚诈的难容。

君子文书有始终，如占奏对喜相逢。

天空亦为奴婢，并支神来克日，主奴婢犯上。如天空临支克支，又主小儿奴婢并六畜之灾，或云天空止作日鬼加日，主患瘟疫时症。

腾蛇元武共青龙，三传俱见不为凶。

龟蛇同类秋冬月，甲戌庚占润下从。

此三日占得润下卦，又秋冬月三神为得地转可言福。盖三神俱水中之兽，为同类尤喜见金水。

五行生处见青龙，财帛如意事相同。

壬癸日占申上逢，丙丁火日功曹同。

酉作天空巳上临，次位须知传太阴。

婢走财耗不称心，阴空一位理还深。

因为太阴本家，故言阴空同位，况又传见太阴尤的。

用起太阴何所宜，阴私得助理如斯。

常人见处有忧疑，君子托人干事奇。

元武传来暗退财，盗贼淫决事须乖。

唯见功曹为一气，寅亥相合事和谐。

元武亥也，乘寅作合，故云。

天后受克死绝乡，母及妇女有灾殃。

若不离死病在床，巳加亥位未卯方。

巳加亥火，绝地，未加卯土，死地。巳与未乘天后，准是天后为恩泽之神。如乘太岁生日，主有恩赦。更见皇恩天赦、天喜等神尤的。有官人及被禁人俱喜得之。不作太岁，但传用来生日干，凡事吉利，见天喜，主家有婚姻、胎孕喜事，惟不宜克日。如亥、子、卯、酉传用克日，多主奸私事。一说天后临沐浴之方，传用克日，亦同此断。

病符常来岁后居，支上逢之宅可虞。

若临年上咎难除，蛇虎尤凶法不虚。

若值病符必见灾，灾病仍防哭泣来。

又克日辰凶更乖，吉来旧岁事和谐。

丧吊初传白虎乡，日辰逢之骨肉伤。

若在他传有外丧，复寻年命细推详。

空亡用起喜无事，忧灾总有不为屯。

托人虚诈无实情，要遂还须过一旬。

天喜加临本命来，忧疑毕竟不为灾。

君子迁官凡事谐，常人财利称心怀。

天马克日复临支，得此须知失脱时。

后阴元武又来期，破财人口走东西。

家宅逢马宅主动，占讼马多官吏众。

一说：元武乘戌，如同建干克日，主有一胡须人相害，在年上更的。又云：元武克日，主贼，或有只目人相害。如带二马劫煞，多主响马盗。又云：元武若能生日，反主阴私，中得横财。

生旺有要有不要，求谋有气病可疗。

若占来人卒未来，问讼支蔓应难了。

索债死绝债可迫，生旺追财财可期。

三传若到日辰上，公然送至更无疑。

营生只要逢生旺，生旺经营有情况。

生旺克我自送来，我克生旺宜求望。

久病末传要逢生，初神不畏须后亨。

末忌空亡并入墓，其占便向九泉行。

暴病初传怕绝墓，若逢绝墓须忧惧。

倘得空亡解神临，朝醒暮觉无他虑。

未禁切怕初绝墓，绝墓囚系必坚固。

若得冲墓号出囚，纵然罪犯无忧惧。

已囚又怕末绝墓，绝墓常久住囹圄。

初传即号名出狱，时人细细审其故。

不问已囚及未囚，墓留空亡狱不留。

钥匙还人空亡里，再四拘留未肯休。

钥所以开关，空则无匙，反主拘留。占讼，最怕勾陈建干克日，又从日上发用，主事情重大。若非日上发用，中、末二传，反有克勾陈者，亦不为凶。但恐日上发用作鬼，虽有吉神、吉将在，中、末二传，亦不为吉矣，未知是否。

占孕怕出空亡神，将来孤寡不旺人。

不是财散与家亡，便作伶仃无势形。

占孕若见元胎进，所生之于是贵孩。

临产之课不要生，三传进生生定难。

子在腹中须作梗，生下千难与万难。

产时传顺生易下，传逆终是生子难。

日上之辰六害并，生时如隔万重山。

占孕占产两不同，产须冲脱孕合从。

占产空亡是生时，三传败绝最为奇。

若还传逆并生旺，纵使生时亦主危。

占孕六处皆虚脱，此子生下家计空。

不然无能不似人，仔细数中辨分明。

行商与官大象同，亦看其方那处通。

长生旺上寻其地，若加其处可居功。

天马驿马加年日，坐作不安当出入。

若还出去即安身，坐在家中反生疾。

如二马带勾陈克日，主在外有官事，又当以神将参之。一说二马乘凶将克日，当主有人上门相害，此说亦通。

玉成歌

六壬妙法有灵机，干支神将辨安危。

克冲刑破休衰害，七者之凶必定期。

德合相生并旺气，此神相访福来随。

将是神兮神是将，若得青龙便是寅。

天乙十二神，便是十二将，如乙日见虎，便是德。又如甲子日见青龙入辰上两课，为外人入内，青龙即是甲，甲为干，主外；子为支，主内。

日主尊外并人类，辰为卑内宅兼身。

占时考校辰和日，是财是鬼是何神？

见机两用艰难险，疑惑先难后易伸。

知一每事须云近，遥克当传主远机。

反吟占事休言定，往复双双每事靡。

常占须主身离动，不动人情有怨欺。

三交凶吉皆因内，昂星蛇虎定凶危。

岁月受伤克为用，虎临丧吊哭声归。

三刑为鬼人家破，日鬼用扶官职辉。

墓神加日身灾滞，支临干上所为危。

岁月死气加年命，相刑之月气归云。

日鬼加临辰二课，门中官吏定相萦。

吉将遭伤求事阻，休囚传用总无成。

时伤年命入传来，必然卒暴有惊忧。

德神动处吉相随，若遭刑制见凶危。

支上有鬼家移动，干若逢之入主忧。

日课对隔主人离，内之值时宅破期。

日两课上有对神隔将，主人口离散；辰两课上有对神隔将，主家宅移动。假如甲日以青龙为对神，龙亦甲也。如乘申加干上，既是日干冲位，且隔上之木神，又隔下之木位矣。故云：对隔支可类推，余日干支并仿此。

四课相间干内外，传用冲支宅不宁。

子孙阴劫同加日，逆乱欺凌尊上人。

用将支类家中事，三合支神眷属亲。

天空加未井为怪，兼主人遭疾病萦。

从罡同虎住干支，宅内须言有孝人。

白虎或乘日辰墓，来临内外亦丧屯。

四课相间即间传，如丙辰日丑将亥时，四课相间，主外人官事，干内用婢是也。阴即太阴，劫即劫煞。传用天将与支同类，主内事，如巳午日见蛇、雀作用是也。传用与支三合为亲属，如占盗乘武，即是亲人为盗。天空煞加未上又复传用者。

传带凶将冲支干，疾病人灾官事至。

本音墓与虎蛇并，棺椁坟灾欲动兴。

本音谓日辰之纳音，如甲子乙丑海中金，金墓在丑，丑上见蛇虎，主坟动。

占身用与纳音详，相生有喜克灾殃。

父母临干忧子孙，雀伤支日斗而喧。

子息见时官事解，妻财尊位岂安康。

水乘火将皆惊恐，蛇雀同传讦讼伤。

卯为前二招唇舌，罡为朱雀招讼囚。

荧惑加寅音信至，太阴为用主阴谋。

天罡立用须干众，若加寅卯狱追收。

昼夜贵人传共见，或同日德动高尊。

天空立用事无凭，前四带合勾引情。

后阴元发暗阴谋，传出贵前将主明。

传出地盘贵人前。

恶将从来只说凶，若逢生合却欢欣。

贵游巳亥主反覆，罡加癸水主藏名。

天罡、鱼龙之物临水则藏，假如癸酉日，辰加癸水用，则主逃藏是也。

支干发用岁辰临，所属远大及朝廷。

用立月将并月合，占要相成与交合。

占时发用当日言，

假如己亥日寅时，巳将寅加亥为用，占行人当日便至。

太岁连茹二三年。

假如己巳年甲戌日巳时，午将三传辰、巳、午事，主二三年方了。

干支入传为事速，岁建并劫亦如然。

旺相气发可立就，休囚死气皆未言。

日阴辰阳与用合，更合吉将待求成。

日辰相会无凶将，亦主他来相合因，

三传带合须求事，类就其干众所占。

如甲乙日见寅、卯，丙丁日见巳午，入传皆用众之事也。

用与时伤干支凶，反来生日福兴祟。

支用传干他托己，日用传支己托他。

地足辰巳天头加卯酉，将乘蛇虎远行归。斩关游子身当动，支来日课亦如然。天驿二马为初用，参星白虎动行神。

六合乘巳亥，主远行。更带二马或初传见道神，尤验。道神者，正庚、二辛、三甲、四癸、五壬、六乙、七丙、八丁、九戊、十己、十一庚、十二辛是也。

元罡值财遭盗贼，若伤年命斗争因。

或陷空亡须主失，劫亡下克盗为真。

外财入内多财喜，忽然太旺货物起。

伤破须看天上神，财入传来天将伤。

官鬼下临财位上，阴私用事畏人彰。

日往支辰亲识至，反遭刑克被凶侵。

火主其明水主暗，失明只为火难任。

月厌丁符与将空，伤干怪动好沉吟。

生死二气常须用，飞魂丧魄畏来临。

天鬼或与朱雀并，宅舍须忧火烛惊。

关神动处身灾滞，飞祸之神忌所为。

游都天盗并天贼，六辛便是五亡煞。

鲁都不可漏商税，天喜相临福庆多。

解神见之忧喜消，成神为用事皆成。

天目家中有鬼神，迷惑始为终不记。

亡刑凶并市遭终，金神四杀占来凶。

凶将相并祸重重，吉神喜将不相生。

喜事临之未必成，凶神凶将无贼害。

忧疑却得见和平，灾深不离衰休克，

灵验应须学至诚。

第四十七章　术数汇考四十七

《大六壬立成大全钤》一

甲子起至癸酉止，计一百二十局，发用课格，悉按诸经集注，以备考核。贵人以甲戊庚牛羊分日暮旬空戌亥。内有发用。课格类神同局者，悉注见某局内。其断事，则与占课者年命刑冲德合相加为准，故不载。

甲子至戊辰

甲子一局

马德禄丙	子子	寅寅	甲子一局　伏吟　元胎　自任　三刑		
比寅寅巳	寅	寅甲	干支拱昼贵　德禄临身白常武阴		
空子已壬	蛇青勾未				
官申申	虎后		申酉戌亥		
	青午		空未贵		
	巳辰		酉戌		
	勾合		青午　子后		
	朱卯		巳辰		
	蛇寅		丑贵		

两贵差迭。夜贵居昼方，日贵居夜方。

六虎陈列病讼，皆畏仕宦怡悦。寅为尾火虎，初传及日干上下共三虎，申乃虎本家。末传上下二申并昼将虎，亦共三虎、合之，通共六虎。仕宦喜逢，名催官符至，又德禄临身，故怡悦。若常人占之，名马驮虎鬼，病讼皆凶。天时龙入庙无雨。

发用寅加寅，曰伏吟，俯伏本家，不能变动。又自任者阳日，神将不动不克，无所取择，自任己刚。昼蛇曰生角。夜龙曰驱云。又入庙。

甲子二局

```
戌  亥  子  丑
戊  亥  子  丑甲
子  丑  甲  后白
丑甲     乙  合文
后白  阴常 丁空  财
合文  子丑空丙甲戊亥墓
财        戌亥墓武

重阴嘉遁  宁甘没齿
甲甲子二局  知一  六仪  退茹  重阴  回还

空白常武
未申酉戌
青午蛇
勾巳
六辰卯寅丑子亥戌
朱卯寅丑子亥戌
膸贵后阴武
```

见生不生，三传生气。退入空乡，不如无生。互换无形，交车相生，丑实亥空，故云。尊上占病魂赴幽冥，以见生不生，不如无生也，故凶。若秋冬金水生旺，更旬可用，春夏金水无旡，则大忌。天时阴雨。

发用子加丑，曰鹊噪高枝。子、丑相合，问婚姻进取，吉。

三传子、亥、戌乃进中退，行人来出，行阻迁职。昼后加子，曰守闺，宜静，又动止多宜。夜虎加子，曰溺水，金沉水底，音书不至。

甲子三局

```
子  戌  申
甲  戌  戌
子  武  子
孤戌     虎后
官        青蛇
脱

甲甲子三局  元首  斩关  不备  避难逃生
悖戾有退悔之心

青空白常
午未申酉
勾巳朱
午未申酉
六辰卯寅丑子亥
朱卯寅丑子亥戌
膸贵后阴武
```

不待启齿，慨然而惠。支加干上，门相生也。昼卜如言夜占仔细，昼天后临干，夜干临鬼虎，故昼如言夜仔细也。主家人触犯尊长。戌土在支，克干上子，水也。又主失脱。凡占虚声，全无成就之象，天时阴。

发用戌加子，曰豺狼遇猎。昼夜武曰遭囚，贼失势擒之可得。发用空财乘武，中传虎鬼，末传脱退，间传向后三空徒费无得，不如坐守。脚踏空亡，不宜前进。末助初财，必因自招其祸。

甲子四局

甲子四局　元首　高盖　三奇　龙战　三交

空女　午酉
　　　申酉
　　　亥
庚午　庚子
蛇青　酉癸丁
勾朱　卯丁刃
　　　午庚甲
虎后　子甲败
　　　卯丁

朱卯　　勾青空白
腾贵　寅辰　巳午未申
后子　丑子　酉戌
阴　　亥　　常武

　　生空亥，为干之生气旬空。鬼存酉，为支之败气克干。破败家门，自未之子克初之午，午火克酉金，酉金克干木。临难闭口，旬尾酉也。作鬼，惟宜闭口，可以免祸。贵不施恩，贵临辰戌，自不得力。

　　发用午加酉，曰兔眠于圈，登科，婢先疑后利。昼午龙曰焚身，又曰无毛，损财休官，孕摇可免。一云拜官。夜午蛇曰飞空，休祥不辨，又主火光官灾。

甲子五局

甲子五局　重审　炎上　狡童　斩关　孤辰　虎遁鬼　子坐墓

辰申　戌午
　　　戌
甲子　午申
财空　六申
　　　寅丙庚
　　　虎后
　　　戌孤
马德　后虎
禄午庚

乙丑　阴卯常
蛇子　辰巳午未
女戌　申青
朱六　白空
　　　酉勾

　　支干反克，彼各相触，干上戌克子，支上申克甲。昼畏中传昼将乘虎。亡财失仆，三传火局脱气戌财类。奴仆居干上，财亡仆失。初合末后子上，又乘三合与西南申地有情事，主淫佚，但传火而伤申金，申金伤甲木，主先和后变，不久自露。天时晴明。

　　发用戌加寅，曰龙战于野，尊长不睦，凡事欺诈，稽留不利。昼夜皆六曰星光掩月，酉、戌会走失。戌为用，利旧事，乃众人事。为长者，利见大人。

甲子六局

甲子六局　比用　知一　幼厄　俯丘仰仇

```
马德禄丙
寅未辛癸
官闭口　财

酉甲　辰酉　寅未　子
阴武常白
卯辰巳午
后　　乙丑
后虎　子寅
蛇　　亥戌
朱　　酉申
六
勾
后白　卯辰巳午　未空
蛇子寅　朱亥戌　六戌酉　勾申青
```

彼已遇孽，酉加干，未加支，彼此受伤。无德可说，干乘闭口。惟忌交关。支动干鬼，必是家人，岂利交关？家道歇灭，干墓克支，且乘天空。禄马空墓，末财鬼乡，动流非宁。天时阴暗。

发用寅、卯、未，曰羊遇虎狼，行人至家长少损克妻后归财帛争讼旦天后，曰理发阴私。夜白虎，曰登山，又曰宝剑出匣。加天盘，主梁折。

甲子七局

甲子七局　返吟　悬胎　无休　明暗二虎格

```
马德禄丙
寅申壬　官
马德禄壬
寅丙
十恶大败加干

申甲　寅申　午子　子午
庚午　寅申　子午
后阴　武常
卯辰巳午
寅卯辰巳
蛇　乙丑
子
亥戌酉申
朱六勾青
辰巳　午未空
午白
```

德绝禄废中传，官鬼往来克绝。以贵干贵丑未互临。君子宜占，常人深畏。支上庚午昼虎，名催官符。至仕宦官占，常人遇之病讼深畏，夜尤忌。天时晴风。

发用申、寅相加，曰岩松冒雪，又曰不改岁寒心。主灾不遂，占婚，媒人反覆。后加寅曰理发，夜虎甲子六局。占主远行、移动、争讼事。若来去空亡，又不然。神将吉，主赴省求恩转官之喜；神将凶，主损失，虽动无益，有重重惊怪。

甲子八局

未甲子八局　六仪　铸印　知一　天狱　长危
墓神覆日　仰丘俯仇
　　　　　　　　　乙后阴武
戌　巳　　　　　丑寅卯辰
甲辛巳　　　　　蛇子青
子　未　　　　朱亥
文　未巳　　　戊酉申未
　　常阴　　勾青空
脱　巳　甲
　　子孙　戌
　　甲　巳
财空

　　夜贵初害干上，夜贵初传子、亥。事小凶大，又墓神覆日，俯仰仇丘斗系日，本三下克上，天狱度厄也。行人未归，中传在支，复出他乡。彼此驱僧，干上未害支子，支上巳害干寅，故云。如年命在未，必自招凶晦。天时先阴后晴。

　　发用子加未，曰春冰过日，主财帛产提挈怂恿。旦蛇曰坠水，从心所欲。夜龙曰入海，财喜亨通。

甲子九局

午甲子九局　元首　润下　斩关　励德　虎乘
遁鬼　贵人蹉跎
庚午甲　　　　子丑寅卯辰
虎戌后午　　　朱亥　青
申辰武子　　　　　　辰巳
戌辰子壬申甲　　六戌　蛇
财　　辰　　　酉申未午
官　子甲　　　勾青空白
文　申壬　　　常武

　　昼虎遁鬼，午脱遁鬼，乘虎伤干。传将俱水，幸传润下，制午生干。既历灾厄，然后美矣；如正历灾厄，遇救得生也。润下为父母现卦，主文书有气，忧疑皆散。但千克支上辰，支克干上午，天罡临宅，昼夜乘武，不宜占宅，子息无。天时阴雨。

　　发用辰加子用，曰龙投枯井，作武强盗。旦夜武曰失路，辰自制可获盗。支墓作干，财阻不亨通。

甲子十局

止宜散虑，初传官受干上巳制中亥水生，末传之寅禄德俱空。两贵皆怒辰、戌，为履狱，常人得之喜畏煨尽，能解忧散虑。在仕宦，不宜也。支干俱刑，各乘脱气，又各值刑。家道难住，丁卯在支，刑宅。天时风晴。

发用申加巳，曰蕴玉待价，亨通。又商贾道路，难阻。且龙曰折角，主道路分。十干，又防损财失物，占官内战，上司不喜。子孙求名求财俱忌，且防失脱。

夜蛇曰衔剑灾祸甲，主官贵财丧，又金器鸣逃亡。

甲子十局 重审 元胎 天网 天绊地结

```
          巳甲
          申巳
       午卯 巳甲
       卯子
 壬          青䲭  六戊六
 申乙 虎    亥子丑寅
 巳己 入官  朱䲭贵后
 乙空 丧车  卯阴
    朱勾 格文
    申壬    申酉
    寅  后白  青未午巳
 马德 亥寡   空辰
 禄            白
              常
```

甲子十一局

至危至惊财爻发用，虎鬼居末，登三天卦，虎鬼在前，避难逃生喜寅加支，支生干禄，惟宜俯就，退身远害。勿恃午火与鬼为朋。中传，午虽制鬼，为救遁得庚金返与鬼为朋矣。常人遇之，病讼皆凶；仕宦逢之，职位兴隆。天时晴。

发用辰加寅，曰守石猿猴，吉庆，又宅内不和。乘六曰违礼，又曰失角犀牛，防因姻而讼。

甲子十一局 重审 斩关 不备 贵登天门

```
           辰甲
           午辰
        辰寅 午子
        午辰 寅子
 戊       登三天  六六
 辰丙庚  俯就     辰寅
 财寅    狡童     子
 戊      武阴     午辰
 脱午    亥子丑   青蛇
 辰                后
 官申    戌亥子   虎
    午庚  酉寅     戌申
         常阴     白未午巳
         腾后     空辰
              寅  青勾
              朱   六
```

甲子十二局

甲卯　甲子十二局　重审　进茹　懒取财　升阶
亲观光于上国

寅
丑辰
卯甲
卯
辰卯
丑子
子

财戊辰
丁卯朱
巳巳勾
庚辰蛇
戌午青
子巳

空申后
白戌亥
午未
青午巳
勾巳辰
六辰卯
朱卯寅
常武阴后
戌亥子贵
滕

　　解释忧危，值此偏宜进茹卦。各值前辰守则为旺，又得末助初财。

　　享安然之运也，常人得此，喜中末皆火制鬼，故云。

　　求谋进取，寸步难移，仕宦逢之，不宜制官。倘若动谋变为网刃，又为脱气，故云。天时云半晴。

　　发用辰加卯，曰龙龟出水，主妻病木日又腰痛。弟兄同家各食，又主争奴婢。乘合曰违礼，详上十一局。

乙丑一局

乙辰　乙丑一局　伏吟　自信　斩关　稼穑
来去俱空

丑
丑辰
辰乙
辰
丑辰
丑辰

庚戌财辰
丁丑财
丙戌财
勾丑勾
蛇白
阴阴

空午后
白未滕
申酉戌亥
青巳辰
勾辰卯
六卯寅
朱寅丑
常武阴后
子贵
滕

　　木克九土，三传上下六土，干支上二土，且夜乘勾陈生阴、生虎，中传夜乘虎，末传丑夜阴。食伤病困，财多暗生余鬼。贪财生祸，因食伤身。贪财祸阻伏吟卦，末传空亡，白虎拦路，行中有阻。若以财祷贵，占病求神，庶免凶咎，不宜动用。

　　发用勾加辰，曰升堂，主有狱官勾牵。

乙丑二局

乙乙丑二局　重审　连茹　六仪　励德
旺禄临身

```
卯
亥子寅
卯　亥子
丙甲
刑生　子　贵常
败　丑乙
丁墓
生空　亥　后武
子甲
丙壬
财空　戌　阴阴
亥空

　　青　辰巳
　　　　空午未　白
　　六　寅　申　常武
　　朱　丑　酉戌　阴
　　腾　子　亥后
　　贵
```

　　彼此无礼，干卯支子，为无礼刑。禄丁难倚卯，为乙禄临身坐辰遁丁变害。凡占凶甚。支上子与丑合，他人逸乐，自己熬煎。三传生炁，退向空亡，见生返为大凶。婚姻为美，子加丑用，牛女相会。但占忧事，主散退空故也。

　　发用子加丑用，见甲子二局。旦贵乘子曰解息，属事于童仆。夜常乘子曰遭枷，必致决罚，初囚酒食起。

乙丑三局

乙乙丑三局　重审　时遁　寡宿

```
酉
亥子寅
亥　亥丑寅
丁墓　乙
生空　亥乙
癸亥
官　酉　武后
亥空
癸辛
墓财　酉　虎蛇
酉酉

　　空　白常
　　午未申　武
　　青巳
　　六　卯辰　酉戌　阴
　　朱　寅　亥后
　　腾　丑
　　贵　子
```

　　虎墓幸随，行人病归。亥为生气，木墓在未。自生传墓，末遁虎鬼，故病归也。名还魂格，又还宿债。迤逦生之，又自末递生至初，迤逦生干，名还魂格。如先施恩于人，无心中却得际遇，此课主谋事始如花似锦，后变，有始无终。因干支乘合，寅实亥空，初生乘墓破也。

　　发用亥加丑，曰天时双鹤，又鹤鸣在阴。遂意吉昌，美对良材。贼自败露，桥梁肠泻。旦后曰治宜动，如十月主孕贵。夜武曰伏藏，又曰飞禽失巢。

乙丑四局

乙丑四局 重审 斩关 不备 稼穑 赘婿

```
          未戌  戌丑  丑乙
丁乙   蛇未戌      阴青
财丑
辰戌
财空
丑乙
癸辛
墓财未戌孤

      六卯  勾辰常
      朱寅      巳午未申酉
      腾丑      空白常武阴
      贵子
      后亥  戌
```

循环用布支加干，干传支循环用布，三传俱财。昼虎末墓，墓神遁辛鬼乘虎，若向前贪灾祸并出，若能坐待原，喜支来加干上门作财，是处此危疑，自来相顾但人宅坐墓甘招晦，凡事皆所自招。夜占戌来加支，斗斛成堆，主客不投。

发用丑加辰，曰车驾无辚，争斗田土临日辰为农夫，又空亡日辰为田村。旦乘蛇曰盘龟，福善禄淫。夜乘龙曰盘泥，谋未遂。

乙丑五局

乙丑五局 元首 从革 察奸 首尾相见始终宜

```
          巳酉  酉丑  丑乙
辛巳   脱巳酉      癸蛇青
申子
巳酉
丁乙
财丑
巳己
官酉丑

      六卯  勾辰白
      朱寅      辰巳午未申
      腾丑      青空白常武
      贵子
      后亥  戌阴
```

外勾里连，多被熬煎。干乘旬首，支乘旬尾。交车相合，各自乘败。三传金局为支会众鬼，故外勾云云也。众金归水，昼贵周全，干乘子为昼贵，窃三传金气生于水，水生干，主得上人恩惠力，故云。

发用巳加酉，曰白波翻江，母无寿，败门户。又母终丧，外母入户死。巳乘龙曰飞天，君子欲动。夜乘蛇曰跌曰足。干支皆败，三传鬼百事凶，岂众金生子，子为昼贵生干，反吉。

乙丑六局

乙丑六局 重审

知一 铸印 乘轩 斫轮

乙亥
卯申午亥
申丑
亥
乙

丁己卯
申丙
禄空戌丁
己
脱巳戌空

武白 朱朱 白武

后丑空
贵子
腾亥
朱戌
六酉

阴寅空
武常白
卯辰巳
午未
申
青勾

生虚干亥鬼实，支申面前六害。干乘生空，支乘鬼实。仕宦占吉，仕人忻逢，常人深畏。夜因神愿，夜将支乘申贵，必是神愿，不可作鬼。禄动危矣，斫轮卦。卯为禄神受金制，巳坐墓空不能救，故动必有灾。妻财子息，皆不宜占。

发用卯加申，曰枯木抽芳，名雕刻。门必光显，名利遂忌，武虎必损财。旦乘武曰窥户，家有盗贼。夜乘虎曰临门，折合讼争。罡入传加日为用春秋，主喜。

乙丑七局

乙戌
丑未辰戌
未丑
戌
乙

丙孤
财戌辰戌
庚戌
财辰戌常
丙孤
财戌辰

未未 常常 未未

乙丑七局 返吟 重审

斩关 稼穑

后丑青
贵子
腾亥
朱戌
六酉
勾申

阴卯常
武辰巳
午未
青

白寅
空

日墓未临支，占主宅伏。伏尸为怪喜，魁罡在传，不能为祸三传虽财俱陷，卦属返吟，甲子旬来去皆空，岂能动作？妻丧财遗，大忌。墓财不宜临支，主外商财羁绊以致难还。夜占乘虎，尤甚。

发用戌加辰曰紫微离巢春夏尤美主僧归农，兄弟分争。乘朱曰投罗，乖错遗亡又主讼狱官非。

十一曰日开口，主喧。

乙丑八局

乙丑八局　重审　励德　天狱　财爻大获

酉　乙丑　带官归家
戊丙　亥　午　寅
比　酉癸　午　酉
　　酉癸辛　　　后阴武
财墓　寅丙　丑　寅卯辰
文子　未辛　贵勾　午空
　　朱戌　腾亥　贵子勾
　　六酉　　巳白
　　勾申
　　青未

凶里藏利，逶迤而至，交互相脱，各逞其能。喜干酉金克寅木寅木克未土，未土克子水，子水育乙木，故逶迤而至，否中生泰，凶里藏利也。昼将夹克寅坐酉旦乘阴。寅全无咎，日上有鬼，辰上有害，不吉。克干主疾病、牢狱、阴私、口舌。午乘天空名学堂，出教书，独独人生及主兴旺。

发用寅加酉曰燧人钻火，托人求作，秋占远配。旦乘阴曰跛足，又思迁。夜乘空曰犯牢又曰被制公私口舌。

乙丑九局

乙丑九局　重审　从革　天网　闭口

申　子　巳
乙癸　巳　申　酉
官　酉巳　乙　巳
　　巳丁乙　　　后青
财　丑癸　子　贵后阴武
子　酉辛　丑　寅卯
　　巳乙　腾亥　辰常
　　六酉　朱戌　巳白
　　勾申
　　青未
　　空午

俗庶难任，病讼俱兴。干上申三传金局，众鬼交彰，为大忌。守官贵制，俸倍职升，仕宦逢之，申贵德临。身之官制之返，主禄位高迁也。昼陈伏，日虎临支而合内脱夜初遭夹克中墓酉无气。

发用酉加巳曰凤栖梧桐，显达。旦乘合曰私窜，又云跛足，左右表里，阴私。夜乘蛇曰露齿，主祸福两途，又悲泣临门。

乙丑十局

乙未
乙丑十局　重审
干墓并关　秋占
不备　稼穑　励德

未辰
戌未
未乙

癸辛
墓财　未　青蛇
辰戌
丙空　戌　朱阴
未辛
丁乙
财　丑　后虎
戌空

六戊
申酉
勾　申未　戌阴
青　未午　亥子丑
空　午巳　寅　卯武
白　巳辰　辰常

腾贵后阴

支上辰干上未乘墓，如处云雾，彼此昏迷。么罗而归三传，稼穑纯财。遁得辛未在干，传财化鬼，宜难觅也。妻财共聚，喜干加支，以丑为财到处来，不如俯就宅卜。

发用未加辰，曰云笼半月，主争田财邻人。丑乘青曰无鳞，宜静。夜乘蛇曰入林进步，防患，又白头孝服事。夜占支乘常，出寡妇。

乙丑十一局

乙午
乙丑十一局　重审
权摄不正禄临支　涉三渊　天网

巳卯
申午
午乙

甲壬
官德　申　勾贵
丙午庚
戊　戌　朱阴
申壬
财空　申　甲子
文　　　贵常

六酉
戌亥
朱　戌亥　子丑
腾　　　　寅阴
勾申　卯武
青未　巳
空午　辰
白巳
常辰

脱空昼迎，凡事平平。干为午脱，昼乘天空。又交车六害，各值死炁，故凡事平平。干贵官怒。昼贵在戌，入狱受制；夜贵在午。被伤。凶吉无成，中、末皆空。好恶俱无，不如俯就。支上旺禄，庶免空脱。申德加午，吉，中有凶，美中有恶，德反为怨，恐一切不可用，只宜休息万事。乘午上天空为学堂，出文人，支上卯乘武是贼，谨防走失。

发用申加午，曰野猿投火，忧疑。日乘勾曰趋户，主反覆勾连，又曰移河，吉。夜乘贵曰移途，宜干求。

乙丑十二局

卯寅
午巳
巳乙

乙丑十二局　元首　正和　连茹　撞干

比　戊寅
　　丑丙
禄　己卯
　　寅庚
财　庚辰
　　卯丁

午巳　　　寅丑　朱空
武阴后贵
酉戌亥子
　　　　丑膝
　　　　寅朱
常申贵
白未
空午巳
青勾辰卯
六卯

　　支干拱传，面前六害，脱干伤支，夹定三传。惟喜春占春木荣旺，先曲后直，其灾自潜。疑凶，凶有余月木不能伸，昼将六合居中，气填胸臆，胎产、病讼，皆畏。况乘前辰，动遭网刃，脱盗满前。若向后灾潜，向后一步，就财就禄。干己乘青名退化，自占不利。以直作曲，为子孙谋望。以才托卑幼，不可。支寅克支，兄弟争分，乘朱因讼穷传，干支夹住，比肩破财。

　　发用寅加丑，曰车得新轮，主万事重新。旦乘朱曰安巢，主文字远信至。夜乘空曰犯牢，又曰被制。

丙寅一局

寅寅
巳巳
巳丙

丙寅一局　伏吟　自任　元胎　励德

我求彼求，事干传支

己己　　空勾
禄德　　巳巳
癸己壬
马财　申申申
长生　寅寅
　　　庚丙
　　　六虎

　　　　　申酉戌亥　子膝
　　　　　　　　　　丑朱
武阴后贵
申酉戌亥
常申未朱
白巳午
空辰卯
青勾
六寅

　　干传巳入支寅，我求干，彼求行人远归。禄初传财，中马生乘传聚，所卜皆宜，三传俱得。又末传助初禄，但嫌上下六害，如夜将旬首乘武，亦名闭口卦。

　　发用旦巳乘空曰受辱，又曰投绝，血痢。夜乘勾曰捧印持德，兵权万里。

中华传世藏书

钦定古今图书集成　精华本

术数篇

一三〇〇

丙寅二局

辰
丙

子丑　卯丑　辰丑
　　　　　　　辰寅

丙寅二局　重审　重阴　连茹　斩关　六仪

官　子　戊甲蛇武
　　　　丑乙己寅贵腾
官　亥　子甲戊孤后空
基脱　戌　　　亥空

空巳
白午六
常未　武申　阴酉　后戌　贵亥
青辰　　　　　　　　　　子腾
勾卯
六寅
朱丑

退空官鬼，三传润下，克干生支，我损彼益。喜巳上辰土能敌众鬼，又退向空亡。所谓众鬼虽多，全不畏也，病防再至。常人喜空仕宦。不宜连茹事体。缠绵，鬼多，恐病再至。子蛇夜常，牛女合位。夜占子加丑，丑乘常，牛女相会，六婚大吉。中、末空亡三传退，凡事有始无终。支上丑乘朱，家有举贤荐能之事，又邻争田牛。

发用子加丑用，详甲子二局。子乘蛇，详甲子八局。夜乘武曰散发，又曰过海，可捕盗，又进退叵测。

丙寅三局

卯
丙

卯丑　丑卯　子寅
　　　　　　子寅

丙寅三局　重审　三奇　极阴

戊　子　己乙朱勾
脱　丑　卯丁己空
官　亥　丑乙丁癸
财　酉　阴贵
　　　　亥空

青辰
空巳　午未白常武阴
常午　申　酉　戌后
青辰　　　　　亥贵
勾卯
六寅
朱丑
腾子

虽生丙上，卯寅土子难恃。虽各乘生气，俱为败神。且子卯相刑，子卯无礼，反为败神。切休见贵，中、末两皆空，干贵不利。此课主人宅倾颓，以阴退阴，极阴卦，事多幽暗。

发用丑加卯曰行舟陆地，主人诳，行滞暗利，先雨后雷。旦乘朱日掩日，宜静。夜乘勾曰秉钺，又明堂，又人化，暗遭毒害。

丙寅四局

丙寅
丙寅四局 蒿矢 病元胎 不备 自在

申 亥 亥 寅
己寡 亥 贵朱 亥 寅 寅 丙
空官 寅丙
丙壬
马财 申 武后
亥空
禄德 巳 空常
申壬

六 寅　　空
朱 丑　　白
腾 子　　常
贵 亥　　武
巳 午 未 申
青 白
辰　　　未
卯　　　午
　　　青白常武
酉 戌
阴 后

执弓忘矢，彼此乘生，下害上合。蒿矢逢金，幸值空亡。事声迤逦，声势虚张，实然无害，过此危疑。彼。来生己支加干生干，亦谓避难生也。切不可动谋，不则空喜实害矣。用空亡，凡占无当，过旬再图。克日主欺瞒。亥合亲人依居生支，凡事成进财产，修宅舍。

发用亥加寅，曰六神藏没。亥乘贵曰登天门，坦然安居。贵人田宅讼征召马更的。夜乘朱曰入水，宜守旧，不宜献书、口舌、信息，又疾病。

丙寅五局

丙丑
丙寅五局 重审 炎上 泆女 斩关 三奇
励德

午 戌 酉 丑
戌孤 戌 后蛇 戌 寅 丑
墓 戌丙
甲庚
刃 午 白武
戌空
庚丙
长生 午庚 六青

朱 丑
腾 子
贵 亥
后 戌
勾卯 空
辰 巳 午 未
青 空 白 常
申 武
酉 阴

自墓初戌传生末寅，故生先迷后醒，以难变易，全无和气。上刑下刑，上丑戌相刑，下寅巳相刑。斩关格时遁三奇，君子贞利，否中生泰。炎上卦合，中犯煞日。妇丑不明，戌后加寅。凡事不振，墓神发用。荐举贤能，丑乘朱也，否主争田。主通奴妻戌中辛字丙合。戌坐寅，其墙仆乘后妇人怒，一名呻吟煞，主病落孕。

发用戌加寅用，详甲子五局。旦乘后曰褰帷。夜乘蛇曰浪打轻舟，梦寐妖邪。

丙寅六局

丙子
丙寅六局　元首　比用　六仪　幼厄

子　　辰　酉　未　子
丙　　　　　　　　戊甲
　　　　　　　　　子己
官　子　蛇六　　　巳辛　乙辛
脱　　　　　　　　乙辛　甲庚　　乙辛
　　　未　常阴　　未甲　寅丙
长生　　　　　　　甲庚　未辛
　　　寅　六青　　寅丙
　　　　　　　　　未辛

六青　勾青　空白
朱丑　卯青　辰巳　午白
子亥　六寅　未常
贵戌　腾青　申武
后酉　贵亥
阴　　后戌
　　　阴酉

彼己灾殄，干子旬首。支酉旬末，彼此受伤。三传外战，三上克下卑者难当，自支克末，迤逦伤午，课虽外战，祸由内出。仕宦提防言者格，常俗忧重口相攻。干支生墓，事终难辨。寅坐未，巳空戌，各自坐墓，总有冤抑，甘受昏晦，终莫能辨。

发用子加巳，曰萱草生庭，荣华富贵，主淫，主聪明。又悲声日辰上，为上房公婆。日乘蛇曰坠水，从心无患。夜乘合曰反目，一云持笏，无礼之事夫妇不和。

丙寅七局

丙寅
丙寅七局　返吟

寅　亥
丙　丙
　　　　　　　寅　申　巳　亥
生寅　武青　　申　寅　亥　申
　　　　　　　庚丙
申壬　　　　　寅壬　武申
丙壬　　　　　丙壬
寅财　申　六后
寅丙　　　　　庚丙
庚丙　　　　　庚丙
生寅　武青
申壬

阴丑勾　武常白空
后子　　寅卯辰巳
贵亥　　午未申
腾戌　　青
朱酉
六申

交互虽密，合之无益。干上亥与支合生，支上申与干合刑，则可谓交互密而合却无益也。德禄鬼贼并无实迹，但上下六害各乘绝克，巳亥乘空是并，无实迹。返吟卦初末长生，中传财往来冲制难进退。

发用寅加寅，详甲子返吟。旦乘武曰入林和谐，夜乘龙，详甲子伏吟。

丙寅八局

丙戌丙寅八局 重审 六仪 铸印 比用

子未
戊卯戌
卯戌丙
未寅

成甲
后六
子辛
未癸
禄德
巳空常
子甲
墓戌
巳己 蛇蛇

官

阴 武 常 白
丑 寅 卯 辰

后六
子亥
贵戌
腾 朱 六 勾
戌 酉 申 未
巳午
空 青

两蛇夹墓，家道咒咀。干支彼此相刑，各自乘墓干墓又被两蛇相夹，喜戌旬空无畏，支乘辛未俯丘仰仇。昼勾夜阴，必主家宅咒咀不宁。熟视三传，初鬼坐干克害，中德禄，又子伤戌墓，末复临空，略无好处。

发用子加未，详甲子八局。且乘后曰守闺，宜静。又动止多宜。又曰违悖煞，作事难成。夜乘合；详丙寅六局。

丙寅九局

丙酉丙寅九局

戊午丑酉
午丑酉
午寅

丁癸
财破未贵
闲碎巳乙
口子
酉癸
禄德巳乙
丑

后 阴 武 常
子 丑 寅 卯

贵 亥
腾 戌 辰
朱 六 勾 青
戌 酉 申 未 午
巳 空 白

守死赔钱，干酉支午，皆死气。三传虽财，初酉破碎，昼将夹克，丑为财墓传入墓，必有赔费，夜将皆土助焉。又赖三传递生，故费而得助也。所得一贯，家费十千。支寅午脱，又被传金制之，耗而又损家道。熬煎所得，不偿所费。夏占似可。

发用酉加巳，详乙丑九局。且乘朱曰昼翔，酉曰夜噪，官灾。夜乘贵曰入私宅，不宁。旺相赏赐囚死，嗔责讼有枷锁。

丙寅十局

丙寅十局 重审　生胎　不备　富贵　俯就
权摄不正

```
申丙　申丙
巳亥　巳亥
申丙　申丙

　　　壬
马财　申巳　六蛇
　　　巳赛
　　　亥　　贵阴
　　　申壬
　　　庚丙
　　　寅　　武白
　　　亥空

　　　朱　螣戌后
　　　申酉
六　　戌　亥子丑
勾　　未午巳辰
青
空
```

递相荐引，支乘干禄，干乘支马，富贵卦也。自干发传，迤逦生日主有荐引。夜无凭准，夜将蛇虎阴，中末空亡遁，壬申财内藏，鬼用破身心，无所归也。屈尊就卑，干加支，支生干，又乘六合，惟宜俯就所谋和允，屈尊就卑，故然。

发用申加巳用将乘螣蛇，俱详夜甲子十局。日乘合曰纳彩，一云披发，主财离。病损婚因谋成欢。申乘合曰纳采，主交易外财婚姻并。又市买逃亡，官忌天喜曰披发，主争斗。

丙寅十一局

丙寅十一局 重审　斩关　登三天　励德

```
午辰　未丙
酉辰　酉寅
未丙　未丙

脱　　白青　辰
戊辰　寅辰
壬戊　寅甲庚　青六
甲庚　
午戊　戌丙
刃　　壬
马财　申庚　六蛇

　　　螣贵　戌后
　　　戊亥
六申　子丑
勾未午巳辰　寅武
青　　　　卯常
空
白
```

壬申乘马，初脱中刃，末财乘马遁。得壬水为鬼见财难舍。欲待不取，财在眼前，如何舍得？得来何用添修瓦屋，但支墓脱干，得来财物必因添修宅费也。登三天卦，自微至显，纳粟奏名，以财干贵，俱吉。常人病讼。昼将寅乘武加子，名闭口卦。

发用辰加寅，详甲子十一局。昼乘虎曰咥人，又夜行，又飞禽无翼。夜乘龙曰掩目，谋未遂。

丙寅十二局

丙午 丙寅十二局 重审 连茹 天狱 升阶 陌越课

```
辰卯 未午 午丙
        卯  寅
壬戌  白青
脱 辰丁   空勾
  辰己
禄德 癸己
  巳戌
  辰庚
刃 甲庚
  午己
  巳己

      青六
青 午未 六申腾
空 巳  勾未
白 辰  酉戌  朱腾贵后
常 卯  亥子
   寅  丑阴
       寅武
```

第四课用，各值前辰彼此乘旺，动变网刃，干支拱传。第四课用，末与支共格，号朝天未归，干上百发百中，所为不出规模。连茹卦，干支拱传，如气塞于胸，病讼皆畏。占产，定生哑子，母子俱凶。如年命在干支外，名透关格，先凶后吉。

发用辰加卯，曰龙龟，出入妻病。昼乘白，夜乘青，俱详上十一局。

丁卯一局

丁未 丁卯一局 伏吟

```
卯卯 未未 未丁
癸丁  勾空
败 卯丁  卯卯
  卯庚      蛇武
官 子甲
  子甲
丙庚  白六
禄 午庚

白 常 武
空 巳午 申未 酉戌亥
青 辰  未朱
勾 卯
六 寅  丑子
        朱蛇
```

丁卯三重，古法六己辛丁临卯巳，辰刑冲处，三传辰该用。卯子卯所以支并，初末丁卯三重。邵师云：辰刑冲处，三传辰该用，子卯午大体相仿。子水居中，动用非细，伏吟主静。重重丁神，必有非细之动。鬼贼须逢子水居中，动逢鬼贼，往返刑冲，岂能安逸？

发用昼乘勾，曰临门，一云入狱，主眷口不和，门户负累之事。夜乘空，按天空四仲，忌曰猛虎，出示须吉，将救。

丁卯二局

丁午
巳乙　丑午
脱　丑　未常
寅丙　庚甲
官　子　蛇武
丑辛　寅
官空　亥　贵阴
　　子甲

旺禄临身

丁卯二局　重审　连茹　三奇　入墓

寅
巳午
午丁

空巳
白午六　常武阴后
青辰卯　未申酉戌
勾卯　亥贵
六寅
朱丑子
滕

禄任虎傍，午禄乘虎，遂不可守。勾恋寅乡，支寅长生，贪一粒粟，失半年粮。似丁恶传中，皆鬼生者少而克者多，如贪粒米而失半年粮也。连茹末传勾空，常人喜鬼空，仕人则不宜。午禄见白，名剥爵，占官不利；一名焚身，常人官灾疾病。已经反释并天喜，主婚姻。寅生加支，父母好发人。

发用丑加寅，曰墓火焰天，不利父母。有孕，冬防病。

昼乘朱曰安巢，详丙寅三乘寅。夜乘常曰衔杯受爵，主迁转，亦有财喜。

丁卯三局

丁巳
辛乙　丑巳
脱　亥　朱常
卯丁　辛寨
官空　酉　贵朱
丑乙　癸阴贵
财　未
　　亥空

重阴　涉害　极阴　三奇

丁卯三局

亥
卯巳
巳丁

空巳常
白午未申酉戌
　常武阴后
青辰
勾卯寅
六寅丑子
朱丑滕

课传俱阴，课传五阴，为极阴卦，事转沉吟。又退闲传，自明入暗，递相脱赚，干巳脱支，支上脱干，勿依贵人。中末空亡，两贵难依。干乘驿马破碎，昼临天空，谓踪迹无定，所谓人宅受脱，俱招盗，盗亦谓乱。

发用丑加卯用，乘朱乘勾，俱详丙寅三局。

丁卯四局

丁辰丁卯四局 蒿矢 三交 斩关 龙战 六仪
丁卯
辰丁
巳癸
阴贵

酉子丑辰
子丑辰
庚甲 蛇六子
官子卯丁
财酉甲
子甲丙庚
禄午癸
酉

空白
巳午
白午未
常未申
酉阴

勾卯
青辰白
六寅
朱丑
腾子
贵亥戌酉

禄午乘夜元昼虎禄，主难恃，重遭鬼苦。支及初传，二子伤日，中间癸酉闭口，凡事忍认，似可免咎。尚忧门户，支为宅乘子，子卯无礼相刑，为门暗之忧。虽交车六害，干上辰敌子水，为救神。

发用子加卯，曰遇虎不猎，官非病凶。昼乘蛇曰坠水从心，无患。夜乘六，详丙寅六局。

丁卯五局

丁卯丁卯五局 元首 曲直 不备 励德 自在

卯亥亥卯
丁辛
丁未亥
子未亥
亥癸丁
生卯勾空
未辛寡
德空亥乙朱
官卯丁

青空白
辰巳午常
勾卯空
六寅
朱丑子
蛇乙亥
后戌酉阴武

课传循环，支加干，干传支，循环发用。事在隔关，发用空乡，事上关隔。木局休时，三传虽生，初、末空中传夜乘空，见生不生，不如灾生。昼将宜看昼将皆土，却赖传制。

发用未加卯，曰锦浪拍天，又新月重圆。袖中自有封侯手，行看毫端锦拍天。昼乘常曰捧觞征召喜，又酤酒财帛，主妇人陪。夜乘阴曰看书，又传书，又半月云笼婚吉正，又破失朦蔽。

丁卯六局

丁寅
巳卯
戌
酉
寅
丁

丁卯六局　重审　斩关　孤辰　铸印
两贵拱卯

勾青空白
六寅青　辰空巳
朱丑　卯　午白
蛇子　未
后亥　戌　申
阴　酉　武

庚孤
墓空
卯丁
乙巳　空常
马巳　戌空
官子　庚甲巳己
后蛇戌

干上长生，干上寅木守则生。生无穷，守则无穷。动逢鬼墓，卯克戌，戌克后，将逢内战。初墓末鬼，中巳受伤，与身比肩，皆不宜动。命忌丑空，惟占人年命，忌临丑位，乃中冲长生则不吉也。

发用戌加卯，曰"彩凤飞云"，着锦间里，僧还俗。昼乘后曰褰帷，长者哭声。夜乘蛇曰入冢解释。

丁卯七局

丁丑
酉未
卯酉
丑丁
未
卯
酉

丁卯七局　返吟　回还　重审　龙战　励德
财居旬尾

武常白空
阴丑勾　寅卯　辰巳
后子　卯　辰巳午青
乙亥戌酉申　未丑
蛇朱六　未勾

生
丁卯　常空
酉
癸卯
己酉　朱乙
卯丁
癸卯　常空
生
酉癸
财
生

满地皆丁，返吟互克。满地丁神，岂容少停？惊天动地岂得安宁？夏昼火厄，昼酉乘雀伤支。夏占酉为火鬼，必主家下。火鬼为灾，可用井底泥涂禳之。贵则夜迎，夜将酉为贵人，主得富贵之财。

发用卯加酉？曰白波翻江，得金助，斩关吉。母无寿，败门户。又母终丧外，母入户死。昼乘常曰遗冠，主伤财。又女冠，如克支，父母不安。出颠狂，道士寡母，主家。夜乘空，详丁卯伏吟。

丁卯八局

彼己各自乘克皆凶。空墓居中，末丁初马，铸印卦。马丁空墓，名破模走炉，以故铸印不成。事无定踪，凡谋不就。占官不利，病讼无畏。支上财助，干上鬼幸，坐下未土敌之。如狐假虎威，宜坐待，谋勿妄动。交合干后，主阴私交并。

发用巳加子曰萱草生庭，荣华富贵，主聪明，又悲声。昼乘空曰受辱，又技绝，血痢。夜乘常曰铸印。

丁卯八局　重审　铸印　乘轩

```
丁子
       子 巳 申
丁     子 卯
       申
马
墓   乙巳 空常  阴
生   庚孤 蛇蛇  武  常
     癸丁       白
     卯戌
蛇 戌
朱 酉
六 申
勾 未
青 午
      巳 辰 卯
         空
```

丁卯九局

昼将皆土，脱丁传曲直却生，身会木局生，身制将使丁火不被土耗，好恶中半循环，贵嗔。干加支，支传干，课体循环，亥空贵空鬼，故贵嗔。喜干加支为生地，亦宜俯就避难逃生也。

发用未加卯，曰天马出群，主拜职，妇人利。昼乘勾曰入驿，主婚凶怪水日必争。夜乘朱曰临坟，又啄食利，求财婚姻有喜，又公讼文书，宜守旧，又功名未遂。

丁卯九局　重审　涉害　见机　龙战　自取

```
丁亥
       亥 未 卯
丁     卯 亥
       亥
曲直不备
     丁辛 卯未 勾
位伏 未   亥乙     阴
官空 卯辛  辛丁 常空
     癸
生
蛇 戌
朱 酉
六 申
勾 未
青 午
      巳 辰 卯
         空
```

丁卯十局

戌
午　酉
丑　戌
卯　戌　丁　禄临支　贵临干
　　　丁卯十局　重审　斩关　三交　权摄不正
己癸　朱乙午
财闭口　午庚甲
官　子　后武
　　酉癸丁
生　卯常空
　　子甲
　　　　蛇戌后
　　　　申酉
六　　　亥子丑
申　　　卯辰寅
勾　　　卯常
青午
空巳

　　交车眷恋，干支互合，合后在课，更真递相推荐。三传递生干火，主得重力推荐。自己昏迷，戌墓覆日，权摄可羡。丁之旺禄，午临支受生，屈尊俯就，宅中禄。

　　发用酉加午，曰少凤生雏，名婢登堂。堂却专房美女，失疡。昼乘朱曰夜噪，官灾。夜乘酉曰入私宅，不宁。

丁卯十一局

酉
巳　亥
未　巳
　　酉　丁
己癸　朱乙巳
财闭口　酉卯
　　辛亥乙阴
空　亥　辛乙
德官
脱　丑　阴常
　　　　　蛇戌乙
　　　　　戌亥子
　朱酉乙
六申　　子丑
勾未午巳寅
青午巳辰卯
空　　　寅武
白　　　卯常
丁卯十一局　重审　励德　凝阴　天狱

　　昼夜贵聚课传，贵人遍地，事无凭据。初才引入，中末空鬼，渐人幽暗。凡作无凭，用破身心无所归也。本身力弱，火生寅死酉绝生少；本身力弱，占病可虑。发用癸酉居日末助初才，惟宜坐守，闭口免厄。酉乘朱受夹克身，才不动安头生疮。

　　发用酉加丁曰征雁衔芦，一门和顺，酒食宴会。昼乘朱。夜乘乙，俱详丙寅九局。

丁卯十二局

夜占财退，干上虽财，三传俱火。夜将蛇临申，被比肩分夺，故退。

必因同类痛者腰痛，申属腰。昼贵临戌，难恃。入成无力。

发用辰加卯，详丙寅十二局。昼乘虎，夜乘青，俱详丙寅十一局。

戊辰一局

昼虎乘生甲为长生。夜龙鬼并寅为官，夜乘龙乃忧中致喜，乐里生悲。萧何在末，能败能成。大抵静吉动凶。仕宦昼不宜，若不守德禄，迤逦克伐，至末寅木里虽巳生日，则暗里伤干，故曰成败萧何也。墓神守支，宅亦欠安。乘勾，详下发用。

发用昼乘勾曰捧印，主出兵，权武职。若常人进财产。夜乘朱曰昼朔，音信至。

戊辰二局

戊辰二局

官 卯
乙丁
甲丙
马官 寅
卯丁
癸乙
比 丑
寅丙

辰
卯 辰 戊
卯 辰 戊
寅 卯 辰
乙丁 朱勾
蛇青

勾 青 空
六 辰 巳 未 申
朱 卯 午 白 常 武
蛇 寅 酉
乙 丑 子 亥 戌
后 阴

　　鬼临干墓，支加干而墓，干支上卯为鬼，坐墓发用，名鬼呼，宜求门户。卯为门户，可告家神。冬，昼火灾，昼卯上乘雀。冬，占卯为火鬼煞，必有火光之惊，宜用井底泥涂灶穰之吉。病讼，如系三传四课，俱鬼退连茹，防病讼。

　　发用卯加辰，曰腐鼠卧，辄知命免凶，从良弃贼。昼乘朱曰安巢，迟滞沉溺，主文字，又主远信至。夜乘勾，详丁卯一局。

戊辰三局

戊辰三局 重审 极阴 龙战 三奇 励德

卯
子 寅 丑 卯
比 丑 寅 辰 戊
乙乙 乙空 卯 辰 戊
卯丁 子 寅 丑
癸寡
财空 亥
丑
脱闲 酉
亥空

六 辰
朱 卯 午 未 申 酉
蛇 寅 巳朱 青 白 常
乙 丑 勾 空
后 子 亥 戌
阴 武

　　彼己害克，彼此克贼，交互六害。丁子卯为支，寅身宅鬼在墓存，招呼病人，人与宅皆主动摇不安。夜传皆陷退，间传阴卦，中末旬空，夜占丑为天空，三传皆陷，静躁无益。

　　发用丑加卯，详丙寅三局。昼乘乙曰升堂，居本家，宜静投书，吉庆。夜乘空曰侍侧，诈尊长之言。

戊辰四局

```
戊寅
戊辰四局　元首　病胎　三奇　天网

寅戌
丑亥
戌丑辰

甲丙
马官　寅　蛇青
巳己　发赛
财空　亥　阴常
　　　寅丙
庚壬
长生　申　白后

　　　勾青
　　　空白
朱卯　六辰六
蛇寅　巳午未
后子　　　申
阴亥　戌酉
　　　戌武
```

　　守之见伤，寅为午鬼，临身发用。动人空乡，欲动中财自空，又居鬼乡。昼虎祛祸，赖末申。昼乘虎能克寅木，为救神，却亦坐空地无力为救，故动人空乡也。夜龙辅成，夜占乘龙，辅助寅木相成。支乘破碎，宅舍欠完。姓赵高牧杜，古之吏书。

　　发用寅加巳曰猛虎入城，虚惊远信。昼乘蛇曰乘雾。夜乘龙曰飞天，君子欲动。

戊辰五局

```
戊丑
戊辰五局　重审　润下　六仪

丑戌
酉丑
申子辰

壬甲
财　子　蛇青
庚壬
辰戊
长生　申甲　蛇武
子丙
墓　辰壬

　　　武常白空
　　　辰巳午未
乙丑　阴卯常　申酉
蛇子　后寅　　勾
朱戌
六
```

　　上和下睦，面前六合。传课俱财，三六相呼。大利交合，传财极盛。春夏身旺，财弱。可取，尤吉。秋冬财旺，身弱难得，恐难担荷。三传递生，占婚有成。

　　发用子加辰，曰敲冰取鱼。昼乘蛇曰乘龙。夜乘龙曰入海，财喜亨通。

戊辰六局

六仪　缀瑕　复等

戊辰六局　重审　见机　察微　涉害　度厄

午亥　未子　子亥

```
財 子 蛇青
  巳 空乙
比 未 空乙
  寅 后白
```

壬甲　乙　丙
己己　　
辛　子甲　
馬官　　
```
蛇 子
朱 亥
六 戌
勾 酉
```
后白 乙丑
阴武 卯辰 寅
常白 巳午
　　 未申
　　 　空

夜贵日登，虎鬼乘行。干支俱财，交互相代。亥空子实，三传递克。初遁甲子，夜末虎鬼，凶恶尤甚。初末拱贵，告贵却喜。正月子为妻财，生炁在子，妻胎。七月死炁在子，损孕。缀瑕占主两雄交争，经延岁月，人众牵连，宜才德煞，服人者吉。宜近君子远小人，止有一课。

发用子加巳，详丙寅六局。昼乘蛇，详丙寅六局。夜乘龙，详甲子八局。

戊辰七局

戊辰七局　返吟　绝胎　斩关　孤辰　比用

辰戌　巳亥　亥戌

```
巳 亥
戌 辰
辰 戌
```

丁巳　　
禄德　　
亥辛　常阴
癸空　朱勾
財空　　
巳巳　　
禄德　　
丁巳　常阴
亥空

后阴 乙丑
武 寅卯 辰
常 午 巳
　 未 白
朱 亥
六 戌
勾 酉
青 申　空

课传俱空，干支戌亥自空第二四课，又在空乡。行住无踪。我去被绝，中传居日，初末在彼，去绝卦，来往俱空。凡事指空话空，全无实迹。所谓空空如也，事休追。久病终凶，新病不成。

发用巳加亥，曰春雷闪电，虽多事，只宜两事。伤亡贼惊，阴妇溺井作死炁。自缢宅中，必有缢鬼作祟。昼乘常曰铸印。夜乘阴曰伏枕。

戊辰八局

```
          戊辰八局
          夜占　重审
寅 酉 卯 戊 辰    斩关
甲丙            天网
马官 寅酉白     马驮虎鬼
乙辛 亥未 空乙
比  寅子 蛇辛
财      未

          乙 后 阴 武
          丑 寅 卯 辰
      朱 腾
      亥 子青
  六 戌
  勾 酉
  青 申      巳 午
  空 未      白 常
```

　　鬼虽潜伏，面前六害。戌空酉实发用，寅为官鬼幸坐，酉地受制，又传入墓，全然无咎。惟嫌夜卜寅鬼乘虎。三传皆下克上，窝犯。课传互克，自支上酉克寅，必是窝里犯出丑也。利害相逐吉。干外初鬼末财，利害相逐也。

　　发用寅加酉，详乙丑八局。后昼虎，详甲子六局。

戊辰九局

```
          戊辰九局
          润下　文仪
子 申 丑 酉 戊    励德
壬甲            弹射
财  子申 武戊
墓  丙戌
长生 子庚 蛇
        申辰

          蛇 后 阴
          乙 丑 寅 卯
      六 亥
      朱 戌
  六 亥      辰武
  勾 酉 申   巳
  青 申 未   午
  空 未      常
          白 午 巳
              常 武
```

　　交车作合，彼此相脱。已往之财，末助可夺。交车乘合，彼此被脱。三传润下，末助初财。最宜交涉，如先费而后得。春夏遇之身旺财弱，取之省力。秋冬财旺身弱，恐难得也。课传财盛，病必伤食。

　　发用子加申，曰大石藏水。昼乘蛇，详丙寅六局。夜乘青，详甲子八局。

戊辰十局

戊辰十局 弹射 生胎 寡宿

戌 未 亥 申
癸 寡 朱 勾 未 辰
财空 未丙 甲丙
马鬼 寅 亥空
丁己
禄德 巳 常阴
寅

朱蛇 亥子丑 寅
乙后 阴
六戌六
青申酉
空未
白午
常巳辰
武卯

　　财初传向空禄，末传巳坐鬼乡，官鬼中寅落，皆不相干。执弓忘矢，弹射遇空，坐守忻欢。惟宜坐守干上，甲子长生，又能制鬼，故欢。

　　发用亥加申，曰云卷遥空，凶将不凶，得龙大展。昼乘朱曰人水，宜守旧，不宜献书。夜乘勾曰褰衣。

戊辰十一局

戊未 戊辰十一局

申 午 未 戌
庚壬 酉 未 戌
长申午辰 孤
生戌 壬辰 武武
空申壬
财子 甲
戌空

戌 武 阴后 乙
常酉阴 亥 子 丑
空未 白申 寅 蛇
青午巳 卯朱
勾辰
六

　　初生申末财面前，虽乘六合，初传长生受克，末财夜遁，白虎甲鬼亦落空乡，生所好克所恶，俱无，两事俱乖。子遁虎鬼，金畏火煨，坐午。虽贵登天门，罡塞鬼户，但涉三渊，坐谋则吉，不利前行。

　　发用申加午，详乙丑十一局。昼乘虎曰衔牒，又燕子归巢，无凶，行人欲至。又见讼事喜信，主刀兵。戊日轻无战，主和。又官员远事。夜乘后曰修容池湖。

戊辰十二局

戊戌辰十二局

权摄不正　别责　不备　天网　求受

午戌　　　常　武　阴　后

未午

午巳　巳辰

甲丙
马官　寅乙　丑乙　戌庚
　　　蛇青

刃　午巳　巳己　戊庚　青蛇

刃　午巳　午巳　青蛇

取初伶亦有
展者　　酉戌　癸子

白申后　空未

丑乙

午巳辰　寅蛇

青勾　六朱

午巳辰　卯

　　用鬼传刃，舍益就损，屈尊居卑，甘受偃蹇。交互相生初传日鬼，中末羊刃，岂利前行？不守其生，来就支禄，屈尊就卑，被其支辰墓脱，是舍益就损，甘受偃蹇，终难展脱也。

　　发用寅加丑，详乙丑十二局。昼乘蛇。夜乘龙，俱详戊辰四局。